Kohlhammer

Die Autoren

Dr. Jens-Uwe Martens ist Inhaber und Leiter des Instituts für wissenschaftliche Lehrmethoden J.-U. Martens (IWL) in München. Er ist Buchautor, Coach und Seminarleiter.

Professor em. Dr. Julius Kuhl lehrte bis 2015 Differentielle Psychologie und Persönlichkeitsforschung an der Universität Osnabrück.

Jens-Uwe Martens
Julius Kuhl

Die Kunst der Selbstmotivierung

Neue Erkenntnisse der
Motivationsforschung praktisch nutzen

7., erweiterte und aktualisierte Auflage

Verlag W. Kohlhammer

Dieses Werk einschließlich aller seiner Teile ist urheberrechtlich geschützt. Jede Verwendung außerhalb der engen Grenzen des Urheberrechts ist ohne Zustimmung des Verlags unzulässig und strafbar. Das gilt insbesondere für Vervielfältigungen, Übersetzungen, Mikroverfilmungen und für die Einspeicherung und Verarbeitung in elektronischen Systemen.

Pharmakologische Daten, d. h. u. a. Angaben von Medikamenten, ihren Dosierungen und Applikationen, verändern sich fortlaufend durch klinische Erfahrung, pharmakologische Forschung und Änderung von Produktionsverfahren. Verlag und Autoren haben große Sorgfalt darauf gelegt, dass alle in diesem Buch gemachten Angaben dem derzeitigen Wissensstand entsprechen. Da jedoch die Medizin als Wissenschaft ständig im Fluss ist, da menschliche Irrtümer und Druckfehler nie völlig auszuschließen sind, können Verlag und Autoren hierfür jedoch keine Gewähr und Haftung übernehmen. Jeder Benutzer ist daher dringend angehalten, die gemachten Angaben, insbesondere in Hinsicht auf Arzneimittelnamen, enthaltene Wirkstoffe, spezifische Anwendungsbereiche und Dosierungen anhand des Medikamentenbeipackzettels und der entsprechenden Fachinformationen zu überprüfen und in eigener Verantwortung im Bereich der Patientenversorgung zu handeln. Aufgrund der Auswahl häufig angewendeter Arzneimittel besteht kein Anspruch auf Vollständigkeit.

Die Wiedergabe von Warenbezeichnungen, Handelsnamen und sonstigen Kennzeichen in diesem Buch berechtigt nicht zu der Annahme, dass diese von jedermann frei benutzt werden dürfen. Vielmehr kann es sich auch dann um eingetragene Warenzeichen oder sonstige geschützte Kennzeichen handeln, wenn sie nicht eigens als solche gekennzeichnet sind.

Es konnten nicht alle Rechtsinhaber von Abbildungen ermittelt werden. Sollte dem Verlag gegenüber der Nachweis der Rechtsinhaberschaft geführt werden, wird das branchenübliche Honorar nachträglich gezahlt.

Dieses Werk enthält Hinweise/Links zu externen Websites Dritter, auf deren Inhalt der Verlag keinen Einfluss hat und die der Haftung der jeweiligen Seitenanbieter oder -betreiber unterliegen. Zum Zeitpunkt der Verlinkung wurden die externen Websites auf mögliche Rechtsverstöße überprüft und dabei keine Rechtsverletzung festgestellt. Ohne konkrete Hinweise auf eine solche Rechtsverletzung ist eine permanente inhaltliche Kontrolle der verlinkten Seiten nicht zumutbar. Sollten jedoch Rechtsverletzungen bekannt werden, werden die betroffenen externen Links soweit möglich unverzüglich entfernt.

Korrespondenzanschrift der Autoren:
post@jens-uwe-martens.de
jkuhl@uos.de

7. Auflage 2023

Alle Rechte vorbehalten
© W. Kohlhammer GmbH, Stuttgart
Gesamtherstellung: W. Kohlhammer GmbH, Stuttgart

Print:
ISBN 978-3-17-044073-9

E-Book-Formate:
pdf: ISBN 978-3-17-044126-2
epub: ISBN 978-3-17-044127-9

Inhalt

Vorwort **9**

1 Einführung: Wie es zu diesem Buch kam **13**
    1.1   Ein Buch zum Lernen? 13
    1.2   Die Grundlagen dieses Buches 14
    1.3   Brauchen Praktiker eine wissenschaftliche Theorie? 15
    1.4   Das Konzept der »Persönlichen Intelligenz« 17
    1.5   Die Entwicklung des Selbst oder der Persönlichkeit 18
    1.6   Die wissenschaftliche Grundlage dieses Konzeptes 20
    1.7   Wie können wir erreichen, was wir uns vornehmen? 26
    1.8   Braucht die Motivation das Gehirn? 27

2 Die Geheimnisse des Erfolges **30**
    2.1   Was ist Erfolg? 30
    2.2   Definition von »Erfolg«: Selbst gesetzte Ziele erreichen 36
    2.3   Gibt es ein allgemeingültiges Ziel? 39
    2.4   Auf die innere Haltung kommt es an 42
    2.5   Unterscheidung von zwei Grundhaltungen gegenüber dem Leben 43
    2.6   Psychologische Grundlagen der Gestalterhaltung 45
    2.7   Gestalter ihres Schicksals mit Handicap 47
    2.8   Von »Gestaltern« und »Opfern« 48
        2.8.1   Wie funktioniert die Opferhaltung? 51
        2.8.2   Wie funktioniert die Gestalterhaltung? 54
    2.9   Ein kurzer Abriss über die Gestaltergrundhaltung in der Geschichte 58
    2.10   Die Risiken der Selbstkontrolle 64
    2.11   Verhaltensweisen eines »Gestalters« 66
    2.12   Die Innenseite eines »Gestalters« 68
    2.13   Verhaltensweisen eines »Opfers« oder »Erdulders« 71
    2.14   Die Innenseite eines »Opfers« oder »Erdulders« 76
    2.15   Fremde Ziele für die eigenen halten 81
    2.16   Auf die Mischung kommt es an 85
    2.17   Das innere Gleichgewicht: Die PSI-Theorie 86
    2.18   Die Verantwortung für den eigenen Erfolg übernehmen 93

	2.19	Die Einzigartigkeit jedes Menschen und die Rolle der Authentizität	96
3		**Der Weg zum Gestalten: Einstellungen ändern**	**99**
	3.1	Kann man Grundhaltungen ändern?	99
	3.2	Was sind eigentlich »Einstellungen«?	102
	3.3	Verantwortung für die eigenen Gefühle übernehmen	105
	3.4	Positives Denken als Lebensprinzip?	107
	3.5	Der Mensch als Gewohnheitstier	112
	3.6	Kann man denn seine Einstellungen verändern?	114
	3.6.1	Wir entscheiden, was unsere Einstellungen bestimmt	116
	3.6.2	Eigene Gedanken beeinflussen unsere Einstellungen mehr als die Beeinflussungsversuche anderer	117
	3.6.3	Das Selbstsystem als Grundlage der Gestalterhaltung	119
	3.6.4	Neue Einstellungen müssen belohnt werden und Vorteile bringen	122
	3.6.5	Furcht vor dem Scheitern kann bei Einstellungsänderungen helfen	124
	3.6.6	Neue Einstellungen sollten öffentlich vertreten werden	129
	3.7	Zusammenfassung: Unsere Einstellungen bestimmen unser Leben	130
4		**»Motivation ist alles!« Wie kann man sich selbst motivieren?**	**132**
	4.1	Autonome oder fremdgesteuerte Mitarbeiter?	133
	4.2	Wie entwickeln wir die Fähigkeit zur Selbstmotivierung? ...	134
	4.3	Systemkonditionierung: Die wissenschaftlichen Grundlagen der Selbstmotivierung	135
	4.4	Selbstmotivation in der Praxis	139
	4.5	Persönliche Ziele als Motivatoren	141
	4.6	Die Bedeutung von Bildern für die Selbstmotivation	143
	4.7	Ziele zwischen Gefühl und Verstand	146
	4.8	Wir brauchen »erlebte« Erfolgserlebnisse	148
	4.9	Wir müssen auch Misserfolgserlebnisse ganzheitlich verarbeiten	149
	4.10	Wir müssen lernen, uns Erfolgserlebnisse selbst zu geben ...	151
	4.11	Wir müssen lernen, durchzuhalten	152
	4.12	Wir brauchen Kraft und Energie	153
	4.13	Wir brauchen Vorbilder	154
	4.14	Wir brauchen eine Umgebung, die uns fördert	155
	4.15	Wir brauchen einen persönlichen Entschluss	156
	4.16	Entwicklung persönlicher Intelligenz: Sieben Methoden zur Selbstaktivierung	157
	4.17	Wir brauchen ein Programm, das zu uns passt	161

5	**Persönliche Entwicklung: Krisen überwinden**	**163**
5.1	Merkmale von Menschen, die aus schwierigen Situationen etwas für ihre Entwicklung gewonnen haben	165
5.2	PSI-Theorie: Die Merkmale resilienter Persönlichkeiten	167
5.3	Kann man Resilienz lernen?	171
5.4	Zum Umgang mit Problemen und Schicksalsschlägen	172
6	**Glück und Zufriedenheit und die Gestalterhaltung**	**176**
6.1	Glücklich sein durch das Erreichen von materiellen Zielen?	176
6.2	Dürfen wir denn nach Glück streben? Von der Pflicht, glücklich zu sein	177
6.3	Gute wie schlechte Gefühle werden an den Nächsten weitergegeben	179
6.4	Glücksgefühle als Voraussetzung für Gesundheit	183
6.5	Egoismus und Egozentrik	184
6.6	Welche Rolle spielen Anlage und Umwelt für einen Gestalter?	187
7	**Der Körper als Basis für eine optimale Grundhaltung**	**189**
7.1	Streben nach Selbstbestimmung und körperliche Verfassung	189
7.2	Neurobiologische Zusammenhänge von Körper und Seele	190
7.3	Das Selbst und neuere Befunde zur Physiologie unseres Körpers	196
8	**Welchen Grad an Freiheit haben wir?**	**200**
8.1	Zusammenfassung der PSI-Theorie	200
8.2	Sind wir wirklich unseres Glückes Schmied?	202
8.3	Ausblick	204

Literatur **205**

Stichwortverzeichnis **211**

Anhang

Übung 1: Selbstwahrnehmung (reizabhängig) **217**

Übung 2: Selbstwahrnehmung **219**

Übung 3: Personwahrnehmung (spontan) **221**

Übung 4: Personwahrnehmung (Pendeln) **223**

Übung 5: Identifikation (mit der Wahrnehmung) **225**

Übung 6: Problemwahrnehmung (Unstimmigkeiten/ Fremdwahrnehmung) **227**

Übung 7: Problemwahrnehmung (Unstimmigkeiten: Selbst) **229**

Übung 8: Umkehrung (von innen nach außen) **231**

Übung 9: Umkehrung **233**

Übung 10: Beweglichkeit **235**

Übung 11: Umgang mit Forderungen **237**

Übung 12: Umgang mit eigenen Zielen **239**

Übung 13: Stärkung der Selbstmotivierungskompetenz **242**

Übung 14: Stärkung der Selbstberuhigungskompetenz **244**

Vorwort

Der vorliegende Band enthält nicht nur viele neue Befunde aus der Motivationsforschung, die bereits in der dritten Auflage durch das Zitieren exemplarischer Originalarbeiten ergänzt wurden, sondern auch weitere Übungsbeispiele zur Entwicklung der eigenen Selbstmotivierung und einiger Kompetenzen, auf die diese zentrale Fähigkeit aufbaut. Die Übungen finden Sie im Anhang des Buches. Trotz dieser Beispiele ist unser Buch nach wie vor nicht als praktische Übungsanleitung gemeint: Die *Kunst* der Selbstmotivierung kann weder durch ein noch so intensives Studium einschlägiger Forschungsergebnisse, noch durch das Durcharbeiten einer Übungssammlung erlernt werden. Sie kann nur durch den aktiven und ganz persönlichen Umgang mit den hier vermittelten Einsichten individuell entstehen. Ähnlich wie man Malen, Musizieren oder »Die Kunst des Liebens« (Erich Fromm) nicht durch das Durcharbeiten einer Übungssammlung lernen kann, so ist es auch hier: Die Kunst der Selbstmotivierung erfordert ein Grundverständnis der wesentlichen Voraussetzungen für die Entwicklung dieser Kunst, wie es die psychologische Analyse der beteiligten Kompetenzen vermitteln kann; sie kann weiterhin durch Beispiele und Vorbilder gefördert werden, mit denen wir die wissenschaftlichen Erörterungen immer wieder veranschaulichen. Unser Ziel ist es nach wie vor nicht, die Spannung zwischen dem wissenschaftlich begleiteten Verstehen und dem durch viele Beispiele unterstützten Erleben der vielen Facetten der Selbstmotivierung aufzuheben oder zu nivellieren: Kunst entsteht wie jede Form von Kreativität aus der *Spannung* zwischen Verstehen und Erleben.

Wir laden auch mit dieser siebenten Auflage unsere Leser ein, sich auf diese Spannung zwischen Theorie und Praxis einzulassen und den unerfüllten (und wohl auch unerfüllbaren) Wunsch nach rascher »Integration« dieser beiden Spannungspole auszuhalten. Denn für die Kunst der Selbstmotivierung gilt das, was Erich Fromm seinen Lesern in seiner *Kunst des Liebens* deutlich machen wollte: »Wenn man auf rasche Erfolge aus ist, lernt man eine Kunst nie. Aber für den modernen Menschen ist es ebenso schwer, Geduld zu haben, wie Disziplin und Konzentration aufzubringen. Unser gesamtes Industriesystem ist genau dem Gegenteil förderlich: der Geschwindigkeit«.

Nach wie vor richtet sich das Buch an Menschen, die angesichts der vielen Anforderungen des beruflichen und privaten Lebens ihren Mann bzw. ihre Frau stehen müssen. Es geht um die Frage, was die Fortschritte der psychologischen Wissenschaft und die Erfahrungen der Beratungs- und Trainingspraxis an Erkenntnissen bereitstellen, die erfolgreiches Handeln in einer immer komplexer vernetzten Welt ermöglichen. Es geht um Persönlichkeitspsychologie. Dabei konzentrieren wir uns – anders als die meisten persönlichkeitspsychologischen Ansätze – nicht auf persönliche Meinungen, private Erlebnisse (die man mit Recht vor fremdem Zugriff schützt) oder unbewusste Absichten oder Konflikte (die man mit Recht nicht gern freilegen lässt). In der neuen Persönlichkeitspsychologie geht es nicht um *Inhalte* des Denkens, des Fühlens oder Wollens, sondern um *persönliche Kompetenzen*, die in keinem Schulfach und auch nicht in der Berufsausbildung unterrichtet werden, obwohl sie für den beruflichen Erfolg so wichtig sind, dass sie in den Unternehmen oft als Schlüsselqualifikationen bezeichnet werden.

Dieses Buch gibt keinen umfassenden Überblick über den Stand der Forschung, beschränkt sich auch nicht auf eine Auflistung von Übungen zur Selbstoptimierung. Im Fokus steht eine allgemeinverständliche Darstellung einiger Erkenntnisse der modernen Persönlichkeitspsychologie, die wir mit Beispielen aus der Schulungspraxis des Erstautors und aus unserem persönlichen Alltag veranschaulichen. Diese Erkenntnisse können nicht nur den beruflichen und privaten Erfolg von Menschen erklären, sondern ermöglichen auch Rückschlüsse auf erlernbare Fertigkeiten, die hier dargestellt werden. Da die Herausforderungen verschiedener Menschen sehr unterschiedlich sein können, begnügen wir uns dabei (i. U. zu vielen Leitfäden zur Lebensgestaltung) nicht mit Beispielen: Die Leser werden zusätzlich an eine allgemeine Theorie der Persönlichkeit herangeführt, die ihnen die Übertragung der Beispiele auf die Herausforderungen ihres Alltags ermöglicht: Die Theorie wird deshalb so dargestellt, dass sie das praktische Handeln des Einzelnen leiten kann: Nur wenn man den (theoretischen) Hintergrund der praktischen Lösungsvorschläge kennt, gelingt es, die eigenen oft ganz unvorhergesehenen, z. T. einzigartigen Probleme zu bewältigen.

Alle Beispiele und theoretischen Erkenntnisse werden immer wieder an einem zentralen psychologischen Merkmal veranschaulicht, in dem Menschen sich unterscheiden: Es geht um den Unterschied zwischen Menschen, die aus irgendwelchen (in diesem Buch zu analysierenden Gründen) das Handeln im Vordergrund sehen, und Menschen, die oft in einer schwierigen Situation von der eingetretenen Lage so fasziniert oder gar gelähmt sind, dass ihnen nicht einmal die Handlungsmöglichkeiten einfallen, über die sie verfügen (»handlungsorientierte Gestalter« gegenüber »lageorientierten Opfern« oder »Erduldern«). Nun muss man nicht gerade lageorientiert sein, um an sich kleine Anzeichen von Passivität und verpassten Gelegenheiten zur Gestaltung des eigenen Tuns erkennen zu können. Wer sich z. B. während oder nach der Lektüre dieses Buches fragt, warum er denn nun kaum konkrete praktische Empfehlungen für den eigenen Alltag gefunden hat, mag die zentrale Intention dieses Buches nicht angenommen haben: Wir beschränken uns auf relativ wenige konkrete Empfehlungen und Anweisungen, weil wir nicht die rezeptiv-passive Einstellung unterstützen möchten, sondern die aktiv-gestaltende: Wer beim Lesen zwischendurch immer mal wieder innehält, ein Notizheft nimmt und aufgrund unserer theoretischen oder exemplarischen Anregungen sich eigene Übungen ausdenkt (oder die angegebenen Übungen abwandelt), wer sich auf Grund einer plötzlichen Einsicht vornimmt, in bestimmten konkreten Praxissituationen anders zu reagieren, nimmt die eigentliche Intention dieses Buches auf: Statt vorgefertigte Rezepte einzusammeln (die selten wirklich gut in den eigenen Alltag hinein passen), lieber jedes kleine Aha-Erlebnis nutzen, um daraus eine eigene Übungsidee zu entwickeln.

Da die Menschen, für die dieses Buch geschrieben ist, erfolgreich sein wollen und daher trotz der Belastungen des Alltags ihr Handeln optimieren müssen, ist dieses Buch auf die positiven Seiten der Handlungsorientierten und auf ihre Gestaltungskraft zentriert und beachtet bei den Lageorientierten mehr die Beeinträchtigungen, die durch das passive Erdulden und die Selbstwahrnehmung als »Opfer der Umstände« entstehen können. Obwohl es an vielen Stellen auch um positive Seiten der »Opferhaltung« geht, ist klar, dass angesichts der handlungsorientierten Thematik dieses Buches die Vorteile der Gestalterhaltung im Vordergrund stehen. Vollständig ist die Analyse jedoch erst dann, wenn auch die leistungskritische Perspektive berücksichtigt wird. Leistung ist nicht in allen Kulturen der höchste Wert, und sie ist innerhalb der leistungsorientierten Gesellschaften nicht der einzige Wert. Persönliche Entwicklung hängt auch davon ab, dass Menschen ihre Leistungsorientierung zuweilen zurücknehmen und sich auf sich selbst und ihre »Lage« besinnen können. Sowohl in den Weltreligionen wie auch in der Philosophie ist diese Erkenntnis ausgearbeitet worden: Wenn Menschen plötzlich aufhören, ihren Zielen ausgeliefert zu sein, wenn sich der Wille zum Handeln beruhigt, dann entwickeln sie nicht selten die Fähigkeit, die Dinge in einem ausgewogeneren Verhältnis zu sehen, Wichtiges von Unwichtigem zu unterscheiden und eine Art innerer Weisheit zu entwickeln.

Wir haben in diesem Buch nicht den Anspruch, die hier das ganze Leben umspannende Ausgewogenheit der Lebensführung darzustellen. Unser Ziel ist bescheidener: Es geht darum, die Prozesse näher zu betrachten, die uns ermöglichen, Herausforderungen, Aufgaben und Probleme handlungsorientiert anzugehen und somit erfolgreich zu sein, statt auf Gestaltungsmöglichkeiten verzichten zu müssen, wenn man ganz einseitig auf eine lageorientierte Haltung festgelegt ist. Das kann gerade auch für Menschen wichtig werden, die an sich eine besinnliche, vielleicht sogar »lageorientierte« Grundeinstellung haben und diese Einstellung im Prinzip auch nicht aufgeben möchten, die aber dann, wenn sie unter Handlungszwänge geraten, zumindest vorübergehend auch handlungsorientierte Strategien auf der Klaviatur ihrer Alltagsbewältigung zur Auswahl haben möchten.

Unsere Einführung in die Funktionsgrundlagen der Handlungsorientierung kann auch für Menschen interessant sein, die sich für handlungsorientiert halten, aber in ihrem Alltag so manche Gestaltungsmöglichkeit verpassen, weil sie extravertierten Aktionismus oder einseitigen Optimismus mit Gestaltungskompetenz verwechseln. Auch wenn wir uns in diesem Buch auf den Ausschnitt des Alltags beschränken, in dem Menschen es für sinnvoll halten, die sich stellenden Probleme handlungsorientiert zu lösen, braucht dies die Neugier an den spannenden und erlernbaren Grundlagen der Handlungsorientierung nicht zu schmälern. Um diese Grundlagen geht es in diesem Buch.

Wir wünschen Ihnen, dass Sie sich aktiv mit diesem Buch auseinandersetzen und unsere Anregungen immer wieder in die Form übersetzen, die das Gemeinte für Ihre persönliche Lebensgestaltung interessant und praktikabel macht.

München und Osnabrück	Jens-Uwe Martens und Julius Kuhl
im Herbst 2023	www.Jens-Uwe-Martens.de

1 Einführung: Wie es zu diesem Buch kam

O lerne denken mit dem Herzen, und lerne fühlen mit dem Geist.

Theodor Fontane

1.1 Ein Buch zum Lernen?

Warum, liebe Leserin und lieber Leser, haben Sie dieses Buch zur Hand genommen? Wo stehen Sie in Ihrem Leben? Wollen Sie aus diesem Buch für sich selbst profitieren? Möchten Sie vielleicht sogar etwas in Ihrem Leben oder an Ihrem Verhalten verändern und damit »lernen«? Kann man überhaupt persönlich aus Büchern lernen?

Natürlich können wir Ihnen nicht versprechen, dass Ihr Leben durch dieses Buch glücklicher oder erfüllter wird. Änderungen an sich oder an Ihrem Leben können nur Sie selbst vornehmen, das kann Ihnen kein anderer abnehmen. Aber wenn Sie bereit sind, etwas in Ihrem Leben zu ändern, es noch interessanter, noch reicher zu machen, wenn Sie sich entschlossen haben, Ihr Leben noch konsequenter oder zielbewusster in die Hand zu nehmen, dann kann Ihnen dieses Buch bestimmt eine Hilfe sein. Was sind die Ursachen dafür, dass manche Menschen auch sehr komplexe Entscheidungen besser treffen und sie erfolgreicher umsetzen können als andere? Was kann ich tun, um meine persönlichen Ziele klarer zu formulieren und effektiver umzusetzen? Was kann ich tun, um mit den verschiedenen Stressquellen des beruflichen und privaten Alltags besser fertig zu werden? In diesem Buch finden Sie viele Anregungen, die Ihnen helfen sollen, solche Fragen zu beantworten.

Eine Besonderheit dieses Buches ist die Verbindung von Wissenschaft und Praxis. Es gibt viele praktische Ratgeber, die wenig oder gar nicht auf dem Stand der modernen psychologischen Forschung stehen. Es mangelt auch nicht an Büchern, die Fortschritte der experimentellen Psychologie oder der Biologie des Gehirns mehr oder weniger allgemeinverständlich darstellen. Die Verbindung zwischen diesen beiden Angeboten ist aber selten. Sie erfordert einen intensiven Dialog zwischen Wissenschaftlern und Praktikern. Dieses Buch beruht auf einem solchen Dialog.

Bevor wir das Ergebnis dieses Dialogs darstellen, möchten wir zur Einstimmung eine Geschichte erzählen, die einem der Autoren vor vielen Jahren passiert ist:

1 Einführung: Wie es zu diesem Buch kam

> **»Papa, da lernt man nichts«**
>
> Bei mir zu Hause brach das Computerzeitalter an. Ich habe vier Kinder, die damals zwischen 7 und 13 Jahre alt waren, und meine Frau und ich dachten, dass man dieses neue Instrument auch den Kindern nahebringen sollte. Damit sie lernen konnten, mit diesem Wunderding umzugehen, ging meine Frau mit meinen Kindern in eine Computerschule. Am Wochenende, nachdem der Kurs begonnen hatte, unterbrach mich mein jüngster Sohn bei der sonntäglichen Zeitungslektüre und sagte, er müsse unbedingt mit mir sprechen. So legte ich die Zeitung beiseite und wandte die volle Aufmerksamkeit meinem siebenjährigen Sohn zu: »Papa, Du weißt, alle meine Geschwister und sogar Mama gehen auf diese Computerschule, nur Du fehlst! Du musst unbedingt auch dorthin gehen. Ich habe schon mit meiner Lehrerin gesprochen, und sie hat gesagt, Du könntest auch noch kommen«, begann er mit seinem Anliegen.
>
> »Weißt Du, es ist nicht so, dass ich mich nicht für das interessieren würde, was ihr da lernt, aber ich habe keine Zeit, um auch an dem Kurs teilzunehmen. Aber wir könnten es so machen: Du passt gut auf und erzählst mir immer am Wochenende, was Du gelernt hast«, und ich war überzeugt, er wäre mit dieser Antwort zufrieden. »Nein«, antwortete er voller Entrüstung, »das siehst Du völlig falsch, in dieser Computerschule lernt man nichts, das macht Spaß!«
>
> Mein Sohn war gerade erst in die Schule gekommen, aber eines hatte er bereits erfahren: Lernen ist offensichtlich etwas Mühseliges. Wenn eine Tätigkeit Spaß macht, kann sie demnach nichts mit Lernen zu tun haben. Mein Sohn hat mir zwar am Ende des Kurses ein kleines Buch von einem Wal mit vielen Grafiken und einigem Text gezeigt, das er in dem Kurs gestaltet und produziert hat, aber »gelernt« hatte er nach seiner Überzeugung nichts.

In diesem Sinne wünschen wir Ihnen, dass Sie aus diesem Buch nichts »lernen« (wenn man den Bedeutungsgehalt nimmt, den dieses Wort in der kleinen Anekdote hat), d. h., dass dieses Buch für Sie nicht belehrend wirkt, dass Sie aber am Ende dieser Lektüre, wenn schon nicht an einem Buch über einen Wal, so vielleicht doch an ein paar Ideen zu Ihrem Leben basteln.

1.2 Die Grundlagen dieses Buches

Dieses Buch basiert auf vielen Jahrzehnten des Umgangs mit Menschen, auf der einen Seite (der Seite des Praktikers) mit dem primären Ziel, diesen Menschen bei ihrer Entwicklung zu helfen, auf der anderen Seite (der Seite des Wissenschaftlers) mit dem primären Ziel, die Zusammenhänge zu finden, mit denen man das Verhalten der Menschen erklären kann. Wir beide haben Tausende von Menschen beobachtet, wir haben uns in sie hineinversetzt, und wir haben versucht, sie in ihrer Weiterentwicklung zu verstehen und zu fördern. Wir haben diese Menschen in ihrem Alltag begleitet oder in wissenschaftlich kontrollierten Bedingungen beobachtet. Wir haben das dabei gewonnene Wissen in Seminaren und Trainingsprogrammen oder in persönlichen Beratungsgesprächen (Coaching) umgesetzt bzw. in Veröffentlichungen zur Diskussion gestellt. Wir konnten dabei erleben, dass unsere Erkenntnisse für viele Personen sehr hilfreich waren.

Wir möchten auf den folgenden Seiten versuchen, Ihnen unsere Erkenntnisse auf eine Weise nahe zu bringen, die es Ihnen möglich macht, daraus die Einsichten für sich zu gewinnen, die Ihnen Ihr Leben erleichtern und erfüllen – so wie sie unser Leben reicher und leichter gemacht haben. Aber gelten unsere Einsichten und Erkenntnisse auch für Sie?

Mag man sich noch so sehr zum Allgemeinen ausbilden, so bleibt man immer ein Individuum, dessen Natur, indem sie gewisse Eigenschaften besitzt, andere notwendig ausschließt.
Goethe im Briefwechsel mit Wilhelm v. Humboldt

Das Wichtigste, das wir in all den Jahren gelernt haben, ist so selbstverständlich, dass wir zögern, es niederzuschreiben, weil es fast schon banal klingt. Trotzdem wollen wir es hier noch einmal betonen, da viele Kollegen und die meisten »Laienpsychologen« es immer wieder vergessen: *Alle Menschen sind verschieden, jeder für sich ist einzigartig,* und daraus folgt, dass alle Erklärungsversuche, die auf den Erfahrungen mit anderen Menschen beruhen, zutreffen können, aber nicht zutreffen müssen. Es ist also *Ihre* Aufgabe, die wir Ihnen nicht abnehmen können, zu prüfen, welche von den hier dargestellten Einsichten für Sie relevant sind. Ihre Interpretation, die Art, wie Sie die hier dargestellten Erkenntnisse für sich aufnehmen, gehört zu der »Wahrheit«, die wir vermitteln wollen. Wir haben daher bewusst auch immer wieder unsere persönlichen Erlebnisse und andere Geschichten dargestellt, da konkrete Erlebnisse oft eher den persönlichen Aspekt einer Erkenntnis vermitteln können. Bedeutet das, dass es sich hier nur um die Beobachtungen und Erkenntnisse eines Einzelnen handelt und dass damit die Allgemeingültigkeit und damit die Wissenschaftlichkeit nicht gewährleistet sind?

1.3 Brauchen Praktiker eine wissenschaftliche Theorie?

Es gibt nichts Praktischeres als eine gute Theorie.

Kurt Lewin

Es geht in diesem Buch nicht um eine ausführliche Darstellung psychologischer Theorien oder Forschungsergebnisse, sondern um eine erfahrungsnahe Beschreibung von Alltagsbeobachtungen, die für die Gestaltung eines erfolgreichen Lebens nutzbar gemacht werden können. Theorie und Alltagserfahrung können sich ideal ergänzen. Die oben zitierte Einsicht des unter den Nazis nach Amerika emigrierten Motivationsforschers Kurt Lewin: »Es gibt nichts Praktischeres als eine gute Theorie«, gilt vor allem für die Psychologie und innerhalb dieser Wissenschaft für die Persönlichkeitstheorie, die diesem Buch zugrunde liegt. Dass die hier dargestellte Theorie sehr praktisch ist, zeigte sich an dem Feedback der Leser. Die ersten positiven Reaktionen kamen von Praktikern, von Trainern und Psychologen, die in der Erwachsenenbildung oder als Psychotherapeuten arbeiten. Auch wenn diese Theorie etwas komplexer ist als viele der heute populären Modelle, so kann sie den Menschen in ihrem beruflichen Handeln helfen, gerade dann, wenn unerwartete Situationen oder ganz neue Aufgaben auftauchen, für die es keine vorgefertigten Rezepte gibt. Das sind Situationen, in denen es darauf ankommt, selbst Lösungen zu entwickeln.

Zu dem Thema »Komplexität« der Theorie mag die folgende Geschichte die Position des Wissenschaftlers verdeutlichen:

> **»I don't believe in any theory that has more than three boxes«**
>
> »Ich glaube an keine Theorie, die mehr als drei Kästchen hat.« Das war die erste Reaktion eines weltbekannten amerikanischen Psychologen, als ich meine neue Theorie der Persönlichkeit einem Gremium von internationalen Top-Wissenschaftlern vorstellte, die über die Besetzung des Direktor-Postens eines Max-Planck-Instituts zu befinden hatten. Die meisten anwesenden Wissenschaftler nickten zustimmend und zeigten offen ihre Erheiterung über diese Feststellung.
>
> Meine spontane Antwort war: »Was würden Sie sagen, wenn sich Ihr Fernsehtechniker mit derselben Begründung weigern würde, Ihren kaputten Fernseher zu reparieren?« Anschließend erläuterte ich, dass meine Theorie keineswegs so viele Kästchen hatte, wie das Schaltbild eines Fernsehers, mit dessen Komplexität sich durchaus Leute abgeben müssen, die keine wissenschaftliche Ausbildung haben, ja meist nicht einmal das Abitur.
>
> Eine Persönlichkeitstheorie, die ganze vier psychische Systeme unterscheidet, war diesem Kollegen schon zu komplex, um die Persönlichkeit des Menschen darzustellen.

Wir sind auch vor dieser kleinen Begebenheit und danach immer wieder einer ähnlichen Einstellung begegnet: Psychologie soll einem möglichst breiten Publikum dargebracht werden und damit leicht konsumierbar sein. Wird man durch diese Forderung aber noch dem in sich komplexen Gegenstand gerecht, den man untersuchen und darstellen will? Andererseits gilt das dem britischen Philosophen *Occam* zugeschriebene Sparsamkeitsprinzip: »Die Dinge sollten nicht mehr als notwendig verkompliziert werden«. Heißt das nicht, dass auch Wissenschaftler der Einfachheit verpflichtet sind? Wie ist dieser Widerspruch zu lösen?

Eigentlich ist das gar nicht so schwierig. Die Lösung dieses Widerspruchs erfordert genau das, was Thema dieses Buches ist: *Persönliche Intelligenz*.

1.4 Das Konzept der »Persönlichen Intelligenz«

In der Erreichung der (seiner) Persönlichkeit liegt nichts Geringeres als die bestmögliche Entfaltung des Ganzen eines besonderen Einzelwesens.

C. G. Jung

Wir begegnen auf unserem Lebensweg immer wieder Aufgaben und Problemen, die nicht durch einfache logische Gedanken lösbar sind. Wir spüren dann, dass zur Lösung dieser Aufgaben unsere ganze Person gefordert ist. Wenn jemand sich einem Problem »als Person« stellt, dann bedeutet das, dass er die höchste Stufe seiner gesammelten Lebenserfahrung aktiviert. Wir werden wissenschaftliche Ergebnisse erläutern, die zeigen, dass diese Stufe weder durch *logisch-analytische (»kognitive«) Intelligenz* erreicht wird, wie sie durch die üblichen Intelligenztests gemessen wird, noch durch das, was neuerdings *emotionale Intelligenz* genannt wird. Auf der Stufe der *persönlichen Intelligenz* regiert nicht das Entweder-oder des analytischen Denkens und auch nicht irgendein noch so positiv und erfolgreich anmutender emotionaler Zustand, sondern das verbindende Sowohl-als-auch des ganzheitlichen, persönlich relevanten Erfahrungswissens.

Die zentrale These dieses Buches, in der es sich von Büchern mit ähnlicher Zielsetzung unterscheidet, lautet:

> Eine erfolgreiche Gestaltung des beruflichen und privaten Lebens wird weder durch eine immer höher entwickelte logische Intelligenz noch durch erfolgsverheißende Bestandteile »emotionaler Intelligenz« wie Optimismus oder unerschütterliches Selbstbewusstsein ermöglicht, sondern durch einen *differenzierten Umgang mit persönlichen Lebenserfahrungen*, durch »*persönliche Intelligenz*«.

Das bedeutet, dass man nicht nur Pessimismus, sondern auch einseitigen Optimismus vermeidet. Stattdessen entwickelt man die »persönliche« Stärke, alle persönlich relevanten Lebenserfahrungen, positive *und* negative, zu beachten, um so zu immer umfassenderen persönlichen Einsichten zu kommen. Diese Lebenserfahrungen weisen meist durchaus eine positive Gesamtbilanz auf. Die wird aber nicht durch vorschnelles Beschönigen, durch einseitigen Optimismus oder durch künstliches Vereinfachen erreicht, sondern durch aktive und kreative Auseinandersetzung mit allen positiven und negativen Erfahrungen, seien sie zunächst auch noch so schwierig oder widersprüchlich.

Dieses Prinzip lässt sich auch auf die Wissenschaft anwenden. Kuhl meint dazu: »Vereinfachung ist ein erstrebenswertes Ziel, auch in meiner eigenen wissenschaftlichen Arbeit. Aber man darf nicht den Weg mit dem Ziel verwechseln. Der Weg kann recht schwierig sein, wenn man ein Ziel erreichen will, das einen klaren und möglichst einfachen Überblick über einen Gegenstandsbereich vermittelt. Der Weg in die Persönlichkeitstheorie, die ich in den letzten Jahren entwickelt habe, war alles andere als einfach. Aber das Resultat ist so einfach, dass es in diesem Buch in einigen wenigen Abschnitten dargestellt werden kann.«

Persönliche Intelligenz bedeutet, dass wir *alle* unsere Fähigkeiten und Gefühle in ausgewogener und in einer dem jeweiligen Kontext angemessenen Form einsetzen. Es gibt kein noch so positives Gefühl und kein noch so intelligentes psychisches System, das für jede Aufgabe und für jede Situation geeignet ist. Manchmal ist das Denken und Planen sinnvoll, um Schritt für Schritt möglichst sichere Lösungen zu suchen, manchmal eher die spontan improvisierende Intuition oder die viele Erfahrungen integrierende Selbstwahrnehmung. Oft ist positive Stimmung hilfreich, oft stört sie aber auch. Oft ist negative Stimmung nachteilig, oft braucht man sie aber auch.

1.5 Die Entwicklung des Selbst oder der Persönlichkeit

Nicht die Talente, nicht das Geschick zu diesem oder jenem machen eigentlich den Mann der Tat; die Persönlichkeit ist's, von der alles abhängt.

Goethe, Wilhelm Meisters Wanderjahre

Es wird in diesem Buch viel von einem System die Rede sein, welches das ausgewogene Wechseln zu den jeweils sinnvollen Stimmungen und Intelligenzformen überwacht. Dieses System speichert alle persönlich relevanten Erfahrungen und ist immer aktiv, wenn wir »persönlich« werden, sei es im persönlichen Gespräch, sei es, wenn wir der Selbstwahrnehmung Raum geben und spüren, was ein Erlebnis uns persönlich bedeutet, sei es, dass wir irgendwo zur Lösung eines Problems unsere »persönliche« Erfahrung einbringen. Der Entwicklungszustand dieses Systems entspricht dem, was wir im Alltag die *Persönlichkeit* eines Menschen nennen. Dieses System – wir werden es das *Selbst* nennen – ist auch meistens involviert, wenn wir einen Menschen reif oder unreif nennen, erfahren oder unerfahren, flexibel oder unflexibel, entscheidungs- und urteilsstark oder unsicher. Es bedarf eigentlich keiner besonderen Erklärung, warum die optimale Entwicklung dieses Systems für ein erfülltes ebenso wie für ein erfolgreiches berufliches und privates Leben besonders wichtig ist.

Heute ist die Entwicklung einer starken Persönlichkeit wichtiger denn je: Noch nie mussten Menschen täglich so viele isolierte, mal erschreckende, mal widersprüchliche Informationen und Werte verarbeiten wie in der heutigen Mediengesellschaft. Noch nie ist berufliches Fachwissen so schnell veraltet wie heute. Kein Wunder, dass die Unternehmen – ganz besonders wenn es um Führungspositionen geht – immer mehr nach Schlüsselqualifikationen als nach Fachwissen fragen. Vor diesem Hintergrund ist es geradezu paradox, dass in unserer Gesellschaft die Voraussetzungen zur Entwicklung persönlicher Kompetenzen immer ungünstiger werden: Eltern haben – besonders als Doppelverdiener – immer weniger Zeit, sich auf einer *persönlichen* Ebene mit ihren Kindern zu beschäftigen. Selbst wenn die Zeit da wäre, fehlt oft die entspannte, ruhige Situation und Einstellung, die man braucht, um sich auf einen anderen Menschen wirklich einzulassen und alles zu unterstützen, was in einem Kind oder Heranwachsenden an persönlichen Talenten und Möglichkeiten angelegt ist. Die vielen Druckmomente, der Stress und die Zwänge, denen wir im Alltag ausgesetzt sind, erschweren das unvoreingenommene Wahrnehmen und warmherzige Akzeptieren der Selbstäußerungen eines Kindes.

Während noch vor einigen Jahrzehnten unsere damaligen Lehrer ihre Aufgabe nicht nur in der Wissensvermittlung sahen, sondern auch darin, aus uns selbständig urteilende, reife Menschen zu machen (das schloss der damalige Begriff der »Bildung« mit ein), müssen sich Lehrer unter den heutigen Bedingungen in dieser Rolle oft überfordert fühlen. Nimmt man die enorm gestiegene Bedeutung der Entwicklung persönlicher Kompetenzen und die enorm gesunkene Unterstützung gerade dieser Entwicklung zusammen, so lässt sich der Beweggrund zusammenfassen, der uns zu der Arbeit an diesem Buch veranlasst hat:

Noch nie war die Schere zwischen Fordern und Fördern von Persönlichkeit so weit geöffnet wie heute.

Wissen kommt heute aus dem Internet. Fast jeder auf der ganzen Welt hat heute in seinem Handy (Smartphone) oder Laptop fast alles Wissen der Welt buchstäblich »in der Hand«. Gelernt und gelehrt werden muss, wie man aus diesem Wissen in widersprüchlichen Situationen und unlösbar erscheinenden Konflikten vertretbare Handlungsalternativen entwickeln kann.

Persönlichkeit entwickeln bedeutet, Menschen zum ausgewogenen Urteilen anleiten, statt sie auf immer einfachere Verhaltensmuster – seien sie auch noch so positiv und unterhaltsam – zu reduzieren. »Wenn wir uns das Leben wirklich vereinfachen wollen, dann müssen wir uns zunächst seinen Schwierigkeiten und Komplexitäten stellen.«[1]

Life becomes simple when we accept its complexities.

Wenn wir uns den Lebenserfahrungen bzw. den wissenschaftlichen Beobachtungen, die wir meistern wollen, ohne voreiliges, künstliches Vereinfachen und Beschönigen stellen, dann haben wir die Chance, *persönliche Gestaltungskräfte* zu entwickeln, mit denen wir aus all den schwierigen und widersprüchlichen Erfahrungen schließlich doch einfache Lösungen entwickeln können. Dann sind wir nicht Opfer, sondern Gestalter unserer Lebensbedingungen. Wenn wir uns nicht darauf beschränken wollen, Erlittenes oder Erreichtes zu *verwalten*, wenn wir Erfolge nicht nur kurzfristig konstatieren, sondern nachhaltig *gestalten* wollen, mit anderen Worten, wenn wir das Leben als Ganzes in die Hand nehmen wollen, dann lohnt es sich, *persönliche Intelligenz* zu entwickeln. Was das heißt und wie das geht, ist Thema dieses Buches.

---

1 Julius Kuhl: Motivation und Persönlichkeit: Interaktionen psychischer Systeme. Göttingen: Hogrefe, 2001.

1.6 Die wissenschaftliche Grundlage dieses Konzeptes

Wir unterscheiden hier zwei Grundhaltungen, mit denen man auf die vielen Schwierigkeiten und leidvollen Erfahrungen im Leben reagieren kann:

> Wir nennen die Überzeugung, dass man Gestalter seines Lebens ist, die *Gestaltergrundhaltung*, und die gegenteilige Überzeugung, dass man Opfer der Umstände ist, die *Opfer- oder Erduldergrundhaltung*.

Menschen mit einer *Gestaltergrundhaltung glauben* nicht nur, etwas *bewirken* zu können, sondern sie verfügen auch über die dazu notwendigen persönlichen Kompetenzen. Menschen mit dieser inneren Haltung sind eher *handlungsorientiert*, d. h., sie besinnen sich in einer schwierigen Situation darauf, etwas zu *tun*, um ihre Lage zu verändern. Sie zögern nicht lange, sondern werden aktiv. Demgegenüber stehen die Menschen, die eher *lageorientiert* sind. Diesen Menschen fällt es schwer, an eine Handlung zu denken, wenn sie in Schwierigkeiten oder unter Stress geraten, sie konzentrieren sich dann zu sehr auf ihre derzeitige Lage und neigen zum Zaudern und Grübeln, sie akzeptieren auch vorschnell für sie negative Bedingungen. Sie reagieren oft passiv, sie finden sich mit dem ab, was ihnen begegnet. Wir nennen die zugrunde liegende Einstellung *Opfer- oder Erduldergrundhaltung*.

Handlungs- und lageorientierte Menschen haben unterschiedliche Überzeugungen: Handlungsorientierte glauben, dass es auch in vielen schwierigen Situationen Lösungswege gibt, während Lageorientierte optimistische Überzeugungen rasch verlieren, wenn etwas schief geht. Es liegt nahe zu meinen, dass solche Überzeugungen die Ursache für das aktive Problemlösen der handlungsorientierten Gestalter und die Passivität der lageorientierten Erdulder sind: Wer nicht an den Erfolg glaubt, gibt auf. Diese Erklärung ist auch in der Psychologie noch weit verbreitet. Die systematische Erforschung der beiden Grundtypen hat jedoch gezeigt, dass pessimistische bzw. optimistische Überzeugungen oft gar nicht die Ursache, sondern die Folge eines tiefer liegenden Mechanismus sind.

Bei handlungsorientierten Gestaltern funktionieren bestimmte Regulationsvorgänge anders als bei Lageorientierten, z.B. erholen sich Gestalter schneller von negativen Gefühlen. Die Forschung hat gezeigt, dass die rasche Wiederherstellung positiver Gefühle – z. B. wenn man durch einen Verlust oder einen Misserfolg entmutigt worden ist – dazu führt, dass man einen verbesserten Überblick über persönliche Erfahrungen und Lösungsmöglichkeiten gewinnt und entsprechend rasch wieder handeln kann (Koole & Jostmann, 2004). Lageorientierte sind nicht pessimistischer als Handlungsorientierte. Ihre Schwierigkeiten, nach einem Misserfolg wieder ins Handeln zurückzufinden, beruht auf ihrem besonderen *Realismus*. Das zeigte sich in einer Untersuchung, in der wohnungssuchenden Studierenden verschiedene Angebote vorgelegt wurden (Beckmann & Kuhl, 1984). Nach einer ersten Sichtung der Alternativen schätzten die Interessenten die Attraktivität aller Wohnungen ein. Später sollten sie noch einmal die Attraktivität aller Wohnungen einschätzen. Obwohl sie keine neuen Informationen zu den Wohnungsangeboten erhalten hatten, fanden Handlungsorientierte die Wohnung, die sie von Anfang an bevorzugt hatten, bei der zweiten Befragung noch attraktiver als beim ersten Mal, während Lageorientierte exakt dieselben Einschätzungen abgaben, also im Grunde *objektiver* waren (sie hatten ja nichts Neues über die Wohnungen erfahren). Handlungsorientierte hatten offensichtlich die Attraktivität der bevorzugten Wohnung zwischenzeitlich »heraufreguliert«. Das kann als Hinweis auf die höhere Selbstmotivierung der Handlungsorientierten aufgefasst werden: Je attraktiver ich eine bevorzugte Entscheidungs- oder Handlungsalternative sehe, desto mehr Motivation kann ich aufbringen, diese Alternative auch wirklich zu realisieren.

Die größere Objektivität der Lageorientierten kann sich nach einem Misserfolg sehr nachteilig auf die Leistungsfähigkeit auswirken. In einigen Experimenten zur »erlernten Hilflosigkeit« aus den 80er Jahren erhielten Versuchspersonen nach einer »Vorbehandlung« mit einer nicht lösbaren Aufgabe eine andersartige Aufgabe. Bei der neuen Aufgabe schnitten lageorientierte Personen schlechter ab als die Personen einer Kontrollgruppe, die vorher eine lösbare Aufgabe bearbeitet hatten. Der überraschende Befund dieser Experimente war nun, dass die lageorientierten Personen nicht weniger optimistisch an die neue Aufgabe herangingen als die handlungsorientierten (Kuhl, 1981). Weitere Untersuchungen zeigten: Pessimistische Überzeugungen sind meist die *Folge* (nicht die Ursache) des weniger effektiven Funktionierens psychischer Systeme. Das ist auch für die Praxis wichtig: Alle noch so gut gemeinten Empfehlungen vieler Ratgeberbücher, man möge positiv denken, helfen wenig, wenn man nicht die eigentlichen Ursachen ungünstiger Überzeugungen beseitigt, z. B. die geringe Fähigkeit, die für das Problemlösen und Handeln wichtigen Emotionen wiederherzustellen.

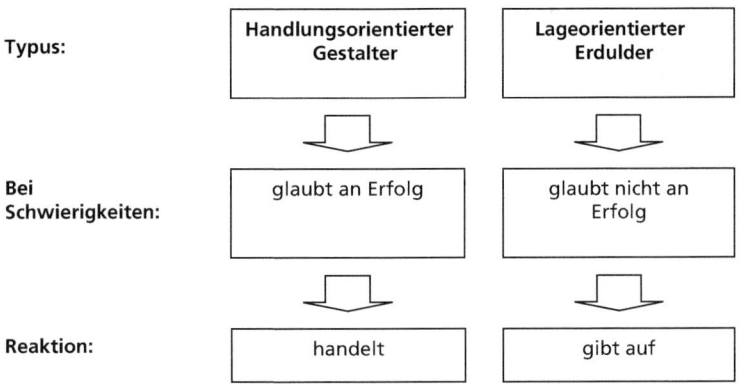

Abb. 1: Unterschied zwischen Gestalter und Opfer (*Oberflächliche* Betrachtung)

Es fällt nicht nur Laien, sondern auch Wissenschaftlern oft schwer einzusehen, dass Überzeugungen seltener die eigentliche Ursache der Erfolgs- und Misserfolgsbilanz eines Menschen sind, als man annehmen mag. Das liegt daran, dass dann, wenn im Alltag Leistungen nicht den Erwartungen entsprechen, die eigenen Überzeugungen dem Bewusstsein zugänglich sind. Die diesen Überzeugungen zugrundeliegenden Mechanismen können wir aber meist nicht bewusst erleben. Alltagsbeobachtungen unterliegen allerdings oft Täuschungen, die erst in kontrollierten Experimenten aufgedeckt werden. Die Wissenschaft untersucht die Erkenntnisse, die aus Alltagsbeobachtungen gewonnen werden, unter »kontrollierten Bedingungen«. In der psychologischen Forschung werden z. B. Experimente durchgeführt, aus deren Ergebnis auf die Funktionsweise der einzelnen Elemente der Psyche geschlossen werden kann. Ein Beispiel ist das hier beschriebene »Zielumsetzungsexperiment« aus dem Osnabrücker Forschungslabor, das recht verblüffende Ergebnisse zu Tage förderte.

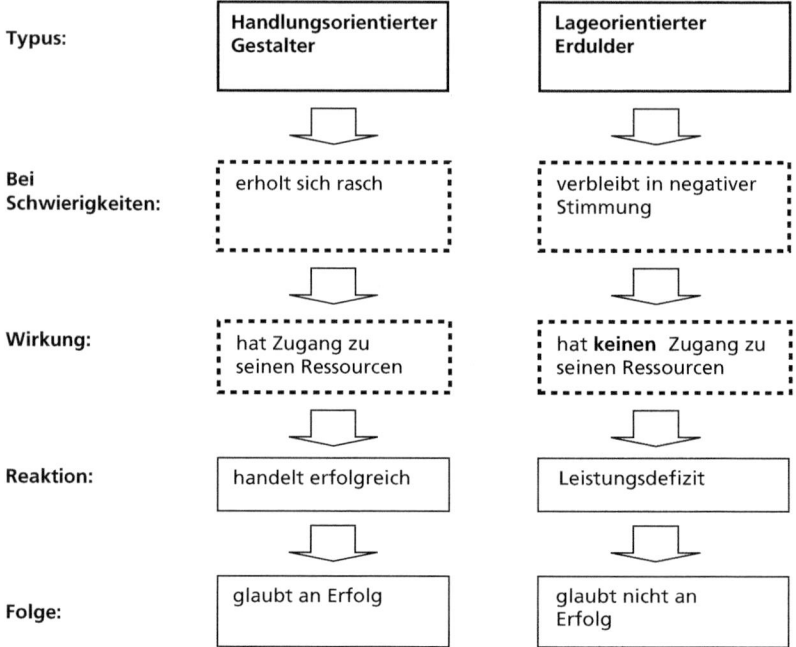

Abb. 2: Unterschied zwischen Gestalter und Opfer (Betrachtung nach *gründlicher* Forschung)

Willensbahnende Gefühle: Das Zielumsetzungsexperiment

Wenn wir das in roten Buchstaben geschriebene Wort »Grün« sehen, so sind wir geneigt, es zu lesen und es fällt uns schwerer, die Farbe zu benennen, als wenn Wort und Farbe übereinstimmen. Zum Benennen der Farbe ist ein kleiner Willensakt notwendig, weil bei geschriebenen Wörtern eigentlich der Impuls stärker ist, das Wort zu lesen: Man möchte z. B. bei dem Wort ROT, das ist blauer Schrift geschrieben ist, »rot« sagen, auch wenn die Instruktion ist, immer nur die Farbe zu benennen. Wie bei großen Willensakten muss man sich überwinden, einem sich aufdrängenden Impuls nicht nachzugeben: Wörter zu lesen, ist durch das tägliche Lesen unzähliger Wörter, die uns entgegenkommen, völlig automatisiert, es ist ein unbewusst gesteuerter Impuls.

In dem Zielumsetzungsexperiment wird die »Willenskraft« dadurch auf die Probe gestellt, dass die Aufgabe nun gerade erfordert, dass man diesem Impuls (Wörter zu lesen) widersteht: Die Aufgabe besteht darin, die Farbe zu benennen, in der die Wörter geschrieben sind. Die Willensanstrengung zeigt sich in dem Experiment durch eine zeitliche Verzögerung: Die Reaktionszeiten sind bei Farbwörtern länger, die in der »falschen« Farbe geschrieben sind, als bei solchen, die in der »richtigen«, kongruenten Farbe geschrieben sind. Diesen Effekt der von dem amerikanischen Organisationspsychologen *Stroop* entwickelten Aufgabe haben wir in Osnabrück genutzt, um herauszufinden, unter welchen Bedingungen es Menschen leichter fällt, diese Aufgabe zu lösen.

In dem Osnabrücker Experiment mussten die Versuchspersonen die Farben der in »falscher« Farbe geschriebenen Wörter benennen. Wenn man den Versuchspersonen vor Einblenden eines inkongruenten Farbwortes (z. B. das Wort ROT in blauer Schrift) für einige hundert Millisekunden Begriffe zeigte, die positive Assoziationen wachrufen und somit für eine ganz kurze Zeitspanne, die meist nicht einmal reichte, dass das Wort bewusst wurde, positive Affekte auslösen sollten (z. B. »Glück« und »Erfolg«), dann zeigte sich etwas Verblüffendes: Die Reaktionszeiten waren plötzlich nicht mehr länger als bei den in »richtiger« Farbe geschriebenen Wörtern. Wenn man vorher negative oder neutrale Wörter zeigte (z. B. »Mörder« bzw. »Tisch«), dann gab es wieder die erwartete Verzögerung der Reaktionszeiten bei inkongruenten Farbwörtern (Kuhl & Kazén, 1999).

Der durch positive Wörter ausgelöste positive Affekt scheint demnach den Willen zu bahnen, weil ja das bewusst Gewollte (Farbe benennen) sich plötzlich rascher gegen die impulsive, aber falsche Reaktion (Wort lesen) durchsetzen kann. Wichtig ist aber, dass diese willensbahnende Wirkung positiver Wörter nur in einer Versuchsgruppe funktionierte, in der die Versuchspersonen dazu bewegt wurden, die schwierige Absicht immer wieder »auf den Schirm« zu bringen (d. h. ins Absichtsgedächtnis zu laden).

Was zeigt uns dieses Experiment? Das Ergebnis lässt sich mit wenigen Worten beschreiben: Positive Gefühle helfen uns, das, was wir uns vorgenommen haben, auch tatsächlich umzusetzen. Positive Affekte helfen, den Inhalt des Absichtsgedächtnisses mit den Systemen zu verknüpfen, die das Handeln steuern. Das setzt natürlich voraus, dass das Absichtsgedächtnis vorher »geladen« wurde, d. h., dass man wirklich einen entsprechenden Vorsatz gefasst hat. Wir sind hier offensichtlich einem Mechanismus auf der Spur, der allen Lebensweisheiten, die das »positive Denken« oder den Optimismus preisen, zu Grunde zu liegen scheint. Allerdings werden diese Lebensweisheiten durch das Zielumsetzungsexperiment auch korrigiert: Positive Gefühle mögen ausreichen, um uns zu spontan verfügbaren Verhaltensweisen zu veranlassen (wie das freundliche Mienenspiel in einer netten Unterhaltung), sie reichen aber nicht aus, um schwierige oder unangenehme Vorsätze auszuführen. Psychologisch ausgedrückt: Positive Gefühle können einfaches Verhalten aktivieren

(▶ Abb. 3, vgl. den unteren Pfeil), sie reichen aber nicht aus, um die Energie zum Ausführen schwieriger Absichten bereitzustellen. Dazu muss man auch in der Lage sein, Frustrationen auszuhalten, den Schwierigkeiten ins Auge zu sehen, was die optimistische Stimmung des immer nur spontan Handelnden für eine Weile dämpfen kann (▶ Abb. 3, vgl. den unteren Pfeil).

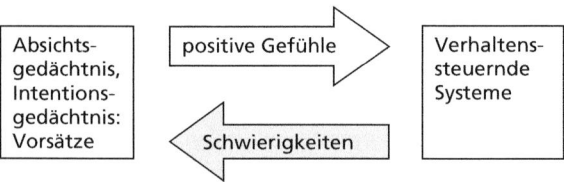

Abb. 3: Willensbahnung

Das Absichtsgedächtnis ist sozusagen der Ort, an dem der bewusste Wille gespeichert ist: Wenn man sich etwas vorgenommen hat, was der spontanen Reaktion widerspricht, was also »Schwierigkeiten« macht, dann muss man zunächst einmal eine Absicht bilden und im Gedächtnis aufrechterhalten, damit sie trotz der auftretenden Schwierigkeiten nicht aus den Augen verloren wird (▶ Abb. 3, vgl. den unteren Pfeil): Wenn ich morgens auf dem Weg zum Büro einen Umweg machen muss, um ein Paket an der Post aufzugeben, dann »lade« ich mein Absichtsgedächtnis mit der Instruktion: »Heute an der Ampel links zur Post statt rechts zum Büro abbiegen«. Im Experiment müssen die Versuchsteilnehmer immer wieder die Absicht wachhalten: *Farbe benennen statt Wort lesen.*

Wie gelingt es dem System in dieser Situation, gerade das schwierige, aber beabsichtigte Verhalten zu aktivieren und den automatisierten Handlungsimpuls (d.h. das Wort zu lesen) zu unterbinden? Das Osnabrücker Experiment zeigt, dass positive Stimmungen offensichtlich helfen, das Absichtsgedächtnis mit dem Ausführungssystem zu verschalten: Wenn man eine schwierige Absicht umsetzen will, muss man sie also erst einmal im Absichtsgedächtnis aufrechterhalten und dann im richtigen Moment ein positives Gefühl erzeugen, damit die Absicht auch tatsächlich umgesetzt werden kann. Wir nennen diesen Effekt *Willensbahnung.* Dieser Effekt beruht nicht auf einer Überzeugung, sondern auf der Wirkung eines bestimmten Gefühls: Sobald ein positives Gefühl entsteht (das nicht einmal bewusst zu werden braucht), wird das Intentionsgedächtnis mit den verhaltenssteuernden Systemen verschaltet, unabhängig davon, was die Person gerade denkt oder welche Überzeugungen sie hat (vgl. oberer Pfeil in Abb. 3).

Wer immer wieder an sich erlebt, dass die Willensbahnung funktioniert, wenn er einen Vorsatz umsetzen will, hat natürlich die Chance, das *zu bemerken.* Dann entwickelt sich mit der Zeit die Überzeugung, Vorsätze gut umsetzen zu können. Wer diese Fähigkeit entwickeln will, sollte aber nicht zuerst an der Überzeugung arbeiten, sondern an der zu erlernenden Fähigkeit, im richtigen Moment positive Gefühle zu entwickeln. Sich einzureden, dass die Welt positiv zu sehen ist und man eigentlich seine Vorsätze genauso gut umsetzen kann wie andere, hilft wenig, wenn man die entsprechenden Fähigkeiten noch nicht entwickelt hat. Solange man die entsprechenden Fähigkeiten nicht hat, können oberflächliche Devisen, man solle »nur an sich glauben«, »sich nicht sorgen«, oder »positiv denken« sogar falsche Hoffnungen wecken und große Enttäuschungen auslösen: Wer Spanisch lernen will, übt Spanisch. Optimistische Überzeugungen einzuüben, hilft da wenig. Wir müssen lernen, dass Ähnliches auch auf die persönliche Intelligenz zutrifft: Nur wer lernt, im richtigen Moment positive Gefühle zu bahnen, kann seine Fähigkeit verbessern, schwierige Vorsätze umzusetzen. Voraussetzung dafür, dass positive Gefühle im richtigen Moment auch schwierige Vorsätze (d. h. den Willen) bahnen und nicht nur das Ausweichen auf leicht Umsetzbares stimulieren, ist es offensichtlich notwendig, dass man sich mit dem Schwierigen und Unangenehmen wirklich konfrontieren kann, dass man wirklich eine Absicht bildet. Funktioniert das, was das Laborexperiment zur Umsetzung schwieriger Vorsätze gezeigt hat, auch im Alltag?

Wie motiviert sich einer der Autoren?

Seit vielen Jahren gelingt es mir, dem erst genannten Autor, regelmäßig zu trainieren, um meine Kondition aufrecht zu erhalten, meine Gelenke und Muskeln nicht altersgemäß schwächer werden zu lassen (ich bin inzwischen 83 Jahre alt).

Wenn ich morgens im Bett liege und der Wecker klingelt, um mich aus dem Bett und zum Training zu treiben, dann entsteht natürlich auch in mir ein Konflikt: Es ist so schön warm im Bett und ich könnte doch das Training »einmal« ausfallen lassen, dann könnte ich mich noch einmal umdrehen und noch fast eine ganze Stunde schlafen.

Das Absichtsgedächtnis wurde schon lange, viele Jahre mehrfach geladen. Ich habe mich immer wieder mit den gesundheitlichen und persönlichen Vorteilen beschäftigt, die das Training mit sich bringt und habe auch persönlich entsprechende positive Erfahrungen gemacht, in mir aufgenommen und manchem Mitmenschen davon erzählt.

Trotzdem fehlt in dieser Situation im Bett der Handlungsimpuls. Der muss erst entstehen: Ich mache mir klar, dass ich nach einer weiteren Stunde Schlaf kaum wacher bin als jetzt. Ich reguliere also die positiven Gefühle, die mich an das Bett fesseln herunter. Gleichzeitig mache ich mir bewusst, dass ich mich nach dem Training noch einmal zum Ausruhen hinlegen werde und dann meist auch noch einmal kurz einschlafe. Nach diesem Kurzschlaf, das zeigt meine Erfahrung immer wieder, fühle ich mich wacher als jetzt im Bett nach sieben oder acht Stunden Schlaf. Ich antizipiere dieses schöne Gefühl der Wachheit und freue mich darauf. Außerdem mache ich mir bewusst, wie stolz ich doch sein kann, dass ich seit vielen Jahren regelmäßig mein Training durchhalte, was nur Wenigen gelingt. Diese positiven Gefühle bahnen meinen Willen und ich stehe auf, um zu trainieren. So gelingt es mir auch einen schwierigen Vorsatz umzusetzen, denn Training selbst ist mir unangenehm, die Übungen oft mit leichten Schmerzen verbunden. Und das, seit mehr als vierzig Jahren!

1.7 Wie können wir erreichen, was wir uns vornehmen?

Der flücht'ge Vorsatz ist nicht einzuholen,
Es gehe denn die rasche Tat gleich mit.

Shakespeare, Macbeth

Die Motivationspsychologin Gabriele Oettingen hat in einer Vielzahl von Untersuchungen gezeigt, dass positive Gefühle auch im Alltag das Umsetzen von Vorsätzen erleichtern, allerdings nur, wenn sie mit Maßnahmen zum »Laden des Intentionsgedächtnisses« gekoppelt werden (Oettingen et al., 2001). In ihren Untersuchungen gab es drei Gruppen, in denen es immer um die Umsetzung eines schwierigen Vorsatzes ging (z. B. ein schwieriges Gespräch mit dem Partner führen; eine Person, in die man sich verliebt hat, anzusprechen, auch wenn man Hemmungen hat; regelmäßig eine Arznei nehmen oder bestimmte Übungen machen etc.). Die eine Gruppe von Versuchsteilnehmern wurde trainiert, in positive Gefühle zu gehen, die mit der Erreichung des persönlichen Ziels verbunden seien. Diese Versuchspersonen sollten sich in der Fantasie ausmalen, wie schön es wäre, wenn das Ziel schon erreicht sei, und regelrecht in diesen positiven Fantasien »baden«.

Die zweite Gruppe wurde angeleitet, sich die zu überwindenden Schwierigkeiten auszumalen und darüber einen kurzen Aufsatz zu schreiben. Diese Instruktion ist eine Möglichkeit, das Intentionsgedächtnis einzuschalten. Es ist ja für die Umsetzung *schwieriger* Absichten gedacht und springt deshalb an, sobald einem die Schwierigkeit eines Vorhabens bewusst wird.[2] In diesen beiden Gruppen waren die Ergebnisse eher enttäuschend: Weder die positive Selbstmotivierung durch Zielerreichungsfantasien noch die Aktivierung des Intentionsgedächtnisses durch Reflexion der zu überwindenden Schwierigkeiten scheint auszureichen, um die Umsetzung schwieriger oder unangenehmer Ziele zu optimieren.

Die höchste Umsetzungsrate ergab sich in der dritten Gruppe. Diese Gruppe war angeleitet worden, zwischen positiven Zielfantasien und der Reflexion über die zu überwindenden Schwierigkeiten zu *pendeln*. Das Pendeln zwischen dem Laden des Absichtsgedächtnisses (das u. a. durch das Denken an die Schwierigkeiten ausgelöst wird) und positiven Gefühlen ist notwendig, um Ziele erfolgreich umzusetzen (vorausgesetzt, es handelt sich um realistische Ziele: in Oettingens Experimenten war eine hinreichend hohe Beurteilung der subjektiven Erfolgschancen eine weitere Voraussetzung für die Zielumsetzung).

---

2 In dem Farbbenennungsexperiment war übrigens das Absichtsgedächtnis dadurch aktiviert worden, dass immer zwei Aufgaben pro Durchgang ausgeführt werden mussten: Die Überwachung der richtigen Reihenfolge mehrerer Handlungsschritte ist eine der Funktionen des Absichtsgedächtnisses: Wenn man zwei oder mehrere Schritte eines Handlungsplans ausführen will, muss man immer den jeweils nächsten schon im Absichtsgedächtnis »vorhalten«, damit der Handlungsfluss nicht ins Stocken kommt, wenn der aktuelle Schritt beendet ist.

Die meisten in Osnabrück untersuchten Personen zeigen den Willensbahnungseffekt übrigens nicht, wenn man positive Wörter aus dem Beziehungsbereich zeigt (z. B. »Liebe«, »das Lächeln einer Freundin«). Das ist auch nicht verwunderlich, da es im zwischenmenschlichen Bereich gar nicht so wichtig ist wie im Leistungsbereich, das, was man sagt bzw. tut, bewusst zu planen: Die Verwendung des Absichtsgedächtnisses wirkt im Kontakt mit anderen Menschen sogar oft eher berechnend, unaufrichtig oder manipulativ (Kazén & Kuhl, 2005). Anders reagieren Personen, denen der Umgang mit anderen Menschen schwerfällt. Sie zeigen den Willensbahnungseffekt, der im Zielumsetzungsexperiment sonst nur in Leistungskontexten auftritt.

1.8 Braucht die Motivation das Gehirn?

Bereits die in den vorigen Abschnitten dargestellten Erkenntnisse mögen bei manchen Lesern die Frage aufkommen lassen, wie die Forschungsergebnisse und unsere (lebens-) praktischen Überlegungen zu den Fortschritten der modernen Hirnforschung passen. Die Hirnforschung hat seit gut einem Jahrzehnt durch ihre neuen Methoden einen enormen Aufschwung erfahren, der dazu geführt hat, dass sie nicht nur in ihren wissenschaftlichen Nachbardisziplinen (wie der Motivationspsychologie), sondern auch in den Medien einen beträchtlichen Aufmerksamkeitszuwachs erhalten hat. Angesichts des rapiden Tempos dieser Entwicklung verwundert es nicht, dass es noch viele Missverständnisse im Dialog mit den Neurowissenschaften gibt. Neurowissenschaftlern wird vorgeworfen, sich in Fragen einzumischen, von denen sie nichts verstehen (z. B. mit der Behauptung, es gäbe keinen freien Willen) und Neurowissenschaftler erheben ihrerseits den Vorwurf, dass ihre Ergebnisse oft verfälscht oder zu unseriösen Spekulationen missbraucht werden (Geyer, 2004; Stern, 2005). Beide Positionen haben ihre Berechtigung, können aber auch die Verwirrung vergrößern, wenn sie blind verallgemeinert werden.

Da wir Fortschritte der Hirnforschung vor allem da nicht ignorieren wollen, wo sie wichtige Hinweise für die psychologische Theoriebildung liefern, ist es an dieser Stelle sinnvoll, einige Bemerkungen zum Dialog mit der Hirnforschung anzubieten. Für die meisten psychologischen Fragen, die uns im Alltag und Psychologen in ihrer wissenschaftlichen oder beruflichen Arbeit beschäftigen, ist es durchaus unerheblich, wo sich die seelischen Vorgänge im Gehirn abspielen. Dass es bei praktisch jedem geistigen Phänomen irgendwo im Gehirn nachweisbare Aktivitäten gibt, kann nur jemanden erstaunen, der in der veralteten Vorstellung lebt, das Gehirn sei nur für niedere Impulse zuständig wie Triebe, Temperament oder Affekte. Trotzdem scheint die Vergewisserung, dass ein geistiger Prozess mit einer Aktivität im Gehirn zusammenhängt, den (post-) modernen Menschen mit seiner Vorliebe für das Beweisbare und Beobachtbare und seinen Unsicherheiten im Bereich der geistigen Seite seiner Existenz zu faszinieren. Wenn wir in diesem Buch zuweilen auch auf Befunde aus der Hirnforschung verweisen, geht es uns nicht darum, solche Bedürftigkeiten zu bedienen. Befunde aus der Hirnforschung helfen meist auch nicht weiter, wenn es darum geht, ein psychologisches Phänomen so gut zu verstehen, dass es für die psychologische Theoriebildung oder die praktische Anwendung taugt. Unsere praktischen Ratschläge beruhen dort, wo sie bereits als wissenschaftlich abgesichert gelten können, auf Ergebnissen der experimentellen Psychologie. Gerade wenn es in die Details psychologisch relevanter Prozesse geht, sind neurobiologische Methoden meist zu schwerfällig (von ihren Kosten ganz zu schweigen), als dass sie uns die nötigen Informationen liefern könnten.

Trotz der genannten Einschränkungen kann es auch zur Beantwortung motivationspsychologischer Fragen an einzelnen Stellen hilfreich sein, den Dialog mit den Erkenntnissen der Hirnforschung aufzunehmen. Oft geht es dabei darum, auf gewisse Parallelen zwischen den diskutierten psychologischen Forschungsergebnissen und neurobiologischen Befunden hinzuweisen. Solche Hinweise können Lesern die Orientierung erleichtern (z.B. wenn sie anderswo mit Ergebnissen der Hirnforschung konfrontiert werden). Für die psychologische Forschung wäre es wenig förderlich (und auch viel zu teuer), ihre Befunde immer auch hirnbiologisch nachweisen zu wollen. Die psychologische Prozessanalyse ist ohnehin aus ähnlichen Gründen nicht neurobiologisch modellierbar, wie die Wettervorhersage nicht von Quantenphysikern gemacht wird (obwohl deren Teilchen sicher durchs Wetter bewegt werden oder umgekehrt). Trotzdem können Psychologie und Hirnforschung voneinander lernen: Die Hirnforschung bezieht die meisten der von ihr untersuchten Aufgaben aus der Psychologie und kann die psychologische Bedeutung nachweisbarer Hirnaktivitäten oft erst mit Hilfe der Psychologie interpretieren. Die Psychologie kann von der Neurobiologie besonders dort profitieren, wo verschiedene geistige Prozesse in nicht weit auseinanderliegenden Bereichen des Gehirns nachgewiesen werden (z.B. Selbstwahrnehmung und die Bewältigung negativer Emotionen). Solche Befunde können Hinweise darauf sein, dass die beteiligten Prozesse oft zusammenarbeiten (wissenschaftliche ausgedrückt: neuroanatomische Distanz zweier Vorgänge kann ein Hinweis auf ihre funktionelle Distanz sein). Für die Psychologie sind solche Hinweise normalerweise nicht mehr als Anregungen, die auf jeden Fall in psychologischen Experimenten überprüft werden müssen.

Abschließend können wir feststellen, dass die Schwierigkeiten im Dialog mit der Hirnforschung der Herausforderung nicht unähnlich sind, die wir in diesem Buch annehmen wollen. Der Dialog zwischen Praxis und Wissenschaft kann allzu leicht zu Missverständnissen führen (die nicht selten zur Abschottung beider Bereiche führt). Wissenschaftler bewegen sich normalerweise in dem, was der bekannte Wissenschaftsphilosoph Karl Popper den »Rechtfertigungszusammenhang« genannt hat: Ihre Aufgabe ist es, sich auf Schlussfolgerungen zu beschränken, die empirisch abgesichert sind. Praktiker können nicht immer warten, bis alle Handlungsmöglichkeiten wissenschaftlich überprüft sind (was ohnehin gar nicht möglich ist). Sie müssen oft das Ungeprüfte wagen. Sie bewegen sich viel stärker in dem, was Karl Popper den »Entdeckungszusammenhang« genannt hat. In den folgenden Kapiteln dieses Buches bewegen wir uns immer wieder in diesem Spannungsfeld: Der Wissenschaftler (genauso wie der faktenorientierte Laie) muss die Stellen auszuhalten lernen, an denen der Raum möglicher Maßnahmen und Interpretationen betreten wird, die noch nicht vollständig abgesichert sind, der Praktiker muss immer wieder die Geduld aufbringen, Ausflüge in die abstrakten Gefilde der Wissenschaft mitzumachen, auch wenn der praktische Nutzen nicht immer sofort erkennbar ist.

2   Die Geheimnisse des Erfolges

Erfolg ist nicht der Schlüssel zum Glücklichsein.
Glücklichsein ist der Schlüssel zum Erfolg.
Wenn du das, was du tust, liebst, wirst du erfolgreich sein.

Albert Schweitzer (1875–1965)

Welche Ziele haben Sie?

Dieses Buch kann Ihnen helfen, dass Sie Ihre selbst gesetzten Ziele erreichen. Immer wieder werden wir darauf zu sprechen kommen, welche wichtige Bedeutung persönliche Ziele für Erfolg und ein erfülltes Leben haben. Nützlich sind aber nicht irgendwelche Ziele. Es ist entscheidend, dass Sie Ziele haben, die zu Ihnen und zu Ihrer Lebenssituation passen. Die Beschäftigung mit Ihren Zielen kann Ihnen helfen, dass sie sich Ihrer Ziele bewusstwerden und dass Sie sie kritisch unter die Lupe nehmen. Viele Menschen haben das Ziel »erfolgreich zu sein«, aber gerade die Frage, was sie darunter verstehen, wird sehr unterschiedlich beantwortet.

2.1   Was ist Erfolg?

> **»Ich kann mir keinen Jet leisten«**
>
> Man erzählt sich, dass eines Tages ein Patient zu einem Psychotherapeuten in Wien kam und sein Anliegen sehr dringlich machte: »Herr Doktor, Sie wurden mir als jemand empfohlen, der fast jedem aus seinen seelischen Nöten helfen kann. Sie müssen mir unbedingt helfen.« »Ja, ich konnte schon vielen helfen. Worin liegt denn Ihr Problem?« »Ich bin ein erfolgreicher Unternehmer. Alle meine Freunde sind ebenfalls erfolgreiche Unternehmer. Wir haben alle unser eigenes Flugzeug.« »Ich freue mich für Sie, dass Sie sich ein eigenes Flugzeug leisten können. Aber was ist Ihr Problem?«
>
> »Meine Freunde haben alle einen Jet, Sie wissen schon, ein Flugzeug mit Düsenantrieb und ich habe nur ein Motorflugzeug. Ich kann mir kein Düsenflugzeug leisten. Wie ich es auch anstelle. Schon mit meinem Motorflugzeug bin ich ein wenig über meine Grenzen gegangen. Ich kann mir keinen Jet kaufen,

> von den Unterhaltskosten ganz zu schweigen. Ich leide so sehr darunter, können Sie mir nicht irgendwie helfen?«

Es ist nicht überliefert, ob der Therapeut seinem Patienten helfen konnte. Aber sicher können viele von uns seine Probleme nur schwer nachvollziehen. Unsere Ziele sind sehr unterschiedlich, und das, was für den einen überhaupt kein Ziel darstellt, kann für den anderen ein so dringliches Ziel sein, dass es für ihn zu Seelenqualen führt, wenn er es nicht erreichen kann.

Wenn wir bisher von Erfolg gesprochen haben, so haben wir unausgesprochen immer den beruflichen Erfolg vor Augen gehabt. Es ist die Bedeutung von »Erfolg«, die die meisten Menschen vor Augen haben. Dieser Erfolg ist auch am ehesten messbar. Menschen vergleichen sich hinsichtlich des beruflichen Erfolges. A ist erfolgreicher und damit besser als B, wenn er mehr verdient, mehr verkauft, ein größeres Büro, ein teureres Auto, eine bessere Position, mehr Verantwortung, einen höheren Titel usw. besitzt. Unsere Erfahrungen hinsichtlich der Ursachen von Erfolg haben sich allerdings auch bei Menschen bestätigt, die andere Erfolgsmaßstäbe hatten.

Denn Erfolg ist für jeden etwas anderes: Der eine wünscht sich viel Geld, der andere eine hohe soziale Stellung und der dritte möchte viel Einfluss bzw. Macht für sich erhalten. Aber es gibt noch ganz andere Ziele, die Menschen motivieren und zu erstaunlichen Leistungen bringen: Denken wir nur an Albert Schweitzer und Mutter Theresa oder die vielen anderen, nicht berühmt gewordenen Menschen, die den Dienst an anderen oder an einer der Gesellschaft nützenden Sache in den Mittelpunkt ihres Lebens stellen oder gestellt haben und dabei erfolgreich waren. Oder an das Bedürfnis, in Freiheit sich selbst zu verwirklichen, d. h. das eigene Leben so zu gestalten, dass die eigene Person mit ihren Fähigkeiten und Neigungen zur vollen Entfaltung kommen kann.

Es gibt noch eine andere, sicher weit größere Gruppe von Menschen, die ebenfalls weder Geld noch gesellschaftliche Stellung, noch Macht an die Spitze ihrer Wünsche stellen. Ihr ganzes Streben richtet sich auf etwas, was man gemeinhin nicht mit dem Begriff »Erfolg« assoziiert, das aber ohne Zweifel ihr Ziel darstellt: Für sie besteht Erfolg z. B. darin, einen Partner zu finden und mit ihm ihr Leben lang gerne zusammen zu sein, eine Familie ihr Eigen zu nennen, oder gute Freunde zu haben. In einem weiteren Sinn kann man auch das Erreichen dieser *Beziehungsziele* als »Erfolg« bezeichnen.

Die erwähnten Beispiele für verschiedene Ziele, die Menschen sich setzen, illustrieren die vier wichtigsten Motivationsbereiche: Leistungs-, Macht-; Beziehungsmotivation und freies Selbstsein. In der Motivationspsychologie hat man inzwischen gelernt, zwischen *Zielen* und *Motiven* zu unterscheiden. Ziele entsprechen dem, was Menschen sich bewusst vornehmen, mit denen sie also das »Absichtsgedächtnis« laden – zumindest, wenn die Realisierung auf Schwierigkeiten stößt. Motive sind einem nicht so bewusst, man könnte sie als *intelligente Bedürfnisse* bezeichnen. Sie bestehen aus sehr ausgedehnten Netzwerken von Erfahrungswissen, das man in seinem Leben angesammelt hat. Der Aufbau dieses Erfahrungswissens beginnt schon in der frühen Kindheit. Deshalb sind Motive auch nicht begrifflich formuliert (wie Ziele und Absichten), sondern mehr in bildhaften Vorstellungen. Die in Motiven gespeicherten Erfahrungen sind zwar nicht bewusst (wie Ziele und Absichten), aber sie ermöglichen einem Menschen, in den verschiedensten Situationen zu *spüren*, wie er in der betreffenden Situation seine Bedürfnisse nach Leistung, Macht oder Beziehungen am besten befriedigen kann.

Dass Motive nicht in ihrer ganzen Ausdehnung bewusst werden, hört sich zunächst wie ein Nachteil an, kann aber von großem Vorteil sein: Das Bewusstsein ist in seiner Kapazität sehr eingeschränkt, es kann immer nur auf einen oder wenige Aspekte gleichzeitig achten. Das Unbewusste ermöglicht es wegen seiner ausgedehnten Netzwerke, tausende und abertausende Informationen gleichzeitig (d. h. parallel) verrechnen zu können und viele Gesichtspunkte gleichzeitig zu berücksichtigen. Dadurch wird es möglich, in einer Situation blitzschnell zu entscheiden, welches Ziel man am besten verfolgen kann und welche Handlung in der konkreten Situation am ehesten erfolgreich sein wird oder wie eine Situation verändert werden kann, um den eigenen, individuellen Bedürfnissen gerecht zu werden (Poeller, Seel, Baumann & Mandryk, 2021).

In diesem Punkt unterscheidet sich unser Gehirn von der Vorgehensweise eines klassischen Computers. Ein herkömmliches Computerprogramm kann den jeweils aktiven Programmteil nur linear, d. h. Schritt für Schritt abarbeiten. Auch wenn das sehr schnell geht, so ist der Computer damit dem parallel arbeitenden Gehirn unterlegen, wenn es um die gleichzeitige Berücksichtigung sehr großer Informationsmengen geht. Man versucht heute bereits Computer zu konstruieren, die die parallele Form der Verarbeitung nachahmen. Aus diesen Modellen des »Denkens in Netzwerken« weiß man inzwischen, dass die parallele Verarbeitung, die auch ein wesentliches Merkmal der menschlichen Intuition ist, mehr bietet als einen Zuwachs an Schnelligkeit (Spitzer, 2000): Parallele Verarbeitung in neuronalen Netzwerken vermag Lösungen zu (er-)finden, die gleichzeitig sehr viele Randbedingungen erfüllen, etwa wenn man die vielen vernetzten Einflüsse berücksichtigt, die ein Ökosystem in der Natur, die Entscheidungen einer Unternehmensführerin oder eben auch die Gestaltung eines gelungenen Lebens bestimmen. Parallele Verarbeitung kann prinzipiell unzählig viele Randbedingungen und Einflussgrößen gleichzeitig verrechnen. Wenn sie gut funktioniert (was sehr viel mehr »Erfahrung« voraussetzt als das Erlernen logischer Denkregeln), dann werden oft Lösungen gefunden, auf die ein noch so schneller Computer (ähnlich wie das logische Denken) nicht kommen würde.

> **»Aber ich bemühe mich doch so sehr…«**
>
> Eines Tages stellte sich ein Banker in unserem Institut vor. Er hatte davon gehört, dass wir mit unseren Tests den Menschen – wie er es ausdrückte – »hinter die Kulissen schauen können«. Er hatte ein für ihn großes, bisher ungelöstes Problem: Er bemühte sich mit all seiner Kraft und Energie, in der Bank Karriere zu machen. Er war überzeugt, dass all seine Wünsche in Erfüllung gehen würden, wenn er nur einen beruflichen Aufstieg schaffte, aber es gelang ihm nicht. Immer

wieder wurden andere Kollegen bevorzugt, wenn es um die Besetzung einer höheren Position ging.

Die psychologische Analyse mit dem Osnabrücker Testsystem (www.im part.de) zeigte, dass er zwar anspruchsvolle Berufsziele hatte, dass aber seine Motive andere Prioritäten zeigten: Sein Beziehungsmotiv, der Wunsch mit anderen Menschen zusammen zu sein und ihnen zu helfen, war viel stärker ausgeprägt als sein Leistungsmotiv. Trotzdem hatte er ehrgeizige Leistungsziele. Warum reichten diese Ziele nicht aus, ihm die gewünschten beruflichen Erfolge zu verschaffen? Wo wirkte sich sein schwaches Leistungsmotiv nachteilig aus? Motive braucht man besonders dann, wenn es auf Eigeninitiative und Kreativität ankommt, weil diese beiden Merkmale stark von dem Zugriff auf ausgedehnte, überwiegend unbewusste Erfahrungsnetzwerke abhängen (Motive sind ja im Unterschied zu Zielen und Absichten unbewusste Erfahrungsnetzwerke, die uns einen ausgedehnten Überblick über die in der jeweiligen Situation motivierenden Anreize mitsamt sinnvollen und machbaren Handlungsmöglichkeiten geben).

Der Banker war in der Tat bei all seinen Aktivitäten sehr gewissenhaft, die von ihm direkt verlangt wurden. Aber er zeigte wenig Initiative in Situationen, in denen keine konkreten Aufträge erteilt wurden – ganz im Gegensatz zu dem privaten Bereich, in dem er seine Beziehungsmotive ausleben konnte. Er war bei seinen Freunden und Bekannten sehr beliebt, da er immer zu helfen wusste und ihm kein persönliches Problem anderer unlösbar erschien. Allerdings sah er diese private Position nicht als »Erfolg«. In der Beratung wurden gemeinsam verschiedene Entwicklungsmöglichkeiten erwogen. So würde er z. B. sein Problem dadurch lösen können, dass er seine Leistungsziele abbauen und seinem Leben eine andere Wendung geben würde, die ihm ermöglichen würde, mehr von seinen Beziehungswünschen zu verwirklichen.

Er entschied sich jedoch für eine andere Alternative: Er suchte Unterstützung darin, nicht nur Leistungsziel/e, sondern auch ein Leistungsmotiv zu entwickeln, d. h. Leistung mit einem immer ausgedehnteren Netzwerk von emotionalen Erfahrungen zu verknüpfen, die in der Gesamtbilanz positiv getönt sind, obwohl sie negative Erfahrungen nicht ausschließen. Bereits einige Monate später berichtete er, dass er seine Leistungsziele immer öfter »mit dem Herzen« verfolge und dass ihm dabei sogar »irgendwie« seine starke Beziehungsmotivation helfe (statt wie vorher in Konflikt mit den Leistungszielen zu geraten). Wissenschaftlich betrachtet hatte er die Diskrepanz zwischen seinen starken Leistungszielen und seinem schwachen Leistungsmotiv reduziert.

Heute wissen wir, dass diese Diskrepanz zwischen bewussten Leistungszielen nicht nur die Lebenszufriedenheit und das Wohlbefinden senken kann, sondern auch ein Risikofaktor für die psychische Gesundheit ist. Ziele nur zu verfolgen, weil sie von einem verlangt werden, ohne dass sie in den eigenen Gefühlen verankert sind, hat besonders dann ungünstige Auswirkungen auf das Wohlbefinden und die Gesundheit, wenn man zusätzlich unter Stress gerät: Menschen, die mit besonderen Belastungen oder Unsicherheiten im beruflichen oder privaten Leben nicht gut fertig werden (z. B. Lageorientierte), verfolgen oft Leistungsziele, die nicht zu ihren Motiven passen, was das Risiko erhöht, psychosomatische Symptome, wie Kopf- oder Magenschmerzen, Depressionen oder eine erhöhte Infektanfälligkeit zu entwickeln (Baumann et al., 2005).

In der Geschichte der Psychologie wurde das Unbewusste sehr einseitig als das Gegenstück zur rationalen Intelligenz des Menschen gesehen. Seit der Aufklärung sind Menschen immer skeptischer gegenüber intuitiven, also unbewussten »Eingebungen« geworden. Dabei wurde aber in gewisser Weise das Kind mit dem Bade ausgeschüttet: Wir neigen heute innerhalb der Psychologie wie im Alltagsleben dazu, hochintelligente Formen der Intuition zu übersehen. Das intelligente Unbewusste ist weder von den Freud'schen Trieben, noch von Jungs esoterischen Eingebungen beherrscht, sondern von der Integration einer unglaublich ausgedehnten Fülle von eigenen und fremden Erfahrungen. Deshalb ist das intelligente Unbewusste auch für die Umsetzung unserer bewussten Ziele sehr wichtig, da es die zu den Zielen gehörigen *Motive* bereitstellt. Motive beinhalten intelligentes Umsetzungswissen, das auf die parallele Netzwerkintuition zurückgreifen kann. Dadurch braucht die Umsetzung von Zielen nicht sofort gestoppt werden, wenn es einmal nicht so klappt, wie man sich das vorgestellt hat. Untersuchungen haben gezeigt, dass lageorientierte Menschen auf das parallel vernetzte Erfahrungswissen schlechter zurückgreifen können als handlungsorientierte. Das gilt allerdings nur unter besonderen Belastungen oder in trauriger Stimmung. Dass Lageorientierte nur unter Stress den Zugriff auf die vernetzte Intelligenz der intuitiven Erfahrung verlieren, führt uns noch einmal vor Augen, wo das Problem liegt: Wer Stress und die damit verbundenen negativen Gefühle nicht gut regulieren kann, verliert den Zugang zu seiner intuitiven Intelligenz und zu seinen emotional verankerten Motiven, sodass er gar nicht merkt, dass er Ziele verfolgt, die nicht von seinen emotional verankerten Motiven unterstützt werden. Die Übereinstimmung zwischen bewussten Zielen und unbewussten Motiven kann vor dem Hintergrund dieser Forschung durch verschiedene Maßnahmen erhöht werden, vor allem durch

- *Umformulierung der Ziele* (»Wie kann ich das Ziel umformulieren, sodass ich es mit dem Herzen verfolgen kann?«),
- *Stressbewältigungs-Training*, z. B. Reduktion der Lageorientierung durch Selbstberuhigungstraining (durch Selbstberuhigung kann der Zugang zur emotionalen Unterstützung der eigenen Ziele wiederhergestellt werden),
- *Ablösung von Zielen*, die eigentlich gar nicht zu den eigenen Bedürfnissen passen, oder
- die emotionale (und »somatische«) Verankerung der Ziele.

Die Umformulierung eigener Ziele ist zwar die einfachste Möglichkeit, sich Ziele zu eigen zu machen. Diese Möglichkeit wird aber sehr häufig übersehen. Wer dazu neigt, zu oft »Ja« zu sagen und pflichtbewusst Aufgaben zu übernehmen, die ihm gestellt werden, kann ebenso wie jemand, der allzu einseitig zum »Nein« neigt, viel für die eigene Motivation tun, wenn er immer wieder übt, Ziele umzuformulieren. Wenn der Chef nicht gerade ein absolutistischer Despot ist, der blinden Gehorsam einfordert, dann lässt sich sein Auftrag, einen unzufriedenen Kunden anzurufen, ja auch zu einer anderen als der gewünschten Zeit oder in einer anderen als der empfohlenen Weise ausführen. Wenn wir die vernetzte Intelligenz einschalten, können wir unzählig viele Variationen entdecken, einen Auftrag auszuführen (natürlich im Rahmen des Sinnvollen und Möglichen):

> *Zwischen dem Ja und dem Nein liegt der Gestaltungsraum des Selbst.*

Verschiedene Komponenten des Selbstberuhigungs-Trainings (*Affektregulation*) werden in diesem Buch noch ausführlich besprochen (▶ Kap. 3.6.5). Die Ablösung von selbstfremden Zielen kann ebenfalls durch Übungen zur Verbesserung der Affektregulation unterstützt werden. Das liegt daran, dass die Bindung an Ziele normalerweise durch Emotionen vermittelt wird (die nicht immer bewusst werden müssen). Die Ablösung von problematischen Zielen wird deshalb erleichtert, wenn man übt, Emotionen zu regulieren. Schließlich sei auf ein sehr wirksames Trainingsprogramm hingewiesen, mit dem die emotionale Verankerung eigener Ziele gesteigert werden kann: Das Zürcher Ressourcen-Modell (ZRM) ist ein Trainingsprogramm, mit dem die emotionale und körperliche (»somatische«) Verankerung der eigenen Ziele gefördert werden kann (Storch & Krause, 2007).

Alle vier Maßnahmen können helfen, die Zahl der Ziele zu verringern, die keine emotionale Unterstützung haben. Der innere Abgleich zwischen bewussten Zielen und unbewussten Motiven ermöglicht es, viele Probleme der Zielumsetzung zu lösen, die sich im Alltag ergeben können. Das Beispiel des Bankers (▶ Kap. 2.1), dessen Leistungsziele nicht durch ein entsprechendes Motiv unterstützt wurden, veranschaulicht dieses Phänomen.

Die Übereinstimmung zwischen unseren Zielen und unseren Gefühlen und Motiven ist so wichtig, dass es sich lohnt, die Bedeutung dieses Phänomens an einer überlieferten Geschichte zu veranschaulichen. Die folgende Geschichte illustriert, wie paradox es ist, wenn unsere Ziele oder Handlungen nicht zu dem passen, was wir eigentlich brauchen:

Mullah Nasrudin sucht seinen Schlüssel

Eines Nachts war ein Mann spät auf seinem Weg nach Hause. Da traf er den Mullah Nasrudin auf seinen Händen und Knien unter einer Straßenlaterne, offensichtlich dabei, etwas zu suchen. »Wonach suchst du, Mullah?« fragte ihn der Mann als er nähergekommen war.

»Ich suche den Schlüssel zu meinem Haus«, antwortete Nasrudin, und suchte weiter auf Händen und Knien. »Lass mich dir helfen«, antwortete der Mann, und er begann sofort auf allen Vieren nach den Schlüsseln des Mullahs zu suchen. Er durchstöberte den Schmutz unter der Straßenlaterne. Nach einigen Minuten erfolglosen Suchens fragte der Mann: »Wo genau hast du deine Schlüssel denn verloren?« Der Mullah zeigt auf einen dunklen Teil der Straße hinter ihm: »Dort drüben, bei meinem Haus.« »Warum in aller Welt suchst du dann hier?« fragt der

> Mann verwirrt. »Weil man bei meinem Haus nichts sehen kann. Hier ist das Licht, hier kann man etwas sehen« antwortet Mullah Nasrudin.
>
> Nach Margit Parkin

Finden Sie das, was Sie suchen (z. B. Ihr »Glück«) wirklich da, wo Sie suchen? Führt das, um das Sie sich bemühen, tatsächlich zur Erfüllung Ihrer Wünsche und Ziele?

2.2 Definition von »Erfolg«: Selbst gesetzte Ziele erreichen

Der Zweck des Lebens besteht darin zu glauben,
zu hoffen und sich zu bemühen.

Indira Gandhi

Wir wollen hier das Erreichen der selbst gesetzten Ziele Erfolg nennen, unabhängig davon, worauf sich diese Ziele richten. Die Ziele sind von Mensch zu Mensch unterschiedlich. Aber auch derselbe Mensch hat nicht immer die gleichen Ziele.

Unsere Ziele sind abhängig

- von unseren Lebensumständen (für jemanden, der gerade vor einer wichtigen Prüfung, z. B. dem Abitur steht, ist Erfolg eine gute Note in dieser Prüfung),
- vom Alter (für einen Jugendlichen besteht Erfolg vielleicht darin, dass er bei seinen Freunden bzw. Bekannten Anerkennung findet, während ein Sechzigjähriger seinen Erfolg vielleicht eher darin sieht, dass er sich weiterhin fit hält, oder dass es ihm gelingt, einen Teil seiner Erfahrungen und Erkenntnisse weiterzugeben),
- von dem eigenen Bildungshintergrund (wer aus einer materialistisch ausgerichteten Familie kommt, mag das Ziel haben, finanzielle Unabhängigkeit zu erreichen oder sogar Millionär oder Milliardär zu sein, während ein spiritueller Hintergrund zu dem Ziel führen mag, dass impulsive Gefühle und Bedürfnisse einen nicht von dem eigenen Wesen entfremden),
- von den Werten, die unsere Bezugspersonen haben (in einer Familie von Akademikern besteht der Erfolg vielleicht in einer Karriere an der Universität, während in einer Familie von Unternehmern Erfolg in der Gründung und dem Wachstum einer Firma besteht) und schließlich
- vom kulturellen Hintergrund, was uns deutlich wird, wenn wir die unterschiedlichen Vorstellungen von Erfolg bei verschiedenen Völkern in verschiedenen Zivilisationsstufen betrachten. Hierbei spielt die Religion eine besondere Rolle, denken wir nur an den Einfluss, den der Calvinismus oder der Buddhismus

auf das Streben und die Zielvorstellungen der Menschen hatte und noch heute hat.

Verschiedene familiäre und kulturelle Hintergründe können ganz unterschiedliche Ziele begünstigen. An dem folgenden Beispiel der Lehrerin, die sich ihres Machtmotivs schämt, kann man sehen, dass kulturelle oder familiäre Einflüsse nicht nur unterschiedliche Ziele entstehen lassen, sondern auch die bewusste Einstellung zu verschiedenen Motiven und Bedürfnissen prägen. Es lassen sich noch mehr Einflussgrößen aufzählen, die die Vorstellung von den eigenen Zielen und damit das bestimmen, was wir mit »Erfolg« verbinden. In vielen Anleitungen zu einem erfolgreichen Leben wird auf diese Unterschiede keine Rücksicht genommen. Die Autoren gehen beispielsweise davon aus, dass sich alle Menschen ein üppiges Bankkonto wünschen oder zumindest eine bedeutende Stellung und viel Einfluss bzw. Macht, was letztlich auch immer mit einem entsprechenden finanziellen Wohlstand verbunden ist.

> **Eine Lehrerin schämt sich ihres Machtmotivs**
>
> Vor nicht allzu langer Zeit kam eine Lehrerin zur Beratung in das Osnabrücker Institut. Sie war in ihrem Berufsalltag sehr unglücklich. Ihre Kollegen, so klagte sie, nahmen auf sie keine Rücksicht. Sie behandelten sie, als ob ihre Interessen völlig nebensächlich wären. Eine Untersuchung ihrer Bedürfnisse und Motive auf der Grundlage des Osnabrücker Persönlichkeits-Assessments (www.impart.de) zeigte, dass sie einen enorm hohen Kennwert für das Macht- und Durchsetzungsmotiv hatte. Ihre bewussten Ziele waren jedoch mehr auf den Leistungsbereich und auf das gute Auskommen mit den Kollegen, also auf das Beziehungsmotiv konzentriert. Macht war für sie negativ besetzt. Bei diesem Begriff dachte sie eher an Machtmissbrauch und Unterdrückung als an positive Gestaltungskräfte.
>
> Bei der Beratung reagierte sie erstaunt, aber auch neugierig auf die dargestellte Möglichkeit, dass ihr Machtmotiv eine starke, wenn auch noch unterdrückte Energiequelle sein könnte. In der zweiten Sitzung wirkte sie schon selbstbewusster (auch an der Kleidung erkennbar) als in der ersten. Auf die Frage, wie es ihr seit der letzten Sitzung ergangen sei, meinte sie: »Wunderbar«. Und sie erzählte, wie sie diesmal in einer Lehrerkonferenz alles anders gemacht hatte: »Als die Kollegen wie üblich wieder wild dazwischenredeten und das übliche Durcheinander entstand, sagte ich einfach: Schluss jetzt damit, ihr habt mir heute die Leitung übertragen und wir haben einen klaren Tagesordnungspunkt: Ich lasse jetzt nur noch Vorschläge zu, die sich direkt auf diesen Punkt beziehen«. Auf die Frage, wie sie sich anschließend gefühlt habe, meinte sie: »Großartig: Mir wachsen ganz neue Kräfte zu. Ich komme auf Ideen und fühle eine Energie, wie ich es lange nicht mehr erlebt habe.«

Ziele werden stark durch bewusste Einflüsse vermittelt (z. B. durch das, was die Eltern in der Kindheit oder später als wichtig darstellen). Motive entstehen dagegen meist durch unbewusste Erfahrungen in der frühen Kindheit: Oft entwickelt man gerade für die Bedürfnisse ein starkes Motiv, die in der Kindheit nicht hinreichend befriedigt wurden: Geringe Nähe und Wärme in der Familie kann auf der unbewussten Ebene zu einem starken Beziehungsmotiv führen; wer seine Eltern (besonders den Vater) als relativ schwach erlebt hat, entwickelt oft ein starkes Machtmotiv; wer wenig Unterstützung erlebt hat, d. h., wenn beispielsweise die Mutter schon früh Wert auf Selbstständigkeit des Kindes gelegt hat, entwickelt oft ein starkes Leistungsmotiv (Scheffer, 2005). Weil Ziele bewusst repräsentiert sind, kann man sie direkt erfragen (z. B. durch Fragebögen). Motive dagegen werden in der Psychologie durch indirekte Methoden gemessen (z. B. durch die spontanen Einfälle, die jemand hat, wenn ihm Bilder gezeigt werden, die viele Interpretationen zulassen).

Unsere, von außen beeinflussten, Ziele und unsere innere Motivation sollten überwiegend kongruent sein, sich nicht ständig widersprechen, sonst entstehen hemmende Konflikte.

Unzufriedenheit mit einem Traumjob

In der betrieblichen Praxis hat Jens-Uwe Martens öfter solche Konflikte beobachten können. Ein Beispiel dafür sei hier wiedergegeben:

Mein Team und ich hatten den Auftrag, ein Programm für eine Spielbank in Aachen zu entwickeln. Um die entsprechenden Lernziele zu entwickeln, sah ich mir die Spielbank näher an und sprach mit den Mitarbeitern der Spielbank. Unter anderem habe ich den Portier kennengelernt. Seine wichtigste Aufgabe bestand darin, dafür zu sorgen, dass keine Betrunkenen oder schlecht gekleideten Menschen die Spielbank betraten. Er kontrollierte den Eingang. Er beschirmte auch manchmal Gäste, wenn es regnete, oder setzte die Drehtür in Bewegung, aber sonst hatte er nichts zu tun und hatte auch keinerlei echten Kontakt mit den Spielern. So wie die Croupiers lebte auch er nur vom Trinkgeld, und die Spieler gaben viel Trinkgeld. Dieses Geld wurde dann unter den Mitarbeitern aufgeteilt.

Ich war neugierig, wie viel das sein könnte und fragte also den Portier: »Wieviel bekommen Sie von dem, was die Spieler dem Tronc überlassen?« Seine Antwort überraschte mich: »Ich bekomme nichts aus dem Tronc, ich lebe von dem, was mir die Gäste direkt zustecken.«

Ich hatte noch nie einem Portier einer Spielbank etwas gegeben und daher fragte ich: »Wie viel Trinkgeld bekommen Sie ungefähr?« »Naja, das kommt ein bisschen drauf an, aber so zwischen 6000 und 8000 DM. Es gibt ja auch keine Belege, also sage ich dem Finanzamt immer, ich bekomme 2000 DM, der Rest ist steuerfrei.« (Das ereignete sich von mehreren Jahrzehnten.) Dieser Portier war hochgebildet, sprach sieben Sprachen und interessierte sich besonders für Shakespeare. Er war Laienschauspieler und durch und durch ein gebildeter Mann. »Und ich würde so gerne meine Erkenntnisse weitergeben. Ich wäre so gerne Lehrer,« sagte er dann noch. Ich fragte ihn daraufhin: »Und warum sind Sie nicht Lehrer?« »Dann müsste ich meine Reitpferde verkaufen und meine kleine

> Jacht. Ich kann doch als Lehrer meinen Lebensstil in keiner Weise finanzieren. Das kann ich nur als Portier, aber ich fühle mich wie ein Prostituierter.«
>
> Er war todunglücklich in seinem Job, weil er sich an so viel Geld gewöhnt hatte. Seine eigentliche Motivation war es aber, Menschen zu helfen, Menschen seine Erfahrung weiterzugeben. Sein bewusstes Ziel war, Geld zu verdienen und beides passte in seiner Wahrnehmung nicht gut zusammen.

2.3 Gibt es ein allgemeingültiges Ziel?

Die meisten von uns wünschten sich, dass sie am Ende ihres Lebens davon überzeugt sind, dass sie eine gute Zeit hatten und dass sie die Welt ein bisschen besser verlassen, als sie sie vorgefunden haben.

Philip Slater

Gibt es ein Ziel, das alle Menschen verfolgen, oder verfolgen sollten, wenn sie vernünftig sind? Wenn man das Streben der Menschen betrachtet, so kommt es einem vor, als würden die meisten danach streben, dass sie möglichst viele positive und möglichst wenig negative Gefühle haben, wobei allerdings die Vorstellungen davon, was einem zu positiven Gefühlen verhilft, sehr unterschiedlich sind. Man kann das verkürzt auch so ausdrücken: Jeder möchte glücklich werden bzw. glücklich sein. Wenn das so ist, so muss man sich fragen, warum so viele Menschen dann nicht anders handeln, denn häufig könnte man meinen, sie tun alles, um unglücklich zu werden.

Paul Watzlawick, ein Kommunikationsforscher, kommt sogar (augenzwinkernd) zu dem Schluss, dass die meisten Menschen das Ziel haben, unglücklich zu werden. Er hat daher ein Buch geschrieben mit dem Titel »Anleitung zum Unglücklichsein«, mit dem man lernen kann, sich in das Unglück hineinzumanövrieren. Die meisten Autoren gehen allerdings davon aus, dass die Menschen glücklich werden wollen. Der Dalai Lama leitet daraus sogar eine Ethiklehre ab. Er setzt Glücklichsein mit innerem Frieden gleich und diesen inneren Frieden kann man nur erreichen, wenn man seine negativen Gedanken, Vorstellungen und Einstellungen durch positive ersetzen lernt. Er lenkt unsere Blicke auf das Innere, eine für den Buddhismus typische Haltung.

Paradoxerweise ist es aber umso schwieriger, in sich positive Gefühle zu wecken, je mehr man sich direkt darum bemüht. Dies ist auch der Grund, warum Paul Watzlawick den paradoxen Weg beschreitet: Gibt man jemandem oder sich selbst das Glücklichsein als Ziel vor, so tritt eher das Gegenteil ein: Positive Gefühle sind an Spontaneität gebunden. Spontaneität kann man aber weder anderen noch sich selbst verordnen. »Sei spontan!« ist eine Anweisung, die ebenso wenig funktionieren kann wie die Instruktion »Sei glücklich!«. Da ist es paradoxerweise sogar hilfreicher, man konzentriert sich auf das Gegenteil von dem, was man sich eigentlich wünscht: Wer lernt, was man anstellen muss, um unglücklich zu sein, der weiß dann intuitiv auch, welche negativen Gedanken und Einstellungen er besser vermeidet. Irgendwann schwenkt jemand, der sich damit beschäftigt, was er tun muss, um sich unglücklich zu fühlen, »ganz spontan« auf das Gegenteil um.

In dem von Watzlawick angesprochenen Paradox liegt ein tiefer Grund dafür verborgen, warum es vielen Menschen schlechter geht, als sie es sich wünschen: Der Weg in ein wirklich erfolgreiches und zufriedenes Leben ist kein direkter, aber man kann die Bedingungen herstellen, die die Wahrscheinlichkeit erhöhen, dass sich spontan Glücksgefühle einstellen. Die Gründe für die Tatsache, dass wir keinen Erfolg haben, wenn wir uns direkt um Glücksgefühle bemühen, können wir heute auch mit den Methoden der Wissenschaft erklären:

Viele Befunde aus der Hirnforschung scheinen nahezulegen, dass die rechte Hirnhälfte besonders wichtig für das Erleben und die Regulation von Gefühlen ist (Gainotti, 2005; Levesque et al., 2003; zusf. Schore, 2003). Es gibt auch Hinweise auf die Bedeutung der rechten Hemisphäre für das Erkennen von entfernten Zusammenhängen, das bei Kreativitätsaufgaben wichtig ist (z. B. Aufgaben, die verlangen, ein intuitives Urteil darüber abzugeben, ob je drei Begriffe wie »Ziege, hoch, grün« oder »Vogel, Rohr, Straße« irgendwie zusammengehören oder nicht: Bowden et al., 2005). Könnte es sein, dass die rechte Hemisphäre Gefühle mit kreativen Funktionen verbindet? Solche Schlussfolgerungen lassen sich nicht ohne weiteres aus den zitierten Ergebnissen der Hirnforschung ziehen. Aber man kann solche Befunde zum Anlass nehmen, psychologische Experimente zu suchen (oder durchzuführen), die solche Hypothesen überprüfen. In der Tat gibt es Befunde, die eine Verbesserung kreativer Leistungen nachweisen, wenn positive Gefühle bzw. die Bewältigung negativer Gefühle auftreten (die Bewältigung negativer kann besonders tiefe positive Gefühle auslösen): In der Motivationsforschung gibt es klare Bestätigungen für den Zusammenhang zwischen positiven Gefühlen und kreativen Leistungen (Baumann & Kuhl, 2002; Isen, 2002; Bolte et al., 2003). Niemand wird bezweifeln, dass die Gestaltung eines Lebens, das die Bezeichnung »glücklich« verdient, viel Umsicht und Kreativität benötigt. Aber kann man daraus folgern, dass die rechte Hemisphäre für ein glückliches Leben wichtiger ist als die linke? Da die beiden Hemisphären sich oft gegenseitig hemmen, kann man zu Recht vermuten, dass ein Persönlichkeitsstil, der mit einer allzu einseitigen Aktivierung der linken Hemisphäre verbunden ist, »rechtshemisphärische« Funktionen wie kreatives Gestalten des eigenen Lebens und das Erleben von Gefühlen (einschließlich Glücksgefühlen) erschwert.

Wir dürfen allerdings angesichts solcher Überlegungen nicht vergessen, dass die Hirnforschung solche Spekulationen nicht beweist. Dazu sind psychologische Untersuchungen notwendig, welche die vermuteten Zusammenhänge direkt überprüfen (der Bezug zur Hirnforschung kann dann trotzdem von Vorteil sein, wo immer er hilft, auf neue Hypothesen zu kommen oder alte in einem neuen Licht zu sehen). Tatsächlich gibt es Untersuchungen, die zeigen, dass Glücksgefühle beeinträchtigt werden, wenn bewusste Ziele von unbewussten Gefühlen und Bedürfnissen (»Motiven«) abweichen (Baumann et al., 2005; Brunstein et al., 1998; Langens, 2007). Für die Praxis sind solche Nachweise wichtiger als neurobiologische Spekulationen. Trotzdem braucht man mögliche Zusammenhänge zwischen psychischen Forschungsergebnissen und der Hirnforschung nicht auszuschließen. Das Absichtsgedächtnis, in dem – wie erwähnt – die zu bewussten Zielen passenden Handlungen (und damit auch unser bewusstes Streben nach Glück) gespeichert sein sollen, bis sie ausgeführt werden können, könnte durchaus mehr die linke Hemisphäre des Gehirns beanspruchen, zumindest bei den meisten Menschen, deren Sprechzentrum in der linken Hemisphäre liegt: Absichten werden typischerweise sprachlich formuliert, ganz gleich, ob sie durch Anweisungen des Chefs oder der Eltern oder durch Selbstinstruktion zustande kommen. Auch die Vermutung, dass Glücksgefühle mehr von Leistungen der rechten Hemisphäre beeinflusst werden, mag nicht ganz unplausibel erscheinen: Glück meint eigentlich mehr als nur ein einzelnes positives Ereignis; deshalb ist zu vermuten, dass für das Erleben von Glück ein (paralleles) System notwendig ist, das viele Zusammenhänge gleichzeitig erfahrbar macht. Die rechte Hemisphäre scheint solche unbewussten, ganzheitlichen Erfahrungsnetzwerke besonders gut zu unterstützen (Bowden et al., 2005). Wie wir bereits ausgeführt haben, ist ein umfassendes »Netzwerkdenken« auch für die kreative Befriedigung von Motiven wichtig.

Die Forschung hat gezeigt, dass sich die beiden Hirnhälften gegenseitig hemmen können: Das Gehirn kann sich entscheiden, ob in einer konkreten Situation logisches Planen angesagt ist, also die linke Hemisphäre aktiviert werden muss, oder ob man sich mehr auf die intuitive Erfahrung verlassen soll (Hellige, 1991). Die intuitiven Erfahrungsnetzwerke der rechten Hemisphäre werden wegen ihrer immensen Ausdehnung auch *Extensionsgedächtnis* genannt (»Extension« bedeutet: Ausdehnung). Die rechte Hemisphäre ist leichter zu aktivieren, wenn man in positiver Stimmung ist, insbesondere wenn sie durch die Bewältigung einer schwierigen Erfahrung oder einer negativen Emotion entsteht (Levesque et al., 2003). Das merkt man im Alltag z. B. daran, dass Menschen kreativer sein können, wenn sie in positiver Stimmung sind. Dieser Effekt wurde schon vor zwei Jahrzehnten von der amerikanischen Emotionspsychologin Alice Isen nachgewiesen und immer wieder bestätigt (Isen, 2002). Der mögliche Zusammenhang zwischen den Ergebnissen aus der Hirnforschung und den Befunden aus der Motivationsforschung kann durchaus dazu beitragen, unser Verständnis zu vertiefen und die Frage immer besser zu beantworten, warum man Kreativität, Spontaneität und positive Gefühle nicht gut erreicht, wenn man sie zu direkt anstrebt: Wenn bewusste Ziele stärker die linke als die rechte Hemisphäre aktivieren, kann es durchaus passieren, dass die mit positiver Stimmung verbundene Kreativität der rechten Hemisphäre gehemmt wird.[3]

---

3 Einige Psychophysiologen waren eine Zeit lang der Meinung, dass positive Stimmungen nicht die rechte, sondern die linke Hemisphäre aktivieren. Neuere Befunde deuten jedoch darauf hin, dass die in diesen Experimenten beobachtete Aktivierung der linken Hemisphäre nicht auf positivem Affekt per se, sondern auf die mit ihm meist verbundene Impulsivität (Verhaltensbahnung) beruht (die auch durch »negative« Affekte wie Ärger zustande kommen kann). Immer mehr Forschungsergebnisse deuten darauf hin, dass man zwischen verschiedenen Arten von positiven Emotionen unterscheiden muss. Der positive Affekt, der die Kreativität und das vernetzte Denken der rechten Hemisphäre aktiviert, ist möglicherweise an zwischenmenschliche Erfahrungen wie Wärme und persönliche Wertschätzung gebunden.

2.4 Auf die innere Haltung kommt es an

Nach diesem Ausflug in die Wissenschaft kommen wir auf den Dalai Lama zurück: Um deutlich zu machen, wie er die Verbindung von Glücklichsein mit dem inneren Frieden meint, sei ein Bild aus seinem Werk »Das Buch der Menschlichkeit« (S. 69) wiedergegeben:

Er erzählt davon, dass auch er manchmal schlechte Launen kennt. »In diesem Zustand können mich selbst Dinge ärgern, die mir sonst eigentlich gefallen. Unter Umständen brauche ich nur auf meine Uhr zu sehen, und schon steigt Ärger in mir hoch. Sie scheint nichts weiter als eine materielle Unwichtigkeit und damit eine Quelle weiteren Leidens zu sein« und viele von uns werden in Gedanken hinzufügen: die nur dazu da ist, unseren Schlaf zu verkürzen oder uns zu hetzen. »Doch an anderen Tagen wache ich auf und finde meine Uhr wunderschön, so fein, so ausgeklügelt. Aber natürlich ist das dieselbe Uhr. Was ist anders? Werden meine Empfindungen – Abscheu heute, Zufriedenheit morgen – allein durch den Zufall bestimmt?«

Können wir etwas dazu tun, wie wir unsere Uhr, ja die ganze Welt wahrnehmen, ob wir sie so wahrnehmen, dass wir uns glücklich fühlen, oder so, dass wir überwiegend das Störende sehen? Der entscheidende Faktor, so sagt der Dalai Lama, ist die eigene geistige Einstellung. »Unserer Grundhaltung, so wie wir äußeren Umständen gegenüberstehen, gilt daher bei jeder Überlegung über die Erlangung inneren Friedens (und damit des Glücks) die erste Betrachtung.« Er fügt dann noch ein Bild an, das er von dem großen indischen Gelehrten und Lehrer Shantideva übernommen hat: Wir hätten keine Aussicht, jemals genug Leder aufzutreiben, um die Welt damit zu bedecken, damit wir uns nie einen Dorn in den Fuß stechen könnten, aber das sei auch nicht nötig, denn es reicht ja, unsere Fußsohlen mit Leder zu bedecken. Mit anderen Worten: Wenn wir die äußeren Umstände nicht so verändern können, dass sie uns passend erscheinen, können wir immer noch etwas an uns selbst, z. B. an unserer Einstellung ändern (s. Martens, 2009).

Aus den erwähnten Gründen ist es nicht sehr hilfreich, sich bewusst das Ziel zu setzen: Ich werde positivere Gefühle haben. Positive Gefühle entstehen aber z. B. durch Nachahmung, etwa dadurch, dass man immer wieder Beispiele für eine positive Haltung beobachtet (wie das Lederbeispiel des Dalai Lama), bis man die aus ihnen sprechende Haltung *intuitiv* übernimmt. Wer eine positivere Haltung entwickeln möchte, sollte sich ganz gezielt mit positiven Menschen umgeben oder sich das Verhalten positiver Menschen oft in Erinnerung rufen. Alles andere geht dann wie von selbst, eben nicht über das Planen der linken Hemisphäre, sondern über die umfassenden, intuitiven Erfahrungen der rechten Hemisphäre (Nachahmen funktioniert ja mehr intuitiv als bewusst kontrolliert, weshalb es wohl auch schneller dazu führt, die positive Einstellung eines Menschen zu übernehmen als noch so gute Argumente).

Dieses Bild des Dalai Lamas veranschaulicht einen der Grundgedanken dieses Buches und wir werden darauf später noch einmal zurückkommen. Allerdings kann man sicher einwenden, dass es Menschen gibt, die bewusst barfuß durch die Welt laufen und sich auch gerne einmal mit einem Dorn stechen. Es soll ja sogar Menschen geben, die den Schmerz lieben. Menschen sind so vielschichtig und komplex und darüber hinaus so verschieden, dass jede einfache Beschreibung oder Kategorisierung, jede einfache Regel, so wie sie konkret angewendet wird, etwas von ihrer Allgemeingültigkeit verliert. Eine positive Grundeinstellung zu haben, muss keineswegs bedeuten, dass man Schmerz in jedem Fall meidet. Im Gegenteil: Je tiefer verwurzelt die positive Haltung ist, desto eher kann man es sich leisten, auch schmerzhafte Erlebnisse zu beachten, statt sich durch Beschönigen oder Ablenkung die Chance zu nehmen, aus ihnen zu lernen.

Menschen unterscheiden sich darin, wie sie mit Rückschlägen, Ängsten und schmerzhaften Erlebnissen umgehen. Manche versuchen, immer das Positive zu sehen, andere lenken sich von unangenehmen Erfahrungen dadurch ab, dass sie sich in die Arbeit stürzen, wieder andere meinen, gerade schmerzhaften Erlebnissen immer wieder auf den Grund gehen zu müssen, statt sich durch positive Gefühle oder irgendeinen Aktionismus abzulenken. Man kann aber diese verschiedenen Stile verbinden: Wenn etwas Schlimmes passiert, lenkt man sich zunächst einmal durch positive Gedanken oder Taten ab, um sich etwas Luft zu verschaffen, befasst sich aber in einer ruhigen Stunde doch eingehender mit dem Erlebnis und lässt auch negative Gefühle zu, um sich mit der Situation auseinandersetzen zu können und aus ihr zu lernen.

Es bleibt also festzuhalten, dass Menschen ganz unterschiedlich mit bedrohlichen oder schmerzhaften Erlebnissen umgehen und dass Menschen ganz unterschiedliche Ziele verfolgen. Wir sollten also aufhören, nach allgemeingültigen Zielen zu fragen: Für Sie, liebe Leserin und lieber Leser, ist es auch nicht bedeutsam, ob Ihr Nachbar eigentlich die gleichen Ziele hat wie Sie. Solange er sich anders verhält (und das tut er), ist es sicher besser, dass Sie sich Ihre eigenen Ziele bewusst machen und sich auf das Erreichen dieser Ziele konzentrieren. Wir werden hier also von Erfolgreichen sprechen und meinen dabei diejenigen, die ihre persönlichen Ziele erreicht und ihre persönlichen Motive verwirklicht haben, unabhängig davon, ob diese Ziele und Motive auch von anderen geteilt werden.

2.5 Unterscheidung von zwei Grundhaltungen gegenüber dem Leben

Du hast die Wahl:
Du kannst die Freude statt der Verzweiflung wählen.
Du kannst das Glücklichsein statt Tränen wählen.
Du kannst die Aktion statt der Apathie wählen.
Du kannst das Wachstum statt der Stagnation wählen.
Du kannst DICH wählen.
Du kannst das LEBEN wählen.
Und es ist an der Zeit, dass man dir sagt,

*dass du nicht der Gnade von Kräften ausgeliefert bist,
die größer sind als du.
Du hast in der Tat die größte Kraft für dich selbst in dir.*
            Leo Buscaglia Ballantine Books »Living, Loving, and Learning«

Haben wir wirklich die Wahl? Viele werden sagen, dass das doch übertrieben sei oder dass es sich dabei um Zweckoptimismus handelt. Sind wir nun Gestalter unseres Schicksals oder Opfer der Umstände? Ob wir der Überzeugung sind, dass wir die Wahl haben oder ob wir dagegen die feste Meinung haben, dass wir letztlich von einem vorherbestimmten oder zufälligen (auf jeden Fall von uns unbeeinflussbaren) Schicksal bestimmt werden, ist letztlich auch »nur« eine innere Einstellung.

Es handelt sich allerdings um eine für unser Leben sehr entscheidende Einstellung, und wie bei vielen Einstellungen kann man nicht mit rationalen Argumenten entscheiden, wer Recht hat. Wenn man den Vertretern der jeweiligen Einstellung zuhört, gewinnt man den Eindruck, dass beide, sowohl diejenigen mit der Gestaltergrundhaltung als auch diejenigen mit einer Opfergrundhaltung für sich genommen Recht haben. Beide Seiten können eine Reihe von Argumenten und eine Reihe von Erlebnissen für ihre Auffassung ins Feld führen: Jemand mit der Überzeugung, dass wir Opfer des Schicksals sind, erinnert sich und andere daran, dass wir z. B. das Wetter nicht beeinflussen können, auch nicht die Verspätung des Zuges, in dem wir sitzen, die politischen Verhältnisse und schon gar nicht unerwartete Schicksalsschläge aller Art. Wer dagegen fest daran glaubt, dass wir Gestalter des Schicksals sein können, weist darauf hin, dass wir jeden Tag entscheiden können, wofür wir uns einsetzen, dass wir unseren Beruf, unsere Partner und Freunde, unsere Arbeitsstelle, den Ort, an dem wir leben und arbeiten und vieles mehr wählen oder in unserem Sinne beeinflussen können – und dass wir auch bei Schicksalsschlägen entscheiden können, wie wir innerlich darauf reagieren und damit umgehen.

Es scheint also so, als ob die Personen, die der Überzeugung sind, sie haben die Wahl, sie könnten den Lauf ihres Lebens weitgehend selbst bestimmen, sie seien Gestalter ihres Schicksals, tatsächlich eine größere Zahl von eigenen Erlebnissen anführen können, die ihre Meinung unterstützen. Andererseits können die Personen, die der gegenteiligen Meinung sind, die also eine eher fatalistische Einstellung gegenüber ihrem Leben haben, die sich eher als Opfer ihres Schicksals sehen, von einer Vielzahl von Erlebnissen berichten, die diese Auffassung zu beweisen scheinen.

Gibt es Menschen, die eher ihr Leben in der Hand haben und daher auch die Einstellung besitzen, sie seien Gestalter ihres Lebens und andere, die von ihrem Schicksal hin und her geworfen werden, und die sich daher zu Recht als Opfer ihres Schicksals fühlen?

2.6 Psychologische Grundlagen der Gestalterhaltung

Die experimentelle Forschung an der Osnabrücker Universität hat die Prozesse herausgearbeitet, die den positiven Überzeugungen der Gestalterhaltung der Handlungsorientierten zugrunde liegen. Das vielleicht überraschendste Ergebnis dieser Forschung hatten wir eingangs bereits angedeutet, als wir darauf hinwiesen, dass Einstellungen und Überzeugungen oft die Folge und nicht die Ursache der Handlungsorientierung sind: Optimismus und positives Denken sind *nicht* die eigentliche Grundlage der Gestalterhaltung.

Zwar erleichtern positive Gefühle das Handeln. Aber man kann sie nicht erzwingen, indem man ab heute in eine positive Grundüberzeugung wechselt. Wir hatten auch gesehen, dass positive Gefühle – selbst dann, wenn sie vorhanden sind – nicht ausreichen, um ihre positive Wirkung zu sichern. Die Umsetzung schwieriger Handlungen, z. B. als die Versuchspersonen Farbwörter benennen sollten, die in der »falschen« Farbe geschrieben waren, wurde nur dann durch positive Gefühle gefördert, wenn die Personen vorher dazu gebracht wurden (oder sich selbst dazu brachten), die schwierige Aufgabe zu übernehmen (was Menschen, die völlig auf positive Gefühle festgelegt sind, nicht immer leicht fällt). Diese Experimente hatten also gezeigt, dass zum Umsetzen schwieriger Absichten mehr gehört als positive Gefühle. Wenn in den Experimenten nichts getan wurde, um das Absichtsgedächtnis einzuschalten, führten die vor jeder Aufgabe gezeigten positiven Wörter *nicht* zu einer Verkürzung der Reaktionszeiten. Auch in den Untersuchungen von Oettingen und ihren Mitarbeiterinnen führte der »reine Optimismus« nicht zu einer optimalen Umsetzung schwieriger Vorsätze: Schwierige Absichten können nur gebahnt werden, wenn es sie überhaupt gibt. Genauer gesagt: Positive Gefühle können zur Umsetzung schwieriger Ziele und Absichten nur beitragen, wenn die schwierigen Absichten tatsächlich im Absichtsgedächtnis gespeichert sind, d. h., wenn die Person auch wirklich Absichten gebildet hat.

»Nichts leichter als das«, mag ein Optimist sagen. Aber gerade die Bildung schwieriger Ziele ist für einen Erzoptimisten alles andere als leicht. Optimisten gehen spontan den leichten Weg. Das ist in Ordnung, solange es leichte Wege gibt, die zum Ziel führen. Müssen aber echte Schwierigkeiten beseitigt, müssen Probleme gelöst werden, dann kommt es darauf an, sie erst einmal ernst zu nehmen. Auf der Ebene der Emotionen bedeutet »ernst nehmen«: sich für eine Weile von positiven Gefühlen zu verabschieden. Wer Probleme verniedlicht oder einfach ignoriert, wie es einseitige Optimisten häufig tun, ist in schwierigen Situationen »Opfer« seiner Flucht ins Beschönigen und Ausweichen. Dass unverbesserliche Optimisten sich auch in solchen Situationen nicht als Opfer *fühlen*, ändert nichts daran, dass es ihnen schwerfällt, sich Schwierigkeiten zu stellen. Sie sind nicht bereit, Phasen des Problemlösens aus- und durchzuhalten, die manchmal alles andere als spaßig sein können.

Die Forschung hat gezeigt, dass (erfolgs- und handlungsorientierte) Gestalter keine blinden Optimisten sind, sondern zwischen Optimismus und Problembewusstsein und damit zwischen positiven und weniger positiven Stimmungen wechseln können. Das zeigte sich z. B. auch bei Versuchspersonen, die in einem Test, in dem man zu mehrdeutigen Bildern Fantasiegeschichten erfinden soll, häufig von Erfolgsthemen erzählten (Langens, 2002). Handlungs- und Erfolgsorientierte bleiben – sogar in ihren Tagträumen – weder im Optimismus noch im Problembewusstsein kleben. Sie steuern ihre Gefühle so, wie es der momentanen Situation angemessen ist: Wenn zu viel Optimismus aufkommt, sodass man zu lösende Schwierigkeiten übersehen könnte, dämpfen sie ihren Optimismus. Wenn die Probleme überhandnehmen, sind sie in der Lage, sich selbst zu motivieren: Sie steigern dann ihren Optimismus, damit die Probleme sie nicht erdrücken und die Handlungsfähigkeit lähmen.

Damit ist der Modebegriff der *emotionalen Intelligenz* wissenschaftlich präzisiert und erweitert: Es geht um die Fähigkeit, eigene Gefühle selbständig so zu steuern, dass auch schwierige Ziele erreicht werden können, ohne sie durch einen blinden Optimismus verharmlosen zu müssen, aber auch ohne in eine lähmende »Problemhypnose« zu verfallen. Wir sprechen in diesem Zusammenhang von »persönlicher Intelligenz«.

Messungen der Hirnpotenziale, die durch Konfrontation mit stressrelevanten Wörtern ausgelöst wurden, konnten das auch auf der Ebene der Gehirnaktivität belegen: Im EEG-Labor lässt sich abschätzen, welche Teile des Großhirns bei der Lösung der jeweils bearbeiteten Aufgaben aktiv sind, indem man die Gehirnströme in den verschiedenen Regionen aufzeichnet. Gestalter schienen gerade dann, wenn man ihnen Wörter zeigte, die sie an schwierige Erlebnisse erinnerten, ihre »Steuerzentrale« zu aktivieren (Rosahl et al., 1993). Diese Steuerzentrale lokalisieren Neurobiologen im vorderen Teil der Hirnrinde, also unter der Stirn. Wenn dieser Teil aktiviert wird, so beschreiben wir das im Alltag oft als »Einschalten des Willens«, wir »reißen uns zusammen« d. h. wir kontrollieren unsere Gefühle. In der Forschung spricht man von *Selbststeuerung* oder *Selbstmanagement*.

Handlungsorientierte Gestalter können deshalb ihre Ziele besser umsetzen, weil sie ihre Affekte und Emotionen eigenständig regulieren können (Koole & Jostmann, 2004). Lageorientierte bzw. Menschen, die sich als Opfer der Umstände sehen, brauchen die Ermutigung oder Beruhigung von außen, um in eine Stimmung zu kommen, aus der heraus sie angemessen handeln können. Dann allerdings – auch das hat die Forschung immer wieder gezeigt – können auch Menschen mit einer Opfergrundhaltung »zur Höchstform auflaufen«. Der wesentliche Unterschied lässt sich also auf folgende Formel bringen:

> Menschen mit Opfergrundhaltung verwalten ihre Gefühle, sie nehmen sie so hin wie sie sind, Menschen mit Gestaltergrundhaltung gestalten Gefühle, sie übernehmen die Verantwortung für ihre Gefühle, sind ihren Gefühlen nicht ausgeliefert. Erstere fühlen sich also deshalb immer wieder in der Opferrolle, weil sie in negativen Gefühlen verharren, statt sie zu verändern.

2.7 Gestalter ihres Schicksals mit Handicap

Die unterschiedliche psychische Verfassung der Personen mit Gestalter- und Opfergrundhaltung, so könnte man meinen, hängt damit zusammen, wie das Schicksal es mit diesen Personen gemeint hat. Wenn ihnen das Schicksal zu viele oder zu starke negative Erlebnisse aufgebürdet hat, so haben sie sich zu Recht als Opfer gefühlt und eine Opfergrundhaltung entwickelt. Die Praxis zeigt, dass das für viele Menschen nicht gilt. Oft haben gerade schwierige Situationen dazu geführt, dass Menschen mit Gestaltergrundhaltung gezeigt haben, was in ihnen steckt.

Einer der prominentesten Vertreter dieser Gruppe war *Steven Hawking*, Physiker und Astronom. Er wird mit Einstein verglichen und hat viele Bücher über die Entstehung unseres Universums und über die Zeit geschrieben. Er war nicht immer so erfolgreich. In der Schule waren seine Leistungen eher mäßig, obwohl die Lehrer (im Nachhinein) ihm eine große Begabung bescheinigten. Er konzentrierte sich eher auf außerschulische Aktivitäten wie z. B. das Tennisspielen. Eines Tages fiel ihm auf, dass er immer schlechter spielte, dass seine Muskelkoordination deutlich zu wünschen übrigließ. Er ging zum Arzt und nach gründlichen Untersuchungen diagnostizierte man bei ihm Amyotrophe Lateralsklerose (ALS), eine seltene und unheilbare Krankheit und man prophezeite ihm, dass er in drei Jahren keinen einzigen Muskel mehr würde bewegen können, und dass er weitere drei Jahre später tot sein würde.

Mit der ersten Prognose hatten die Ärzte Recht. Hawking verbrachte den größten Teil seines Lebens in einem Rollstuhl und konnte buchstäblich keinen einzigen Muskel willentlich bewegen. Er war 24 Stunden auf fremde Hilfe angewiesen. Allerdings hatte ihm ein Freund ein Computerprogramm entwickelt, mit dem er sich verständigen konnte. Die Bewegungen der Augen steuerten einen Cursor, mit dem er Silben auf einem Bildschirm anklicken konnte, die dann in eine künstliche Sprache umgesetzt wurden. So konnte er sogar Vorträge halten.

Mit der zweiten Prognose hatten die Ärzte nicht Recht. Sie hatten nicht damit gerechnet, wie viel psychische Energie in ihm steckte. Sie hatten nicht damit gerechnet, dass er sich nicht aufgeben würde und sich hundertprozentig auf das Feld verlegte, das ihm geblieben war: das Denken. Steven Hawking ist 75 Jahre alt geworden, obwohl ihm die Ärzte einen frühen Tod prognostiziert hatten. Wie sehr er die Freiheit seines Geistes nutzte, die dieses Wunder vollbracht hat, zeigen zwei Zitate: »Obwohl wir Menschen physischen Einschränkungen unterworfen sind, können unsere Gedanken frei und ungebunden das Universum erforschen« und: »Ich lebe gerne. Es gibt so viel zu tun und zu entdecken!« Einige Jahre vor seinem Tod vermählte er sich nochmals. Seine erste Frau, die er noch als Gesunder kennengelernt hatte, hatte sich von ihm scheiden lassen. Er heiratete eine seiner acht Pflegerinnen, die ihn Tag und Nacht umgaben. Er hat sein Leben in die Hand genommen, obwohl jeder von uns ihm zugestimmt hätte, wenn er gesagt hätte, dass er Opfer seines Schicksals wäre und nichts dagegen unternehmen könne.

Vielleicht kennen Sie auch jemanden, der seinem Schicksal getrotzt hat oder das noch tut. Es scheint also durchaus nicht so zu sein, dass uns Schicksalsschläge zu Opfern machen müssen. Wir haben es ein Stück weit in der Hand, ob wir Opfer oder

Gestalter unseres Schicksals sein wollen. Kann man wirklich aus einer passiven in eine aktive Haltung wechseln? Kann man vom Verwalten des eigenen Schicksals zum Gestalten kommen?[4]

2.8 Von »Gestaltern« und »Opfern«

> **Die Erkenntnisse eines New Yorker Taxifahrers**
>
> Es gab einmal einen New Yorker Taxifahrer, der in seinem ziemlich verschmutzten und verwahrlosten Taxi saß. Er war mit seinem Leben nicht sehr zufrieden und er diskutierte häufig mit seinen Kollegen: Weil die Kunden alle fiese Leute waren, die sich nicht zu benehmen wussten, die besoffen einstiegen und einem mit ihren Zigaretten Löcher in die Sitzpolster brannten, es lohnt sich ja weiß Gott nicht, den Wagen in einen ordentlichen Zustand zu bringen und zu putzen. Da waren sich alle einig und man klagte (quakte) gemeinsam über die schlimmsten Fahrgäste. Man war sich darüber hinaus einig, dass die Regierung auch ihren Anteil an Schuld hatte, weil sie nämlich zu viele Taxilizenzen verteilte und daher zu viele Taxis unterwegs sind und man zu wenig verdient…Quaaaaak!
>
> Nun stand der Taxifahrer in einer langen Warteschlange am Bahnhof und ließ sich die letzte Diskussion mit seinen Kollegen durch den Kopf gehen und hörte Radio. Da hörte er auf einmal aufmerksamer auf das, was dort erzählt wurde. Das Interview mit Wayne Dyer begann, in sein Bewusstsein einzudringen und er hörte, dass Dyer die Menschen in Frösche und Adler einteilte und dass das etwas mit Verantwortung zu tun habe, die man als Adler selbst übernimmt und als Frosch der Welt zuschanzen möchte. Deshalb fühlten sich die Frösche nicht nur schwach und hilflos, sondern sie machten auch immer die Welt um sie herum (die Regierung, den Wettbewerb, andere Menschen) für ihre Probleme verantwortlich und jammerten und klagten (quakten). Nach ungefähr zehn Minuten wurde ihm mit einem Schlag klar: Der redet ja von mir! Das bin ja ich – der Frosch! Immer jammere und meckere ich herum!
>
> Dieser Taxifahrer war so betroffen, dass er seinen Platz in der Warteschlange verließ, in den Stadtpark fuhr und dort erst einmal lange und tief nachdachte. Aber er verarbeitete nicht nur Einsichten, er zog auch Konsequenzen daraus. (Er wurde zum Gestalter!). Heute ist er einer der erfolgreichsten New Yorker Taxiunternehmer. Als er sich fragte, inwieweit er möglicherweise selbst Verantwortung für den desolaten Zustand seines Wagens (und seines Lebens) übernehmen konnte, wurde ihm z. B. klar, dass sein verwahrlostes Taxi eng mit seiner Schuldzuweisung an seine Kunden zusammenhing (»diese Schweine«). Diese

---

4 Weitere Beispiele von Menschen, die mit einer Gestaltergrundhaltung einem schweren Schicksal getrotzt haben, finden Sie in Martens/Begus: »*Das Geheimnis seelischer Kraft. Wie Sie durch Resilienz Schicksalsschläge und Krisen überwinden*«.

Einstellung hatte sich seinen Kunden natürlich auch »irgendwie« mitgeteilt. Man könnte etwas boshaft feststellen: Analog dem bekannten Motto: »Jedes Volk hat die Regierung, die es verdient« könnten wir hier folgern: »Jeder Dienstleister (und Verkäufer) hat die Kunden, die er verdient.«

Dieser Taxifahrer konnte mit seinem dreckigen Taxi keine »guten« Kunden anziehen, die sich vor dem verdreckten Taxi grausten. Nun kreierte er eine Metapher: er begann darüber nachzudenken, wie es wäre, wenn diese Kunden zu ihm nach Hause kämen, statt in sein Auto einzusteigen: Wenn mein Haus so verdreckt wäre wie mein Taxi, dann würde ich niemanden hereinlassen. Wenn jemand zu mir nach Hause käme, würde ich ihm die Türe öffnen. Wenn jemand zu mir nach Hause käme, den ich persönlich noch nicht kenne (z. B. der Begleiter eines Bekannten), dann würde ich mich namentlich vorstellen. Wenn jemand zu mir nach Hause käme, würde ich ihm etwas zu trinken anbieten…Als unser Taxifahrer sich ganz bewusst entschloss, Verantwortung für sein »rollendes Haus« zu übernehmen und potenzielle Kunden als potenzielle Gäste zu sehen, fielen ihm sofort eine Reihe von konkreten Verbesserungsmaßnahmen ein, die er innerhalb von Tagen umsetzte.

Heute kommt er in einem blitzblanken Auto zu Ihnen, er macht Ihnen die Tür auf, er stellt sich mit Visitenkarte vor. Er bietet Ihnen zu trinken an, heiß oder kalt (Kaffee mit und ohne Koffein, Tee und kalte Getränke aus der Minibar). Er bietet Ihnen per CD-Sammlung Musik an, die sie über Kopfhörer oder die Auto-Anlage hören können. Er hat aktuelle Zeitungen mit Börsennachrichten usw. für Sie, wenn Sie lesen wollen. Er erklärt Ihnen: »Wenn Sie sich unterhalten wollen, gerne, wenn nicht, ist es selbstverständlich auch o.k.« Heute ist er ständig ausgebucht, er fährt nur noch auf Vorbestellung. Er steht nicht mehr mit einem dreckigen Taxi am Bahnhof herum. Es ist ihm klar geworden, dass die Adler nicht darunter leiden, wenn die Regierung Tausenden von Fröschen Taxi-Lizenzen gibt!

Nach Vera F. Birkenbihl

Sein Erfolg begann mit dem Ändern seiner Metapher und damit seiner Einstellung zu den Kunden. Aus »Schweinen« wurden liebe Gäste. Vera F. Birkenbihl weist nun darauf hin, dass das für den New Yorker Taxifahrer eine besondere Leistung ist: In Deutschland sprechen wir von einem »Fahrgast«, bei uns bietet sich diese Metapher geradezu an – nicht, dass viele Taxifahrer das berücksichtigen würden! – aber im Englischen ist diese Vorstellung, Fahrgäste als Gäste zu sehen, eine eigenständige Idee. Denn dort wartet der Taxifahrer auf die nächste »fare«. (Es besteht eine Wortverwandtschaft mit unserem Begriff Fuhre, was u.a. auch Fahrgeld, Kost, Verpflegung bedeutet; auf alle Fälle beinhaltet »fare« nicht die Idee »Gast«.)

Zu welcher Gruppe gehören Sie? Gehören Sie zu den Fröschen oder zu den Adlern? Haben Sie Ihr Tagesprogramm bewusst gestaltet? Werden Sie es ändern oder passt es bereits genau zu Ihren Zielen? Und wenn Sie es ändern wollen: Suchen Sie sich ein Vorbild oder handeln Sie aufgrund von »wissenschaftlichen Gründen«? Wir möchten Ihnen in diesem Buch beides vermitteln: Vorbilder und eine Reihe von wissenschaftlich belegten Gründen und Argumenten. Sie werden aber noch mehr bekommen: Ein paar Tipps, wie Sie Ihren Entscheidungen für ein verändertes Programm mehr Chancen geben können, dass sie tatsächlich auf Dauer umgesetzt werden.

Aus den unterschiedlichen Grundhaltungen zum Leben entstehen ganz unterschiedliche Verhaltensweisen. Im Folgenden werden wir diese detailliert beschreiben. Sie werden sich bis zu einem gewissen Umfang sowohl in der Gestalter- als auch in der Verwalterbeschreibung wiederfinden, denn die meisten Menschen haben beide Haltungen in sich. Das Verwalten von unangenehmen Gefühlen und den Problemen, auf denen sie beruhen, ist manchmal durchaus nützlich: Es hilft, Probleme ernst zu nehmen und sie nicht aus den Augen zu verlieren. Das ist bei wirklich schwierigen Problemen oft eine Voraussetzung dafür, dass man irgendwann auch Lösungen findet. Wer Probleme nicht »verwalten«, wer die damit verbundenen Frustrationen nicht aushalten kann, der läuft früher oder später vor ihnen weg. Das Verwalten der Probleme darf aber nicht zum Selbstzweck werden. Es macht nur Sinn, wenn es sich mit dem Gestalten von Lösungsansätzen verbindet. Es geht also darum, sich für diese grundsätzlich unterschiedlichen Lebensorientierungen zu sensibilisieren. Es handelt sich bei diesen Grundhaltungen um Tendenzen, auf bestimmte Situationen gewohnheitsmäßig zu reagieren. Nur dann, wenn wir eine »Alarmglocke« in uns installieren, die uns sofort aufhorchen lässt, wenn sich eine einseitige Opferhaltung oder ein einseitiger Aktionismus zeigt, können wir diese Gewohnheiten durchbrechen.

Vereinfachend sprechen wir hin und wieder von »Gestaltern« und »Opfern« oder »Erduldern«. Allerdings ist das eine problematische Terminologie: Einerseits legt diese Formulierung eine unzulässige Personifizierung nahe. Wir sind nicht »Gestalter« oder »Opfer«, wir haben vielleicht Gestalter- oder Opfergewohnheiten. Natürlich sind Gewohnheiten nicht immer einfach abzulegen, aber wenn wir uns diese Tatsache bewusst machen und uns gegenüber die Verpflichtung eingehen, die entsprechende Gewohnheit zu verändern, dann haben wir bereits einen sehr großen Schritt in Richtung auf eine Veränderung getan. Wir *sind* also nicht die Gewohnheiten, sie sind ein Teil von uns, den wir ablegen können, wenn wir das wollen.

Die Bezeichnung »Gestalter« oder »Opfer« beschreibt also Extreme, die – wenn überhaupt – nur sehr selten in Reinform vorkommen. Die meisten Menschen haben beide Grundhaltungen in sich. Sie reagieren in manchen Situationen als »Gestalter« und in anderen als »Opfer«. Das Ziel dieses Buches ist es nicht, dass Sie von einem »Opfer« zu einem »Gestalter« werden, oder dass Sie immer als »Gestalter« reagieren. Stattdessen geht es darum, dass Sie in die Lage versetzt werden, in bestimmten Situationen zu erkennen, dass Sie gerade dabei sind, *einseitig* aus der Opferhaltung heraus zu reagieren und dass Sie sich bewusst werden, dass Sie das eigene Ziel in dieser Situation vielleicht eher erreichen, wenn Sie die Gestalterhaltung annehmen. Wenn Sie also lernen, frei zwischen diesen Grundhaltungen zu wählen, je nach Situation, dann haben Sie ein großes Ziel erreicht.

Es ist ganz natürlich, wenn jemand am Abend eines Tages, an dem vieles schiefgelaufen ist, bei seinem Partner zu jammern (zu »quaken«) anfängt und sich bitterlich über das ungerechte Schicksal beklagt, das er gerade erleiden müsse. Am nächsten Morgen, auf dem Weg zu seinem nächsten Kunden oder zu seinem Chef braucht er aber vielleicht wieder die Grundhaltung, die eher davon ausgeht, dass er kein ungerechtes Schicksal erleiden muss, sondern das eigene Schicksal selbst bestimmt.

Man braucht dazu allerdings eine genaue und konkrete Vorstellung von dem, was man erreichen will und von dem, was man vermeiden möchte. Eine Gestaltergrundhaltung bezieht sich immer auf ein bestimmtes Ziel. Wir werden im Folgenden auch bei der Beschreibung der Opfer- oder Gestaltergrundhaltung zur Vereinfachung von Extremen ausgehen. Dadurch wird der Unterschied deutlicher. Es handelt sich sozusagen um eine didaktisch motivierte Übertreibung.

2.8.1 Wie funktioniert die Opferhaltung?

Wenn man ein Programm ändern will, muss man verstehen, wie es funktioniert. Es gibt drei Varianten der Opferhaltung: die Unbestimmten, die Zögerer und die Aufgeber. Wie funktionieren diese Varianten? Warum bilden die *Unbestimmten* keine Ziele und treffen keine klaren Entscheidungen? Warum schieben die *Zögerer* die Umsetzung eigener Ziele immer wieder auf? Und warum halten die *Aufgeber* nicht durch, wenn Schwierigkeiten oder Misserfolge auftauchen? Die wissenschaftliche Analyse hat gezeigt, dass jede der drei Varianten der Opferhaltung durch einen von zwei verschiedenen Mechanismen verursacht sein kann. Der eine hängt mit der im Zusammenhang mit der Farbbenennungsaufgabe bereits erwähnten *Willenshemmung* zusammen. Die zweite Ursache für Entscheidungsschwäche, Zögern oder Aufgeben ist die so genannte *Selbsthemmung*.

Der erste Mechanismus ist schon im Zusammenhang mit dem Experiment zur Farbbenennung erläutert worden: Willenshemmung beruht darauf, dass Schwierigkeiten und Probleme so »gut« verwaltet werden, dass sie dem Betroffenen den Mut und die Kraft nehmen. Wer sein Absichtsgedächtnis ständig mit immer neuen schwierigen Aufgaben belastet, aber nicht in der Lage ist, ab und zu auch die positive Energie zur Umsetzung einzelner Handlungsschritte aufzubringen, der wird zum Zögerer: Er denkt immer mehr über die Schwierigkeiten und Probleme nach, spricht vielleicht auch sehr gern und enthusiastisch über seine Ideen, Ideale und Visionen, »vergisst« aber zu handeln. In den Osnabrücker Untersuchungen hatte sich z. B. gezeigt, dass in einer Gruppe arbeitsloser Akademiker nach Wörtern, die an Misserfolge erinnerten, eine verstärkte Willenshemmung auftrat: diese Arbeitssuchenden brauchten nach Misserfolgs-Wörtern mehr Zeit bis zum Benennen der Farbe inkongruenter Farbwörter als eine Kontrollgruppe von Studierenden (Kazén & Kuhl, 2005). Bei Schülern, deren Leistungen weit unter ihrer Begabung lagen (*underachiever*) waren die Ergebnisse sogar noch dramatischer. Diese Problemgruppe von Schülern zeigte sogar eine enorme Willenshemmung, wenn ihnen Wörter gezeigt wurden, die an *Erfolge* erinnerten (Kuhl, 2004). Einige Psychotherapeuten, mit denen wir diese Befunde diskutierten, meinten die Ursache dieses Phänomens von vielen ihrer Klienten zu kennen: Sie berichteten von vielen Patienten (besonders junge Männer), bei denen im Verlauf der Therapie eine »Angst vor Erfolg« erkannt wurde. Nicht selten beruhte sie darauf, dass sie sich schwierige Aufgaben und Durststrecken einfach nicht zutrauten, vielleicht weil Vater oder Mutter ihnen auch zu wenig zutraute oder weil sie ein unbewusstes »Erfolgsverbot« übernommen hatten (»Du darfst nicht erfolgreicher werden als ich«). Bei erfolgreichen Unternehmensgründern (gemessen an dem Umsatzzuwachs ihres Unternehmens vom 1. zum 2. Unternehmensjahr) konnte kürzlich das andere Extrem nachgewiesen werden (Koetz, 2006): Wenn man den erfolgreichen Unternehmern zunächst Wörter zeigte, die sie an besonders schwierige Herausforderungen erinnerten (besonders im Kontext des Machtmotivs, z. B., wenn ein schwieriger Mitarbeiter zur Rede gestellt werden musste) und anschließend die inkongruenten Farbwörter, auf die sie schnell reagieren sollten, dann zeigte sich eine deutliche Reduktion der Stroop-Interferenz (d. h. ein Willensbahnungseffekt).

Sobald das Absichtsgedächtnis belastet wird, entsteht automatisch eine Hemmung der Ausführung. Das Absichtsgedächtnis ist ja für Situationen gedacht, in denen man eine Absicht nicht sofort umsetzen kann oder will. Die Ausführung des Gewollten wird erst einmal aufgeschoben (»gehemmt«), bis man sich einen erfolgversprechenden Weg überlegt hat. Das ist ein ganz normaler und gesunder Mechanismus: Er soll verhindern, dass man in schwierigen Situationen Unüberlegtes tut. Planen und Problemlösen funktioniert nur, wenn man nicht jede Idee und jeden Impuls gleich ausführt, sondern erst einmal überlegt, ob er zum Ziel führen kann oder ob es aussichtsreichere Handlungsmöglichkeiten gibt. *Zögerer* bleiben allzu leicht in dieser Abkopplung des Handelns, in dieser Umsetzungs- oder Willenshemmung stecken. Dann bewegt sich irgendwann das Denken im Kreise und tut nicht mehr das, wofür es eigentlich da ist: Handeln vorbereiten, statt es zu verhindern.

Manche Zögerer sind den Zustand des ständigen Aufschiebens leid, schaffen es aber nicht, zu handlungsorientierten Umsetzungsexperten zu werden. Das Aufschieben hat nicht nur den Nachteil, dass man immer wieder mit unerledigten Dingen konfrontiert wird, sondern es birgt auch ein emotionales Risiko: Die mit der Belastung des Absichtsgedächtnisses verbundene Ausführungshemmung bringt eine Dämpfung der positiven Stimmung mit sich. Frisst sich diese Dämpfung fest, so kann man in einen klagenden, negativistischen oder sogar depressiven Zustand geraten.

Die *Unbestimmten* versuchen, diesen Zustand zu verhindern, indem sie das Absichtsgedächtnis nicht mehr belasten: Sie bilden keine schwierigen Ziele mehr. Auch dann, wenn sie etwas versprechen (sich selbst oder anderen), wird das Absichtsgedächtnis in Wirklichkeit gar nicht aktiviert. Sie werden damit zwar unzuverlässig, aber wenigstens nicht depressiv. In der Osnabrücker Forschung konnte diese Selbstschutzvariante mit Hilfe des erwähnten Farb-Benennungsexperiments identifiziert werden: Bei Unbestimmten, d. h. bei Personen, die sich nicht gern auf verbindliche Ziele festlegen (lassen), bewirken positive Wörter keine Beseitigung der Reaktionszeitverlängerung bei Farbwörtern, die in der »falschen« Farbe geschrieben sind (»Stroop-Interferenz«): Schwierige Absichten (wie das Benennen einer inkongruenten Farbe) können natürlich nicht gebahnt werden, wenn sie gar nicht gebildet werden. Dieses Phänomen trat übrigens besonders oft in der erwähnten Gruppe arbeitsloser Akademiker auf, die an einem vom damaligen Arbeitsamt geförderten Trainingsprogramm teilnahmen.

Sowohl den Zögerern als auch den Unbestimmten fällt es schwer, die durch das Absichtsgedächtnis vorübergehend ausgelöste Hemmung der Ausführungsenergie wieder aufzuheben. Sie können gehemmte oder verlorene Energie nicht wiederherstellen. Sie können sich nicht selbst motivieren. Sie sind darauf angewiesen, dass andere ihnen Mut machen oder zumindest die Initiative ergreifen (Koole & Jostmann, 2004). Die Selbstmotivierungsschwäche ist bei den Unbestimmten noch größer als bei den Zögerern: Sie können so wenig Umsetzungsenergie aufbringen, dass sie sich gar nicht mehr leisten können, das Absichtsgedächtnis mit weiteren Zielen zu belasten: Deshalb legen sie sich ungern fest, lassen lieber die Dinge unbestimmt und in der Schwebe.

Die dritte Gruppe, die *Aufgeber*, leidet zwar oft auch an einer Selbstmotivierungsschwäche. Sie ist aber meist nicht so ausgeprägt wie in den beiden anderen umsetzungsschwachen Gruppen: Aufgeber können immerhin die Energie aufbringen, sich trotz der Belastung des Absichtsgedächtnisses für die ersten Umsetzungsschritte zu motivieren. Ihre Selbstmotivierung bricht aber zusammen, wenn die ersten Schwierigkeiten oder Misserfolge auftreten.

Diese drei Varianten der Opfergrundhaltung kann man an einem alltäglichen Beispiel verdeutlichen, dass Sie sicher so oder so ähnlich auch schon erlebt haben:

> In einer Familie ist die Idee entstanden, dass man den Sonntagmorgen nicht immer vergammeln sollte, sondern gemeinsam etwas Sinnvolles unternehmen könnte. Alle waren von der Idee begeistert und man verabredete sich, am nächsten Samstag darüber zu entscheiden, was man machen wolle.
>
> Am nächsten Samstag saß man nun tatsächlich zusammen und diskutierte die Möglichkeiten für den Sonntagvormittag. Da meldete sich einer der Söhne (der Zögerer) und gab zu bedenken, dass dieser Sonntag für ihn gar nicht gut passt. Es liege noch so viel Unerledigtes auf seinem Schreibtisch, um das er sich kümmern müsse. Diese Arbeitsberge belasteten ihn sehr, er konnte sich gar nicht vorstellen, wie er das alles erledigen solle, und bevor er da nicht weiter sei, könne er sich nichts vornehmen. Man solle lieber den nächsten Sonntag für die geplanten Aktivitäten vorsehen. (Natürlich fühlte er sich am Sonntag dann so lustlos und schwach, dass die Aufgaben auf dem Schreibtisch wieder unerledigt blieben. Schließlich ist ja Sonntag auch kein Arbeitstag!)
>
> Als dann das nächste Wochenende nahte und man sich wieder zusammensetzte, um gemeinsame Aktivitäten für den Sonntag zu planen, da wandte sein Bruder (der Unbestimmte) ein, dass man sich nicht festlegen solle, man solle besser abwarten, wie das Wetter würde, er handele lieber nach der Devise: Kommt Zeit, kommt Rat. Überflüssig zu erwähnen, dass es wieder zu keiner Unternehmung kam, da einige länger schlafen wollten und man sich auch nicht einigen konnte, ob das Wetter nun gut oder schlecht zu nennen sei.
>
> Als der dritte Sonntag kam, hatte man sich tatsächlich auf einen Plan für einen gemeinsamen Ausflug geeinigt, aber als man starten wollte, da sprang das Auto nicht an und außerdem sah der Himmel so aus, als ob man demnächst mit einem Gewitter rechnen müsse. Mit diesen Schwierigkeiten hatte man nicht gerechnet. Das dritte Kind (der Aufgeber) schlug vor, dass man die Pläne für den Ausflug unter diesen Umständen fallen lassen sollte.

Die Osnabrücker Forschung hat nun gezeigt, dass es neben der Selbstmotivierungsschwäche eine zweite Ursache gibt, die in die drei Formen der Passivität führen kann (d. h. in die Unbestimmtheit, in das Zögern oder in das Aufgeben). Diese Ursache hängt mit der Schwierigkeit zusammen, Kontakt zu den eigenen Gefühlen zu halten. Die eigenen Gefühle werden vermutlich in einem nicht-bewussten System der rechten Hemisphäre des Gehirns abgebildet. Psychologen nennen dieses System das *Selbst*, weil es »eigene« Zustände registriert. Wer keinen ausreichenden Kontakt mit seinen Gefühlszuständen hat, kann natürlich auch nicht steuernd eingreifen, wenn die Gefühle zur Bewältigung der Situation nicht passend sind.

In diesem Sinne haben auch viel einfachere Systeme ein Selbst. Die Batterieanzeige eines Notebooks ist ein Beispiel: Sie zeigt einen *eigenen* Systemzustand an und kann dann, wenn sich ein ungünstiger Zustand einstellt, Gegenmaßnahmen ergreifen. Diese Gegenmaßnahmen sind denen der Zögerer und Aufgeber gar nicht unähnlich: Wenn die Energie nicht mehr reicht, wird schon vorsorglich abgeschaltet, um Schlimmeres zu verhüten.

2.8.2 Wie funktioniert die Gestalterhaltung?

Das Selbstsystem des Menschen ist natürlich ungleich intelligenter als das eines Computers. Es verfügt über ausgedehnte Erfahrungsnetzwerke, zu denen auch die bereits erwähnten Motive gehören. In der Osnabrücker Persönlichkeitstheorie heißt dieses Netzwerk wegen seiner großen Ausdehnung *Extensionsgedächtnis*. Der Zugang zum Selbstsystem heißt *Selbstwahrnehmung*. Die Forschung hat nun gezeigt, dass dieser Zugang durch negative Gefühle und Stress blockiert werden kann (Baumann & Kuhl, 2002, 2003). Im Alltag kennt man das Phänomen: Sobald subjektiver Stress oder Angst eine kritische Grenze überschreiten, verliert man den Überblick. Man findet z. B. plötzlich die Münze, die man vorher in der Geldbörse noch gesehen hat, nicht mehr, wenn eine Schlange wartender Leute hinter einem steht und die Kassiererin auch schon ungeduldig wird.

Damit wird eine zweite Form der »persönlichen Intelligenz« relevant: Hier geht es nicht darum, positive Gefühle, die angesichts auftretender Schwierigkeiten verloren gegangen sind, wiederherzustellen (»Selbstmotivierung«), sondern darum, negative Gefühle herunter zu regulieren. Diese Fähigkeit zur Selbstberuhigung ermöglicht es, auch in bedrohlichen Situationen oder nach schmerzhaften Erfahrungen, den Überblick zu bewahren. Das ist wichtig, weil man gerade in solchen Situationen den Überblick über alle gespeicherten Lebenserfahrungen brauchen kann. Ist er durch überstarke Angst oder Stress blockiert, dann fällt einem buchstäblich nichts mehr ein. Die zweite Form der Gestalterhaltung (d. h. der Handlungs- vs. Lageorientierung) bezieht sich auf den Umgang mit Angst, Schmerz und anderen negativen Gefühlen. Lageorientierte neigen dann zu einem nicht abschaltbaren Grübeln über die eigene »Lage«, d. h. über das, was passiert ist oder passieren könnte. Dadurch kann der Zugang zum inneren »Lösungsraum« (d. h. zum Selbst) erschwert werden, sodass die Ressourcen fehlen, um den negativen Affekt herunterzuregulieren und wieder ins Handeln zu kommen. Allerdings verschwindet diese Beeinträchtigung der Fähigkeit, negativen Affekt herunterzuregulieren (d. h. der Selbstberuhigung), sobald Lageorientierte soziale Unterstützung erfahren, z. B., wenn sie getröstet oder auch nur eingeladen werden, aufzuschreiben, was sie mit einer persönlich wichtigen Person (z. B. einem Freund oder einer Freundin) gemeinsam haben (Chatterjee, Baumann & Koole, 2017).

So kann man auch ein Zitat erklären, das Albert Einstein zugeschrieben wird: »Für Einsicht brauchen wir Distanz. Die Fische werden die Letzten sein, die das Wasser entdecken.« Distanz kann in diesem Zusammenhang eine zeitliche oder aber eine emotionale Distanz bedeuten. Wenn zum Beispiel ein Konflikt mit dem eigenen Partner entstanden und die Diskussion über das strittige Thema zu einem Streit eskaliert ist, dann ist es in der Regel schwierig, die eigentlichen Ursachen für diesen Konflikt zu erkennen. Man ist viel zu sehr involviert, der Stress verhindert, dass wir Kontakt zu unserem Selbst aufnehmen können. Der Zugang zum Selbst bzw. der Kontakt mit dem hier schon mehrfach erwähnten Extensionsgedächtnis ist aber die Voraussetzung für Einsichten in umfassendere oder gar dem Bewusstsein nicht ohne Weiteres zugängliche Zusammenhänge. Ohne solche Einsichten ist auch der Blick für kreative Lösungen des Konfliktes erschwert. Mit einer inneren Distanz ist die Chance für den Zugang zum Lösungsraum sehr viel größer: Die innere Distanz kann durch zeitlichen oder räumlichen Abstand von Zeit und Ort des Geschehens zustande kommen oder auch in der problematischen Situation selbst, wenn es den »Streithähnen« gelingt, ihre Bedürfnisse und Ziele aus einer gewissen Distanz zu sehen, z. B. indem jeder versucht, die Situation aus der Perspektive des anderen zu sehen oder indem man die Verschmelzung mit der eigenen Sichtweise dadurch auflösen kann, dass man die eigenen Gefühle oder das strittige Thema nach verschiedenen Gesichtspunkten beurteilt. Solche Gesichtspunkte dürfen durchaus ungewöhnlich oder etwas humorvoll anmuten (z. B. »Welche Farbe hat mein Gefühl«; »Wenn es ein Berg wäre: wie hoch wäre es dann«).

Es ist klar, dass man ohne eine intakte Selbstwahrnehmung auch keine Ziele mehr bilden kann, mit denen man sich wirklich identifiziert. Wir hatten ja schon die Befunde erwähnt, die zeigten, dass Lageorientierte tatsächlich dann, wenn sie in Stress geraten (oder einfach nur traurig sind), dazu neigen, Ziele zu bilden, die gar nicht zu ihren unbewussten Motiven passen (Baumann et al., 2005). Identifizieren kann man sich ja mit Zielen umso besser, je mehr sie von der Gesamtheit eigener Gefühle, Motive und Lebenserfahrungen getragen werden, d. h. je mehr sie mit dem Selbst übereinstimmen. Diese Übereinstimmung nennt man *Selbstkongruenz*.

Manche Menschen vom unbestimmten Typus legen sich bei Stress deshalb nicht gern auf Ziele fest und treffen nicht gern Entscheidungen, weil sie in diesem Zustand den Zugang zu ihrer *persönlichen Erfahrung* verlieren. Sie können buchstäblich nicht mehr als *Person* handeln, weil sie keinen Überblick mehr über das haben, was ihre Person als Ganzes ausmacht. Manche Leute handeln trotzdem, aber sie können nur Ziele verfolgen, die andere ihnen aufgetragen haben (»Fremdsteuerung«) oder die sie selbst einmal in einer weniger stressreichen Situation gebildet haben. Bei anderen führt die Selbsthemmung, d. h. der stressbedingt verlorene Zugang zum Selbst, dazu, dass sie leicht aufgeben, weil ihnen bei Stress einfach nichts mehr einfällt. Im Unterschied zu der erwähnten Gruppe mit Selbstmotivierungsschwäche, geben diese Leute bei Schwierigkeiten auf oder zögern mit der Umsetzung, nicht weil sie keine Energie mehr haben, sondern weil ihnen ohne den Zugang zu ihrer persönlichen Erfahrungsbasis (d. h. zum Selbst) keine Lösungen mehr einfallen.

Die Fähigkeit zur Herabregulierung negativen Affekts, die eine wichtige Grundlage für die Stressresistenz bildet, hat einen weiteren Vorteil: Sie kann buchstäblich aus der Not eine Tugend machen. So zeigte sich beispielsweise, dass bei Menschen, die so selbstunsicher sind, dass man bei einigen von ihnen fast schon von einer »Persönlichkeitsstörung« sprechen könnte, keinerlei Hinweise auf psychische Symptome auftreten, wenn bei ihnen die Form der Handlungsorientierung gut entwickelt ist, die wir »Selbstberuhigung« nennen (Baumann, Kaschel & Kuhl, 2007). Im Gegenteil: Die selbstunsicheren Personen, die eine gute Selbstberuhigungskompetenz hatten, entwickelten sogar seltener Symptome als selbstsichere Personen. Bei Personen mit einem hohen Kennwert für einen »Borderline-affinen« Stil, der durch eine Neigung zur Selbstverletzung, zu innerer Leere und zu abrupten Gefühlsumschwüngen charakterisiert ist, konnte sogar eine besonders gute Beziehungsfähigkeit festgestellt werden, wenn dieser Stil mit einer ausgewogenen Selbstentwicklung gekoppelt war (Scheffer, 2005, S. 76). Ähnliche Befunde gab es auch bei anderen Persönlichkeitsstilen, die den in psychiatrischen Manualen dargestellten Persönlichkeitsstörungen entsprechen (Borderline, Depressivität etc.): Während auf den ersten Blick »ungünstig« erscheinende Stile, wie eine hohe Selbstunsicherheit, bei Lageorientierten tatsächlich mit einer erhöhten Symptomanfälligkeit einherging, schien die Selbstunsicherheit geradezu zu einem Schutz vor psychosomatischen Symptomen zu werden, wenn sie mit einer intakten Selbstberuhigung gekoppelt war. Eigentlich ist die Erklärung dieses paradoxen Befunds gar nicht so schwierig: Wer emotional hoch sensibel auf viele Situationen reagiert (z. B. mit Ängstlichkeit oder Unsicherheit) hat mehr Lernchancen, als jemand der so robust ist, dass er sich mit vielen Situationen gar nicht besonders auseinander zu setzen braucht. Diese Lernchancen sind aber nur nutzbar, wenn die Person nicht in ihrer »Erstreaktion«, d. h. den Ängsten und Unsicherheiten stecken bleibt (d. h., wenn sie nicht zu lageorientiertem Grübeln neigt), sondern sich durch Auseinandersetzung mit jeder ängstigenden Situation wieder beruhigen kann. Ähnlich wie Gabriele Oettingen es für die Umsetzung schwieriger Vorsätze als hilfreich erachtet hat, scheint auch hier eine »Pendelübung« zu helfen: Während bei der Umsetzung von Vorsätzen das Pendeln zwischen positiven Zielfantasien (zur Selbstmotivierung) und den anstehenden Schwierigkeiten (z. B. unangenehme Handlungsschritte) hilft, hängt der Schutz vor der Entwicklung psychosomatischer Symptome davon ab, dass man zwischen einer sensiblen Beachtung der negativen Gefühle und Erfahrungen und ihrer anschließenden Bewältigung pendelt.

Die Basis für die erfolgreiche Gestaltung des eigenen Lebens, wie wir sie bei einem Gestalter beobachten können, liegt also in den beiden Formen der Affektregulation (d. h. Selbstmotivierung und Selbstberuhigung). Um schwierige Vorsätze fassen und umsetzen zu können, braucht man Frustrationstoleranz und Selbstmotivierungskompetenz. Frustrationstoleranz bedeutet: Nicht auf Optimismus und Dauerfreude festgelegt sein, sondern auch schwierige Phasen aushalten zu können, in denen der positive Affekt gedämpft ist. Selbstmotivierung bedeutet zu verhindern, dass in solchen Phasen die Hemmung positiver Gefühle zum Dauerzustand wird, der in Negativismus, Antriebslosigkeit oder gar Depression übergehen würde.

Beides zusammen, Frustrationen und Schwierigkeiten ernst nehmen und sich immer wieder auch motivieren zu können, ist wichtig für die konsequente Verfolgung von Zielen. Um mit negativen Erfahrungen, die erschrecken, Angst machen oder auch nur beunruhigen, nicht nur fertig zu werden, sondern aus ihnen lernen zu können, darf man sich ruhig für eine Weile beunruhigen lassen oder sogar heftige negative Gefühle spüren. Wer jedes negative Gefühl sofort abwehrt, kann aus beunruhigenden oder leidvollen Situationen nicht lernen. Wer aus der Beunruhigung zeitig wieder herausfindet, kann die Erfahrung in seine gesammelte Lebenserfahrung integrieren (d.h. ins Selbst), auf die man ja erst dann wieder zugreifen kann, wenn es gelingt, sich wieder zu beruhigen.

Was das konkret bedeuten kann, sei hier durch ein Erlebnis aus dem Berufsalltag von Jens-Uwe Martens verdeutlicht:

Eine schwierige Situation

Wir bewarben uns um einen Auftrag zur Entwicklung eines Lehrsystems. Unsere Ideen zu dem Projekt wurden präsentiert und ein Angebot wurde ausgearbeitet. Schließlich haben wir den Auftrag bekommen. Wir waren sehr glücklich darüber, da es sich um ein interessantes Projekt handelte. Wir gingen mit hoher Motivation an die Arbeit und entwickelten ein detailliertes Konzept. Dieses Konzept wurde den Mitgliedern einer Projektgruppe geschickt, mit denen es diskutiert werden sollte. Der eigentlich Verantwortliche war eine Dame. Als meine Kollegin und ich nun zu der Projektgruppe kamen und alle versammelt waren, bat diese Dame, die das Projekt verantwortete, alle anderen Personen, den Raum zu verlassen, sie wolle mit mir alleine sprechen.

Bereits in diesem Moment klingelten bei mir alle Alarmglocken: »Was bedeutet das? Jetzt musst du vorsichtig sein!« So sprach ich zu mir selbst. (Nach der hier dargestellten Theorie entstand eine stressgeladene Situation, die den Zugang zu meinem Selbstsystem oder dem Extensionsgedächtnis, das das Selbst und die Motive einschließt, blockierte und damit kreative Lösungen des Problems unmöglich machte. Daher war es besser zunächst gar nicht zu reagieren, bis dieser Zugang wieder möglich ist und dann auch Lösungen zur Verfügung stehen.)

Als wir dann alleine waren, eröffnete sie mir, dass sie das Projekt doch nicht mit mir machen wolle. Ihr gefalle nicht, was wir ihr geschickt hätten«. Ich fragte, was ihr nicht gefällt, und sie sagte, es ist nicht gut, und was nicht gut ist, das könne ich doch als Fachmann besser beurteilen. Auch weiteres Nachfragen und der Hinweis, dass das ein erster Entwurf ist, den man selbstverständlich noch diskutieren könne und dass er doch den Ideen entsprach, die auch in dem Angebot formuliert waren, auf Grund dessen wir den Auftrag bekommen haben, änderten nichts an der ablehnenden Haltung und brachten mir auch keine Information, warum sie die weitere Zusammenarbeit ablehnte. Diese Entscheidung wurde den wartenden Mitgliedern der Projektgruppe mitgeteilt und sie wurden alle nach Hause geschickt.

Hier war ein Punkt erreicht, wo ich nicht mehr ein noch aus wusste. Ich war wütend, dass ich von ihr so behandelt worden war, ich war gekränkt, dass man unsere meines Erachtens gute Arbeit nicht anerkannte, ich schämte mich, dass ich so vor der Projektgruppe und meiner Mitarbeiterin, die mit mir gekommen war, wie ein Schuljunge abgekanzelt worden war. Konnte ich mir das gefallen lassen? Musste ich ihr mal richtig meine Meinung sagen?

»Halt!«, sagte meine innere Stimme, »du weißt aus Erfahrung, die Entscheidung darüber, was du jetzt am besten tun sollst, kannst du nicht spontan treffen. ›Eine Nacht darüber schlafen‹, ist die Regel, die in solchen Situationen angemessen ist.« (Erklärung wie oben).

Wir sind noch mit meiner Mitarbeiterin und der Auftraggeberin zum Essen gegangen, und haben uns über Belanglosigkeiten unterhalten, so als ob nichts geschehen wäre. (Nachdem der Zugang zum Selbst blockiert war, konnte ich nur durch Gewohnheit eingeschliffene Verhaltensweisen praktizieren, die nicht mit den Zielen und Bedürfnissen des Selbst abgestimmt waren.)

Reagiert habe ich dann am nächsten Tag, nach reiflicher Überlegung und nach Diskussion mit Mitarbeitern und Freunden. (Der Zugang zum kreativen Selbstsystem konnte wiederhergestellt werden, nachdem ich auch in der Diskussion mit Freunden und Kollegen das negative Gefühl heruntergeregelt hatte und so fand ich auch eine mich befriedigende Lösung des Problems.) Letztlich konnte ich die Auftraggeberin dann doch überzeugen, dass es auch für sie das Beste war, wenn wir den Auftrag bearbeiten. Das wäre mir nie gelungen, wenn ich aus den Gefühlen heraus reagiert hätte, die in dieser Situation der Ablehnung in mir entstanden sind.

2.9 Ein kurzer Abriss über die Gestaltergrundhaltung in der Geschichte

Nicht nur die Psychologen haben sich mit der Frage beschäftigt, welche unsere Rolle auf dieser Welt ist, ob es unsere Aufgabe ist, unser Schicksal und vielleicht sogar das Schicksal dieser Welt zu gestalten oder ob wir das, was uns das Schicksal bereitet, geduldig ertragen müssen. Gedanken dazu finden sich immer wieder bei vielen Philosophen, Denkern und Religionsstiftern in den vergangenen Jahrhunderten. Einige von denen, sehr subjektiv ausgewählt und interpretiert, sollen hier unsere Überlegungen ergänzen und zur Diskussion gestellt werden.

Philosophen der Antike:

Die frühesten Philosophen, die sich mit dieser Frage beschäftigten, waren die Stoiker. Die Stoa ist eine der großartigsten Philosophenschulen der westlichen Welt. Ihre Vertreter waren im antiken Griechenland und Rom aktiv. Die Stoiker waren überzeugt, dass die Philosophie die Wissenschaft vom Leben des Menschen auf diesem Planeten und damit die Königin der Lehre überhaupt ist. Nach ihrer Überzeugung besteht das Ziel aller Untersuchungen darin, Verhaltensformen zu finden, durch die die Seele Ruhe findet und der Wert der Moral gesichert ist. Das war ihre Vorstellung von Glücklichsein.

Überliefert sind vor allem Schriften der späten Stoiker, die in den ersten zwei Jahrhunderten nach Christus in Rom lebten. Zu nennen sind hier in erster Linie Lucius Seneca (0–65 n. Chr.), ein römischer Staatsmann und Lehrer des römischen Kaisers Nero, Epiktet (50–138 n. Chr.), ein Sklave, dem Nero die Freiheit geschenkt hat, und Marc Aurel, ein römischer Kaiser (121–180 n. Chr.).

Seneca führte aus, dass »der Mensch durch seine Natur befähigt ist, die Allvernunft zu erfassen. Er kann sich zwiefach verhalten: er kann ohne Regung das Weltgeschehen über sich ergehen lassen«, in diesem Buch wurde das die Opfer- oder Erdulder-Grundhaltung, bzw. die Lageorientierung genannt, »oder sich des Weltgedankens bemächtigen, seine Notwendigkeit durchschauen und sie damit in Freiheit verwandeln …« (das entspricht der Gestalter-Grundhaltung). »Hier ist der Punkt der eigenen Entscheidung: ob das, was geschehen muss, ohne oder gegen ihn oder mit seiner Zustimmung geschieht. Das verändert ganz und gar den Charakter seines Lebens, das macht ihn entweder zum Sklaven oder zum Herrn der Dinge.«[5]

Ganz in der Tradition der Stoa versteht Seneca das in dem Zitat benutze Wort »Freiheit« als innere Freiheit, als das Gefühl der Freiheit. Es kommt für ihn nicht darauf an, was wir in der realen Welt ausrichten können, sondern es geht nur darum, wie wir die Welt und unser Leben sehen, es kommt also auf die innere Einstellung an. Die klassische Stoa kennt keine Willensfreiheit, wie wir sie heute diskutieren, sie war davon überzeugt, dass der Lauf des Lebens vorausbestimmt ist. Dagegen findet man die Vorstellung eines willentlich handelnden Menschen bei den späteren, pragmatischen und handlungsorientierten Römern immer wieder, sie haben mit dem Wort »voluntas« dafür auch einen Begriff geprägt.

Wie sehr schon Seneca offensichtlich dieser eher pragmatischen Meinung nahe stand, wird in weiteren Zitaten deutlich:

»Wer Herr über sich selbst ist, ist auch Meister seines Lebens.«[6] Seneca war überzeugt, dass wir nur durch Selbstreflexion und Selbstbeherrschung zum wahren Menschen, zu dem Menschen, als der wir gedacht sind, werden können. Oft wurde diese Auffassung durch folgendes Bild deutlich gemacht: Unser Geist und unsere Seele kann man mit einem Garten vergleichen. Wir müssen ihn regelmäßig pflegen, damit vor allem die schönen und guten Gewächse blühen und gedeihen. Wenn wir ihn vernachlässigen, d. h., wenn wir unsere Seele vernachlässigen, riskieren wir, dass schlechte, schädliche Gewächse überhandnehmen, wir also zu einem »schlechten« Menschen werden. Seneca: »Auch er (der tapfere Mann, der »Gestalter«, Anm. d. Verf.) spürt feindliche Einwirkungen. Er besiegt sie jedoch und erhält sich selbst Ruhe und Gelassenheit, Schwierigkeiten und Widrigkeiten nimmt er als Übungsgelegenheiten. Er weiß, dass die Standfestigkeit schwindet, wenn sie nicht durch Widerstände erprobt wird.«[7] (Heute würde man sagen, dass man den Präfrontalen

---

5 Seneca, zitiert nach Karl-Otto Schmidt »Seneca der Lebensmeister«
6 Schmidt, a. a. O., S. 21
7 Schmidt, a. a. O., S. 59

Cortex immer wieder herausfordern und trainieren muss, damit man genug Selbstdisziplin aufbringt, um die Anfeindungen des inneren Schweinehundes abwehren zu können.)

Diese Haltung, die wir hier (vereinfacht) der Gestaltergrundhaltung zuordnen, geht davon aus, dass wir vor allem mit den Widerständen in uns fertig werden müssen. Epiktet, der zweite Vertreter der Stoa, der oben erwähnt wurde, weist daher darauf hin, dass uns das nur gelingen kann, wenn wir tatsächlich »Herr im eigenen Haus« sind, dann haben wir gute Chancen, dass wir auch die Widerstände von außen, die Hindernisse und Probleme, auf dem Weg zu unseren Zielen, überwinden können. Allerdings müssen wir immer vor Augen haben, worauf Epiktet hinweist: »Du kannst (nur dann, Anm. d. Verf.) glücklich sein, wenn du das folgende Geheimnis beachtest: Einige Dinge liegen in der Macht deiner Kontrolle und manche Dinge nicht.«[8]

Auch der dritte Vertreter der Stoa, der Kaiser Marc Aurel, soll hier noch mit drei Zitaten zu Wort kommen. Auch er legt großen Wert darauf, dass wir uns bewusstwerden müssen, wo unsere Stärken liegen. Wir müssen zu allererst Macht über unseren Geist gewinnen. »Du hast die Macht über deinen Geist – nicht über Geschehnisse im Außen. Erkenne das und du wirst Stärke finden.«

Wenn uns das allerdings gelingt, werden wir nicht nur einzelne Schwierigkeiten besser meistern, wir werden weitgehend unser Leben bestimmen, denn »unser Leben ist, was unsere Gedanken daraus machen.« (Marc Aurel).

Auch seine Lehre erinnert an das Gleichnis von dem Garten, den wir pflegen müssen. »Das Glück deines Lebens hängt von der Qualität deiner Gedanken ab: bewache sie daher entsprechend und kümmere dich darum, dass du keine Gedanken hegst, die nicht tugendlicher und vernünftiger Natur sind.«[9] (Marc Aurel).

Wenn man die ausgewählten Zitate der Vertreter der Stoa liest, entsteht der Eindruck, als würde der Gegenpol zur Gestaltergrundhaltung, die Lageorientierung oder die Opfer- oder Dulder-Grundhaltung, eher verteufelt. Ist das eine Sichtweise, die typisch für den Westen ist? Ist es Zufall, dass bei einem östlichen Denker die Schwerpunkte anders erscheinen? Diesen Eindruck vermittelt ein Zitat eines legendären chinesischen Philosophen, der im 6. Jahrhundert v. Chr. gelebt haben soll: Lao-Tse (auch Laotse, Laozi, oder Laudse geschrieben). In seinem Buch Tao-The-King heißt es: »Um seine männliche Schöpferkraft wissen, und doch seine weibliche Empfänglichkeit bewahren, heißt zum Strombett des Lebens werden.« Passive Empfänglichkeit (ob weiblich, männlich oder divers), ein lageorientiertes Hinnehmen von Angst und Leid, mag in fernöstlichen und anderen »interdependenten« Kulturen sogar positiver bewertet werden als das Streben nach emotionaler (»handlungsorientierter«) Unabhängigkeit: Die für interdependente Kulturen charakteristische Auffassung, dass eigentlich die Zugehörigkeit zur Gemeinschaft (z.B. die Familie oder das Dorf) für das Regulieren schmerzhafter Erfahrungen zuständig ist, lässt u.U. das Streben nach eigenständiger, handlungsorientierter Emotionsbewältigung wie eine egozentrische Ablösung von der Gemeinschaft erscheinen (»Ich

---

8 Epiktet: »Handbüchlein der Moral« 1995
9 Aurel, Marc »Selbstbetrachtungen« 1953

brauche euch nicht«). Forschungsergebnisse der kulturvergleichenden Psychologie bestätigen solche kulturellen Unterschiede (Kuhl & Keller, 2008).

Buddhismus und Talmud

Man kann davon ausgehen, dass die Vertreter der Stoa den Gedanken, dass wir »Herr im eigenen Haus« werden müssen, vom Buddhismus übernommen haben. Der »historische Buddha« Siddhartha Gautama, auch Pali Siddhattha Gotama genannt, oder im Deutschen auch als Gotamo wiedergegeben, lebte um 500 v. Chr. Er war ein sehr einflussreicher Weisheitslehrer und Religionsstifter. Von ihm sind Äußerungen überliefert, die sehr an die oben widergegebenen Zitate erinnern:

»Der Geist entscheidet. Was du denkst, das bist du.«

In einem anderen Zitat findet sich die Abhängigkeit der Gestaltergrundhaltung von dem (trainierbaren) Willen: »Den Willen nenn ich das Wirken, denn ist der Wille da, so wirkt man, sei es in Werken, Worten oder Gedanken.«

Auch im Talmud, eines der bedeutendsten Schriftwerke des Judentums, auf den sich viele jüdische Regeln und Gebote beziehen, kann man eine Ähnlichkeit mit den hier zitierten Gedanken, entdecken. Der Talmud wurde lange nur mündlich überliefert, ein genaues Datum, wann er entstanden ist, lässt sich nicht bestimmen. Er wurde im zweiten Jahrhundert n. Chr. erstmals aufgeschrieben und 1523 erschien er in gedruckter Form.

Eine berühmte Weisheit des Talmuds, die auch von der Stoa formuliert werden könnte, lautet:

»Achte auf deine Gedanken, denn sie werden Worte;
Achte auf deine Worte, denn sie werden Taten;
Achte auf deine Taten, denn sie werden Gewohnheiten;
Achte auf deine Gewohnheiten, denn sie werden dein Charakter;
Achte auf deinen Charakter, denn er wird zu deinem Schicksal.«

In der Sprache der Psychologie könnte man diese Weisheit etwas präzisieren und ergänzen:

Achte auf deine Gedanken, denn sie werden zu Worten;
Achte auf deine Worte, die du in Gedanken zu dir selbst sprichst, denn sie werden zu deinen Einstellungen, die deine Wahrnehmung und deine Taten formen;
Achte noch mehr auf deine Worte, die du zu Anderen sprichst, denn du kannst sie nicht wieder zurückholen und sie werden dich und deine Umwelt formen;
Achte auf deine Taten, denn wie leicht werden sie zu Gewohnheiten, oft, ohne dass man es bemerkt!
Achte auf deine Gewohnheiten, denn aus ihnen bildet sich wesentlich dein Charakter;
Achte auf deinen Charakter, denn er wird zu deinem Schicksal.

Der Zusammenhang, der hier formuliert wurde, ist die Grundlage für die Behauptung, dass man mit seine Gedanken sein Leben bestimmen kann, und das ist der Glaubenssatz, der der hier propagierten Gestalter-Grundhaltung zugrunde liegt. In Kapitel 4 werden wir mit der psychologischen Analyse dieser Grundhaltung auch die Grenzen dessen erörtern, was wir durch Gedanken verändern können: Wie es bereits aus den oben zitierten antiken Weisheiten ersichtlich ist, kommt es vor allem darauf an, das gedanklich Kontrollierbare von dem nicht ohne Weiteres Kontrollierbaren zu unterscheiden. Wir werden auch objektive Fähigkeiten zur Selbstregulation besprechen, die man selbst dann entwickeln kann, wenn die Wirkmacht des Geistes, einschließlich der handlungsorientierten Gedanken und Überzeugungen an ihre Grenzen stößt (Friederichs, Kees & Baumann, 2020; Friederichs, Jostmann, Kuhl & Baumann, 2022; Kuhl, Schwer & Solzbacher, 2014).

Philosophen der Neuzeit

Gestaltergrundhaltung besitzen, bedeutet, dass man »Etwas« (sich selbst oder etwas, das außerhalb von uns liegt) gestalten will. Wie dieses »Etwas« beschaffen sein muss, darüber haben sich vor allem Philosophen der Neuzeit Gedanken gemacht. Sie alle sind sich einig, dass es einen Irrweg oder eine Sackgasse darstellt, wenn man sich nur um sich selbst kümmert, wenn das »Etwas« nur man selbst ist.

Etwas umständlich formuliert Immanuel Kant (1724–1804) diesen Tatbestand: »Das einzige sichere Mittel, seines Lebens froh und dabei auch noch lebenssatt zu werden, ist Ausfüllen der Zeit durch planmäßig fortschreitende Beschäftigungen, die einen großen beabsichtigten Zweck zur Folge haben.«[10]

Sehr viel kürzer formuliert das José Ortega Y Gasset (1883–1955): »In dem Maß, wie wir es vermeiden, unser Leben an etwas zu setzen, entleeren wir es.«[11]

In einem sind sich Ortega y Gasset und Kant einig. Wir brauchen eine Aufgabe, um nicht unglücklich oder – wie y Gasset es sagt – »leer« zu werden. Diese Aufgabe müssen wir in uns finden. Hier kann man auch an Hofmannsthal denken (»Werde durch Freiheit, was du durch Schicksal bist«) und sich fragen, ob diese Aufgabe nicht durch unser Schicksal vorgegeben ist. Ob wir die Aufgabe in uns finden oder sie uns von außen vorgegeben ist, ist letztlich nicht entscheidend. Wichtig ist einzig, dass wir diese Aufgabe mit aller Kraft, mit unserer ganzen Energie und Begeisterung, mit »Commitment« (Selbstverpflichtung) annehmen. Wenn dieses Ziel aus unserem Selbst kommt – um auf eine Unterscheidung zurückzukommen, die wir in diesem Buch vorne getroffen haben – dann werden unser Ziel und unsere Motivation übereinstimmen. Dann wird die uns gestellte Aufgabe uns ausfüllen, uns über uns hinaustragen und zu einem »glücklichen«, erfüllten Leben führen. Am Ende unseres Lebens werden wir dann sagen können: So wie es war, war es richtig, denn es hat zu etwas geführt. Dabei ist der »große beabsichtigte Zweck« (Kant) nicht unbedingt

---

10 Das Zitat stammt aus dem Internet (https://gutezitate.com/zitat/258833), ohne Quellenangabe
11 Das Zitat stammt aus dem Internet (https://beruhmte-zitate.de/zitate/1972703-jose-ortega-y-gasset-leben-heisst-etwas-aufgegebenes-erfullen-in-dem-ma), ohne Quellenangabe. Wahrscheinlich aus: José Ortega y Gasset »Über die Liebe«, München, 2012

etwas so großes, wie das philosophische Werk von Kant. Eine Familie, ein Buch, ein Gemälde, eine Firma, ein Hilfsprogramm oder irgendein anderes Werk kann der »große beabsichtigte Zweck« sein. Wir achten heute (stärker als z. B. Kant) besonders darauf, dass der »große beabsichtigte Zweck« nicht einseitig durch Pflichtgefühl angestrebt wird, sondern im Einklang steht mit den Neigungen, Bedürfnissen und Fähigkeiten der eigenen Person. Das schließt pflichtbewusstes Handeln nicht aus, wenn man sich Pflichten »zu eigen« macht, so dass Pflichterfüllung durch das Selbst unterstützt wird. Handlungsorientierte Personen beteiligen in höherem Maße als Lageorientierte das Selbst bei der Regulation ihrer Basisbedürfnisse nach Beziehung, Leistung, Einfluss und freier Selbstentfaltung (Baumann & Kuhl, 2021).

Allerdings werden wir nur selten eine einzige Aufgabe in unserem Leben zu erfüllen haben oder erfüllen wollen. Denn:

»Erfahrung ist nicht das, was einem Menschen widerfährt, es ist das, was ein Mensch aus dem macht, was ihm widerfährt.« Aldous Huxley (1894–1963).

Philosophen und Denker der Gegenwart

Mit den letzten zwei Zitaten sind wir schon in der Gegenwart angekommen. Auch eine Reihe weiterer Denker und Philosophen, die bis ins 20. Jahrhundert hineingewirkt haben, sehen die Möglichkeit des Menschen aktiv auf sein Leben und die Welt einzuwirken im Mittelpunkt des Mensch-Seins. Einige dieser Vertreter können wir hier zitieren:

Jean-Paul Sartre (1905–1980) lebte in Paris und war ein populärer Philosoph während der Studienzeit der Autoren. Er wurde den Existentialisten zugerechnet und liebte es zu provozieren, was der in dieser Zeit verbreiteten kritischen Haltung gegenüber »dem Establishment« entgegenkam.[12]

Sartre sprach uns Studierenden aus dem Herzen, wenn er behauptete, dass es die Aufgabe des Menschen sei, sich seiner Freiheit in gegebenen Situationen bewusst zu sein, um dann konsequenter Weise ganz die Verantwortung für sein Tun zu übernehmen.

Ein berühmter Satz von Sartre lautet: »Der Mensch ist verurteilt, frei zu sein.« Er sieht den Menschen als jemanden, der sein Leben gestaltet: »Existieren heißt, sich sein eigenes Dasein zu erschaffen.«

Es sei hier nur noch einer der vielen Denker erwähnt, die diesen Gedanken unterstützten. George Bernard Shaw (1856–1950) war ein englischer Dramatiker, den der erste Autor dieses Buches besonders gerne zitiert, da er seine Gedanken immer auf den Punkt brachte und einen mit diesen oft zum Schmunzeln bringt (z. B. »Vernunft ist manchmal nichts anderes als Mut zur Feigheit«). Von ihm ist überliefert, dass auch er davon ausgeht, dass wir uns selbst und unser Leben nicht nur steuern, sondern erschaffen können und müssen: *»Im Leben geht es nicht darum,*

---

12 Sartre, J. P. (2005) »Entwürfe für eine Moralphilosophie« S. 753 ff

uns selbst zu finden. Im Leben geht es darum, uns selbst zu erschaffen.«[13] Das ist auch eine Voraussetzung dafür, dass es uns gut geht: »Dahin zu treiben, ist die Hölle, sein Leben zu steuern der Himmel.« Oder auch: »*Die Möglichkeiten sind zahlreich, wenn wir uns entscheiden, zu agieren, anstatt zu reagieren.*«

Psychologen der Gegenwart

Zuletzt sollen noch zwei Psychologen als Gewährsleute für die Überzeugung zitiert werden, dass Menschen die Möglichkeit und die Freiheit haben, ihr Leben selbst zu gestalten: William James (1842–1910), den man häufig den ersten empirisch arbeitenden Psychologen nennt, und Victor Frankl (1905–1997), ein jüdischer Psychiater, dem es gelungen ist, das Konzentrationslager zu überleben und aus dem, was er dort erlebt hat, eine eigene Psychotherapie, die Logotherapie, zu entwickeln.

William James war überzeugt, dass der Mensch Herr seiner Gedanken und damit seiner Urteile und seines Verhaltens ist. »Die Erkenntnis, dass das Unterbewusstsein durch Gedanken gelenkt werden kann, ist vermutlich die größte Entdeckung aller Zeiten.« Durch unsere Gedanken haben wir Zugang zu unseren Einstellungen, die man auch als »wertende Gedanken« bezeichnen kann: »Wenn Menschen ihre innere Einstellung ändern, können sie auch die äußeren Umstände ihres Lebens ändern.« (William James, 1890)[14]

Das Schicksal hat Victor Frankl die Aufgabe gestellt, die Gestaltergrundhaltung auch in einer Situation zu bewahren, in der er, äußerlich betrachtet, keinerlei Gestaltungsfreiheit mehr besaß: im Konzentrationslager. Es ist ihm weitestgehend gelungen. »Alles kann einem Mann weggenommen werden, außer die letzte der menschlichen Freiheiten, das Recht seine Einstellung in jedem Szenario zu wählen – das Recht seinen eigenen Weg zu wählen« (Frankl, 2006).

2.10 Die Risiken der Selbstkontrolle

Die Aussage, dass man sich in kritischen Situationen nicht von seinen Gefühlen leiten lässt, bedeutet nicht, dass man seine Gefühle verdrängt, oder negiert. Zu lernen, mit seinen Gefühlen umzugehen, setzt voraus, dass man sie wahrnimmt, dass man sich ihrer bewusst wird, damit man sehr genau das wahrnehmen und analysieren kann, was zu den negativen Gefühlen geführt hat (z. B. einen Fehler, der einem unterlaufen ist). Ein Gestalter hat den Mut, Gefühle zuzulassen, er gibt ihnen einen Namen, auch dann, wenn sie unangenehm sind. Zu den unangenehmsten und am häufigsten verdrängten Gefühlen, gehört die Angst. Aber gerade dieses

---

13 Dieses Zitat wird G. B. Shaw zugeschrieben, obwohl das nicht sicher ist. Mehr über Shaw in »Greatest Works by G. B. Shaw«, Maple Press India
14 James, W. (2017, erstmals veröffentlicht: 1890): »The Principles of Psychology«.

Gefühl beeinflusst uns auch (und vielleicht gerade) dann, wenn wir es verdrängen. Wenn wir dagegen der Angst ins Auge sehen, wenn wir sie bewusst wahrnehmen und benennen, dann können wir uns fragen, was das Schlimmste ist, was eintreten könnte, und ob wir diese Auswirkungen für uns annehmen oder nicht aushalten könnten.

Die Zielverfolgung verlangt oft *Selbstkontrolle*, d.h. eine Verengung des Bewusstseins auf das momentan wichtigste Ziel. Diese Verengung bedeutet, dass vorübergehend auch die Selbstwahrnehmung eingeschränkt ist. Die vorübergehende Hemmung der Selbstwahrnehmung (Selbsthemmung) erleichtert die Zielverfolgung, weil man dann nicht durch alle möglichen anderen Interessen von dem momentan wichtigsten Ziel abgelenkt wird. Verselbständigt sich aber die Selbstkontrolle, dann wird man zwar ein disziplinierter Mensch, auf den Verlass ist, weil er alle ihm aufgetragene Ziele konsequent und »selbstlos« umsetzt. Die »Selbst-losigkeit« kann dann aber für die Person zum Problem werden: Die Person ist »ihr Selbst los«, sodass die »demokratische« Abstimmung« der Ziele mit den eigenen Gefühlen und Bedürfnissen zu selten stattfindet und die Person immer mehr unter die Diktatur ihrer Ziele gerät, d.h. Ziele verfolgt, die gar nicht mehr von den eigenen Gefühlen und Bedürfnissen und anderen Selbstkomponenten unterstützt werden. Damit kann dann auf Dauer nicht nur die Identifikationsbereitschaft und die Freude an dem, was man tut, verloren gehen, sondern auch die Kreativität und die Flexibilität: Kreativität beruht ja auf der gesammelten *persönlichen* Erfahrung, die im Selbstsystem gespeichert ist. Chronische oder übertriebene Selbstkontrolle reduziert deshalb die kreative Komponente der Gestalterhaltung.

Kennen Sie besonders pflichtbewusste Menschen, die voller Disziplin sind? Ihr Leben ist jeden Tag von morgens bis abends geregelt, geplant. Sie sind absolut »korrekt«, man kann sich auf sie zu 100% verlassen, aber sie können nicht loslassen, man erlebt keine unbeschwerte Freude mit ihnen und sie sind sicher auch nicht diejenigen, die fantasievolle Vorschläge für die Gestaltung des Wochenendes machen. Kreativität, neue ungewöhnliche Ideen sind ihnen fremd.

Der Zugang zum Selbstsystem wird nicht nur durch Selbstkontrolle und einseitige Zielverfolgung gehemmt (was vorübergehend aus den erwähnten Gründen nützlich sein kann). Auch Stress, Angst und andere negative Gefühle können die Selbstwahrnehmung hemmen (Baumann & Kuhl, 2003; Kuhl & Kazén, 1994). Um auch in riskanten Situationen und angesichts von Stress und Misserfolg seine Gestaltungskraft zu behalten, ist es wichtig, die in solchen Situationen auftretenden negativen Emotionen entspannen zu können (»Selbstberuhigung«).

Wir haben gesehen: Wer den Zugang zum Selbst verliert, kann seine Ziele nicht mehr mit dem »inneren Team« der eigenen Werte und Bedürfnisse abstimmen (Kuhl, 2008). Diese innere »Abstimmung« lässt sich mit der Wahl der Regierung in einer Demokratie vergleichen: Wenn der Ausgang der Wahl von der Mehrheit aller »Stimmen« abhängt, dann ist einigermaßen gesichert, dass die späteren Ziele der »Regierung« (die man mit dem Willen oder der Selbststeuerung des Individuums vergleichen kann) eine breite Unterstützung finden. Die innere Abstimmung der eigenen Entscheidungen und Ziele entspricht also einer Art »innerer Demokratie«, die wir mit dem Begriff *Selbstregulation* beschreiben. Hier wird die Selbstwahrnehmung nicht wie bei der Selbstkontrolle unterdrückt, sondern verstärkt. Selbstregulation wird durch positive Stimmungen gefördert und durch negative Stimmungen blockiert. Das ist in der Psyche nicht anders als in der Politik: Diktatoren sind auf negative Stimmungen angewiesen, Demokratie floriert am besten in einer positiven, freiheitlichen Grundstimmung.

Hier wird noch deutlicher, warum es so wichtig ist, seine eigenen Stimmungen regulieren zu können: Wer weder auf negative noch auf positive Gefühle festgelegt ist, kann ein optimales Gleichgewicht zwischen Selbstkontrolle und Selbstregulation halten. Bei der *Zielbildung* hat er so viel Selbstwahrnehmung, dass seine Ziele mit der persönlichen Erfahrung und den persönlichen Werten übereinstimmen. Bei der *Zielumsetzung* kann er vorübergehend so konsequent sein, dass er sich weder von einem inneren noch von einem äußeren *Wenn-und-Aber* beirren lässt. Für die Zielumsetzung ist es wichtig, positive Gefühle auch in schwierigen Situationen aufrechterhalten zu können. Für die Zielbildung ist es wichtig, auch in riskanten oder bedrohlichen Situationen, negative Gefühle zwar wahrnehmen zu können, aber nicht überhand nehmen zu lassen.

Die Unterscheidung zwischen diesen beiden Grundformen der Affektregulation (»emotionale Intelligenz«) ist wichtig, weil man ganz unterschiedliche Dinge üben muss, je nachdem, durch welche der beiden Mechanismen eine passive Opferhaltung verursacht ist: Wenn man etwas ändern will, möchte man am liebsten bei den Ursachen ansetzen. Dann braucht man nicht jedes einzelne Symptom zu behandeln, sondern kann u. U. zahlreiche Symptome mit einer einzigen Veränderung der zugrunde liegenden Ursachen beseitigen.

Bevor wir aber auf solche Übungs- und Trainingsmöglichkeiten auf der Verursachungsebene eingehen, wollen wir uns das Erscheinungsbild der Gestalterhaltung noch etwas näher anschauen. Es lohnt sich, die vielen Facetten der Gestalter- und der Opfer- bzw. Duldermentalität anzuschauen, weil jedes einzelne Merkmal uns aufzeigt, woran man diese Haltungen im Alltag erkennen kann. Diese inneren und äußeren Merkmale zu kennen, ist deshalb so wichtig, weil sie sich verselbständigen können, d. h. auch dann noch als feste Gewohnheitsmuster bleiben, wenn man sich längst so grundlegend geändert hat, dass die psychologischen Ursachen für diese Symptome gar nicht mehr vorliegen. Je mehr Verhaltensweisen eines Gestalters man kennt, desto mehr Gelegenheiten hat man, Opfer- oder Duldersymptome durch Gestaltermerkmale zu ersetzen.

2.11 Verhaltensweisen eines »Gestalters«

Jetzt oder nie:
Aktiviere deine eigene Energie…lebe deine Leidenschaften aus. Verwandle einen Augenblick zu einem unvergesslichen Ereignis. Spiele Musik, male oder schreibe. Erforsche das Unbekannte. Verfolge deine Ideen. Verfolge kompromisslos deine Ziele und sei leidenschaftlich gegenüber anderen Personen. Trainiere deinen Körper; überquere die Ziellinie, als ob es kein Morgen gibt. Und achte auf dich und die Welt um dich herum.

Ein Mensch mit Gestaltergrundhaltung setzt sich Ziele und verfolgt diese konsequent. Er lässt sich auch bei auftretenden Schwierigkeiten nicht von seinem Ziel abbringen, sondern fühlt sich dadurch herausgefordert. Er macht sich bewusst, was und warum er das erreichen will und besitzt daher einen hohen Grad an Selbstwahrnehmung und Selbstkontrolle. Aus dem Bewusstsein der Bedeutung für das Ziel schöpft er auch seine Motivation, die ihm vor allem dann zugutekommt, wenn sich Hindernisse in den Weg stellen.

Ein Mensch mit Gestaltergrundhaltung ist meist aktiv, aber er reagiert in kritischen Situationen besonnen, nach einiger Überlegung (nicht nur spontan bzw. emotional). Der Wechsel zwischen Nachdenken und Handeln wird – wie wir gesehen haben – durch die emotionale Flexibilität ermöglicht: Der Gestalter weicht negativen Gefühlen nicht aus, sondern sieht in ihnen wichtige Signale für zu beachtende Risiken und Probleme. Aber er verliert sich auch nicht in negativen Gefühlen. Er versucht auch in kritischen Situationen sein Handeln auf seine Ziele abzustimmen. Man kann sagen: Er setzt auch in schwierigen Situationen seinen »Kopf« ein. Das gibt ihm eine gewisse Souveränität. Er kann zwischen verschiedenen Alternativen wählen und fühlt sich nicht durch Angst gefangen und in der Wahrnehmung der Möglichkeiten eingeengt. Der Zugang zu seiner persönlichen Erfahrungsbasis, d.h., die Selbstwahrnehmung wird besonders dadurch gewährleistet, dass negative Gefühle beachtet, aber nicht passiv ertragen werden.

Das Bewusstsein, sich und seine Reaktionen in der Hand zu haben, auch in schwierigen Situationen nicht irrationalen Elementen ausgeliefert zu sein, gibt einem Gestalter auch das Bewusstsein der Stärke und der Sicherheit. Er weiß aus Erfahrung, dass er auch schwierigen Situationen gewachsen ist. Bei besonderen Anforderungen von außen entscheidet sich ein Mensch mit Gestaltergrundhaltung bewusst für oder gegen diese Anforderung. Er prüft, inwieweit diese Anforderungen zu seinen Zielen beitragen oder dem Erreichen seiner Ziele entgegenstehen und wie er sie evtl. verändern muss, um sich eine Anforderung zu eigen machen zu können. Die Opferhaltung führt oft dazu, dass man für die Erfüllung einer Anforderung nicht alle Kräfte einsetzt, weil man sie als eine Ja-oder-Nein-Situation wahrnimmt und übersieht, dass zwischen dem Ja und dem Nein viele Gestaltungsmöglichkeiten liegen. Ein Gestalter entscheidet sich bewusst nach Prioritäten, wobei diese Prioritäten immer auch die Bedürfnisse und Ziele der Personen seiner Umgebung mit einbeziehen, denn es ist ihm bewusst, dass nicht nur seine Ziele berechtigt sind, und dass langfristig gesehen eine »Win-Win-Strategie« eher zum Ziel führt.

Eine solche Strategie entspricht der Funktionsweise der rechten Hemisphäre, in der nicht einzelne Module in einem ständigen Wettkampf stehen, wie es für das logische Vorgehen der linken Hemisphäre der Fall ist (in einer bewusst gesteuerten Abfolge von logischen Schritten kann ja immer nur ein Prozess gleichzeitig ablaufen). In den weiter ausgedehnten parallelen Netzwerken der rechten Hemisphäre (Beeman et al., 1994) können auf der Grundlage der simultanen Verfügbarkeit aller relevanten persönlichen Erfahrungen viele Erfahrungen und viele Gesichtspunkte gleichzeitig berücksichtigt werden, sodass man viel leichter Lösungen findet, bei der alle Beteiligten »gewinnen« können. Dass die linke Hemisphäre wichtiger für das logische Denken und die rechte die Basis für die gesammelte Lebenserfahrung ist, wurde sehr eindrucksvoll in einem Experiment gezeigt, in dem Patienten bei einer vorübergehenden Blockade der rechten Hemisphäre (durch starke rechtsseitige TMS, d. h. »transcraniale Magnetstimulation« durch die Schädeldecke) bessere Leistungen bei logischen Schlussfolgerungen zeigten und sogar bei falschen Prämissen noch die formal logische Antwort gaben (Deglin & Kinsbourne, 1996). Ein Beispiel für eine logische Schlussfolgerung, die mit einer falschen Prämisse beginnt, lautet:

1. Das Nordlicht ist in Afrika zu sehen
2. Uganda liegt in Afrika
3. Ist das Nordlicht in Uganda zu sehen?

Bei Blockierung der rechten Hemisphäre beantworteten die Versuchspersonen die Frage mit »Ja«. Die Überprüfung, ob eine Prämisse mit der Erfahrung übereinstimmt, scheint durch die »reine Vernunft« (der linken Hemisphäre) nicht überprüft zu werden. Der Philosoph Immanuel Kant hat dies in eindrucksvollen Beispielen fehlgeleiteter logischer Schlussfolgerungen gezeigt. Wurde jedoch die *linke* Hemisphäre durch TMS vorübergehend blockiert, so erkannten viele Versuchspersonen sofort, dass die Prämisse falsch war und lehnten die Schlussfolgerung ab: Aus der in dieser Bedingung unbehelligt arbeitenden rechten Hemisphäre konnte dieses Erfahrungswissen ohne weiteres abgerufen werden.

Wie schafft es der Gestalter trotz seines Kontaktes mit den ausgedehnten Netzwerken der persönlichen Erfahrung (d. h. der Selbstwahrnehmung) diszipliniert seine Ziele umzusetzen? Warum wird er nicht durch die vielen Alternativen, die sein Erfahrungsnetzwerk anbietet, allzu leicht von dem jeweils anstehenden Ziel abgebracht? Die Antwort ist einfach: Er wechselt immer dann, wenn die Umsetzung einer Handlung ansteht, von der offenen Haltung der Selbstregulation in die disziplinierte Haltung der Selbstkontrolle. Er hat es sich zur Gewohnheit gemacht, das, was er sich vorgenommen hat, auch konsequent durchzuführen. Aber er verbindet Selbstkontrolle immer wieder mit Selbstwahrnehmung, die eine Komponente der Selbstregulation ist.

2.12 Die Innenseite eines »Gestalters«

Wir haben bislang in erster Linie das *Verhalten* der Menschen mit einer Gestaltergrundhaltung dargestellt. Einstellungen zeigen sich aber nicht nur im Verhalten, sondern auch in der Wahrnehmung und vor allem in nicht sichtbaren Gedanken und Gefühlen. Wir wollen uns daher auch die »Innenseite« von Personen mit Gestaltergrundhaltung anschauen: Eine Person mit Gestalterhaltung ist in ihren Gedanken primär in der Zukunft. Sie malt sich aus, wie es sein wird, wenn sie das Ziel oder Teilziele erreicht hat. Sie hat realistische und konkrete Vorstellungen von der Zeit, in der sie ihre Ziele erreicht haben wird, sie ist sich dabei aber bewusst, dass sie hinsichtlich der Vorstellungen über ein Ziel auch flexibel sein muss.

Sie empfindet gegenüber Schwierigkeiten so, wie sich ein Wettkämpfer fühlt, der am Start steht und sich bewusst macht, dass es natürlich sein kann, dass er nicht gewinnt, der sich aber darüber freut, dass er die Chance hat, zu gewinnen. Ein Gestalter macht sich seine Einstellungen und Werthaltungen bewusst und kann daher auch leicht entscheiden, wenn er zwischen zwei unterschiedlichen Zielen wählen muss. Er kennt seine Ziele und die verschiedenen Zwischenziele und möglichen Umwege so gut, dass er nur selten zu zweifeln beginnt. Dieses Selbstvertrauen wird ermöglicht durch seinen Zugang zur gesammelten Lebenserfahrung (d.h. zum Selbst). Wer auf praktisch alle Elemente dieses parallel arbeitenden Netzwerks simultan zugreifen kann, kann darauf vertrauen, dass ihm in fast allen Lebenslagen etwas einfallen wird. Aus diesem umfassenden Bewusstsein seiner Zielsetzung heraus übernimmt er auch die Verantwortung für sein Handeln: Verantwortung lässt sich vor diesem Hintergrund verstehen als eine gesteigerte Form des Antworten-Könnens (wie Ver-lieben eine gesteigerte Form der Liebe ist): Der Zugriff auf sein riesiges Erfahrungsnetzwerk gibt ihm die Sicherheit, auf (fast) alle Situationen und evtl. auftauchende Probleme eine Antwort zu haben. Er weiß, warum er so und nicht anders handelt und kann dieses Handeln jederzeit vor sich selbst (und natürlich auch vor anderen) rechtfertigen.

Eine solche an der gesamten persönlichen Lebenserfahrung orientierte Gestaltergrundhaltung kann buchstäblich das Leben verändern. Diese Veränderung ist nicht immer von außen auffällig und für alle wahrnehmbar und doch ist sie entscheidend. Das Leben bekommt eine andere Farbe. Dieser innere Wandel wird durch ein Erlebnis verdeutlicht, das Jens-Uwe Martens vor ein paar Jahren widerfahren ist. Es hat deutlich gemacht, was durch die jahrelange Auseinandersetzung mit der Gestalter- und Opfergrundhaltung an persönlichem Fortschritt möglich geworden ist. Dieses Erlebnis veranschaulicht die Erfahrung, dass man nichts so intensiv lernt, wie das, was man versucht, anderen deutlich zu machen.

> **Die verschwundene Tasche**
>
> Ich war geschäftlich in New York. Meine Termine hatte ich hinter mich gebracht und ich war auf dem Weg nach Deutschland. Es war Freitag und es war heiß. Ich hatte nur Jeans und ein T-Shirt an und aus Mangel an Taschen in meiner Kleidung hatte ich alles Wichtige in einer kleinen Handtasche untergebracht. Mein Reisepass, meine Kreditkarten, meine Tickets und alles andere Wichtige, was man so braucht, war also gut verstaut in dieser Tasche, die ich im Hotelsafe verwahrt hatte und die ich bei der Rückreise normalerweise in mein Handgepäck stecke. Die Tasche war allerdings auf Grund der Mitbringsel so voll, dass ich keinen Platz mehr hatte und so nahm ich sie zu mir. Ich legte sie im Taxi auf den Sitz neben mich.
>
> Ich war etwas in Hetze. Das Taxi konnte ich mit dem Bargeld bezahlen, das ich mit einem Moneyclip zusammengehalten in meiner Hosentasche hatte. Ich rechnete mir aus, dass ich den Flieger eigentlich noch gut schaffen müsste und holte mein großes Gepäck aus dem Kofferraum. Da stand ich nun im Flughafen

und es wurde mir plötzlich klar, dass meine Tasche mit allem Wichtigem noch im Taxi liegt, aber das war in dieser Sekunde verschwunden.

Diese Situation hatte ich mir schon öfter ausgemalt. Ich weiß, dass ich früher völlig verzweifelt gewesen wäre. Aber inzwischen weiß ich, wie sich ein »Gestalter« fühlt: »Durch Schwierigkeiten herausgefordert«. Ich dachte mir also: »Super, das wird ein Abenteuer, mal sehen, wie das ausgeht«. Ich spürte in mir die Kraft, die von einer Gestaltergrundhaltung ausgeht. Da kam auch schon eine Dame von der Lufthansa auf mich zu und fragte mich, ob sie mir helfen könne. Ich dachte: »Siehst du, da kommt schon Hilfe«. Ich antwortete also: »Ob Sie mir helfen können, kann ich nicht beurteilen, aber ich gebe Ihnen eine Chance.« Und ich erzählte ihr, was ich gerade entdeckt hatte. Sie war sehr zuversichtlich und meinte: »Das kriegen wir schon!«

Während ich mir in den ersten Sekunden deutlich machte, dass ich mich jetzt eigentlich nicht mehr wesentlich von den Bettlern am Times Square unterscheide, wurde mir jetzt am Ticketcounter, zu dem mich die Dame von der Lufthansa begleitete, deutlich, dass es da doch einen wesentlichen Unterschied gab: Ich war im Computer der Lufthansa. Das gab mir ein gutes Gefühl und für ein paar Dollar Bearbeitungsgebühr hatte ich nach kurzer Zeit meine Tickets. Ich flog gar nicht nach Hause, sondern zu meiner Familie, die auf Sylt Ferien machte. Auch anschließend machte ich noch einen Umweg. Aber das stand ja alles im Computer und ich hatte alle meine Tickets wieder. Die Dame von der Lufthansa ließ mich dann noch mit meiner Frau auf Sylt telefonieren, die versprach, mit einem Fax den Düsseldorfer Grenzbeamten mein Kommen und die Tatsache, dass ich ohne Papiere bin, anzukündigen. Ich dachte, dass nun alles geregelt sei, und langsam musste ich mich auch beeilen, denn es war nicht mehr viel Zeit bis zum Abflug des Flugzeuges. Ich wollte also einchecken. Die Dame, der ich stolz mein Ticket zeigte, sagte zu mir, sie möchte gerne meinen Reisepass sehen. Ich erwiderte ihr, dass ich keinen habe, worauf sie meinte, ein Führerschein würde auch ausreichen. »Ich habe auch keinen Führerschein!« »Eine Kreditkarte mit einem Bild reicht auch!« »Auch eine Kreditkarte habe ich nicht!« Sie schaute irritiert und meinte dann, indem sie mit dem Finger auf mich zeigte: »Dann kommen Sie nicht in dieses Flugzeug!«

In diesem Augenblick fühlte ich, wie sich meine Gestaltergrundhaltung langsam verflüchtigte. »Was mache ich nur?« Ich kann doch nicht ohne Kreditkarten und Geld ein Wochenende in New York verbringen, bis ich am Montag zum Konsulat komme. Mein Fehler war: Ich war mir meiner Sache zu sicher gewesen. Ich hätte diese Schwierigkeit vorhersehen können und die Dame, die meine Tickets kontrollierte, von Anfang an motivieren müssen. Jetzt hatte sie sich schon festgelegt. »Jetzt wird es schwierig werden«, dachte ich bei mir. Flehend sagte ich: »Ich muss in das Flugzeug!« »Sie müssen sich im Konsulat Papiere holen. In dieses Flugzeug kann ich Sie nicht hineinlassen!«

»Es ist Freitagabend. Ich habe keine Chance, vor Montag Papiere zu bekommen!« »Das ist mir egal. Ich muss 8000 Dollar Strafe zahlen, wenn ich Sie in das Flugzeug lasse!« Aber da kam die Dame, die mir von Anfang an geholfen hatte. Sie hatte die Situation auch schon erfasst und sie kannte die richtige Lüge, mit der ich in das Flugzeug komme: »Den Herrn Martens holt doch seine Frau in Düsseldorf am Flughafen ab, und da hat sie auch Papiere von ihm dabei. Sie können ihn schon hereinlassen.« Das war meine Rettung. Mit dieser Lüge kam ich also in letzter Minute in das Flugzeug und ich flog Richtung Deutschland. (Das alles spielte sich vor dem 11. September 2001 ab. Ob das heute auch noch möglich wäre, kann man bezweifeln.) Der Flug war nicht sehr angenehm, denn es wurde mir klar, was noch alles in der Tasche war, und was ich eigentlich unbedingt brauche: Mein Kalender mit Terminen, die zum Teil auch meine Sekretärin nicht hatte, relativ viel Bargeld, Erinnerungsstücke, Adressen usw. Aber so sagte ich mir: »Ich weiß es jetzt noch nicht, aber zu irgendetwas ist das sicher gut. Mal sehen, was das Schicksal für mich noch auf Lager hat.«

In Düsseldorf angekommen, bin ich an der vor der Passkontrolle wartenden Schlange vorbeigegangen, ich hatte ja sowieso keinen Pass, und suchte mir die Aufsichtsperson, der ich dann sagte, ich sei der Passagier, der keine Papiere hat, er hätte sicher schon ein Fax bekommen, in dem mein Kommen angekündigt wurde. So war es denn auch und er ließ mich ohne weitere Fragen durch, und so bekam ich auch noch rechtzeitig den Anschlussflug nach Sylt. In Sylt angekommen, rief mich die Dame von der Lufthansa an, und fragte, ob ich gut angekommen sei. Später rief sie noch einmal an und ließ mir ausrichten, dass da etwas abgegeben worden war. Sie hätte veranlasst, dass es nach Sylt geschickt wird. Am nächsten Morgen fuhr ich zum Flughafen und sah schon beim Betreten des sehr kleinen Flughafens meine Tasche auf dem Tresen stehen! Und es fehlte nichts. Lediglich die Lufthansa hatte die Tickets herausgenommen und der Taxifahrer hatte einen Zettel hereingelegt, auf dem er sich entschuldigte, dass er die Tasche so spät bemerkt hatte. Er sei sofort zum Flughafen zurückgefahren, aber da wäre das Flugzeug schon weg gewesen. Den letzten Satz auf dem Zettel werde ich nie vergessen, er lautete: »God bless you. He is with you every minute!« (Gott segne dich. Er ist jede Minute bei dir.) Mir kam es vor, als ob mir der Taxifahrer mit seiner Handlung gerade das beweisen wollte.

Sicher hat der Ausgang der Geschichte nichts mehr mit der Gestaltergrundhaltung zu tun, aber all die Gefühle davor und vielleicht auch davon ausgehend, die Bereitschaft der Dame von der Lufthansa, mir zu helfen, führe ich auf diese Einstellung zurück.

2.13 Verhaltensweisen eines »Opfers« oder »Erdulders«

Wie zeigt sich die Grundhaltung, die davon ausgeht, dass wir Opfer unseres Schicksals sind, die Opfergrundhaltung im Denken, Wahrnehmen und Verhalten eines Menschen? Woran kann man selbst bemerken, dass man gerade dabei ist, die Situation, in der man sich befindet, und die Gefühle, die sie auslöst, mehr zu verwalten als zu gestalten? Wenn wir diese Grundhaltung genauer kennen, werden wir sie rascher erkennen. Wir werden dann immer früher bemerken, dass wir wieder einmal die Tendenz haben, aus dieser Haltung heraus zu reagieren. Dann können wir, wenn diese Haltung in der momentanen Situation ungünstig ist, dagegen steuern.

Wir müssen uns nicht immer gleich als Opfer unseres Schicksals sehen. Es gibt auch eine abgeschwächte Form dieser Haltung: die Erdulderhaltung oder Duldergrundhaltung. Jemand, der diese Haltung hat, sieht sich nicht als Opfer seines Schicksals, sondern mehr als jemand, der geduldig das erträgt, was das Schicksal für ihn bereithält, ohne dass er dabei jammert. Diese Haltung führt allerdings so wie die Opferhaltung zur Passivität, die uns daran hindert, konsequent die vorgefundene Situation zu verändern.

Jemand mit einer einseitigen Opfer- oder Erduldergrundhaltung ist weitgehend fremdbestimmt, er lebt »in den Tag hinein«, seine Devise kann man am ehesten mit den Worten: »Mal sehen, was kommt« umschreiben. Im Extremfall kann man sagen, dass er mehr gelebt wird, als dass er lebt. Häufig sucht sich jemand mit dieser Grundhaltung einen Partner, der im Gegensatz dazu die Tendenz hat, alles zu entscheiden und zu bestimmen. Das kann durchaus gut funktionieren: Wie in einem Team nicht jeder den Ton angeben kann, so kann auch eine Partnerschaft funktionieren, wenn einer dominanter und der andere »flexibler« ist (was nicht ausschließt, dass ab und zu die beiden Rollen vertauscht werden). Wie immer sind es allzu einseitige Fixierungen, die zu Problemen führen können: Die Person mit der Opfergrundhaltung hat bei einer sehr einseitigen Festlegung auf die nachgiebige Rolle immer auch eine »triftige« Begründung, warum sie selbst nicht initiativ werden kann, denn sie wird ja »leider« unterdrückt. Es macht ja keinen Sinn, gegen jemand zu kämpfen, dem man sowieso unterlegen ist. In vielen Romanen werden Frauen (seltener Männer) beschrieben, die sich für ihre Liebe zu einem Partner sehr einseitig opfern und sich bis zur Selbstaufgabe in eine Opferrolle begeben. Aber auch in der Realität findet man solche Menschen. Diese Tendenz zeigt sich z. B. auch darin, dass es Frauen gibt, die sich immer wieder alkoholkranke Partner suchen, sie zu retten versuchen, unter denen sie aber dann leiden, weil die Rettungsversuche regelmäßig scheitern.

An dieser Stelle sei noch einmal deutlich gemacht, dass man nicht davon ausgehen kann, dass eine Opfer- oder Erdulderhaltung immer nachteilig, d. h. für die betreffende Person negativ ist. Es gibt sicher Situationen, in denen die Opferrolle durchaus passend sein kann. Wenn zum Beispiel an einem Tag viel schief gelaufen ist, man einige Frustrationserlebnisse zu verkraften hatte und der eigene Aktionsradius deutlich eingeengt war – und auch Personen mit einer Gestaltergrundhaltung erleben (wenn auch seltener) solche Tage – und man kommt nach Hause und hat einen verständnisvollen Partner, so kann es ein schönes Gefühl sein, die Initiative ganz abzugeben, sich trösten zu lassen und bildlich gesprochen oder ganz konkret Streicheleinheiten zu bekommen.

Auf sein Bauchgefühl zu hören haben wir an anderer Stelle Intuition genannt und darauf hingewiesen, dass diese Intuition aus dem Extensionsgedächtnis kommt, also mit dem ausgedehnten Netzwerk der persönlichen Erfahrung der Person verbunden ist und daher nicht selten die bessere Wahl darstellt. Ein Mensch mit Gestaltergrundhaltung prüft allerdings auch mit Hilfe des eher rationalen Denkens, ob die Vorschläge des mehr fühlenden, als wissenden Extensionsgedächtnisses auch in der im Moment gegebenen Situation angemessen und bei Berücksichtigung auch der langfristigen Folgen zu empfehlen sind. Das angemessene Zusammenspiel aller Gehirnbereiche ist das Merkmal eines »Gestalters« und führt immer zu den besten Entscheidungen.

Ein wesentliches Merkmal eines Menschen mit Opfer- oder Erduldergrundhaltung besteht darin, dass er sich kaum bewusst ist, was er macht und welche Ziele er damit erreichen will. Er entscheidet sich nicht bewusst für eine von mehreren Möglichkeiten. Auf das oben angeführte Beispiel bezogen könnte man sagen, dass eine Person, die sich bewusst, vielleicht aus wohlüberlegten Gründen, für die Abhängigkeit entscheidet, durchaus eine Gestaltergrundhaltung zeigt. Im Gegensatz zu einem Gestalter besitzt nämlich eine Person mit Opfergrundhaltung einen geringen Grad an Selbstwahrnehmung und entsprechend wenig Selbstkontrolle. Daher reagiert er oder sie auch in schwierigen Situationen eher spontan und unreflektiert emotional, ohne sich vorher zu überlegen, welche Konsequenzen sein oder ihr emotionales Handeln haben könnte. Man spricht davon, dass er oder sie »aus dem Bauch heraus« reagiert.

Ein wesentlicher Punkt, der zu einer einseitigen Opfer- oder Erdulderhaltung hinzukommt, ist die Passivität. Jemand der emotional initiativ und damit aktiv die Situation bestimmt, ist sicher nicht »Opfer« zu nennen. Er kann Opfer werden, wenn er auf jemanden stößt, der seine Emotionalität zu seinem Schaden ausnützt und er sich dagegen nicht wehrt. Das entscheidende Kennzeichen einer einseitigen Opferhaltung ist die Passivität und nicht die Emotionalität. Die Fixierung auf eine passive Haltung ergibt sich auch aus dem Mangel an Motivation. Den Personen mit Opfergrundhaltung fehlt der innere Antrieb, die Fähigkeit, sich gerade dann zu motivieren, wenn schwierige Ziele umgesetzt werden sollen. Entweder vermeiden sie Ziele, die sie inspirieren, für die sie bereit wären, Energie zu investieren oder sie leben nur in erträumten Zielen und haben nicht die Energie, etwas für das Erreichen dieser Ziele zu tun. Sie träumen davon, bestimmte Ziele zu erreichen (sie laden sie vielleicht sogar ins Absichtsgedächtnis), aber mangels Selbstmotivierung nehmen sie diese Ziele als unerreichbar weit entfernt wahr, oder sie sehen sie als zu schwierig zu erreichen an. »Das erreiche ich doch nie, da brauche ich mich doch gar nicht anzustrengen, in meiner Situation würde das niemand schaffen…« sind typische Aussagen, die man von Menschen mit einer Opfergrundhaltung immer wieder zu hören bekommt.

Die im Zusammenhang mit dem Farbwörterexperiment dargestellte wissenschaftliche Erklärung dieser Zusammenhänge zeigt, dass die eigentliche Ursache für die Passivität nicht in einer falschen Überzeugung liegt (z. B. »Ich schaff das nicht«), sondern in einer tatsächlich fehlenden Kompetenz (zur Frustrationstoleranz oder zur Selbstmotivierung). Die pessimistischen Überzeugungen sind dann nicht Ursache, sondern Folge jenes Defizits. Praktisch bedeutet das, dass es meist nicht reicht, Überzeugungen zu verändern, um aus der Opferhaltung herauszukommen (»Du musst nur an dich glauben« oder »denk positiv«). Man muss schon die erwähnten Kompetenzen trainieren. Wir kommen auf diesen wichtigen Punkt zurück.

Wenn die Selbstmotivierungskompetenz fehlt, ist verständlich, dass man es möglichst vermeidet, Ziele zu bilden. Die Belastung des Absichtsgedächtnisses mit schwierigen Zielen drückt ja auf die Stimmung und ohne Selbstmotivierung kommt man aus einer gedrückten Stimmung nicht so leicht wieder heraus. Der Mangel an Zielen, nach denen man sein Handeln ausrichtet, führt auch häufig zu einem Mangel an Orientierung und damit zu Unsicherheit. Ein Mensch mit Opfergrundhaltung zögert häufig und korrigiert sich immer wieder. Er folgt zeitweise anderen Menschen mit konkreten, festen Zielen, aber sobald es für längere Zeit anstrengend wird oder sowie eigene Entscheidungen oder gar ein besonderer Einsatz erforderlich sind, entdeckt der Mensch mit Opfergrundhaltung, warum es »völlig unsinnig ist«, sich für dieses Ziel ins Zeug zu legen und er findet ein neues Ziel bzw. jemand anderen, dem man sich in seiner Zielstrebigkeit anschließen kann, bis auch dieses Streben das gleiche Schicksal erleidet.

Typisch für eine Person mit einer solchen Grundhaltung ist auch die Abhängigkeit von Stimmungen. Ein Mensch mit Opfergrundhaltung kennt aus Erfahrung eine Reihe von Ursachen, die seine Stimmung negativ beeinflussen, und auf die er »natürlich« keinen Einfluss hat. Typisch sind Äußerungen wie: »Bei dem Wetter muss man ja depressiv werden!« oder: »Ich bin heute mit dem linken Fuß zuerst aufgestanden!« oder: »In diesen Zeiten lässt sich kein Blumentopf gewinnen!« usw. Auch werden häufig körperliche Schwächen als Begründung für eine negative Stimmung herangezogen: Die Opfer haben Kopfweh, sie haben Rückenschmerzen oder sie kämpfen gerade mit einem Infekt.

Oft möchten Menschen mit Opfergrundhaltung bedauert werden. Sie wünschen sich die Gemeinschaft von »Leidensgefährten«, die sich »gegenseitig die Wunden lecken« (die quakenden Frösche). Der in der wissenschaftlichen Arbeit verwendete Begriff der »Lageorientierung« ist dann sogar fast wörtlich zu nehmen: Man ist nicht nur persönlich in einer misslichen Lage »gefesselt«, sondern möchte sich am liebsten mit anderen »niederlegen« und das gemeinsame Schicksal oder die Missstände dieser Welt bejammern, statt aufzustehen und etwas zu ändern. Dagegen vermeiden Menschen mit Gestaltergrundhaltung es, bedauert zu werden, da sie aus Erfahrung wissen, dass sie diese Gefühlszuwendung eher schwach und klein macht. »Opfer« können gar nicht genug Mitgefühl bekommen. Es mag auch wirklich zunächst den Schmerz lindern und eine gewisse Genugtuung verschaffen, zu spüren, dass andere ähnlich fühlen. Als *Zwischenstation* kann diese Erfahrung unter Umständen auch hilfreich sein, schmerzhafte Erlebnisse zu verarbeiten und sich dann zu regenerieren und irgendwann zu neuen Taten zu finden. Setzt sich das Wundenlecken aber fest, kreist es um sich selbst. Dann bemerken die Betroffenen nicht einmal mehr, dass sie sich längst in einem Teufelskreis befinden, in dem jedes Sichbedauern oder Bedauertwerden nur noch mehr von der lösungsorientierten persönlichen Erfahrungsbasis abtrennt und damit handlungsunfähig macht.

Bei Anforderungen von außen gibt jemand mit einer Opfer- oder Erdulderhaltung dem Druck nach, der von anderen auf ihn ausgeübt wird. Er setzt einem solchen Druck auch dann nichts entgegen, wenn die Anforderungen ungerechtfertigt sind und ihm selbst schaden und er oder sie durchaus Gründe und Möglichkeiten hätte, diesen Forderungen mit Erfolg Widerstand entgegenzusetzen. Menschen mit Opferhaltung überlegen sich dann auch nicht, ob diese Forderungen

2.13 Verhaltensweisen eines »Opfers« oder »Erdulders«

von außen angemessen sind oder sie Möglichkeiten haben, diese Forderungen abzulehnen. In einer solchen Situation ist es immer nützlich, sich vor Augen zu führen, was die schlimmsten Konsequenzen wären, wenn man die Forderungen nicht erfüllt, um dann zu entscheiden, ob man bereit wäre, diese Konsequenzen zu tragen. Aber das entspricht nicht der Handlungsweise eines Opfers. Solche Überlegungen würden den Kontakt mit der persönlichen Erfahrungsbasis, die wir das Selbst genannt haben, erfordern. Und gerade dieser Kontakt wird durch das sich Einrichten in einer Enttäuschung, durch das Verwalten statt Gestalten der aufgebrachten Gefühle blockiert: Andauernder negativer Affekt hemmt jenseits einer kritischen Grenze den Zugang zur Selbstwahrnehmung und damit auch zu allen gestalterisch nutzbaren persönlichen Erfahrungen.

Am deutlichsten zeigt sich die Opfer- oder Erduldergrundhaltung darin, dass die betreffenden Personen über immer weniger Disziplin verfügen, selbst wenn sie ursprünglich sogar durch eine sehr disziplinierte Haltung in die Passivität des inneren Protestierens oder Jammerns gekommen sind. Sie wissen dann nicht mehr, was es bedeutet, den »inneren Schweinehund« zu bekämpfen oder wie sie dabei vorgehen könnten. Daraus ergibt sich auch ein Mangel an Konsequenz. Wer keine Ziele und wenig Disziplin besitzt, kann auch kein konsequentes Verhalten zeigen. Wenn diese Menschen sich etwas vorgenommen haben, so kommt häufig etwas dazwischen, was sie daran hindert, es letztlich auszuführen. Häufig sind dann Äußerungen wie: »Ich hätte ja gerne…, aber leider konnte ich nicht, denn…«. Meistens sind die Begründungen, warum man etwas nicht tun konnte, so einsichtig, dass jeder Zuhörer (und der Sprecher natürlich selbst) davon überzeugt ist, dass es keine andere Möglichkeit gab, und dass man selbst in dieser Situation auch keine Möglichkeit gehabt hätte, anders zu reagieren.

»Opfer« sind Spezialisten darin, Entschuldigungen und Ausreden dafür zu finden, dass sie keine Schuld daran haben, dass etwas nicht geklappt hat, oder dass sie bestimmte Ziele, von denen sie noch vor Tagen voller Begeisterung gesprochen haben, nicht erreichen konnten und wieder aufgeben mussten. Solche Manöver, den eigenen Schuldgefühlen zu entgehen, können kurzfristig Entlastung schaffen. Das macht sie auch so attraktiv für die Betroffenen. Aber sie führen auch geradewegs in einen Teufelskreis. Psychologisch betrachtet handelt es sich um eine Art der Schmerzvermeidung, an der das Selbstsystem nicht beteiligt ist: Man versucht gerade, das Selbstsystem, das die eigene Verantwortlichkeit spürbar machen würde, zu vermeiden. Dabei übersieht man allzu leicht, dass man damit auch die Gestaltungsmöglichkeiten vermeidet, die nur das Selbstsystem vermitteln kann.

Im beruflichen Bereich werden die typischen Opfer häufig von ihren Partnern ausgenutzt oder gar betrogen. Diese Partner spüren instinktiv die Schwächen der Menschen mit Opfergrundhaltung und nutzen ihre Passivität insofern aus, als sie in einer »gleichberechtigten« Partnerschaft letztlich bestimmen, welche Ziele verfolgt werden, wobei das Erreichen dieser Ziele dem stärkeren Partner mehr nutzt als dem mit der Opferhaltung. Dabei war dieser zu Beginn der Partnerschaft Feuer und Flamme für den neuen Kollegen, da er seine Opferhaltung ideal ergänzte. Nach einiger Zeit, wenn deutlich wird, dass der Nutzen der Partnerschaft zu einseitig ist, fühlt sich das Opfer getäuscht und die anfängliche Begeisterung für den Kollegen schlägt in Enttäuschung, nicht selten sogar in Hass um. Viele Anwälte können gut von solchen Fällen leben.

2.14 Die Innenseite eines »Opfers« oder »Erdulders«

Auch bei der Opfergrundhaltung bestimmt die Innenseite das äußerlich sichtbare Verhalten mit. Eine Person mit einer Opfergrundhaltung ist mit ihren Gedanken häufig in der Vergangenheit. Sie grübelt darüber nach, warum was wie gekommen ist, was man hätte anders machen können, warum etwas »schief gelaufen« ist. Alles Denken kreist um die eingetretene *Lage*. Ihre Hauptaufgabe scheinen viele lageorientierte Personen darin zu sehen, entweder sich selbst einseitig die Schuld zu geben oder sich Entschuldigungen zu verschaffen, die »beweisen«, dass sie keine Schuld daran haben, dass es so gelaufen ist, wie es gelaufen ist. »Die Umstände waren ungünstig, unter diesen Umständen hätte niemand bessere Ergebnisse erreicht«. Dieses Suchen nach externen Begründungen für bestimmte Ergebnisse kann dabei so sehr zu einer Gewohnheit werden, dass diese Personen regelrecht Experten im »Entschuldigungsfinden« werden. Es gelingt ihnen leicht, sofort Begründungen für alles parat zu haben, wobei alle Begründungen außerhalb der eigenen Person liegen und von ihr nicht beeinflussbar sind.

Psychologisch betrachtet beruht die Tendenz vieler Opfer, die Schuld für ein Versagen außerhalb ihrer selbst zu suchen, darauf, dass sie die Ursachen für den Misserfolg und damit ihre Schuld auf der Ebene des bewussten Denkens bearbeiten. Die Gestaltungskraft des bewussten Denkens ist aber begrenzt. Wir haben ja gesehen: Das Denken verfügt nicht über die ausgedehnten Netzwerke persönlicher Erfahrungen, sodass es oft keine Auswege aus einer verfahrenen Situation sieht. Denken ist eingleisig, Fühlen ist mehrgleisig (Rotenberg, 2004). Entweder die anderen sind schuld oder ich bin schuld. Zwischen den Gegensätzen gibt es für das logische Denken oft keine dritte Möglichkeit. Wer sich selbst immer wieder einseitig die Schuld gibt, verstärkt sein ohnehin schon eingleisiges *Denken*: »Wie konnte das passieren? Was bin ich doch für ein Versager. Warum schaffen andere das besser?« Mit diesem Denken muss man sich in der Sackgasse fühlen, man schaut nicht nach links und nicht nach rechts, sondern bleibt »folgerichtig« auf dem eingeschlagenen Weg. Wer die »Schuld« an einem Misserfolg von dem kreisenden Denken befreien kann, wer Zugang zu dem ausgedehnten Netzwerk persönlicher Erfahrungen findet, für den wird aus der »Schuld« sehr schnell »Verantwortung«. Wir haben ja bereits festgestellt: *Ver-Antwortung* bedeutet auch, dass man eine »Antwort« oder mehrere Antworten auf eine missglückte Situation hat. Der Misserfolg ist dann nicht mehr vom ausgedehnten Netzwerk der persönlichen Erfahrung abgetrennt und kann nun konstruktiv bearbeitet werden. Die »Verantwortung« wird also deshalb von dem Lageorientierten mit Opfergrundhaltung zurückgewiesen, weil sie für ihn ohne den Zugang zu seiner gesammelten Lebenserfahrung zur eingleisigen »Schuld« wird, d. h. zu einer Situation, aus der es keinen Ausweg gibt. Die Zurückweisung der Schuld soll das Gefühl der Hilflosigkeit verhindern, das nur schwer zu ertragen ist. Die kreative Gestaltungskraft, die zur Lösung des Problems und damit zur Beseitigung der Hilflosigkeit notwendig wäre, fehlt, da der Kontakt zum fühlenden Selbst und damit zum ausgedehnten Netzwerk der persönlichen Erfahrung unterbrochen ist.

Auch die Erfolge anderer werden in der lageorientierten Opferhaltung häufig auf externe Ursachen zurückgeführt (also nicht mit dem Selbstsystem in Verbindung gebracht): Die anderen haben nicht deshalb Erfolg, weil sie sich mehr angestrengt haben oder weil sie mehr Disziplin oder andere Eigenschaften haben, die einem selbst fehlen, sondern weil sie Glück hatten, weil sie bessere Beziehungen hatten, weil sie rücksichtslos sind usw. »So möchte ich gar nicht sein«, ist meist die Schlussfolgerung aus entsprechenden Überlegungen. Solche Entschuldigungen stehen jedoch auf wackligen Füßen. Auch die Personen mit der Opfergrundhaltung ahnen häufig, dass ihre Begründungen nicht unangreifbar sind. Das macht sie unsicher. Sie weichen dann oft einer Diskussion aus. Denn letztlich fühlen sie sich schwach und hilflos. Eine Diskussion wird schnell in die Richtung gelenkt, an deren Ende steht, dass man doch zu bedauern ist. Dann kann die notorische Tendenz, Entschuldigungen zu finden, auch in eine genauso einseitige Selbstbeschuldigung umschlagen. Was sich nicht ändert, ist das einfalls- und tatenlose Kreisen um die missliche Lage, in der man sich befindet und um die schlimmen Gefühle, die diese Lage widerspiegeln.

Die beiden im Anfangskapitel erläuterten Formen der Affektregulation sind mit zwei entsprechend unterschiedlichen Formen der lageorientierten Opferhaltung verknüpft:

Bei den beiden Formen der Lageorientierung ist eine von zwei Formen der Affektregulation beeinträchtigt:

1. Willensbahnung durch Selbstmotivierung oder
2. Selbstwahrnehmung durch Selbstberuhigung

1. Wer den Verlust von positiven Gefühlen, der bei Frustrationen und Schwierigkeiten auftreten kann, nicht gegenzuregulieren vermag, wer also eine geringe Fähigkeit zur *Selbstmotivierung* hat, der gerät besonders in *schwierigen* Situationen oder gerade dann, wenn er mit vielen unerledigten Aufgaben belastet ist, in die Opferhaltung (»Prospektive Lageorientierung«): Wenn Schwierigkeiten auftauchen oder sich zu viel Unerledigtes ansammelt, dann fühlt sich die Person schnell überfordert. Die Energie fehlt für zukünftiges (»prospektives«) Handeln. Dann können »gute Vorsätze« (auch zum Jahreswechsel) geradezu gefährlich sein: Jede Aktivierung des Absichtsgedächtnisses senkt zunächst einmal den positiven Affekt (um vorschnelles Handeln zu hemmen). Wer diese Dämpfung positiven Affekts nicht gegenregulieren kann, d.h. wer sich nicht gut selbst motivieren kann, versinkt mit jedem neuen Vorsatz in immer größere Lähmung.

Wir haben bereits erklärt, warum dieser Energiemangel gerade bei Schwierigkeiten oder unerledigten Absichten entsteht: Schwierigkeiten und unerledigte Absichten aktivieren das Absichtsgedächtnis und zu dessen Funktionsmerkmalen gehört die Ausführungshemmung (es sei daran erinnert, dass der eigentliche Zweck dieser Hemmung ja darin besteht, eine voreilige Ausführung zu verhindern, da bei schwierigen Absichten, ja meist erst ein Problem gelöst oder auf eine günstige Gelegenheit gewartet werden muss). Wenn man diese Ausführungshemmung nicht im geeigneten Moment durch Selbstmotivierung aufheben kann, ist es schwer, irgendwelche Ideen oder Ziele, an denen es vielleicht nicht einmal mangelt, umzusetzen. Die auf Zögerlichkeit und Passivität festgelegte Person sucht dann oft Hilfe und findet diese in der Regel auch, da sie es oft bestens versteht, Mitleid zu erregen und dem Helfenden immer ein gutes Gefühl zu geben. Sie hat vielleicht sogar gelernt, dass man dann, wenn man anderen Personen das Gefühl gibt, sie seien besser, sehr schnell mit Hilfe rechnen kann. Diese Haltung wird sehr anschaulich in der folgenden Geschichte beschrieben:

Herr Unglück bei der Post

Glück setzt Aktivität voraus.
Glück hat man nur, wenn man etwas wagt.

Golo Mann

Herr Unglück hat einen Posten bei der Post. Er ist mit seinem Job nicht zufrieden, aber das Gute daran ist, dass er sich nicht überfordert fühlt. Allerdings hat er eine Reihe von Wünschen, die er sich bei dem kleinen Gehalt, das er verdient, nicht leisten kann. Jeden Tag malt er sich aus, wie schön es wäre, wenn er seine Ziele erreichen könnte und er betet zu Gott, er möge ihn doch reich machen, damit er sich alle seine Wünsche erfüllen kann.

Auf seinem Weg zur Arbeit geht er jeden Tag bei einem Losverkäufer vorbei. Auf die Idee, hier sein Glück zu versuchen, ist er bisher nicht gekommen. Als er mal wieder nach seinem Morgengebet, in dem er dieses Mal besonders sein Schicksal beklagt hat – so sehr, dass auch ein weniger mitfühlender Gott Mitleid bekommen hätte – bei dem Losverkäufer vorbei geht, donnert es aus einer großen Wolke an dem sonst wolkenlosen Himmel und eine polternde Stimme kommt direkt aus dem Himmel und sagt: »Gib mir doch eine Chance!«

Das Gefühl, überfordert zu sein, lässt den zögerlichen Duldertyp von Zielen nur träumen. Das Absichtsgedächtnis funktioniert ja besonders gut, wenn der positive Affekt gedämpft ist und man gar nicht erst »in die Versuchung kommt« zu handeln. Deshalb hat natürlich auch ein Mensch mit der zögerlichen Variante der Opfergrundhaltung viele Ziele, sogar u. U. mehr als der aktive Gestaltertyp, der sich weder unrealistische Ziele »aufschwatzen« lässt noch realistische Ziele allzu lange vor sich herschiebt. »Es wäre so schön, wenn...« ist eine typische wunschgetönte Art, wie Zögerer über Ziele sprechen. Aber die Ziele werden immer in einer Form geschildert, die die Unerreichbarkeit dieses Zieles gleich miteinschließt. »Es wäre schön, aber jemand in meiner Situation kann dieses Ziel leider nie erreichen.«

Sicher ist es kein bemerkenswertes Zeichen eines Menschen mit Opfergrundhaltung, dass er keine Lose kauft, aber es ist bezeichnend, dass er seinem Schicksal (oder seinem helfen wollenden Gott) keine Chance gibt (»Hilf Dir selbst, dann hilft

Dir Gott!«). Er tut nichts, was ihm das ersehnte Glück bescheren könnte. Ein Mensch mit Opfer- oder Erdulderhaltung ist davon überzeugt, dass sein Handeln von außen bestimmt wird. Es ist ihm nicht bewusst, dass er sich laufend für etwas »entscheidet«, und dass die Summe dieser Entscheidungen letztlich den eigenen Lebensweg bestimmt. Daher lehnt er auch die Verantwortung für sein Handeln ab, er findet immer andere Menschen oder Umstände, die ihn zu einem bestimmten Handeln veranlasst haben.

Auch die Gefühle, die ein Mensch mit Opfergrundhaltung erlebt, »kommen über ihn«. Er übernimmt keine Verantwortung für diese Gefühle und natürlich auch nicht für die Handlungen, die sich aus diesen Gefühlen ergeben. (»Was kann ich dafür, dass mich der... so geärgert hat? In einer solchen Situation kann man doch nur verzweifelt, aggressiv oder ablehnend reagieren!«) Gefühle werden als von außen initiiert wahrgenommen und beherrschen das »Opfer«.

2. Während die erste Variante der Opferhaltung auf einem Mangel an Selbstmotivierung beruht, liegt die Ursache der zweiten Variante der Opferhaltung in der Unfähigkeit, Stress, Angst und andere negative Gefühle herunter zu regulieren (d. h. in der Unfähigkeit zur Selbstberuhigung). Wir haben bereits erläutert, dass die geringe Selbstberuhigungskompetenz dieses Opfertyps nicht so sehr das Umsetzen schwieriger Absichten erschwert, sondern unter Stressbedingungen den Zugang zu dem ausgedehnten Netzwerk persönlicher Erfahrungen behindert (d. h. zum »Extensionsgedächtnis«, das Selbstwahrnehmung ermöglicht). Die Gedanken dieser Menschen kreisen nicht so sehr um Unerreichtes, um Ideale und unerledigte Absichten, sondern um Erlittenes. Das Grübeln über schlimme Erlebnisse ist aber nicht in einen lösungs- und handlungsorientierten Zusammenhang eingebettet, sondern kreist in sich.

Notorisches Grübeln äußert sich darin, dass man sogar über Dinge nachdenken muss, die sich nicht mehr ändern lassen. Man hat eine wertvolle Vase fallen lassen. Sie lässt sich nicht mehr reparieren. Was hilft es, wenn man darüber noch tagelang nachgrübeln muss? Typisch für das lage- oder opferorientierte Grübeln ist, dass es nicht einmal der Sinnstiftung dient. Wenn die negativen Gefühle einmal eine kritische Grenze überschritten haben, ist der Zugang zur persönlichen Erfahrungsbasis (zur Selbstwahrnehmung) geschwächt, den man braucht, um vielleicht noch irgendeinen Sinn in dem Unglück sehen zu können: Das Wort *Sinn* bedeutet ja, dass man eine Tätigkeit oder ein Erlebnis mit einem ganzen Netzwerk von persönlichen Bedeutungen, Werten, Bedürfnissen und anderen Selbstaspekten verknüpfen kann. Eine Tätigkeit, die nur *einem* Zweck dient, kann auf die Dauer nicht das Gefühl von Sinn vermitteln. Deshalb ist für das Erleben der Sinnhaftigkeit der Zugang zu der Selbstwahrnehmung notwendig, also dem System, das ein ausgedehntes Netzwerk persönlicher Erfahrungen, Werte und Bedürfnisse simultan (wenn auch weitgehend unbewusst) fühlbar macht.

Es klingt paradox, dass ein lageorientierter Dulder, der doch ständig in seinen Gefühlen ist, sogar intensiv über sie nachgrübelt, den Zugang zur »Selbstwahrnehmung« verloren haben soll. Aber dieses Paradox löst sich auf, wenn wir daran erinnern, dass mit dem Selbstsystem ein *ganzheitliches Fühlen aller persönlichen Erfahrungen* und der daraus gewonnenen Einsichten gemeint ist, die für eine Situation relevant sein können. Wer nur *einzelne* Gefühle erlebt, die sich auf ein isoliertes

Erlebnis beziehen, ist nicht in seinem Selbst. Das Selbst hat ja eine außerordentliche *Integrationskraft:* Es integriert sogar widersprüchliche Erfahrungen, die man mit derselben Aufgabe oder mit derselben Person gemacht hat. Hier liegt der Grund, warum der Zugang zum Selbstsystem kreisendes Grübeln verhindert: Ein negatives Erlebnis bleibt nicht einseitig negativ, wenn es mit allen persönlichen Erfahrungen in Kontakt kommt. Es wird relativiert. Man sieht auch positive Seiten derselben Sache oder man sieht zumindest andere positive Erlebnisse, die dieses eine negative Erlebnis aufwiegen. Immer wieder hört man von Menschen, die selbst schlimmen Schicksalsschlägen noch positive Seiten abgewinnen, wenn sie einmal das schlimme Erlebnis überwunden haben, wenn sie das Grübeln und das Fragen nach dem »Warum« überwunden haben und somit wieder mit dem Selbst in Kontakt treten können.

Das kreisende Grübeln verhindert, dass man sich auf andere, u. U. ganz wichtige Dinge konzentrieren kann. Vor der Prüfung möchte sich ein Kandidat gern auf das zu Lernende konzentrieren. Das ständige Grübeln darüber, wie es bei der letzten Prüfung danebengegangen ist, verhindert dies. Der kreisende Gedanke, dass es beim nächsten Mal bestimmt wieder schief geht, wird so zur selbsterfüllenden Prophezeiung, weil es gerade dieser Gedanke ist, der die Beschäftigung mit dem Lernstoff verhindert. Wer sich immer wieder Gedanken darüber macht, warum ein Kollege ihm bei der letzten Sitzung so unfair über den Mund gefahren ist, übersieht beim nächsten Mal mit hoher Wahrscheinlichkeit, was er auf die nächste flotte Bemerkung antworten könnte. Ist man in der nächsten Sitzung wieder in einem angespannten Zustand und wartet geradezu auf die nächste Attacke, dann fällt einem auch dieses Mal wieder keine geeignete Antwort ein.

Schlagfertigkeit erfordert den Zugriff auf das *Extensionsgedächtnis*, weil dieses System viele Handlungsmöglichkeiten simultan zur Verfügung stellt. Dass diese Art von »Selbstwahrnehmung« nicht bewusst ablaufen kann, ist eigentlich kein Nachteil: Wenn man erst bewusst über verschiedene Möglichkeiten nachdenken müsste, wäre der richtige Zeitpunkt für eine passende Antwort schon verpasst. Psychologisch betrachtet ist schnelles Handeln aus einem unbewussten Überblick über viele verschiedene Handlungsmöglichkeiten heraus nur möglich, wenn man auf ein *parallel* arbeitendes Wissensnetzwerk zurückgreifen kann, das viele Gesichtspunkte gleichzeitig berücksichtigt.

Meine Erfahrung mit einem österreichischen Polizisten

Im Umgang mit seinen Widersachern kann man viel lernen, vor allem kann man viel über sich selbst erfahren und trainieren, seine Gefühle zu beherrschen. Polizisten sind ideale Übungspartner. Wir begegnen ihnen immer wieder und nicht selten sind es unsere Gegner, an denen wir den Umgang mit Menschen erproben können.

Ich war mit meiner Frau auf dem Weg in die Ferien. Wir fuhren mit dem Auto durch Österreich und wurden von einem Polizisten aufgehalten. Ich war mir keiner Schuld bewusst und auf die Frage, was wir angestellt hätten, kam nur das stereotype, strenge und Gehorsamkeit heischende »Papiere bitte!«

Ich hatte damals noch einen alten Führerschein, der aus einem gefalteten Blatt bestand und zugegebenermaßen schon etwas brüchig war. Die zwei Seiten hingen nur noch an zwei Fäden. Als der Polizist das Papier in die Hand nahm, lösten sich die zwei Seiten endgültig. »Sie fahren ohne gültige Fahrerlaubnis!«
»Aber Sie haben doch meinen Führerschein in der Hand!?«, erwiderte ich.
»Ein Dokument, das aus zwei Teilen besteht, ist nicht gültig!«, war seine Antwort.

Die Situation wurde nicht besser durch die Kommentare meiner Frau neben mir. Sie ärgerte sich nämlich über die Verzögerung unserer Reise und schimpfte mit dem Polizisten, wobei »Wegelagerer« noch die harmloseste Bezeichnung war, mit der sie den Polizisten titulierte. Ich bemerkte, wie Wut in dem Polizisten aufstieg, und ich sah mich schon zur Aufnahme eines Protokolls auf dem Revier sitzen.

Mein Kopf arbeitete auf Hochtouren. Aber es war mir klar, dass ich jetzt auf keinen Fall innerlich meiner Frau die Schuld geben durfte, ich musste versuchen eine »Hubschrauberperspektive« einzunehmen, die Situation von außen zu sehen. Das gelang mir auch einigermaßen und ich fand das ganze Geschehen irgendwie lustig. Der Polizist mit ausgeprägter Leibesfülle, dessen Gesicht langsam rot anlief und die Ehefrau, die alles dazu tat, dass er sich immer noch weiter ärgern musste. Was konnte ich nur tun, um aus dieser Situation herauszukommen, um weiter fahren zu können?

Da kam mir ein Geistesblitz (ganz sicher aus dem Extensionsgedächtnis):
»Haben Sie auch so eine böse Frau zuhause?«, fragte ich den Polizisten.

Das kam für ihn offensichtlich völlig unerwartet. Von einem Moment zum anderen änderte sich seine Haltung mir gegenüber. Auch seine Stimme änderte sich. Der Führerschein war kein Thema mehr und ich erfuhr sogar, warum er uns angehalten hatte: Ich hatte kein D für Deutschland an meinem Wagen. (Ob er wirklich eine böse Frau zuhause hatte?)

Ich bedankte mich für den Hinweis und wenig später konnten wir weiterfahren.

Natürlich hatte ich ein wenig Erklärungsbedarf meiner Frau gegenüber, aber wir konnten uns dabei wenigstens unserem Urlaubsort nähern.

2.15 Fremde Ziele für die eigenen halten

Es gibt eine andere Wirkung notorischen Grübelns, die nach außen noch weniger sichtbar ist, aber für den Betroffenen weitreichende Folgen hat: Je mehr die Selbstwahrnehmung durch anhaltende negative Gefühle gehemmt wird, je stärker also die *Selbsthemmung* ist, desto schwieriger wird es, zwischen eigenen und fremden Wünschen zu unterscheiden. Dann kann es passieren, dass man fälschlicherweise meint, bestimmte Ziele aus eigenem Antrieb zu verfolgen. Diese Unterwanderung

(»Infiltration«) des Selbst durch fremde Ziele führt dazu, dass man auf der bewussten Ebene Ziele verfolgt, die man innerlich (unbewusst) ablehnt.

Viele der Mächtigen dieser Erde haben diesen Zusammenhang erkannt, freilich ohne ihn erklären zu können. Sie haben dafür gesorgt, dass ihre Untergebenen eine Hemmung der Selbstwahrnehmung entwickeln, die ja in einem Klima von Drohungen, Angst und Disziplin entsteht (übermäßige Angst hemmt ja den Selbstzugang). Dadurch konnten sie es leichter so hinbekommen, dass ihre Untergebenen die fremden Ziele der Obrigkeit als ihre eigenen ansahen und mit entsprechender Energie verfolgten.

Ob die Mächtigen auch ihr eigenes Extensionsgedächtnis blockieren? Man könnte auf diese Idee kommen, weil man seine Ziele ja umso konsequenter (oder gar rücksichtsloser) umsetzen kann, je mehr man sich auf das konzentriert, was zum Ziel führt. Wenn wir diesen Gedanken mit der neurobiologischen Hypothese verbinden, dass die gesammelte Lebenserfahrung (d. h. das Selbst und das Extensionsgedächtnis) besonders auf die Mitarbeit der rechten Hemisphäre angewiesen ist, dann müssten machtmotivierte Menschen, aber auch andere Personen, wenn sie an Machtthemen denken, stärker die linke als die rechte Hemisphäre aktivieren. Für diese Hypothese fanden wir eine verblüffend klare Bestätigung: Wenn wir den Versuchspersonen Bilder oder Wörter zeigten, die positive oder negative Seiten der Macht thematisieren (z. B. »jemandem einen Rat geben« oder »sich ganz ohnmächtig fühlen«), dann konnten sie auf ein anschließend gezeigtes kleines Kreuz schneller reagieren, wenn es im rechten statt im linken visuellen Halbfeld auftauchte (Kuhl & Kazén, 2008). Aus der neurobiologischen Aufmerksamkeitsforschung ist bekannt, dass die linke Hemisphäre tatsächlich stärker aktiviert ist, wenn die rechte Hälfte des Gesichtsfeldes stärker als die linke Hälfte beachtet wird (Hilgetag et al., 2001). Falls Weisheit mit dem Erkennen von ausgedehnten Zusammenhängen zu tun hat, könnte man sogar auf die Idee kommen, dass die Leistung bei Aufgaben, die diese Erkenntnisleistung prüfen, dann sinkt, wenn man die Versuchspersonen vorher an das Thema »Macht« erinnert. In der erwähnten Untersuchung wurde auch diese Hypothese bestätigt, und zwar mit der bereits erwähnten Aufgabe, bei der es darum geht, ganz intuitiv zu sagen, ob drei Wörter (wie »Ziege, hoch, grün« oder »Vogel, Rohr, Straße«) irgendeinen Zusammenhang haben (Kuhl & Kazén, 2008).

Ob hier die Erklärung für die Frage liegt, die in Hermann Hesses Märchen »Der Zwerg« gestellt wird: Warum müssen in dieser Welt die Weisen immer den Narren dienen? Ist Platons Idee von einem gerechten Staat, in dem die Weisen die Regierung stellen oder beeinflussen, deshalb so schwer zu verwirklichen, weil Macht sich schon »hirntechnisch« nicht so leicht mit der gesammelten Lebenserfahrung (der rechten Hemisphäre) verbinden lässt?

Diese Überlegungen können auch die unterschiedliche Art zu führen erklären. Hier werden zwei verschiedene Typen unterschieden.

Der eine Typ, der mehr aus dem »rechten Hirn« heraus agiert, hat kreative Vorstellungen von etwas Neuen, das er erreichen will, ist darauf aus, etwas zu gestalten. Er braucht in der Regel Mitstreiter, damit er seine Ideen realisieren kann und sucht sich daher eine Gruppe von Menschen, die er für seine Idee begeistert, die er anregt, eigene Vorstellungen mit einzubringen und ein gelungenes Gesamtwerk zu schaffen. Er fördert die Kreativität seiner Kollegen und Mitarbeiter. Er geht auf sie ein, fühlt mit ihnen mit, zeigt seine Empathie und schafft es so, sie für das gemeinsame Ganze zu motivieren, auch wenn sich bei der Verfolgung der Ziele Schwierigkeiten einstellen.

Der andere Typ, der mehr aus dem »linken Hirn« heraus agiert, ist vor allem daran interessiert, möglichst viel Durchsetzungsstärke (Macht) zu erlangen. Egal, welche Ziele die Organisation verfolgt, ihm gelingt eine »steile Karriere« an die Spitze. Er ist nicht in erster Linie an der Kreativität seiner »Untergebenen« interessiert, er verlangt vor allem deren Loyalität und im Zweifelsfall bedingungslosen Gehorsam. Er verbreitet u. U. auch Angst vor Repressalien, belohnt alle die, die seine Macht vermehren (hinter ihm stehen) und bestraft diejenigen, die eigene Interessen einbringen wollen und besonders diejenigen, die selbst Einfluss bekommen könnten. Im Extremfall kann bei diesem Führungstypus durch die übertriebene Darstellung »gemeinsamer Feinde, die uns vernichten wollen«, verhindert werden, dass die Untergebenen mit ihrem Selbst in Verbindung stehen. Selbstkontaktbestrafung kann sogar dazu führen, dass die Untergebenen ungeprüft (d.h. ohne Selbstkontakt), die Ziele des Vorgesetzten für ihre eigenen (selbstkongruenten) Ziele halten. Wenn ein Mitarbeiter die vom Chef vorgegebenen Ziele für eigene (selbstkongruente) Ziele halten, kann sogar eine enorme Opferbereitschaft entstehen.

Für experimentell arbeitende Psychologen ist es eine enorme Herausforderung, eine Methode zu finden, die Unterwanderung des Selbst zu messen, ganz gleich, ob das Selbst durch übermäßige Angst oder durch die Machtmotivation zustande kommt. Im Grunde handelt es sich bei dieser Unterwanderung des Selbst mit fremden Ideen und Zielen um einen ähnlichen Vorgang wie die in einem früheren Kapitel bereits besprochene Spaltung zwischen den bewussten Zielen und den unbewussten Motiven. Der wissenschaftliche Nachweis dieses Phänomens ist noch schwieriger als der mit dem *Farbbenennungsexperiment* geführte Nachweis, dass man die bei schwierigen Absichten auftretende Willenshemmung durch positive Wörter, die nur für einige hundert Millisekunden dargeboten werden, aufheben kann.

Das Selbstinfiltrationsexperiment

Um die Infiltration des Selbst durch fremde Wünsche zu untersuchen, wurde in Osnabrück (mit Dr. Miguel Kazén) eine experimentelle Methode entwickelt. Wie kann man nachweisen, dass bestimmte Menschen dazu neigen, Ziele zu verfolgen, die sie eigentlich, d. h. auf unbewusster Ebene gar nicht wählen würden, weil sie gar nicht vereinbar sind mit ihren eigenen Wünschen? Müsste man nicht ein »Psychoskop« haben, das tief ins Unbewusste einer Person schaut, um zu ermitteln, ob die dort angesiedelten Wünsche nicht mit den bewussten Wünschen und Zielen einer Person übereinstimmen? Die betreffende Person zu fragen, ob ein Ziel wirklich ihr eigenes ist, reicht in diesem Fall nicht aus: Ob ihre bewussten Ziele von ihren unbewussten Zielen abweichen, kann eine Person ja nicht sagen, weil sie über ihr Unbewusstes keine Auskunft geben kann. Die Grundidee der neuen Methode ist ganz einfach: Könnte es sein, dass Menschen, die fremde Wünsche für die eigenen halten, auch in der Erinnerung öfter den Fehler machen zu meinen, dass sie Aufgaben, die andere ihnen aufgetragen haben, selbst gewählt haben?

Das Experiment zur Infiltration des Selbst mit fremden Wünschen läuft folgendermaßen ab (Kuhl & Kazén, 1994): Den Versuchsteilnehmern wird gesagt, dass der Arbeitstag eines Sachbearbeiters im Rollenspiel simuliert werden soll. Sie sollten sich in diese Rolle hineinversetzen und aus einer Liste von 27 Tätigkeiten, die irgendwann erledigt werden müssten, neun aussuchen, die sie später dann in einem als »Büro« ausstaffierten Nebenzimmer ausführen sollten. Ihnen wurden auch die Utensilien in diesem Nebenraum gezeigt, die man zur Ausführung dieser Tätigkeiten brauchte (z. B. Bleistifte, die zu spitzen waren, Briefumschläge, die zu frankieren waren, u. a.). Dann sagte die Versuchsleiterin, sie würde nun die Rolle der Chefin übernehmen und neun Aufgaben ankreuzen, die ihr besonders wichtig seien. Nach einer Zwischentätigkeit, die die Aufmerksamkeit ablenken sollte, erhielten die Versuchsteilnehmer dann einen ungewöhnlichen Gedächtnistest: Sie sollten in einer Liste, in der alle Tätigkeiten aufgelistet waren, ein »S« vor die Tätigkeiten setzen, die sie selbst gewählt hatten und ein »C« vor die Tätigkeiten, die die *Chefin* gewählt hatte.

Die Ergebnisse waren verblüffend: Es gab in der Tat eine Gruppe von Personen, die gehäuft den Fehler machten, dass sie Tätigkeiten, die die Chefin angeordnet hatte, mit einem »S« für »selbstgewählt« markierten. Als sich die Osnabrücker Psychologen die Leute näher anschauten, die diesen Verwechslungsfehler gehäuft machten, stellten sie fest, dass es gerade die Leute waren, die vorab in einem Fragebogen angegeben hatten, oft in nicht abstellbares Grübeln zu verfallen.

Können Lageorientierte deshalb fremd- von selbstgewählten Tätigkeiten nicht unterscheiden, weil sie nicht aus negativen Gefühlen herauskommen, die den Zugang zu ihrem Selbstsystem hemmen? Dr. Nicola Baumann konnte genau diese theoretische Vorhersage in ihrer Dissertation bestätigen. Sie wiederholte das Experiment von Kuhl und Kazén, zeigte aber der Hälfte der Versuchsteilnehmer vorher einen traurigen Film, der schlimme Szenen aus einem rumänischen Kinderheim zeigte, und der anderen Hälfte einen lustigen Film (Mr. Bean). Lageorientierte vom Grübeltypus machten den Selbstinfiltrationsfehler (sie hielten die Aufgaben der Chefin für selbst gewählt), wenn sie vorher einen traurigen Film gesehen hatten. Das passt genau zu der theoretischen Interpretation, dass die Grübelvariante der Opferhaltung letztlich darauf beruht, dass diese Personen negative Gefühle nicht selbstgesteuert herabregulieren können (Baumann & Kuhl, 2003).

Wird das Herabregulieren von negativen Gefühlen von außen unterstützt, etwa durch einen Trost spendenden Mitmenschen oder wie hier durch den lustigen Film mit Mr. Bean, dann haben auch Lageorientierte keine Probleme, bei sich selbst zu sein: Sie können dann genauso gut wie handlungsorientierte Gestalter selbst- und fremdgewählte Aktivitäten auseinanderhalten.

2.16 Auf die Mischung kommt es an

Wir haben beim Vergleich von Gestaltern und Duldern die Extreme beschrieben, um zunächst einmal die Unterschiede, auf die es ankommt, besonders prägnant werden zu lassen. Die Extreme findet man aber nur sehr selten. In der Regel haben Menschen beide Seiten in sich. Manchmal fühlt man sich als Gestalter, manchmal verwaltet man nur noch seine Gefühle und fühlt sich als Opfer unguter Umstände. Wir kennen die Situation, in der uns einiges hintereinander misslungen ist und in der wir uns schwach und ohne Einfluss auf unser Schicksal fühlen. Aber wir kennen ebenso die Situation, in der wir »Bäume ausreißen könnten«, und in der wir überzeugt sind, dass wir letztlich doch immer irgendwie unser Schicksal in der Hand haben.

Wie häufig die Gestalter- oder die Opferhaltung auftritt, ist individuell verschieden. Es geht hier auch nicht darum, von einem Menschen mit Opfergrundhaltung zu fordern, dass er ab morgen eine Gestaltergrundhaltung übernehmen sollte. Vielleicht ist der Anteil an Opferhaltung, den er hat, ja gerade seiner individuellen Situation angepasst. Auf das Gestalten verzichten, bedeutet auch: Sich zurücknehmen können, in der Familie oder im Team auch einmal anderen den Vortritt lassen zu können. Selbst lange Perioden der Zurückhaltung und des Verzichts auf aktives Gestalten können langfristig sehr hilfreich sein, zum Beispiel wenn es darum geht, einen schweren Rückschlag oder eine Krise zu überwinden.

In den USA wurden Mütter untersucht, deren Baby plötzlich und aus unerklärlichen Gründen im Schlaf gestorben war. Es zeigte sich, dass die Mütter nach einigen Jahren das Erlebnis besser verarbeitet hatten, wenn sie das erste Jahr nach dem Tod ihres Kindes in der Erdulderhaltung (lageorientiert) waren, als die Mütter mit ausgeprägter Gestalterorientierung (Handlungsorientierung), die sich gleich wieder in die Umsetzung ihrer Ziele gestürzt hatten (»life must go on«).

Es gibt keinen allgemeinen Maßstab dafür, wie viel Gestalter- bzw. Handlungs- und wie viel Opfer- bzw. Lageorientierung in der individuellen Lebenssituation angemessen ist. Das Kriterium hängt auf jeden Fall davon ab, wie man verschiedene Ziele gewichtet: Wenn man die langfristige Bewältigung eines Schicksalsschlages stärker gewichtet als die kontinuierliche Leistungsfähigkeit im Beruf, wird man eine Phase der Opfer- bzw. Lageorientierung eher akzeptieren als im umgekehrten Fall.

Auf jeden Fall ist es hilfreich, wenn man zwischen der gestaltenden und der lageorientierten Reaktionsweise wählen kann. Wir möchten Ihnen hier deutlich machen, dass Sie lernen können, in bestimmten Situationen eine Gestaltergrundhaltung zu übernehmen, und sei es auch nur vorübergehend (z. B., wenn man nach einem schlimmen Erlebnis trotz der durchaus angemessenen Trauer, sich ab und zu um sein Kind kümmern möchte oder um eine berufliche Aufgabe, von der viel abhängt). Es ist sicher eine ganz natürliche und auch hilfreiche Reaktion, wenn man nach einem schlimmen Tag ganz in der eigenen Niedergeschlagenheit verharrt und eine ausgeprägte Opferhaltung zeigt, aber es ist durchaus problematisch, wenn man eine solche Opferhaltung, ohne sich in einer persönlichen Krise zu befinden, zur Schau stellt, wenn man gerade auf dem Weg zu einem Kunden oder einem Verhandlungspartner ist, oder wenn man gerade dabei ist, seinen Chef um eine Gehaltserhöhung zu bitten.

Wir haben in der Regel beide Tendenzen in uns, die aber individuell verschieden ausgeprägt sind und wir können es durchaus lernen, die eine oder andere Tendenz in den Vordergrund zu rücken. Letztlich handelt es sich um Gewohnheiten, die wir vor langer Zeit entwickelt haben und die uns dazu bringen, in bestimmten, in ihrer Charakteristik immer wiederkehrenden Situationen, aus der Gestalter- oder der Erduldergrundhaltung heraus zu reagieren. Diese Gewohnheiten können wir ändern. Und wenn uns das gelingt, dann stellen wir fest, dass diese kleine Veränderung einen sehr großen Effekt hat, sie verändert letztlich unser Leben. Das gelingt uns allerdings nur dann, wenn wir auch die entsprechenden Einstellungen so beeinflussen, dass sie zu unseren Zielen passen. Wir gehen auf dieses Thema im dritten Kapitel näher ein.

Wir haben in einem jungen Alter gelernt, aus der Gestalter- oder aus der Opferhaltung heraus zu reagieren, in dem wir die Zusammenhänge noch nicht durchschauen konnten. Wir konnten noch nicht beurteilen, ob die Annahmen, die aus der einen oder anderen Grundhaltung resultieren, tatsächlich zwingend sind, und wir konnten noch weniger erkennen, zu welchen schwerwiegenden Konsequenzen die eine und die andere Grundhaltung führt, wenn sie einseitig wird. Als Erwachsene sind wir in der Lage, uns beides klar zu machen und wir können uns dahingehend beeinflussen, dass wir unsere Grundhaltungen ändern. Im letzten Teil dieses Buches sind einige Beispiele zusammengestellt, die veranschaulichen, wie man im Alltag zwischen den beiden Haltungen so wählen kann, wie es der aktuellen Situation am besten entspricht.

2.17 Das innere Gleichgewicht: Die PSI-Theorie

In vielen Überzeugungssystemen der Welt, philosophischen, religiösen oder psychologischen, gibt es die soeben angesprochene Empfehlung, Extreme zu vermeiden und das Gleichgewicht zwischen den psychischen Kräften zu suchen. Aber welches sind diese Kräfte? Diese Frage führt in der Psychologie zu der Suche nach den Systemen, die für das persönliche Wohlbefinden der Menschen relevant sind. Auf den ersten Blick scheint allgemeines Wohlbefinden einfach davon abzuhängen, dass es einem »gut« geht, dass man alles hat, was man braucht, und die sich dann einstellende Freude genießt. Aber was bedeutet »persönliches« Wohlbefinden? Welche Systeme müssen ins Gleichgewicht gebracht werden, damit es einem nicht nur gut geht, sondern man sich als *Person* wohl fühlt und persönlichen Erfolg erlangen kann?

Die Osnabrücker Persönlichkeitstheorie (PSI-Theorie) beschreibt die Systeme, deren Gleichgewicht für den persönlichen Erfolg und das persönliche Wohlbefinden relevant sind. Diese Systeme sind bereits genannt worden:

- Das *Intentionsgedächtnis* für schwierige oder zumindest nicht sofort ausführbare Absichten,
- das dazugehörige Ausführungssystem *(Intuitive Verhaltenssteuerung)*,
- das *Extensionsgedächtnis*, das einen integrierten Überblick über wichtige Lebenserfahrungen gibt (dazu gehören auch die Motive und das integrierte *Selbst*) und schließlich
- das *Objekterkennungssystem*, das Einzelheiten aus dem Gesamtfeld der Wahrnehmung herauslöst, sodass man sie besonders beachten, vielleicht auch benennen und später auch wiedererkennen kann.

»Objekte« sind also aus dem Zusammenhang herausgelöste Einzelteile. Zur Wahrnehmung der eigenen oder einer anderen *Person* ist das Objekterkennungssystem eigentlich nicht besonders gut geeignet. Niemand möchte gern einfach »*nur* als Objekt« gesehen werden. Das gilt besonders in persönlichen Beziehungen, erst recht, wenn es um Liebesbeziehungen geht. Hier geht es darum, die Person als Ganzes zu sehen, mit allen sich zum Teil widersprechenden einzelnen Eigenschaften, statt sie auf irgendeinen Einzelaspekt zu reduzieren (der vielleicht für irgendein aktuelles Ziel nützlich ist). Dass es Machthabern nichts ausmacht, Personen eher als Objekte zu sehen, haben wir bereits erörtert. Das gilt aber auch nur, wenn sie nicht in der Lage sind, ihre Machtmotivation mit anderen Motivationsformen zu verbinden, die für das Zusammenleben von Menschen wichtig sind (z. B Beziehungsmotivation bis hin zur Liebe).

Das Herauslösen von Einzelheiten ist aber z. B. wichtig, wenn Risiken oder Gefahren drohen oder Probleme zu bewältigen sind. Dann ist es nützlich, auf gerade die Einzelheiten zu achten, die gefährlich oder problematisch sind. Problemerkennung ist dann eine Voraussetzung für die Problemlösung. Bleibt jemand jedoch in der Problemerkennung stecken, dann kann daraus die schon an vielen Beispielen erläuterte Lageorientierung oder Opferhaltung werden: Dann sieht man nur immer die Unstimmigkeiten und Fehler (die eigenen oder die anderer) und denkt nie über Lösungsmöglichkeiten nach.

Für jedes der vier Systeme gibt es die passende Situation:

- Das Intentionsgedächtnis braucht man, wenn man eine schwierige oder unangenehme Handlung nicht sofort ausführen kann, aber nicht vergessen darf.
- Das Ausführungssystem, das dem Überlegen ein Ende macht und spontan verfügbare Handlungsprogramme zur Verfügung stellt, braucht man, wenn ein guter Zeitpunkt für die Ausführung gekommen ist und man ein geeignetes Verhaltensprogramm (d.h. eine Handlungsmöglichkeit) gefunden hat.
- Das Extensionsgedächtnis braucht man, wenn es darum geht, aus der Gesamtheit aller abgespeicherten Lebenserfahrungen eine Lösung auszuwählen und dabei auch noch darauf zu achten, dass alle oder möglichst viele eigene Bedürfnisse und Werte und nach Möglichkeit auch die Erwartungen und Wünsche anderer berücksichtigt werden.
- Das Objekterkennungssystem braucht man, wenn einzelne Risiko- und Gefahrenquellen aus dem Gesamtkontext herausgelöst oder Fehler und Problempunkte erkannt werden müssen.

Keines dieser vier Systeme, deren Zusammenspiel in Abbildung 4 dargestellt ist, kann allerdings garantieren, dass die *Person als Ganzes* gut funktioniert (Storch, Morgenegg, Storch & Kuhl, 2016). Wer ständig das Intentionsgedächtnis einschaltet, denkt irgendwann nur noch über Schwierigkeiten oder nie realisierbare Ideale nach und kommt kaum noch zur Umsetzung seiner Intentionen. Wer nur das Ausführungssystem aktiviert, kann zwar sehr spontan und charmant sein (Charme wird weitgehend durch intuitiv verfügbare Verhaltensprogramme vermittelt, die weitgehend ohne bewusstes Planen, d. h. ohne Intentionsgedächtnis auskommen), aber er weicht Schwierigkeiten aus. Wer nur das Extensionsgedächtnis aktiviert hält, kann zwar gut aus seiner bisherigen Lebenserfahrung handeln, aber diese Erfahrung wächst nicht weiter, weil sie keine neuen Einzelerfahrungen (»Objekte«) integriert. Persönliches Wachstum erfordert, dass man sich selbst immer auch einmal wieder in Frage stellen und die damit verbundenen negativen Gefühle aushalten kann. Nur so kann man Neues (aus dem Objekterkennungssystem) ernst nehmen. Um aus dem Neuen auch etwas dazu lernen zu können (d. h. um es in das System persönlicher Erfahrungen einzuspeisen) ist es notwendig, negative Gefühle auch wieder herabregulieren zu können (sonst bleibt die Selbstwahrnehmung gehemmt und man speichert nur unverbundene Einzelerfahrungen ab).

Systemtheoretisch bedeutet »sich in Frage stellen«: Das Selbstsystem vorübergehend hemmen, damit man neue Einzelheiten, bislang noch nicht ins Selbst integrierte Erfahrungen genau anschauen kann. Wer allerdings nur noch das auf unstimmige Einzelheiten spezialisierte Objekterkennungssystem aktiviert und in den dazu passenden negativen Gefühlen schwelgt, der kann leicht in die »Problemhypnose« verfallen, die direkt in die lageorientierte Opferhaltung mündet.

Ob die Person als Ganzes die für sie und ihre Umgebung richtigen Ziele bildet und diese dann auch erfolgreich umsetzt, hängt von der Optimierung des *Zusammenspiels* zwischen den vier Systemen ab. Das ist die Grundlage der PSI-Theorie und erklärt auch ihren Namen: PSI steht für *Persönlichkeits-System-Interaktionen*. Dass die PSI-Theorie die Funktionsmerkmale der vier Systeme auf der Grundlage der kognitions- und neurobiologischen Forschung sehr ausführlich beschreibt (Kuhl, Quirin & Koole, 2021), braucht uns hier nicht zu interessieren (der größte Teil der über 1000 Seiten des Buches über die PSI-Theorie beschreibt die Funktionsweise der beteiligten Systeme und die Anwendung auf die Interpretation vieler psychologischer Phänomene und Forschungsergebnisse). Die bereits erwähnten Funktionsmerkmale reichen, um mit der Theorie im Alltag arbeiten zu können (siehe www.psi-theorie.com, für weiterführende Literatur und Fortbildungsangebote zur PSI-Theorie).

Zwei Annahmen stehen im Zentrum der Theorie. Wir haben sie bereits an vielen Beispielen erläutert und können sie jetzt präzisieren.

Die Interaktionen zwischen den vier wichtigsten Systemen der Persönlichkeit werden, wie es in Abbildung 4 angedeutet ist, von Veränderungen positiver und negativer Gefühle gesteuert:

1. *Modulationsannahme*: Die Hemmung positiver Gefühle aktiviert das Intentionsgedächtnis mit dem beteiligten analytischen Denken, während die Aufhebung dieser Hemmung durch extern unterstützte oder eigenständig herbeigeführte

2.17 Das innere Gleichgewicht: Die PSI-Theorie

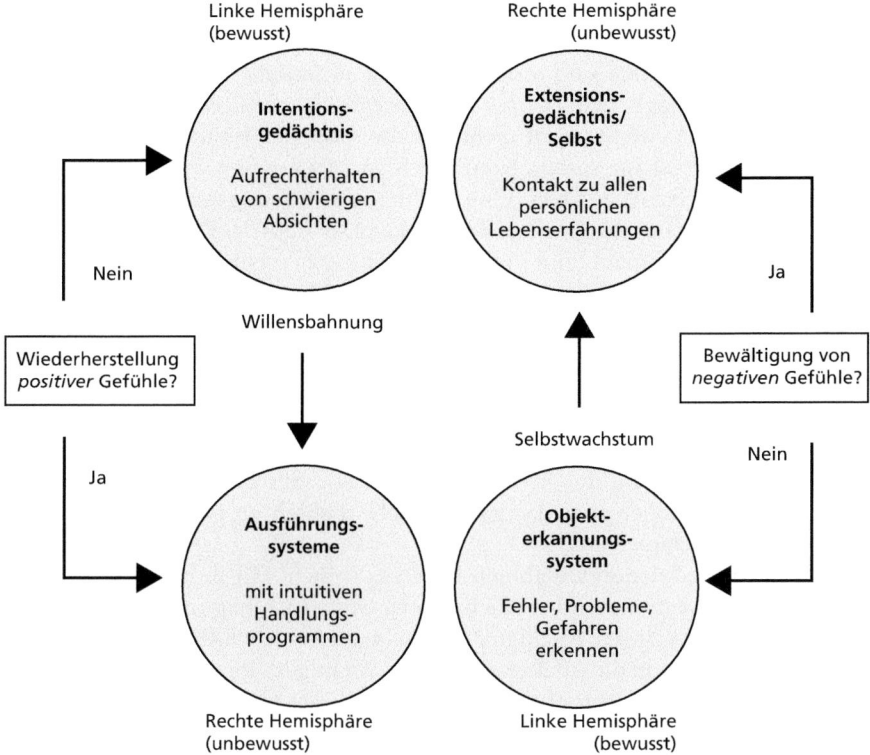

Abb. 4: Grafische Darstellung der PSI-Theorie. Die Ausführung bewusster Absichten aus dem Intentionsgedächtnis (Willensbahnung) erfordert die Wiederherstellung positiver Gefühle (Selbstmotivierung), die bei schwierigen Aufgaben verloren gehen können (Willensbahnung), während die Integration von Einzelerfahrungen (Objekte) in das persönliche Gedächtnis (Selbstwachstum) das abwechselnde Aushalten und Bewältigen von negativen Gefühlen erfordert (Selbstberuhigung).

positive Gefühle (d.h. durch Selbstmotivierung) das Intentionsgedächtnis mit dem intuitiven Ausführungssystem verbindet, sodass Gewolltes ausgeführt werden kann (»Willensbahnung«). Wenn also keine positiven Gefühle vorhanden sind (z.B., weil eine Schwierigkeit auftaucht), wird das Intentionsgedächtnis mit dem analytischen Denken »eingeschaltet«. Wenn dann positive Gefühle entstehen (von außen oder von innen angeregt) wird das Intentionsgedächtnis mit dem Ausführungssystem verbunden, sodass man das, was man tun wollte, auch tatsächlich tut.
2. *Modulationsannahme:* Negative Gefühle aktivieren die auf Unstimmigkeiten und Einzelheiten spezialisierte Objekterkennung, während die Herabregulierung von negativem Affekt (z.B. durch Trost oder Selbstberuhigung) das Extensionsgedächtnis (einschließlich dem Selbst) aktiviert, sodass noch nicht integrierte Erfahrungen aus dem Objekterkennungssystem (d.h. aus der unmittelbaren Erfahrung) in das umfassende Selbstsystem integriert werden können und damit bei allen späteren Entscheidungen potenziell simultan verfügbar sind.

Die beiden Modulationsannahmen lassen sich auch umkehren. Neurobiologen kennen solche reziproken Einflüsse im Gehirn: Viele Verbindungen zwischen verschiedenen Hirnregionen sind reziprok, d. h. sie funktionieren in beiden Richtungen. In der psychologischen Theorie nehmen wir ebenfalls reziproke Zusammenhänge an: Positiver Affekt bahnt nicht nur das spontane, intuitive Verhalten (wie man es zum Beispiel für soziale Kontakte braucht), sondern intuitives Verhalten erhöht auch den positiven Affekt. Eine nüchterne Stimmung (gedämpfter positiver Affekt) bahnt nicht nur den Einfluss des Denkens, sondern das Denken dämpft auch die Stimmung (man braucht nur in guter Stimmung zu versuchen, die Ursachen der Stimmung zu analysieren, um zu erleben, wie das Denken die positive Stimmung dämpfen kann). Übermäßige negative Stimmung (z. B. Schmerz oder Angst) hemmt nicht nur den Zugang zum Selbstsystem (d. h. die Selbstwahrnehmung), sondern die Selbstwahrnehmung, ja auch jede andere Aktivierung des Extensionsgedächtnisses reduziert negative Stimmung (z. B. wenn man in irgendeiner Weise kreativ ist, malt, Geschichten erzählt oder wenn man die frei schwebende Aufmerksamkeit übt, die mit der Aktivierung des Selbst verknüpft ist). Auf dieser »therapeutischen« Wirkung von Übungen, die das ganzheitliche Fühlen ansprechen, bauen viele Trainings und Therapien auf.

Die beiden Modulationsannahmen haben es in sich: Mit ihnen kann man sehr viele Probleme lösen, die im beruflichen oder privaten Alltag im Zusammenhang mit der Persönlichkeit der beteiligten Menschen auftauchen. Die Modulationsannahmen zeigen, warum die Affektregulation so wichtig ist. Für den Zusammenhang zwischen positiven bzw. negativen Gefühlen und den vier psychischen Systemen gibt es viele Beispiele aus dem Alltag:

1. Das Ausführungssystem aktivieren, spontan handeln, sich der Intuition überlassen und logische Überlegungen vermeiden:
   Das erinnert uns an die Situation auf einer Party oder in einer Diskothek. Man flirtet, überlässt sich dem Rhythmus der Musik und man vermeidet tiefschürfende Gespräche, die meist auf Grund der Lautstärke der Musik sowieso nicht möglich sind.
2. Das Extensionsgedächtnis und das Selbst im Gespräch aktivieren:
   Ein sicheres Mittel, sich und anderen gute Gefühle zu verschaffen besteht darin, sich mit dem eigenen und dem fremden Selbst zu beschäftigen, sich in Gesprächen der Person zu nähern, die (gespielten) Rollen und die sonstigen Schutzhüllen zu durchbrechen und zu versuchen, dem Gegenüber gerecht zu werden bzw. sich selbst so weit zu öffnen, dass der Gesprächspartner in der Lage ist, das eigene Selbst zu erahnen. (Dabei schaltet man gleichzeitig das Objekterkennungssystem ab, man ahnt, dass es jetzt nicht darum geht, einzelne Eigenschaften zu erkennen und gleichsam wissenschaftlich zu beschreiben, sondern darum, dem Gegenüber ganzheitlich gerecht zu werden).
3. Das Extensionsgedächtnis und das Selbst durch kreative Leistungen aktivieren:
   Kreative Leistungen, die aus dem Extensionsgedächtnis heraus entstehen, wie das Malen von Bildern, das Erfinden von Geschichten, aber auch das Forschen, soweit die Kreativität dabei eine wichtige Rolle spielt, können Hochgefühle vermitteln,

wie jeder Kreative weiß (Mihaly Csikszentmihalyi spricht in dem Zusammenhang von »Flow«).
4. Wenn wir selbst in Stress geraten oder andere in Stress versetzen, dann müssen wir dafür sorgen, dass wir oder die anderen wieder Zugang zu ihrem Selbstsystem gewinnen, indem man dafür sorgt, dass eine positive Stimmung entsteht, dies kann man z. B. durch Humor oder durch Erwähnen von positiven Nachrichten erreichen. Das Selbst wird durch die Wiederherstellung von positiven Gefühlen umso leichter zugänglich, je besser es gelingt, negative Gefühle auf kreative (Humor) oder persönliche Weise in positive zu verwandeln (z. B. bei dem die Person berührenden Thema bleiben statt abzulenken).

Die Regeln für ein wirksames persönliches Feedback sehen vor, dass man erst etwas Positives über den Feedbacknehmer sagt, bevor man ein verbesserungsfähiges Merkmal erwähnt. Auch diese Regel lässt sich mit der PSI-Theorie begründen, denn nur dann, wenn der Zugang zum Extensionsgedächtnis, dem Selbst gewährleistet ist, können Verbesserungsvorschläge angenommen und in das Selbst integriert werden. Allerdings lässt sich aus dieser wissenschaftlichen Begründung auch ableiten, dass diese Regel nur dann wirksam ist, wenn sie nicht mechanisch, aus dem Intentionsgedächtnis, sondern aus dem Extensionsgedächtnis heraus befolgt wird, was eher geschieht, wenn das Feedback »ehrlich gemeint ist«, »gefühlt wird« und somit unter Mitwirkung des Selbstsystems des Feedbackgebers erfolgt. Das ist deshalb besonders schwierig, da der Feedbackgeber für die Analyse des Verhaltens des Probanden das Objekterkennungssystem (und damit wahrscheinlich das linke Hirn) braucht. Er muss also, bevor er Feedback gibt, »umschalten« und sich in die Person des Feedbacknehmers als Ganzes hineindenken, also das eigene Intentionsgedächtnis aktivieren.

Wer auf eine bestimmte Grundstimmung festgelegt ist, ist gemäß den beiden Modulationsannahmen auf eines der vier Systeme festgelegt (Storch et al., 2016):

- Einseitige Optimisten sind auf die vorhandenen Verhaltensprogramme des intuitiven Ausführungssystems festgelegt und müssen passen (oder »delegieren«), wenn Schwierigkeiten zu überwinden sind.
- Wer auf nüchtern-sachliche Stimmungen (d. h. Dämpfung von positivem Affekt) festgelegt ist, kann prima Probleme lösen und über beabsichtigte Handlungen nachdenken, tut sich aber schwer, wenn es um ganz leichte Verhaltensweisen geht (bzw. um die *Ausführung* schwieriger Absichten): z. B. gehen ihm Charme, Smalltalk und viele andere Verhaltensweisen ab, bei denen man auf Intuition und Spontaneität angewiesen ist und Planen eher stören würde.
- Wer auf negativen Affekt festgelegt ist (z. B. aufgrund einer schwierigen Kindheit oder eines traumatischen Erlebnisses), kann zum »Unstimmigkeitsexperten« werden, d. h. zwar wunderbar die Fehler bei sich und anderen entdecken, aber kaum auf Lösungen kommen.
- Wer andererseits negativen Affekt gar nicht aushalten kann und früh gelernt hat, ihn gar nicht erst aufkommen zu lassen, ist auf das Extensionsgedächtnis festgelegt, kann aber leider viele Vorzüge dieses hochintelligenten Systems gar nicht recht entwickeln, weil dieses System ja nur dazulernt, wenn sein Wissen immer

auch einmal in Frage gestellt wird (d. h. wenn es vorübergehend gehemmt wird, was bei unerwarteten oder schmerzhaften Erlebnissen geschieht, vorausgesetzt man ist nicht darauf festgelegt, Schmerz und Schwäche auf keinen Fall zuzulassen).

Die Grundstimmung eines Menschen wird teilweise durch die Erbanlagen, zum Teil durch sehr frühe Kindheitserlebnisse festgelegt. Sie ist später zwar veränderbar, aber die frühe Prägung scheint nie völlig zu verschwinden. Daraus ergibt sich eine neue typologische Theorie: Auch viele kognitive Merkmale, die einen bestimmten Typus ausmachen, können durch frühe affektive Festlegungen verursacht sein. Erfährt jemand als Kind wenig Freude und Wärme, so wird gemäß der 1. Modulationsannahme aus ihm eher ein analytischer Typus. Werden dagegen die positiven Gefühle in der frühen Kindheit stark stimuliert, entsteht ein eher intuitiver, spontaner Typus (Kuhl, 2001, Kap. 15 und 16).

Fehlersuchprogramm

Die Fixierung auf eine bestimmte Grundstimmung muss nicht unbedingt den Erbanlagen geschuldet sein oder mit frühkindlichen Erfahrungen oder traumatischen Erlebnisse zu tun haben. Jens-Uwe Martens hat in seinem Beruf erlebt, dass auch Gewohnheiten die Kraft haben, den Betroffenen auf eine bestimmte Form der Reaktion auf seine Umwelt festzulegen:

Während meiner beruflichen Tätigkeit als Entwickler von Trainingsmaßnahmen für große Firmen, hat meine Firma auch Schulungsfilme gedreht. Es war meine Aufgabe, die fertigen Filme einer letzten Kontrolle zu unterziehen, bevor der Vertreter des Auftraggebers den jeweiligen Film zu Gesicht bekam. Ich musste darauf achten, dass die Aussagen logisch waren, dass sich nicht im Hintergrund versehentlich störende Bilder eingeschlichen haben, z. B. das Logo eines Konkurrenz-Unternehmens des Auftraggebers, dass die Anschlüsse bei den Schnitten »stimmten«, dass z. B. der Schauspieler, wenn er aus dem Haus ging, auf der Straße die gleichen Kleider trug, wie kurz vorher, als er in der Wohnung aufgebrochen war. (Nachdem die Szenen oft an verschiedenen Tagen gedreht und anschließend zusammengeschnitten werden, ist das bei einem Film nicht unbedingt der Fall.)

Wenn ich mehrere Stunden am Tag unsere Schulungsfilme auf Fehler überprüft hatte und ich am Abend mit meiner Frau ins Kino ging, konnte ich den Spielfilm, den wir uns ausgesucht hatten, nicht mehr genießen. Ich konnte meine Wahrnehmung nicht so schnell umstellen, ich hatte immer noch das Fehlersuchprogramm eingeschaltet. Ich suchte automatisch auch bei dem Kinofilm, der doch meiner Unterhaltung dienen sollte, immer noch nach Fehlern – und fand erstaunlich viele. Das lenkte mich jedoch von dem Film ab und ich konnte den Film nicht genießen. (Man könnte sagen, ich habe den Film nicht mit dem Extensionsgedächtnis, sondern mit dem Objekterkennungssystem angesehen, was nicht empfehlenswert ist.)

> Ich musste auch im Alltag mich selbst dazu zwingen, nicht überall Ungereimtheiten und Fehler zu »entdecken«, die nicht nur meine Alltagswahrnehmung unangenehm beeinflusste, sondern dann, wenn ich meine Beobachtungen äußerte, mir schnell den Ruf eines Nörglers eingebracht hätte.[15]

2.18 Die Verantwortung für den eigenen Erfolg übernehmen

Man könnte angesichts dieser Zusammenhänge fatalistisch werden: Wenn so viele Aspekte der Persönlichkeit genetisch bedingt sind oder früh geprägt werden: Macht es dann überhaupt noch Sinn, sich anzustrengen? Ist man dann nicht letztlich doch festgelegt?

Die psychologische Forschung hat gezeigt, dass dies keineswegs der Fall ist. Die Grundstimmung wird zwar durch frühe Erlebnisse stark geprägt. Aber sie bestimmt eigentlich nur, wie leicht jemand in eine bestimmte Stimmung hineinkommt. Sie sagt eigentlich wenig darüber aus, wie leicht jemand aus einer Stimmung wieder herauskommt. Und hier liegen die größten Entwicklungschancen: Auch jemand, der grundsätzlich erst einmal mit sehr gedämpftem Optimismus oder sogar pessimistisch an die Dinge herangeht, kann lernen, diese für seine Persönlichkeit typische Stimmung vorübergehend zu verändern, wenn dies in einer konkreten Situation sinnvoll erscheint (Storch & Kuhl, 2013).

Hier liegt ein für die Praxis besonders wichtiger Unterschied zwischen der neuen Persönlichkeitstheorie (PSI) und den traditionellen Persönlichkeitskonzepten: Die klassischen Begriffe zur Beschreibung der Persönlichkeit wie Extraversion versus Introversion, Ängstlichkeit versus Robustheit beziehen sich mehr auf die *Erstreaktion* eines Menschen. Für viele praktische Fragen, die persönliche Kompetenzen im Alltag betreffen, ist aber wichtiger zu wissen, wie die *Zweitreaktion* aussieht, d. h. ob es bei einer extra- oder introvertierten, einer sensiblen oder robusten Erstreaktion bleibt oder ob die Person in der Lage ist, ihre Erstreaktion zu verändern, wenn sie dies in der jeweils vorgefundenen Situation für erforderlich hält. Manche vorsichtige oder sogar ablehnende Haltung gegenüber der traditionellen Persönlichkeitsdiagnostik erscheint vor diesem Hintergrund durchaus berechtigt: Personen, die mit Führungsaufgaben betraut sind, bemerken zu Recht, dass eine Diagnostik, die Menschen aufgrund ihrer typischen Erstreaktion in entsprechende Typen einteilt, nicht ausreicht, um ihre persönlichen Kompetenzen im Alltag adäquat einzuschätzen. Die klassische Typologie ist zu statisch, zu wenig entwicklungsorientiert, sie teilt Menschen zu einseitig nach ihren emotionalen und kognitiven Erstreak-

---

15 Diese Geschichte wurde aus dem Buch »*Schatztruhe der Lebenserfahrung. Überraschende und lehrreiche Episoden aus einem bewegten Leben*« von Jens-Uwe Martens entnommen.

tionen ein, ohne zu berücksichtigen, ob sie diesen Erstreaktionen ausgeliefert sind oder ob sie sie verändern können.[16]

Das Verändern einer Stimmung ist eine Aufgabe der Steuerzentrale, also des Willens. Allerdings denken wir bei dem Wort *Wille* oft an den bewussten Willen, der über das Intentionsgedächtnis gesteuert wird. Gefühle werden aber mehr aus den unbewussten Anteilen des rechtshemisphärischen Selbstsystems gesteuert (deshalb haben wir auch in früheren Kapiteln von »Selbst«-motivierung und »Selbst«-beruhigung gesprochen und nicht von Ich-motivierung oder Ich-beruhigung). Das ist der Grund, warum direkte Instruktionen, die man sich selbst oder anderen gibt (aus dem bewussten Ich heraus), wenig effektiv sind, wenn man die Stimmung ändern möchte. Aber man kann trotzdem lernen, die eigenen Stimmungen zu regulieren, um damit die Zusammenarbeit der vier psychischen Systeme zu optimieren.

Ein erster Schritt besteht darin, darauf zu achten, woran man erkennt, ob man Stimmungen regulieren kann oder ihnen ausgeliefert ist: Sind meine Stimmungen durch das, was ich erlebe, festgelegt, oder sind sie durch die stille (unbewusste) Regulationsarbeit meines Selbstsystems beeinflusst? Das bewusste Ich, das eng mit dem Intentionsgedächtnis zusammenarbeitet, kann diese Frage meist gar nicht entscheiden, weil oft sowohl die situativen Auslöser einer Stimmung als auch eventuelle Gegenregulationen des Selbstsystems unbewusst ablaufen. Ob unser Selbstsystem arbeitet, können wir aber an manchen automatischen Annahmen ablesen, mit denen wir Erfolge und Misserfolge erklären, unsere eigenen wie die der anderen.

Eine der Annahmen, die wir meist unreflektiert von unseren Bezugspersonen in einem frühen Alter übernommen haben, ist die Frage, worauf der Erfolg eines Menschen zurückzuführen ist. Warum wehren wir uns gegen die Annahme, dass der Erfolg in unserer Hand liegt? Warum sind manche Menschen nicht bereit, die Verantwortung für ihr Leben und damit für den Verlauf ihres Lebens zu übernehmen?

Wir erleben immer wieder Beispiele von Menschen, die erfolgreicher sind als wir, die irgendwie »mehr Glück haben«, denen einfach alles gelingt, obwohl sie sich doch – soweit wir das beurteilen können – auch nicht mehr anstrengen als wir selbst. In solchen Fällen haben wir schnell Erklärungen zur Hand:

»Das ist Zufall, das Glück kommt halt mal zum einen, mal zum anderen!« »Der hatte bessere Ausgangsbedingungen. In seiner Situation wäre mir das auch gelungen!« – »Seine Mittel waren nicht ganz sauber, so etwas würde ich nie machen! Hinter jedem Erfolg dieser Art steckt doch eine kriminelle Handlung!« – »Der ist doch gar nicht glücklich, also das, was er erreichte, wollte ich doch gar nicht erreichen!«

Das Gemeinsame dieser Erklärungen liegt darin, dass durch sie negative Gefühle verhindert werden sollen, die entstehen könnten, wenn man sich eingestehen

---

16 Auf der Basis der PSI-Theorie wurde ein neues System zur Beurteilung der in dieser Theorie behandelten Persönlichkeitsfunktionen entwickelt. Dieses System, das Fragebogen-unabhängige Methoden einschließt (Emoscan), kann zur Selbsterfahrung und Entwicklung der eigenen Persönlichkeit, aber auch im Rahmen eines Coachings, Trainings oder Therapie begleitend eingesetzt werden (Nähere Informationen: www.impart.de).

würde, dass man selbst dafür verantwortlich ist, wenn es einem selbst nicht so gut geht. Wenn jemand zu solchen Ausflüchten greift, um sich selbst zu schützen, dann ist die Wahrscheinlichkeit hoch, dass sein Selbstsystem nicht sehr stark an der Regulation der eigenen Gefühle beteiligt ist. Ein starkes Selbst braucht nicht so stark geschützt zu werden.

Wer hat nun Recht? Die Leute, die meinen, dass wir für unseren Erfolg und Misserfolg verantwortlich sind, oder diejenigen, die Vieles für von außen bestimmt halten? Man mag versucht sein zu sagen, dass es unwichtig ist, darüber nachzudenken, ob eigenes Bemühen oder Glück zum Erfolg geführt hat. Man kann es doch nicht mit Sicherheit entscheiden. Aber die Antwort, die man sich gibt, scheint doch sehr wichtig zu sein, denn es zeigt sich immer wieder, dass gerade die Interpretation von Erfolgen einen wesentlichen Einfluss auf eben diesen Erfolg und auf die Qualität des Lebens insgesamt hat. Es spielt eine wesentliche Rolle, welche Interpretation wir den Ereignissen geben, die uns widerfahren und aus der heraus sich zeigt, welche Einstellung wir zu unserem Leben haben. (Das ist der Grund, warum viele Menschen die Gestaltergrundhaltung lieber realisieren möchten als die Opferhaltung.)

Immer dann, wenn man Erfolge dem Zufall zuschreibt, statt Verantwortung für sie zu übernehmen, und Misserfolge mit der eigenen Unzulänglichkeit erklärt, statt sie als wertvolle Gelegenheiten aufzufassen, etwas dazuzulernen und etwas zu ändern, dann kann man erkennen, dass das eigene Selbstsystem noch nicht Regie führt. Aber: So wertvoll es ist, erst einmal im Alltag die Situationen zu beachten, in denen das eigene Selbst wahrscheinlich nicht am Ruder ist, so wenig hilft das Erkennen dieser Situationen, wenn es nicht weitergeht.

Wie lässt sich das Erkennen der kritischen Situationen *positiv* für die eigene Entwicklung nutzen? Vor allem sollte man darauf achten, dass man die eigene Sprache ändert. Aufhören müssen abwertende Selbstbezichtigungen: »Wieder einmal dieselbe Schwäche von mir; wieder einmal habe ich mich selbst – sogar noch vor anderen – als blöd und unfähig hingestellt, ich lerne es nie«. Stattdessen kann man üben, sich zu freuen, wenn man das falsche Denkmuster wieder antrifft, denn je mehr Beispiele man »sammelt«, desto besser: Das eigene Selbst wächst ja durch erlebte Beispiele[17]. Wichtig ist nur, dass jeder »Fehler«, den man an sich beobachtet, z. B. eine Selbstbezichtigung oder ein Abschieben der Verantwortung, auch wirklich ins Selbst eingespeist werden kann. Das geht aber nicht, wenn negative Gefühle zu stark werden. Die hemmen ja das Selbstsystem (vgl. 2. Modulationsannahme).

Die Selbstbeobachtung der eigenen Fehler hilft also nur, wenn man gleichzeitig lernt, mit sich selbst gnädig, ja vielleicht sogar gütig umzugehen. Irgendwann lernt man sogar, sich über Fehler zu freuen, weil sie eine Gelegenheit sind, etwas dazuzulernen. Man muss halt nur wissen, dass dieses Dazulernen meist »ganz von selbst« geschieht, weil das Selbst ja überwiegend unbewusst arbeitet. Man erschwert dem Selbst das Lernen aus Fehlern, wenn man zu oft versucht, sich die gewünschte Änderung bewusst vorzunehmen. Dann wird das (linkshemisphärische) Absichts-

---

17 Eine Sammlung von seinen »Lernerfahrungen« hat der Autor J.-U. Martens in den Büchern »*Schatzkiste für graue Tage*« (Martens, 2010) und »*Schatztruhe der Lebenserfahrung*« (Martens, 2018) veröffentlicht.

gedächtnis belastet und das (rechts-hemisphärische) Selbst wird gehemmt. Allerdings ist ein noch so genaues und »freudiges« Registrieren der eigenen Fehler nicht mehr als ein erster Schritt zur Entwicklung des eigenen Selbstsystems und seiner affektregulierenden Funktionen. Ein weiterer wichtiger Schritt ist der direkte Kontakt mit diesem System, ganz gleich, ob man diesen Kontakt »selbst« herstellt oder ob er durch eine andere Person hergestellt wird. Wie man etwas dafür tun kann, mit sich selbst in Kontakt zu treten, oder andere mit dem eigenen Selbst in Kontakt treten zu lassen, ist das Thema des nächsten Abschnitts.

2.19 Die Einzigartigkeit jedes Menschen und die Rolle der Authentizität

Die größte Aufgabe eines Menschen in seinem Leben ist die,
sich selbst zur Geburt zu verhelfen.

Erich Fromm

Ein jeder gibt den Wert sich selbst.

Friedrich Schiller

Wir haben bereits in einem früheren Kapitel das niedergeschrieben, was fast wie eine Banalität klingt: Alle Menschen sind einzigartig. Dies ist uns besonders bewusst geworden, wenn wir in unserer Beratungsarbeit verschiedene sehr erfolgreiche Menschen verglichen haben. Jeder erfolgreiche Mensch hat einen anderen Weg zum Erfolg gefunden. Es gibt keinen allgemeinverbindlichen Weg. Es scheint so zu sein, dass eine der wichtigsten Grundlagen für Erfolg darin besteht, dass man sich selbst entdeckt, akzeptiert und lebt, also den für sich selbst passenden Weg entdeckt. Die Menschen seiner Umgebung sagen dann häufig über ihn: »Der Mensch verhält sich authentisch.«

Es ist vielleicht eine der schwierigsten Forderungen, die man an sich stellen kann: zu sich selbst zu finden. Wie will man das erreichen, wenn doch alle um uns herum schon von früher Kindheit an von uns fordern, dass wir uns anpassen, oder dass wir Ziele erreichen, die wir uns nicht selbst gesetzt haben, sondern die von unseren Eltern oder unseren Lehrern vorgegeben werden. Wir sollen so sein, wie es unsere Umgebung von uns fordert. Wer fragt danach, wer wir sind? Alle Beurteilung richtet sich danach, dass wir den Vorstellungen unserer Eltern, unserer Lehrer, unserer Freunde und Bekannten (»Pass dich an, sonst gehörst du nicht zu uns«) und später unserer Partner genügen. Wenn wir ihre Erwartungen erfüllen, werden wir belohnt, wenn wir sie enttäuschen, werden wir bestraft: nicht beachtet und abgelehnt.

Menschen sind soziale Wesen. Jeder braucht andere Menschen und insofern ist nichts Schlechtes an der Forderung zur Anpassung an (selbst-)fremde Forderungen. Wo wäre die Gesellschaft, wenn es keine Anpassung gäbe? Im Grunde ist es so wie mit dem Immunsystem des Körpers, das ähnlich wie das Selbstsystem, Eigenes schützen und Fremdes abwehren soll, es sei denn es stellt fest, dass das Fremde so verändert werden kann, dass es integrierbar ist. Obwohl wir krankmachende Bakterien bekämpfen, wäre es völlig verrückt, Säuglinge von Geburt an vor jedem Kontakt mit »Fremdkörpern« abzuschirmen (etwa durch ein keimfreies Zelt). Der Organismus dieses Kindes würde nie lernen, in einer realen Welt zu existieren, in der es nun einmal viele gefährliche Fremdkörper gibt. Hinzu kommt, dass wir viele Bakterien, z. B. im Darm, für unsere Gesundheit brauchen.

Bevor wir weiter auf dieses Thema eingehen, möchten wir zur Veranschaulichung des Gemeinten noch eine kleine Geschichte zitieren.

Die Wünsche der Eichel

Es war einmal eine schöne, perfekte Eichel. Sie war gerade von ihrem Baum gefallen und war auf der Suche nach einem schönen Platz, wo sie ihre Wurzeln in die Erde schlagen könnte, um eine schöne Eiche zu werden. Da begegnete sie einem Redwood-Baum. Es sind die riesigen Bäume, die über 2000 Jahre alt werden und über hundert Meter hoch sind. Die Eichel war fasziniert von der Erscheinung und beschloss, auch ein Redwood-Baum zu werden. Sie ging zu einem Trainer, um zu lernen, ein Redwood-Baum zu werden.

Der Trainer freute sich über den neuen Kunden und machte mit der Eichel alle möglichen Übungen. Er gab der Eichel Bücher zu lesen und Tonbänder zu hören und Videos zu sehen. Ihre Titel waren: »Das positive Denken von Redwood-Bäumen!« »Berühmte Redwood-Bäume und ihre Geschichte« »Das Glück, ein Redwood-Baum zu sein« usw. Der Trainer empfahl der Eichel auch den Umgang mit Redwood-Bäumen und so kam es, dass die Eichel in der Nähe der Redwood-Bäume einen Platz fand, den sie für sich als ideal ansah, um ihre Wurzeln in den Boden zu senken.

Was ist wohl aus der Eichel geworden? Ein Redwood-Baum? Natürlich nicht: Es wurde eine Eiche daraus. Eine schöne, starke Eiche – aber eine unglückliche, unsichere Eiche voller Minderwertigkeitskomplexe, denn sie vergleicht sich noch heute mit einem Redwood-Baum.

Die folgende Geschichte löst sicher nicht nur bei uns Betroffenheit und Nachdenklichkeit aus. Es ist eine tragische Geschichte, die die Rolle der Entfremdung veranschaulicht, die uns Eltern, Lehrer, Vorgesetzte und viele andere Akteure der Gesellschaft zumuten: Nur durch die Auseinandersetzung mit dem, was unserem Wesen widerspricht, lernen wir, in einer realen sozialen Welt zurechtzukommen.

Eine Tragödie

Ein älterer Mann liegt allein in seinem Bett in den letzten Tagen seines Lebens. Er erwacht und sieht eine große Gruppe von Menschen, die sich um sein Bett versammelt haben. Ihre Gesichter strahlen Liebe aus, aber sie sind traurig. Verwirrt lächelt der ältere Mann und flüstert: »Ihr müsst die Freunde meiner Kindheit sein, die gekommen sind, um sich von mir zu verabschieden. Ich bin euch so dankbar, dass ihr gekommen seid.« Da kommt die größte Figur näher, nimmt zart die Hand des alten Mannes und antwortet: »Ja, wir sind deine besten und ältesten Freunde, aber du hast uns schon vor langer Zeit aufgegeben. Wir sind die nicht wahrgenommenen Chancen deiner Jugend. Wir sind die nicht realisierten Hoffnungen, Träume und Pläne, die du einst tief in deinem Herzen gefühlt hast, die du aber niemals verfolgt hast. Wir sind deine einzigartigen Talente, die du niemals in dir großgezogen hast, deine besonderen Begabungen, die du niemals entdeckt hast. Alter Freund, wir sind nicht gekommen, um dich zu trösten, sondern um mit dir zu sterben.«

Les Brown

Es handelt sich hier um einen der vielen Widersprüche, auf die man stößt, wenn man nach den unumstößlichen Wahrheiten sucht, nach denen man sein Leben ausrichten möchte. Es scheint so zu sein, dass wir uns zwischen gegensätzlichen Polen bewegen. Unsere Aufgabe besteht darin, die für uns rechte Mitte zwischen diesen Polen zu finden. Die Gefahr liegt darin, dass wir uns zu sehr der einen oder der anderen Seite zuwenden. Wir werden dann Anpasser, ohne eigenes Profil oder Eigenbrötler, die den Kontakt zu ihrer Umwelt verloren haben. Allerdings ist in unserer Leistungsgesellschaft die Gefahr größer, dass uns unsere »Sozialisation« eher zu Anpassern als zu Eigenbrötlern macht: Wenn die Kräfte, die das wahre Wesen eines Kindes wahrnehmen und unterstützen zu gering sind, dann kommt es später darauf an, den Prozess der Selbstwahrnehmung und -entwicklung nachzuholen.

Unsere Welt bietet uns so viele verschiedene Rollen, so viele verschiedene Berufe und Möglichkeiten zum Gelderwerb oder zum Fristen eines Daseins an, dass wir eher Schwierigkeiten haben, darin eine Orientierung zu finden, als dass wir von vornherein festgelegt wären, ein Leben zu führen, dass uns nicht entspricht. Die Aufgabe besteht darin, sich zu entdecken und für diese, unsere eigene, einmalige Persönlichkeit einen Rahmen zu finden, in dem sie sich entfalten kann. Diese Aufgabe ist allerdings nicht mit der Berufswahl und der Partnerwahl abgeschlossen. Diese Aufgabe bleibt das ganze Leben bestehen, wenn auch in manchen Zeiten sie im Vordergrund und in anderen Zeiten im Hintergrund steht.

3 Der Weg zum Gestalten: Einstellungen ändern

Die größte Revolution unserer Generation besteht in der Entdeckung, dass menschliche Wesen die äußeren Aspekte ihres Lebens verändern können, indem sie die inneren Einstellungen ihres Geistes verändern.

William James

3.1 Kann man Grundhaltungen ändern?

Wir haben schon im Einführungsteil dieses Buches eine Besonderheit unseres Ansatzes erwähnt: Während wir im Alltag, aber auch in der Psychologie Erklärungen für das Verhalten der Menschen meist in den Inhalten ihres Denkens oder Wollens suchen, lenkt die PSI-Theorie die Aufmerksamkeit auf die Rolle psychischer Systeme und ihrer Funktionstüchtigkeit: Derselbe Inhalt (z. B. das Ziel, viel Geld zu verdienen) kann die Motivation und Lebenszufriedenheit steigern oder herabsetzen, letzteres sogar, je mehr Erfolge man auf dem Weg zu seinem Ziel hat (Kasser & Ryan, 1993). Psychofunktional (d. h. aus der Sicht der PSI-Theorie) macht »Geld nicht glücklich«, wenn das Geldverdienen sehr einseitig mit Macht, Selbstkontrolle und dem Intentionsgedächtnis realisiert wird, dann kann die mit vielen eigenen und fremden Bedürfnissen und Werten vernetzte persönliche und überpersönliche Bedeutung des Erfolgs nicht wirklich gefühlt werden.

Das eingangs diskutierte Experiment, das Leistungseinbußen nach einem Misserfolgserlebnis nachwies (Kuhl, 1981), ist ein anderes Beispiel dafür, dass die Inhalte von Überzeugungen und Gedanken nicht immer die Ursache für Erfolg und Misserfolg sind (S. 22). Lageorientierte hatten nach einem Misserfolgserlebnis keine reduzierte Erfolgserwartung (jedenfalls nicht in Bezug auf die neue Aufgabe, bei der sie aber trotzdem Leistungseinbußen zeigten): Sie konnten ihre Gedanken und Gefühle nicht steuern. Der Inhalt ihres Denkens (z. B. »Ich kann auch diese Aufgabe nicht gut lösen«) war die Folge, nicht die Ursache ihres Leistungsabfalls. Trotz solcher klaren Hinweise darauf, dass die Inhalte des Denkens nicht immer die eigentliche Ursache des Erfolgs oder Misserfolgs sind, wäre es töricht zu meinen, die Inhalte unseres Denkens und Wollens hätten nie einen Einfluss. In dem erwähnten Hilflosigkeitsexperiment bemerkten die Versuchspersonen natürlich irgendwann, dass sie die zweite Aufgabe auch nicht gut beherrschten. Dann sank natürlich ihre

3 Der Weg zum Gestalten: Einstellungen ändern

Überzeugung, dass sie bei dieser Aufgabe den Misserfolg bei der ersten Aufgabe wettmachen konnten.

In diesem Kapitel wollen wir uns mit den Auswirkungen der Inhalte des Denkens und Wollens, die unsere Einstellungen prägen, befassen, ganz gleich ob sie sekundär (als Folge veränderter Kompetenzen) oder primär wirksam werden.

Welchen Einfluss eine Einstellung auf den persönlichen Alltag haben kann, wird im Folgenden an einem Erlebnis von Jens-Uwe Martens gezeigt:

Verhandlung mit einem »Scheusal«

Ich hatte einmal den Auftrag, für einen Schweizer Verlag ein Projekt durchzuführen, in dessen Rahmen auch ein Drehbuch für ein Video entwickelt werden sollte. Ich habe schon viele solcher Drehbücher geschrieben und ich tue das sehr gerne. Ich bin überzeugt von der Wirksamkeit dieses Mediums und glaube, über einige Expertise in diesem Bereich zu verfügen. Ich musste das Drehbuch mit einem Fachmann aus dem Verlag abstimmen. Dieser Fachmann war ein ehemaliger Lehrer, der große Schwierigkeiten hatte, flüssig zu sprechen. Vor allem, wenn er aufgeregt war, neigte er zum Stottern.

Die erste Besprechung meines Drehbuchs verlief aus meiner Sicht gar nicht zufriedenstellend. Mein Gesprächspartner kritisierte das Drehbuch in einer für mich schwierigen Art. Er glaubte vor allem, es wie ein Deutschlehrer betrachten zu müssen. Er verbesserte die Grammatik der Sätze und ließ sich auch nicht von dem Argument überzeugen, dass in einem Film die Akteure nicht perfekt sprechen dürfen, da das in der Praxis unüblich ist, und der Film dann gekünstelt wirkt. Ich war nun auf dem Weg, ihn zu besuchen, um eine neue, überarbeitete Version des Drehbuches mit ihm zu diskutieren. Ich war mit dem Auto unterwegs und traf beim Tanken zufällig einen Kollegen, den ich schon lange nicht mehr gesehen hatte. Wir beschlossen, eine Tasse Kaffee zusammen zu trinken und kamen dabei ins Reden. Ich erzählte ihm von dem Auftrag, an dem ich gerade arbeitete und es stellte sich heraus, dass er auch diesen Auftraggeber kannte und sogar auch schon mit dem Herrn zusammengearbeitet hat, den ich gerade besuchen wollte. Auch er hatte mit ihm schlechte Erfahrungen gemacht.

Als ich wieder in meinem Auto saß und meinen Weg fortsetzte, fielen mir immer neue »Unmöglichkeiten« in dem Verhalten des Gesprächspartners ein, den ich besuchen würde. Da dachte ich plötzlich an einen Grundsatz der Gestaltergrundhaltung, schließlich war ich der Autor eines entsprechenden Multimediaprogramms.[18] Habe ich dort nicht die Meinung vertreten, dass wir für unsere Gefühle selbst verantwortlich sind? »Ist das die richtige emotionale Vorbereitung auf meinen Besuch? Bis du jetzt in der richtigen Stimmung, um sicherzustellen, dass das kommende Gespräch besser verläuft als das vergangene?«

---

18 Das Multimediaprogramm »Der persönliche Berater« von Jens-Uwe Martens und Claudia Scharwächter besteht aus einer CD-ROM und einem Begleitbuch. Es ist als Selbstlernprogramm für Menschen gedacht, die beschlossen haben, ihr Leben in die eigenen Hände zu nehmen.

So sprach ich mit mir selbst. Und die Antwort war klar: Natürlich nicht, und ich musste dringend und schnell etwas tun, damit meine Einstellung zu meinem Gesprächspartner und die damit verbundenen Gefühle besser wurden.

Eine neue Einstellung verlangt eine neue Form der Betrachtung dessen, auf den sich die Einstellung bezieht. Ich musste also den Gedanken an meinen Gesprächspartner eine neue Richtung geben. Ich erinnerte mich nicht mehr an das negative Verhalten dieses Menschen, sondern ich fragte mich bewusst, was mir Sympathisches oder zumindest Verstehbares zu ihm einfiel. Mir kam in den Sinn, dass es sicher unheimlich schwer für ihn war, als Lehrer zu entdecken, dass die Kinder keinerlei Mitleid mit Lehrern kennen. Wie oft mag er ausgelacht worden sein? Und jetzt musste er ein Projekt betreuen, in dem Drehbücher für Videos zu beurteilen sind, eine Aufgabe, vor die er wahrscheinlich noch nie gestellt war und bei der er sich besonders unsicher fühlen musste. Ich identifizierte mich richtig mit ihm und kam zu dem Schluss, dass ich ihm helfen musste, um die Situation zu bewältigen. Meine Einstellung änderte sich: Aus einem »Gegner«, der mir das Leben schwer machte, wurde ein Kollege, den es für eine gemeinsame Aufgabe zu gewinnen galt.

Um diese neue Einstellung gleich durch ein Verhalten zu unterstützen und zu festigen, bin ich noch einmal in eine Tankstelle gefahren und habe nach einem Geschenk für meinen ehemaligen »Gegner« gesucht. Das tat ich weniger, um ihn für mich eingenommen zu machen, sondern ich tat es vielmehr, um meine neue Einstellung für mich und für ihn sichtbar zu machen. (Wenn wir jemandem ein Geschenk machen und uns dabei bemühen, dass das Geschenk dem Beschenkten wirklich gefällt, dann beeinflussen wir uns dadurch mehr selbst als den Beschenkten, da wir uns in der Zeit des Aussuchens positiv mit dem zu Beschenkenden befassen.)

Sie können sich sicher vorstellen, dass das zweite Gespräch sehr viel erfreulicher verlief und das Projekt ohne Schwierigkeiten abgeschlossen werden konnte.

Du kannst dir die Situationen in deinem Leben nicht schnitzen, aber du kannst die Einstellung schnitzen, die zu den Situationen passt.

Zig Ziglar

Die Gestalterhaltung prägt unsere inneren Einstellungen, nach denen wir unsere Welt ordnen und uns orientieren. Wir werden in diesem Kapitel die Auswirkungen von Überzeugungen und Einstellungen auch in ihrer Verflechtung mit den Grundhaltungen analysieren. Die Inhalte unserer Überzeugungen folgen oft aus der inneren Haltung oder (psychofunktional ausgedrückt) aus der Systemkonfiguration. Trotzdem können auch sie einen direkten Einfluss auf unser Verhalten ausüben. Je mehr sie das tun, desto mehr lohnt es sich, sich seiner Einstellungen bewusst zu machen. Das Bewusstmachen ist manchmal schon der erste Schritt in Richtung auf die Veränderung von überholten Einstellungen. Es ist wie beim Tunnelbau: Es hat Vorteile sich von beiden Seiten dem »Durchbruch« zu nähern: Wir können bei den Kompetenzen ansetzen (z. B. der Selbstberuhigung, oder der Intentionsumsetzung) und gleichzeitig auch an den Inhalten unserer Einstellungen arbeiten.

Wir haben uns unsere Überzeugungen und Einstellungen im Laufe unseres Lebens angeeignet, wir haben sie gelernt. Grundsätzlich kann man alles, was man gelernt hat, neu lernen, durch neues Lernen verändern. Allerdings ist es manchmal schwerer, etwas zu verlernen, als etwas neu zu lernen. Denken Sie nur an irgendeinen Sport. Wenn Sie sich da eine falsche Bewegungsfolge angewöhnt haben, so ist es meist sehr schwer, manchmal fast unmöglich, diese wieder aufzugeben. Ähnlich ist es mit dem Neulernen von Einstellungen. Bevor wir aber auf die Möglichkeiten eingehen, neue Einstellungen zu erwerben, ist es sicher sinnvoll, den Begriff der Einstellung selbst näher zu beschreiben.

3.2 Was sind eigentlich »Einstellungen«?

Es gibt nichts Gutes oder Schlechtes, nur das Denken macht es zu dem.
William Shakespeare

Nichts hat irgendeine Bedeutung im Leben, außer der Bedeutung, die wir ihm geben.
Anthony Robbins

Es zeigt sich immer wieder, dass wir – und die Menschen unserer Umgebung – gegenüber bestimmten Kategorien unserer Umgebung über lange Zeiträume gleichförmig reagieren. Wir lehnen z. B. alles ab, was mit Rechtsextremismus zu tun hat, oder wir schätzen es, wir achten alles, was mit Kirche zu tun hat, oder es ist uns gleichgültig, wir verhalten uns Ausländern gegenüber besonders zuvorkommend oder wir beurteilen Ausländer eher negativ, wir sind der Meinung, dass es unser Schicksal positiv mit uns meint oder dass wir eigentlich ein besseres Leben verdienen würden.

Diese eigene (innere) Einstellung nennt man »Wertorientierung«. Wir alle haben im Laufe unseres Lebens ein Weltbild entwickelt. Wir haben die Welt um uns herum in Kategorien eingeteilt und haben gegenüber diesen Kategorien allgemeine Urteile entwickelt: Dieses und Jenes tut uns gut, nützt uns, anderes ist gefährlich für uns, wieder anderes schadet uns. Wenn diese Einstellungen sehr einfach sind, sozusagen nach einem Schwarz-Weiß-Schema funktionieren (»Alle Ausländer liegen uns auf der Tasche«), dann werden sie durch das Objekterkennungssystem vermittelt (dieses System ist ja auf künstliche Vereinfachungen spezialisiert, da es einzelne Objekte aus ihrem Kontext herauslöst). Umfassende und differenzierte Einstellungen, die sogar gegensätzliche Seiten und positive wie auch negative Gefühle gegenüber einem Gegenstand integrieren, erfordern die Gestaltungs- und Differenzierungskraft des Selbstsystems.

Die inneren Einstellungen sind zum großen Teil auf Grund von eigenen Erlebnissen entstanden. Hierher gehört die sprichwörtliche Erfahrung, die das Kind mit der heißen Herdplatte gemacht hat, und die es gelehrt hat, nicht noch einmal darauf zu fassen. Psychologisch lässt sich diese Erfahrung mit dem *klassischen Konditionieren* erklären:

Alle »Gegenstände« im weitesten Sinne, die irgendwelche affektiven Erfahrungen auslösen, werden mit den entsprechenden Gefühlen gekoppelt: Der Anblick oder die Vorstellung des Gegenstandes, mit dem man schlechte Erfahrungen gemacht hat, löst eine Angst- und Vermeidungsreaktion aus, der Anblick eines Menschen, der einem etwas Gutes getan hat, löst ein positives Gefühl aus usw. Sobald zwei Reize aufeinander folgen, wird im Gehirn eine Kopplung zwischen ihnen verstärkt. Dann kann der erste Reiz bald alle Reaktionen auslösen, die mit dem zweiten Reiz verknüpft sind: Der Anblick der Herdplatte löst bereits das Gefühl des Schmerzes (und die entsprechende Angst) aus, das beim ersten Mal nur durch den direkten Kontakt mit der Herdplatte ausgelöst wurde.

Allerdings haben wir auch viele Einstellungen nicht aufgrund eigener Erfahrungen erworben, sondern sie von unseren Bezugspersonen übernommen. Unsere Eltern, Lehrer, Geschwister und/oder gute Freunde haben uns bewusst oder unbewusst gezeigt, dass es nützlich oder sinnvoll ist, nach einer bestimmten Wertorientierung zu handeln und daher haben wir diese Wertorientierung oder Einstellung übernommen. Es handelt sich um eine andere Art des Lernens. Man spricht von Nachahmungslernen oder Lernen am Modell: Das Verhalten eines Vorbildes (Modells) wird nachgeahmt, besonders, wenn das Vorbild für sein Verhalten belohnt wird oder wenn es irgendwelche positiven Eigenschaften hat (z. B. wenn es Status, Macht, Ermutigung, Beruhigung oder Liebe ausstrahlt). Allerdings kann intuitives Verhalten auch automatisch ausgelöst werden, z. B. waren in einem Experiment Versuchspersonen unfreundlicher und unterbrachen Anwesende öfter, wenn sie vorher eine Aufgabe bearbeitet hatten, bei der sie Sätze bilden sollten mit Wörtern aus dem Wortfeld »unhöflich« (Bargh et al., 1996).

Nachahmung ist im sozialen Miteinander sehr wichtig: Die Feinanalyse der Interaktion zwischen zwei oder mehreren Personen hat gezeigt, dass ein gewisses Interesse füreinander und eine gegenseitige Öffnung dadurch erleichtert wird, dass man sich aufeinander »einstellt«: Man akzeptiert die Distanz, die der Gesprächspartner wählt, gleicht das eigene Sprechtempo an, erwidert ein Lächeln und macht manchmal sogar ähnliche Bewegungen wie der Gesprächspartner (Stern, 2006). Dieses gegenseitige Nachahmen oder »Sichansteckenlassen« führt allerdings nur dann zu einem reibungslosen Austausch, wenn es unbewusst passiert (sonst kann es wie ein Nachäffen oder wie Manipulation aussehen).

Nachahmung wird typischerweise über intuitive Verhaltensprogramme gelernt: Schon bei Neugeborenen wurde nachgewiesen, dass sie in der Lage sind, emotionale Gesichtsausdrücke nachzuahmen (Meltzoff & Moore, 1989). Wendet man die PSI-Theorie an, dann kann man folgern, dass Nachahmung besonders gut funktioniert, wenn sie unbewusst erfolgt und wenn man in positiver Stimmung ist (positive Gefühle aktivieren die intuitive Verhaltenssteuerung). So wird verständlich, warum es sachlichen Menschen nicht so leichtfällt, sich in eine soziale Gruppe oder in ein Zweiergespräch »einzupassen«. Die intuitiven Ansteckungsprogramme funktionieren nicht so gut, wenn man nicht in einer positiven Stimmung ist. Die Hemmung positiver Stimmung, die für sachliche Menschen charakteristisch ist, fördert eher den Einfluss des bewussten, analytischen Denkens und der bewussten Absichten auf das Handeln. So nützlich dieser Effekt dann ist, wenn ein Problem zu lösen ist, so sehr kann er stören, wenn man Kontakt zu einer Person aufnehmen will: Dann wirkt allzu überlegtes, geplantes Handeln als wenig offen oder sogar als manipulativ und egoistisch.

Wenn Einstellungen, die durch Nachahmung übernommen wurden, negativ sind, nennt man sie Vorurteile, besonders wenn sie auch nicht nachträglich überprüft werden. Vorurteile müssen nicht immer nachteilig sein. Sie helfen uns, schnell auf die komplexe Umwelt zu reagieren. Wenn uns z. B. ein Mensch begegnet, der sich die Haare grün gefärbt hat und der an den verschiedensten Stellen des Gesichtes gepierct ist, so glauben wir sofort zu »wissen«, was wir von ihm zu halten haben, ohne dass wir erst durch ein langwieriges Gespräch herausfinden müssen, »wes Geistes Kind« er ist. Eigentlich haben wir oft gar keine objektive Grundlage für die spontan erlebte Einstellung. Ebenso glauben wir z. B. zu »wissen«, was wir von einem Menschen zu halten haben, der uns in ordentlicher Kleidung mit Krawatte auf der Straße begegnet. Wir machen uns diesen Bewertungsprozess in der Regel nicht bewusst, aber er läuft ständig ab.

Durch unsere Werthaltungen wird nicht nur bestimmt, wie wir auf unsere Umgebung reagieren. Das gesamte Bild, das wir uns von unserer Welt machen, wird von unseren Einstellungen bestimmt. Hierzu ein persönliches Erlebnis von Martens:

> **Beobachtungen in einem Ausflugslokal**
>
> Ich war auf einer kleinen Wanderung. Es war ein schöner Tag und viele Wanderer hatten sich ein kleines Gartenrestaurant zum Ziel gewählt. Der Weg führte durch einen schönen Wald, es war der einzige Weg zu diesem Restaurant. Die Tische auf der Terrasse waren eng gestellt und man musste sich nicht besonders anstrengen, um die Gespräche der Nachbartische mit anzuhören. Dabei wurde deutlich, dass zwar alle den gleichen Weg zu diesem Restaurant gegangen waren, dass sie aber offensichtlich alle anderes gesehen haben: Da gab es Wanderer, die davon berichteten, dass sie eine Reihe von Umweltschäden bemerkt hatten, andere berichteten davon, dass dieser Wald ein »Pilzeldorado« sein müsste, und dass man noch einmal zum Pilze-Sammeln wiederkommen sollte, wieder andere hatten offensichtlich nur Augen für die Schönheit der Natur oder manche waren offensichtlich Jäger und sahen die Wildspuren auf dem Weg zu dem Restaurant.

So wie die verschiedenen Wanderer offensichtlich andere Wahrnehmungen auf dem Weg zu dem Restaurant hatten, so haben alle Menschen unterschiedliche Wahrnehmungen auf dem Weg durch ihr Leben. Allerdings gehen verschiedene Menschen selten den gleichen Weg und daher wird es uns selten bewusst, dass wir durch unsere Sichtweise – bestimmt durch unsere Einstellungen – entscheiden, was wir in welcher Weise wahrnehmen. Wir bilden uns ein, die Welt zu sehen, wie sie ist. Wir bilden uns ein, dass es nur eine (richtige) Sichtweise der Welt gibt, und dass wir natürlich diese Sichtweise haben. Wenn ein anderer Mensch eine andere Sichtweise von der Welt hat, dann liegt das nach unserer Überzeugung daran, dass er in einer anderen Umgebung lebt und daher andere Wahrnehmungen hat, oder dass er sich irrt, dass er eine »falsche« Sichtweise der Welt hat, denn »natürlich« ist unsere die einzig richtige.

3.3 Verantwortung für die eigenen Gefühle übernehmen

Des Menschen Ärger und Wut sind seine ärgsten Feinde, und des Menschen Ruhe ist sein eigener Schutz. Des Menschen Freude ist sein Himmel, und des Menschen Kummer ist seine Hölle.

Sathya Sai Baba

Dass die Vögel der Sorge und des Kummers über deinem Haupt fliegen, kannst du nicht ändern. Aber dass sie Nester in deinem Haar bauen, das kannst du verhindern.

Martin Luther

Aus dem oben gezeichneten Bild wird deutlich: Wir schaffen uns unsere (wahrgenommene) Umwelt selbst (Prinzip des Konstruktivismus). Wahrnehmung ist ein aktiver Prozess, die Wahrnehmungen fallen nicht in uns herein, wir holen sie uns. Wir sind für die Wahrnehmung verantwortlich, denn wir haben es in der Hand, was wir in welcher Weise, mit welcher Wertung wahrnehmen. Wenn Sie diesem Gedankengang bis hierher folgen, so ist es nur noch ein kleiner Schritt, auch die Verantwortung für die eigenen Gefühle und Stimmungen zu übernehmen. Ist das nicht eigentlich eine faszinierende Vorstellung, dass Sie keine negativen Gefühle mehr haben, dass Sie keine lähmende Angst mehr haben, keine Sie verzehrende Wut usw.? Das ist natürlich nicht so einfach zu erreichen, aber grundsätzlich ist es möglich.

Wir möchten diesen Mechanismus wieder an einigen Beispielen deutlich machen:

> **Der ärgerliche Lastwagen auf der Autobahn**
>
> Nehmen wir an, Sie sind mit dem Auto unterwegs. Sie fahren schon seit längerem auf der Autobahn in einem schnellen Auto. Sie möchten gerne möglichst schnell vorankommen, da Sie eine Verabredung haben und sich nicht sicher sind, ob Sie Ihr Ziel rechtzeitig erreichen. Vor Ihnen fahren auf der rechten Spur der zweispurigen Autobahn zwei Lastzüge und gerade als Sie ansetzen, den hinteren der Lastwagen zu überholen, setzt der den linken Blinker und zieht auch schon auf die linke Fahrbahn. Es gelingt Ihnen gerade noch zu bremsen, die Situation war eigentlich auch nicht gefährlich, aber auch nicht gerade problemlos. Sie kennen sicher eine solche Situation und Sie kennen Ihre Gefühlsreaktion. Wer

hätte in einer solchen Situation nicht schon einmal Ärger erlebt, der sich z. B. durch lautes Hupen oder wildes Betätigen der Lichthupe Ausdruck verschafft.

Viele Leute sind sich einig: Ärger dieser Art bringt in den seltensten Fällen etwas Sinnvolles. Wie also kann man diesen Ärger beseitigen. Es geht nur, indem man seine Wahrnehmung des »Verkehrsgegners« und damit seine Gefühle gegenüber dem unbekannten Lenker des Lastwagens verändert. Hier kann Mitgefühl und der Wechsel der Perspektive viel ausrichten (Sie kennen das schon aus dem Beispiel mit dem Kollegen in der Schweiz). Stellen Sie sich also vor, wie nervtötend es sein muss, wenn Sie stundenlang mit einem Lastzug unterwegs sind, wenn Sie grundsätzlich 5 bis 10 Stundenkilometer schneller als der Kollege vor ihm fahren könnten, dass Sie aber natürlich eine große Strecke brauchen, um zu beschleunigen und dann letztlich an ihm vorbeizuziehen. Wenn Sie sich richtig in den Fahrer des Lastzugs hineindenken, so können Sie Verständnis, vielleicht sogar Mitleid entwickeln – und der Ärger ist verschwunden. Wir können unsere Wahrnehmung beeinflussen.

Wie die verschiedenen Beispiele zeigen, liegt der Schlüssel zur Steuerung unserer Wahrnehmung in der Beeinflussung unserer Einstellungen, wobei man sich darüber unterhalten kann, ob es sich in den erwähnten Beispielen wirklich um die Veränderung von Einstellungen handelt, da Einstellungen als etwas Längerfristiges definiert werden, während die Gefühle z. B. gegenüber dem Fahrer des Lastzuges eher kurzfristig sein werden. Wenn wir in diesem Zusammenhang von Einstellung sprechen, so beziehen wir die kurzfristigen Wertorientierungen, im Englischen »set« genannt, mit ein.

Hier noch ein anderes Beispiel, bei dem größere Schwierigkeiten auftraten, eine passende Einstellung und positive Gefühle zu finden:

Der Umgang mit dem beruflichen Gegner

Leider kann es auch ein friedliebender Mensch nicht zu 100 % vermeiden, dass ihm andere Menschen begegnen, die nicht so friedliebend sind, und mit denen man in Konflikt gerät. Da gibt es einen Kollegen, der hat mich zu seinem Gegner erklärt und ich bekomme von ihm in regelmäßigen Abständen Briefe, die das Ziel haben, mich zu ärgern – und er ist sehr geschickt darin, immer wieder neue Gründe zu finden. Vielleicht geht es Ihnen so mit Briefen vom Finanzamt oder mit Einschreibebriefen generell. Die erste Strategie ist natürlich, die Briefe nicht – zumindest nicht zu einem ungünstigen Zeitpunkt zu lesen. Wenn ich mich auf etwas anderes konzentrieren möchte oder muss, so werde ich sicher nicht vorher einen Brief lesen, auf dem sein Name als Absender steht, auch wenn ich natürlich neugierig bin, was ihm wieder Neues eingefallen ist.

Andererseits muss ich ihn natürlich doch irgendwann lesen, denn ich muss ja leider darauf reagieren, um Nachteile zu vermeiden. Ich suche mir also einen Zeitpunkt, zu dem ich nicht unter Stress stehe und zu dem ich die Möglichkeit habe, meine Wahrnehmung weitgehend selbst zu bestimmen und ich »freue mich« in gewisser Weise sogar, denn ich habe wieder einmal eine Gelegenheit, mein Prinzip der Beeinflussung der eigenen Gefühle auszuprobieren. Schließlich brauchen wir Übungssituationen, wenn wir etwas Neues lernen wollen.

Wenn ich den Brief dann gelesen habe, gehe ich zu meinem Kollegen, der – wie ich aus Erfahrung weiß – grundsätzlich meine Einstellung ihm gegenüber teilt, und berichte ihm mit einem Lachen, dass ich wieder einen Brief von meinem »Freund« bekommen habe und was ihm wieder Neues eingefallen ist. Und dann analysieren wir gemeinsam diesen Brief, und zwar mit der Zielrichtung zu erkennen, welche Motive ihn dazu gebracht haben könnten, einen neuen Angriff zu starten. Das Ergebnis ist immer dasselbe, wenn auch in Variationen: der Schreiber des Briefes ist eigentlich zu bedauern, denn er ist nicht in der Lage, sich aus seiner engen Betrachtungsweise zu befreien oder (wenn es sich um »offizielle« Briefe handelt) weil er aus seiner einseitigen Rolle heraus reagieren musste.

Sie werden jetzt vielleicht denken, dass die Beispiele gegenüber den Problemen, mit denen Sie sich herumschlagen müssen, lächerlich sind. Wir haben dieses Konzept auch schon bei größeren, sogar bei lebensbedrohlichen Situationen ausprobiert und mit Erfolg angewandt.

3.4 Positives Denken als Lebensprinzip?

Wende dein Gesicht der Sonne zu, dann fallen die Schatten hinter dich.

Sprichwort

Dieses Sprichwort erinnert Sie sicher an das Prinzip des »Positiven Denkens«. Man lässt keine negativen Gedanken zu, sondern sieht alles durch die »rosarote Brille«. Diese Art des »Positiven Denkens« entspricht sicher nicht dem hier dargestellten Prinzip. Es geht nicht darum, dass man eine unrealistisch positive Sichtweise einer negativen Situation zeichnet. Die positive Einstellung, die man entwickelt, sollte durchaus auf realistischen Tatsachen beruhen und keine negativen Aspekte verdrängen oder leugnen. Eine positive Einstellung ignoriert das Negative nicht, aber sie bleibt auch nicht bei ihm stehen, sondern sucht in allem Negativen auch etwas Positives. Wenn die Suche meist Erfolg hat, dann weiß man, dass man die emotionale Ausgewogenheit gestalten kann. Dann kann man es sogar ertragen, wenn man in manchen Erlebnissen partout nichts Positives sehen kann. Gemeint ist hier also ein realistisch-positives Denken, welches eine optimistische Grundhaltung mit einer realitätsgerechten Beurteilung der Situation vereint.

Das Vertrauen in die eigenen Fähigkeiten ist etwas anderes als der Glaube daran, dass sich die Dinge schon von allein zum Positiven wenden werden. Wenn negative Ereignisse einfach nicht zur Kenntnis genommen werden, können sie auch nicht innerlich verarbeitet und in die Persönlichkeit integriert werden. Es kommt darauf an, auch negative Ereignisse und schmerzhafte Erfahrungen bewusst zu verarbeiten und das Gute zu sehen, was jede neue Erfahrung mit sich bringt. Im Unterschied zu der oberflächlichen Art des positiven Denkens, wie sie in vielen Ratgebern propagiert wird, ist die tiefere Form einer positiven Grundeinstellung dadurch charakterisiert, dass sie eigene Schwächen und schmerzhafte Erfahrungen weder leugnet noch beschönigt. Lässt sich diese differenzierte Art des Positiven Denkens trainieren? Hat es immer eine positive Auswirkung auf die Gestaltung des Alltags?

In der Osnabrücker Forschung zeigte sich vor einiger Zeit eine frappante Bestätigung der soeben erläuterten differenzierten Einstellung gegenüber dem Positiven Denken:

Positives Denken im Experiment

In einem Projekt, an dem Arno Fuhrmann beteiligt war, wurden die Versuchsteilnehmer mit der Anregung angeworben, sie könnten mit unserer Untersuchung lernen, wie sie ihre Ernährungsgewohnheiten gesünder gestalten könnten. Zu Beginn der Untersuchung wurde jedem Teilnehmer eine große Liste mit Nahrungsmitteln gezeigt, solche die von Ernährungswissenschaftlern als Bestandteile einer gesunden Ernährung empfohlen werden (Brokkoli, Salat etc.) und solche, die nicht zu oft gegessen werden sollten (z. B. Pommes Frites, Süßigkeiten etc.). Die Teilnehmer wählten entsprechend bestimmte Nahrungsmittel aus, die sie öfter bzw. seltener essen wollten (z. B. mehr Brokkoli, weniger Pommes). Sie trugen jeden Tag in ein Tagebuch ihre Vorsätze für den nächsten Tag ein und beurteilten die Umsetzung der Vorsätze vom vorigen Tag (Erfolge und Misserfolge).

Wie wurde der Einfluss des positiven Denkens untersucht? Dazu wurden zwei verschiedene Gruppen gebildet. Die erste Gruppe erhielt ein positives, die zweite ein negatives Selbstmotivierungstraining. Die positive Gruppe lernte, auch auf kleine Fortschritte positiv zu reagieren (sich freuen, sich etwas gönnen etc.). Die negative Gruppe lernte, auf Misserfolg negativ zu reagieren (sich selbst kritisieren, sich eine kleine Strafe auferlegen etc.). Auf den ersten Blick schien es keinen Unterschied zu machen, ob die Leute sich positiv oder negativ motivierten: Die Umsetzungsrate *(Willensbahnung)* war in beiden Gruppen gleich hoch (gemessen daran, wie viel Prozent der eigenen Vorsätze über den Zeitraum von einer Woche umgesetzt wurden). Allerdings zeigte eine nähere Analyse, dass es große Unterschiede zwischen den Teilnehmern gab: Viele schienen von der positiven Instruktion zu profitieren, viele profitierten aber von der negativen Instruktion.

Was verursachte den Unterschied zwischen diesen beiden Untergruppen? Mit den in Osnabrück entwickelten diagnostischen Methoden waren verschiedene Komponenten der handlungsorientierten Gestalterhaltung und der lageorientierten Erdulderhaltung gemessen worden. Personen, die zu einem handlungsorientierten Gestalterstil neigten (die übrigens auch hohe Kennwerte hatten in Aspekten der demokratischen Selbstregulation wie Selbstbestimmung und Identifikation mit den eigenen Zielen, Selbstmotivierung, Selbstberuhigung) setzten mehr von ihren Vorsätzen um, wenn sie sich positiv motivieren sollten. Teilnehmer, die zu einer lageorientierten Erdulderhaltung neigten (und solche,

> die hohe Kennwerte für Komponenten der strengen Selbstkontrolle hatten) profitierten mehr von der negativen Instruktion.

Was bedeuten diese Befunde?
Sie zeigen zunächst einmal, dass eine positive Haltung nicht ohne weiteres allen Personen hilft, ihre Ziele umzusetzen: Wer gewöhnt ist, streng mit sich selbst umzugehen, wer *Selbstkontrolle* zeigt (mit oder ohne Lageorientierung), d. h. seine Ziele klar ins Intentionsgedächtnis lädt und nicht mehr nach links oder nach rechts schaut (d. h. sein Extensionsgedächtnis hemmt, um nicht auf »falsche« Gedanken zu kommen), dem kann die positive Instruktion sogar »schaden«. Dieses paradoxe Ergebnis war aufgrund der PSI-Theorie erwartet worden: Die strenge Selbstdisziplin ist mit negativen Gefühlen verbunden, die ab einer kritischen Stärke das Extensionsgedächtnis und damit auch die Selbstwahrnehmung hemmen (2. Modulationsannahme, vgl. ▶ Kap. 2.16).

Was passiert mit neuen Vorsätzen, wenn jemand dazu neigt, ständig sein Selbst zu hemmen (weil er irgendwelche momentanen Ziele unbedingt umsetzen will, ohne von anderen Neigungen oder Wünschen aus dem Selbst abgelenkt zu werden)? Sie können nicht ins Selbstsystem integriert werden, weil das ja gehemmt ist. Wenn solche Menschen trainiert werden, sich für kleine Erfolge positiv zu behandeln, dann werden ihre strenge Selbstdisziplin und das damit verbundene negative Gefühl reduziert. Reduktion von negativen Gefühlen führt aber zu einer Öffnung der Selbstwahrnehmung (vgl. 2. Modulationsannahme). Wenn nun aber die neuen Ziele – in diesem Fall die Ernährungsvorsätze – nicht ins Selbst integriert sind, dann bringt eine Öffnung der Selbstwahrnehmung alle möglichen Neigungen, Gedanken und Interessen zum Vorschein, aber nicht die neuen Ziele.

Oberflächlich betrachtet könnte man – geradezu fatalistisch oder sogar zynisch – daraus folgern, dass man Menschen, die die »Peitsche gewöhnt sind«, weiter die Peitsche geben muss. Das wäre aber sehr kurzsichtig gedacht. Die Ergebnisse zeigen lediglich, dass man bei disziplinierten Menschen und wahrscheinlich bei allen Menschen, die mehr zu negativen als zu positiven Gefühlen neigen, damit rechnen muss, dass positives Denken nicht sofort Wunder wirkt. Wie kann man erreichen, dass auch sie von den positiven Instruktionen profitieren können? Der Weg kann klar beschrieben werden: Sie müssten zunächst lernen, sich mit neuen Zielen wirklich auseinander zu setzen, statt sich vorschnell immer gleich auf Ziele zu verpflichten.

Da selbst sehr »positive« Menschen meist auch negative Formen der Selbstmotivierung gelernt haben (es reicht ja schon, wenn man an die unangenehmen Folgen denkt, die zu erwarten sind, wenn man eine bestimmte Sache nicht zeitig erledigt), können praktisch alle Menschen von der folgenden Übung lernen, die natürlich für sehr disziplinierte Menschen besonders wichtig ist, wenn sie sich auch die positive Form der Selbstmotivierung erschließen wollen.

Man kann jeden Tag eine kleine Übung machen, bei der man einige neue Ziele aufschreibt (oder auch Aktivitäten, die man am Tage erledigt hat): Bei jedem Ziel und bei jeder Tätigkeit, die man aufgelistet hat, schreibt man nun auf, welcher Person es gefällt, dass man die Sache erledigt. Dann geht man bei jeder einzelnen

Aktivität in die Selbstwahrnehmung und fragt: Wie viel Spaß macht mir das ganz persönlich? Oder bei Dingen, die man machen will, auch wenn sie keinen Spaß machen: Wie sehr habe ich mich selbst dafür entschieden? Wie sehr hätte ich das auch ohne Druck oder Erwartungen anderer gemacht? Wenn Sie sich zutrauen, sich ein Arbeitsblatt selbst zu gestalten, dann raten wir ihnen, sich solche zu machen. Sie können später, wenn Ihre eigene Übung entworfen und vielleicht nach mehrmaligem Ausprobieren etwas abgeändert sind, Ihre Arbeitsblätter mit unseren Vorschlägen vergleichen, die wir im Anhang bereitgestellt haben. Bestimmt werden Sie bemerken, dass Ihre Übungsvorlagen für Sie persönlich sinnvoller sind (was nicht ausschließt, dass Sie an manchen Stellen Anregungen von unseren Arbeitsblättern übernehmen oder abwandeln). Falls Sie doch lieber unser Übungsblatt für die Reflexion der eigenen Ziele übernehmen möchten, wäre das Übungsblatt Nr. 12 aus unserer Übungssammlung (▶ Anhang) das passende. Die zweite Seite ist immer als Rückseite des Übungsblattes gemeint, falls Sie sich diese Blätter für mehrere Anwendungen kopieren wollen. Die Rückseite wird erst gelesen, wenn die Vorderseite ausgefüllt ist.

Wenn man nicht gewöhnt ist, sich Fragen zu den eigenen Zielen zu stellen (z. B. wie viel positive Gefühle man mit verschiedenen Ziele verbindet), wie es z. B. bei sehr gewissenhaften und disziplinierten Menschen der Fall sein kann, dann helfen zusätzliche Übungen zur Selbstwahrnehmung (z. B. lenkt man die Aufmerksamkeit auf verschiedene Körperregionen: verschiedene Muskeln, z. B. auf den Bauch): Wo immer man Spannungsempfindungen bemerkt, hat man einen möglichen Hinweis darauf, dass man sich ein Ziel oder einen Gedanken noch nicht ganz zu eigen gemacht hat). Solche Übungen zeigen bei eingefleischten »Selbstkontrollierern« natürlich nur dann Wirkung, wenn sie regelmäßig durchgeführt werden, bei besonders einseitiger Selbstdisziplin sogar unter Anleitung eines mit solchen Methoden vertrauten Psychologen.

Erst wenn man gut beurteilen kann, welche Ziele man sich noch nicht vollständig zu eigen gemacht hat, kann man beginnen zu fragen, ob man das betreffende Ziel ablehnen soll, ob man es doch einfach durchziehen will oder ob man es irgendwie verändern kann, damit man es vielleicht doch ein wenig besser akzeptieren kann und sich ein bisschen weniger zwingen muss. Wichtig ist, dass man sich am Anfang regelmäßig immer wieder solche Fragen stellt (am besten in einer abendlichen Übung, bei der man die einzelnen Schritte auch wirklich stichwortartig aufschreibt). Dadurch wird der Zugang zum Extensionsgedächtnis trainiert. Allmählich wird auf diese Weise das Intentionsgedächtnis entlastet. Man schiebt nicht mehr ständig unerledigte Dinge vor sich her, zu denen man sich zwingen muss: Einiges wird abgelehnt (»Mut zum Nein-Sagen«), anderes wird kreativ umgestaltet (»Mut, es etwas anders zu machen als verlangt oder ursprünglich gedacht«). Sie können nach einiger Zeit auch die Übung Nr. 11 durchführen, in der direkt nach Zielen und Vorsätzen gefragt wird, von denen man schon sagen kann, dass es eigentlich Forderungen sind, die man sich stellt oder die man zu erfüllen hat.

Durch solche Übungen soll der Anteil der Ziele ansteigen, die ins Selbstsystem integriert sind und die deshalb die volle emotionale Unterstützung des Selbst erhalten. Wenn Selbstdisziplinierte oder Menschen mit einer Opferhaltung diese Phase erreicht haben, profitieren sie auch von positivem Denken. Die positive

Orientierung ist dann aber differenziert durch die vorher eingeübte Auseinandersetzung mit den Zielen und durch die Prüfung, ob sie mit den eigenen Präferenzen vereinbar sind: Man weiß, was man an Zielen bzw. den betreffenden Aktivitäten mag und was nicht, man weiß – oder besser gesagt: man *spürt* – warum man sich für ein Ziel entschieden hat und was man bereit ist, dafür an unangenehmen Dingen in Kauf zu nehmen, wie groß die Chancen sind, es zu erreichen und wie groß das Risiko eines Misserfolges ist.

Ein Rezept für die Optimierung des eigenen Wohlbefindens erfordert weder positives noch negatives Denken alleine, sondern eine Mischung: reichlich Optimismus, um einen mit Hoffnung zu versorgen, eine Prise Pessimismus, um übertriebene Selbstzufriedenheit zu verhindern und genügend Realismus, um die Dinge, die wir kontrollieren können, von den Dingen zu unterscheiden, die wir nicht kontrollieren können.

Diese Kontrastierung gegensätzlicher Inhalte von Gefühlen und Gedanken, war ja auch die Grundlage der von Gabriele Oettingen entwickelten Übung zur Umsetzung unangenehmer oder schwieriger Vorsätze: Es ist sinnvoll, die Zielreflexionsübungen (▶ Anhang, Übungen 11 und 12) durch Oettingens Kontrastierungsübung zu ergänzen (▶ Kap. 1.7, »Pendeln«).

Die Kontrastierung verschiedener Gemütszustände mag den Theologen Reinhold Niebuhr zu seinem »Gebet der Gelassenheit« inspiriert haben:

> »Oh Gott, gib uns die Gnade, mit Gelassenheit die Dinge zu akzeptieren, die man nicht ändern kann, den Mut, die Dinge zu ändern, die man ändern kann, und die Weisheit, das eine vom anderen zu unterscheiden.«

Das Prinzip ist sehr einfach: Wenn uns etwas stört, so werden wir als »Gestalter« das, was uns stört, beseitigen bzw. ändern. Wenn wir aber feststellen, dass wir es nicht ändern können (wie in den weiter oben angeführten Beispielen), so versuchen wir, unsere Einstellung dazu zu verändern. In beiden Fällen bleiben wir Gestalter.

Gegen das Prinzip des »Positiven Denkens« wurde viel polemisiert. Es gibt sogar Autoren, die die These aufgestellt haben, dass positives Denken krank macht. Dem kann man folgen, wenn das positive Denken auf einer Technik der Verdrängung und Negierung negativer Gefühle und Situationen beruht. Solange aber realistische, positive Aspekte die Wahrnehmung verändern, so sehen wir darin nichts, was krank machen könnte. Wir sind davon überzeugt, dass eher einseitige negative Gedanken krank machen (Taylor & Brown, 1994).

Die Konzentration auf die Möglichkeiten und nicht auf die Hindernisse ist auch eines der wichtigsten Prinzipien im Rennsport: Jeder Rennfahrer kommt immer wieder einmal ins Schleudern. Die Rennfahrer lernen als wichtigste Regel, dass sie in einer solchen Situation immer mit den Augen auf der freien Strecke sein müssen. Wenn sie die Begrenzung ansehen, dann fahren sie auch dagegen. Die Orientierung eines »Gestalters« ist nichts anderes. Ein Mensch mit Gestaltergrundhaltung überträgt das Prinzip aus dem Rennsport auf das tägliche Leben: Nicht wie gebannt auf die eingetretene Lage, auf das Missgeschick schauen, sondern in die Richtung schauen, die aus der Lage herausführt, das ist der erste Schritt in handlungsorientiertes Gestalten (vielleicht fällt Ihnen eine Übung ein, wie Sie diese Orientierung in Ihrem Alltag verstärken können?).

3.5 Der Mensch als Gewohnheitstier

Achte auf deine Gedanken, denn sie werden Worte;
achte auf deine Worte, denn sie werden Taten;
achte auf deine Taten, denn sie werden Gewohnheiten;
achte auf deine Gewohnheiten, denn sie werden dein Charakter.

Talmud

Das Tier ist in seinem Verhalten durch seine Instinkte festgelegt. Es hat keine Entscheidungsfreiheit. Der Mensch hat zwar viele »Instinkte« aus seiner stammesgeschichtlichen Vergangenheit ererbt, diese sind aber überformt durch lebenslanges Lernen und durch kulturelle Entwicklungen, die von Generation zu Generation übertragen werden. Die hoch differenzierten Gestaltungsmöglichkeiten, die er aufgrund seiner intellektuellen Fähigkeiten entwickelt hat, machen den Menschen sehr anpassungsfähig gegenüber neuen Situationen. Trotzdem wird auch beim Menschen ein großer Teil des Verhaltens an den hoch differenzierten, abwägenden und urteilenden Systemen vorbei bestimmt, vielleicht weniger durch Instinkte als in großem Ausmaß durch Gewohnheiten. Die vielen kleinen regelmäßig wiederkehrenden Verhaltensweisen bestimmen unser Leben in beträchtlichem Umfang. Oft sind wir uns dessen nicht bewusst, weil es keine bewussten Entscheidungen waren, die zu diesen Gewohnheiten geführt haben.

Gewohnheiten prägen unser Leben: Häufig zu spät kommen, immer wieder verschlafen, zu Menschen, die man neu kennen lernt, grundsätzlich freundlich oder zurückhaltend sein, früh aufstehen, die ganzen Essgewohnheiten, ob wir oft in Hetze sind oder alles ruhig angehen lassen, ob wir Vorschriften wie z. B. Verkehrsregeln beachten oder nicht, die Gewohnheiten sich zu kleiden usw. Man könnte diese Liste noch wesentlich erweitern.

Man kann nun einwenden, dass die aufgezählten Verhaltensweisen keine bloßen Gewohnheiten sind, sondern dass sie Ausdruck der Persönlichkeit des Gewohnheitsträgers sind. Aber auch hier gilt, dass nicht nur unsere Einstellungen unser Verhalten bestimmen, sondern dass auch unser Verhalten unsere Einstellungen bestimmt. Nicht nur unser Charakter bestimmt unsere Gewohnheiten, sondern auch unsere Gewohnheiten bestimmen unseren Charakter.

Dieser Zusammenhang lässt sich an der Art, sich zu kleiden, deutlich machen: Wenn wir uns nachlässig kleiden, so wird das bereits während der Tätigkeit des Anziehens, des Aussuchens der Kleidung einen Einfluss auf uns haben. Wir treffen eine große Zahl kleiner Entscheidungen, die letztlich auch mit dem Wert zu tun haben, den wir uns selbst beimessen. Aber auch wenn dieser Vorgang vorbei ist und wenn wir uns nicht mehr im Spiegel betrachten, wirkt unser Äußeres und damit die

Art, wie wir uns gekleidet haben, auf uns zurück. Der »Spiegel«, dem wir nicht entgehen können, besteht im täglichen Leben aus den Menschen, die uns begegnen. Deren Reaktion auf uns, wird durch unser Aussehen mit beeinflusst, auch wenn das häufig ein so geringer Einfluss ist, dass wir ihn kaum wahrnehmen: Er ist vorhanden und wirkt auf uns, gerade weil er sehr zart ist und wir uns daher nicht dagegen wehren.

Auf den ersten Blick erscheinen Gewohnheiten so, als würden sie eine Gestalterhaltung erschweren. Das ist in der Tat der Fall, wenn Gewohnheiten überhandnehmen. Wenn unser ganzer Alltag nur noch durch Gewohnheiten und feste Regeln ausgefüllt wäre, dann bliebe in der Tat wenig Raum zum freien Gestalten. Häufig werden unsere Gewohnheiten von Vorschriften und Regeln bestimmt. Wir werden »gezwungen«, ein bestimmtes Verhalten zu zeigen und so arrangieren wir uns damit und es wird zu einer Gewohnheit, die keine Entscheidung mehr erfordert, die also automatisch abläuft. Man sagt uns Deutschen ja einen gewissen Hang zum übermäßigen Regulieren des Alltags nach. Wenn überall Vorschriften und Regeln zu beachten sind und unser automatisch ablaufendes Verhalten bestimmen, schwindet der Raum für das kreative Gestalten. Wie schön ist es, wenn einem in einer Behörde ein Beamter begegnet, der nicht nur achselzuckend sagt, warum etwas aufgrund irgendwelcher Vorschriften nicht geht, sondern der einen Vorschlag parat hat, wie man im Rahmen der Vorschriften (vielleicht auch bei großzügiger Auslegung) das Problem lösen kann.

Gewohnheiten müssen aber nicht in Opposition zu den Gestaltungsmöglichkeiten stehen. Ein dosierter Anteil von Ritualen und Gewohnheiten kann sogar Gestaltungskräfte stimulieren. Gestaltung kostet Kraft und intellektuelle Kapazität. Es wäre unklug, sie für Dinge, die immer wiederkehren, zu verschwenden, etwa wenn man jeden Tag die Reihenfolge der Morgentoilette ändern oder die Treppen zum Büro immer auf andere Weise hochsteigen würde. Peter Gollwitzer (1999) und sein Team haben in vielen Untersuchungen zeigen können, dass wir viele unserer Vorsätze besser umsetzen können, wenn wir Gewohnheiten aus ihnen machen. Das funktioniert natürlich am besten, wenn wir sie regelmäßig ausführen (z. B. merkt jemand, der sich vorgenommen hat, mehr für seine Fitness zu tun, jeden Abend seine Joggingstrecke zu laufen, nach einiger Zeit, dass er zur gewohnten Zeit fast schon »automatisch« seine Joggingschuhe anzieht und losrennt). Was macht man aber bei Zielen, die man nicht durch ständige Wiederholung zu Gewohnheiten verfestigen kann? Die Arbeiten von Gollwitzer zeigen, dass es oft schon ausreicht, wenn wir nur Zeit und Ort einer beabsichtigten Handlung festlegen und am besten auch konkret sagen, wie wir es machen wollen (z. B.: »Morgen nehme ich direkt, wenn ich nach Hause komme, die Einkaufsliste und fahre zum Supermarkt.«) Sie können an dieser Stelle die Zieleübung (▶ Anhang, Übung 12) so abwandeln, dass Sie zu den bereits notierten oder zu einer Liste neuer Ziele und Vorsätze in der letzten Spalte immer Zeit und Ort zur Ausführung Ihres Vorsatzes eintragen (das Wann, Wo und Wie).

Viele Gewohnheiten geben unserem Tag eine feste Struktur, sie können Unruhe, ja sogar Stress und Angst verhindern helfen, z. B. die Kaffeepause zur selben Zeit am Vormittag oder das Zeitunglesen am Abend. Innerhalb dieser Struktur ist es dann leichter, die wirklich wichtigen Dinge zu gestalten, als wenn man zu wenige

Strukturen hat, die dem Alltag ein Gerüst geben. Andererseits engen wir die Vielfalt unserer möglichen Erfahrungen und damit die Möglichkeit zu lernen ein, wenn wir zu sehr in unseren Verhalten von Gewohnheiten bestimmt sind. Wer im Lokal immer dasselbe bestellt, im Supermarkt immer dieselben Waren aus dem Regal nimmt, wird nie erfahren, ob es nicht Speisen oder Produkte gibt, die noch besser zu seinen Bedürfnissen passen. Zu starre Einstellungen und zu enge Gewohnheiten begrenzen unsere Wahrnehmungs- und Erlebnismöglichkeiten.

Würden wir alle unsere Vorsätze immer nach dem oben genannten konkretisieren, so hätte das einen Nachteil: Wer genau festlegt, wann und wo er was machen will (und wie genau), kann leicht seinen Vorsatz vergessen, wenn er zu der angedachten Zeit nicht an dem festgelegten Ort ist. Es kann auch sein, dass man nach allzu genauer Festlegung dessen, was und wie man etwas tun will, Schwierigkeiten hat, wenn die geplante Handlung nicht umsetzbar ist: Wenn ich mich genau darauf vorbereite, mit welchem Argument ich meinen Chef um eine Gehaltserhöhung bitte, fällt mir vielleicht nichts mehr ein, wenn er mir schon beim Betreten dieses Argument gleich ausredet. Es ist also ratsam, sich vorher zu überlegen, wie genau man die Umsetzung eines Vorsatzes vorher schon planen sollte. (Eine gute Möglichkeit ist es auch, mögliche Varianten durchzuspielen, ohne sich an eine fest zu binden.)

Die wichtigste Voraussetzung, seines Schicksals Schmied zu werden, besteht darin, dass wir uns gleichsam zweiteilen können, dass wir uns »neben uns selbst« stellen, uns selbst betrachten und letztlich beeinflussen können. Auch das ist eine Fähigkeit, die uns wesentlich von allen Tieren unterscheidet. In der Pubertät entwickeln wir eine höhere Form von »Selbstbewusstheit« des »zweispurigen Erlebens«, die uns Objekt und Subjekt zugleich sein lässt, und deren Entwicklung bereits in der frühen Kindheit beginnt (Dornes, 2004; Fonagy et al., 2002). Das wichtigste »Stellglied« in uns, mit dem wir einen wesentlichen Grad an Freiheit gewinnen, ist die Beeinflussung unserer Einstellung und damit unseres Verhaltens und damit unseres Lebens. Über dieses Stellglied der Einstellungen können wir letztlich auch unser Schicksal beeinflussen, wobei es oft eine Glaubensfrage darstellt, ob wir damit »nur« die wahrgenommene Qualität des Lebens oder auch den Verlauf des Lebens selbst beeinflussen.

3.6 Kann man denn seine Einstellungen verändern?

Die gute Nachricht ist die, dass die schlechten Nachrichten in gute Nachrichten verwandelt werden können, wenn man seine Einstellungen ändert.

Robert H. Schuller

Von allen Geschöpfen der Erde können nur die Menschen ihre Verhaltensmuster ändern. Einzig der Mensch ist seines Schicksals Schmied.

Marilyn Ferguson

Die Psychologie in den Vereinigten Staaten hat sich während und nach dem Zweiten Weltkrieg sehr intensiv mit der Veränderung von Einstellungen beschäftigt. Man glaubte, durch diese Erkenntnisse das einvernehmliche Zusammenleben der Minderheiten vor allem in den großen Städten fördern zu können. Die dabei gewonnenen Erkenntnisse sind sehr nützlich, sie zeigen aber auch, dass Einstellungen oft schwer zu verändern sind. Menschen brauchen ein konsistentes Weltbild und ein ebenfalls aus Einstellungen gebildetes Selbstbild. Daher haben wir eine Reihe von Mechanismen entwickelt, unsere Einstellungen von außen unangreifbar, unveränderbar zu machen. Versuchen Sie einmal, einen Raucher davon zu überzeugen, dass seine Gewohnheit (seine positive Einstellung zum Rauchen) unvernünftig und für ihn selbst schädlich ist. Sie erleben dann viele dieser Mechanismen.

Grundsätzlich sieht das anders aus, wenn wir unsere eigenen Einstellungen verändern wollen. Widerstand gegen eine andere Person macht grundsätzlich Sinn, denn es könnte sein, dass diese andere Person nur ihre eigenen Interessen und nicht unsere verfolgt. Widerstand gegen die Beeinflussung durch uns selbst sollte eigentlich keinen Sinn machen. Allerdings gibt es auch »intrapsychische« Kräfte, die eine Einstellungsänderung verhindern.

Der amerikanische Sozialpsychologe Leon Festinger hatte mit seiner *Dissonanztheorie* diese Kräfte in der menschlichen Neigung gesehen, möglichst wenige Widersprüche zwischen den verschiedenen Wahrnehmungen und Überzeugungen erleben zu wollen. So kann es z. B. sein, dass jemand seine Opfereinstellung einfach deshalb nicht ändern möchte, weil eine Gestalterüberzeugung zu vielen anderen inzwischen längst abgespeicherten Erfahrungen und Überzeugungen nicht passen würde. Er hat z. B. eine sehr positive Einstellung zu einer zurückhaltenden, bescheidenen Haltung gegenüber dem Schicksal und anderen Menschen und erlebt die Gestaltergrundhaltung als überheblich. Selbst wenn er eine Gestaltereinstellung ausprobieren würde, würde sich diese Einstellung sehr fremd anfühlen und ihn in regelrechte Konflikte stürzen (»Dissonanzen«). Vielleicht würde er ja eher bereit sein, diese Phase durchzustehen, wenn er von vornherein wüsste, dass sich die ersten Gestalterüberzeugungen sehr »fremd« anfühlen können.

Es ist eine große Kunst und mag durchaus nicht immer gelingen, die eigenen Einstellungen zu verändern. Aber man kann es lernen und es ist wie mit vielen Fertigkeiten, die wir erwerben: Je besser wir werden, desto leichter fällt es uns, noch besser zu werden. Das Entscheidende ist, damit anzufangen und sich erste Erfolgserlebnisse zu verschaffen. Die folgende Anleitung zur Einstellungsänderung ist aus den oben erwähnten Experimenten der amerikanischen Psychologie abgeleitet. Man kann die erfolgreichen Strategien zur Einstellungsänderung, die sich in Untersuchungen bewährt haben, auf die Veränderung der eigenen Einstellungen übertragen (ausführlicher in Martens, 2009).

Allerdings sollte man sich klar machen, dass es kein leichtes Unterfangen ist, seine grundlegenden Einstellungen in den Griff zu bekommen. Es dauert mitunter lange Zeit, bis man eine bestimmte neue Einstellung erwirbt. Langfristig wirksame Einstellungen entstehen nicht über Nacht und sind meist auch nicht kurzfristig über Bord zu werfen. Dennoch: Wir können an vielen Dingen in unserer Umgebung objektiv nichts ändern, aber wir können unsere Gedanken und Einstellungen regulieren und korrigieren und sie so zu einer Unterstützung für unseren persönlichen

Lebensweg werden lassen: Das Denken eines Menschen ist sein Königreich, hier besitzt er alle Freiheit und somit ist er letztlich selbst verantwortlich für seine Zufriedenheit. Denn:

Nicht was wir erleben, sondern wie wir das empfinden, was wir erleben, macht unser Schicksal aus.

Marie von Ebner-Eschenbach

3.6.1 Wir entscheiden, was unsere Einstellungen bestimmt

Erfahrung ist nicht das, was einem Menschen widerfährt, es ist das, was ein Mensch aus dem macht, was ihm widerfährt.

Aldous Huxley

Viele Einstellungen entwickeln wir, obwohl wir keine eigenen authentischen Erfahrungen gemacht haben. Wir übernehmen Information aus verschiedenen Quellen und bilden uns daraus eine Einstellung. Auf diese Weise entwickeln wir z. B. Einstellungen gegenüber politischen Parteien (es sei denn, wir sind selbst politisch aktiv und haben daher eigene Erfahrungen), gegenüber Ausländern, zu denen wir keinen direkten Kontakt haben oder zu anderen Ländern, die wir noch nicht besucht haben.

Uns erreichen jeden Tag unzählige Informationen, von denen einige in unserem Speicher »hängen bleiben«, während andere sofort wieder verschwinden. In vielen Untersuchungen hat man nun herausgefunden, welche Informationen unsere Einstellungen bestimmen. Es zeigte sich, dass die Information, die von einem Urheber stammt, den wir mit einem hohen Prestige versehen (z. B. Frankfurter Allgemeine gegenüber Bildzeitung), den wir als zu unserer Bezugsgruppe gehörend einstufen (der Urheber der Information hat unseren Beruf, unsere soziale Stellung) oder den wir besonders sympathisch finden (ein Freund) überdurchschnittlich wirksam ist.

Wenn wir nun unsere eigenen Einstellungen beeinflussen wollen, so müssen wir dafür sorgen, dass wir Informationen bekommen, die in die gewollte Richtung weisen und die von Personen oder Medien stammen, mit denen wir die oben genannten Attribute verbinden. Wenn allerdings Menschen versuchen, uns gegen unseren Willen zu beeinflussen, so hilft es häufig schon, wenn wir uns bewusst machen, dass diese Personen nicht der eigenen Bezugsgruppe angehören, dass sie andere Ziele haben, einen anderen Status haben oder dass sie uns eigentlich unsympathisch sind.

Im Zweifelsfall muss man bestimmte Gruppen meiden, wenn man eine neue Einstellung entwickeln will, die von der Gruppe nicht geteilt wird. Wenn man z. B. eine eher optimistische Haltung zum Leben entwickeln will, so wird einem das nicht gelingen, wenn man sich regelmäßig unter Menschen aufhält, die ihrerseits eine pessimistische Haltung besitzen und sich darin gefallen, immer neue »Beweise« zu finden, warum es ihnen so schlecht geht. Zumindest bis man in seiner neuen Einstellung sehr fest ist, wird man es nicht schaffen, die Gruppe zu beeinflussen, die Beeinflussung wird eher umgekehrt erfolgen.

Es missfiele Gott sehr, wenn Ihr Eure Liebe in jene Dinge setztet, die weniger sind als Ihr, und wodurch Ihr Eure Würde verlöret, da der Mensch dem gleich wird, das er liebt.
Katharina von Siena

Natürlich spielen auch die Informationen eine wichtige Rolle, die wir von den Medien – seien es nun Zeitungen, Zeitschriften, Fernsehen, Radio usw. – aufnehmen, d. h. welchen Medien wir uns aussetzen. Auch hier kann man geplant vorgehen. Wenn man sich z. B. vorgenommen hat, eine positivere und differenziertere Sichtweise (Einstellung) von dieser Welt zu gewinnen, man aber regelmäßig den »Spiegel« oder andere Publikationen liest, in denen primär vermittelt wird, wie entsetzlich die Welt ist, in der wir leben, dann wird es nicht gelingen, eine positivere Einstellung zu entwickeln. Wenn wir die Verantwortung für unsere Einstellungen übernehmen wollen, dann müssen wir zuallererst die Verantwortung für das übernehmen, was wir an »geistiger Nahrung« zu uns nehmen.

3.6.2 Eigene Gedanken beeinflussen unsere Einstellungen mehr als die Beeinflussungsversuche anderer

Wissen können wir von anderen lernen, Weisheit müssen wir uns selbst lehren.
Axel Munthe

Wenn wir durch eigene Überlegungen zu einer (für uns) neuen Erkenntnis kommen, dann wird diese Erkenntnis unsere Einstellung wesentlich beeinflussen. Während wir Informationen, die von anderer Seite kommen, ablehnen können (wir glauben dem Informationsträger nicht, wir sehen ihn als einseitig, wir glauben, dass er uns bewusst in eine für uns nicht passende Richtung beeinflussen will), können wir uns den Einsichten, die wir selbst gewonnen haben, kaum entziehen. Auch dieser Zusammenhang wurde in vielen Untersuchungen immer wieder bestätigt.

Wenn man diese Erkenntnis auf die Beeinflussung der eigenen Einstellungen übertragen will, so muss man sich mit den Informationen, die zu der gewünschten Einstellungsänderung führten, eigenständig auseinandersetzen. Dafür gibt es verschiedene Möglichkeiten. Die am häufigsten praktizierte, aber selten geplant durchgeführte Übung besteht darin, dass man versucht, anderen etwas zu erklären, was man selbst noch nicht ganz verstanden hat. Man wird bei dem Erklärungsversuch Einsichten haben und Begründungen finden, die vor allem uns selbst ganz besonders überzeugen. Darüber hinaus ist bei einem Überzeugungsversuch meist das eigene Selbstsystem aktiv, sodass die Voraussetzungen günstig sind, dass die Überzeugung in dieses System integriert wird.

Nichts lernt man so gut und so intensiv, wie das, was man anderen zu vermitteln versucht.
Volksmund

Diese Aussage gilt für wissensbezogene Zusammenhänge, aber genauso für das Lernen neuer Einstellungen. Dieses Phänomen wurde in der sozialpsychologischen Forschung in Hunderten von Untersuchungen immer wieder bestätigt: Lässt man

Versuchsteilnehmer vor einem Publikum oder auch nur in Form eines kleinen Aufsatzes eine Meinung vertreten, die der eigenen widerspricht (z. B. ein Atomkraftgegner soll für die Atomkraft plädieren), so ändern sich die Einstellungen im Durchschnitt zugunsten der Position, die man gerade vertreten hat (was natürlich nicht ausschließt, dass einzelne Personen ihre Meinung nicht ändern oder ihre alte Meinung sogar noch verschärfen). Es ist klar, dass ein Plädoyer für eine bestimmte Position dazu führt, dass man sich viel detaillierter mit den betreffenden Argumenten auseinandersetzt. Nach der erwähnten Dissonanztheorie kommt noch ein weiterer Wirkfaktor hinzu: Wenn man selbst eine bestimmte Position ausführlich vertritt, dann erlebt man sich selbst inkonsistent (»dissonant«, d. h. widersprüchlich), wenn man anschließend wieder auf die ursprüngliche Position zurückschwenkt.

Man kann sich diese Forschungsergebnisse zu Nutze machen, indem man sich ganz gezielt schriftlich mit dem Gegenstand auseinandersetzt, zu dem man eine neue Einstellung entwickeln will:

Wie motiviert man sich für eine neue Einstellung?

Wenn Sie Gelegenheit haben, einen Aufsatz zu der von Ihnen gewünschten (neuen) Einstellung zu schreiben, so ist das sicher ein sehr wirksamer Weg, sich selbst zu überzeugen. Auch wenn das, was Sie schreiben, nicht veröffentlicht wird, wenn es sich nur um einen Tagebucheintrag oder einen ausführlichen Brief handelt, so werden die Überlegungen, die Sie dabei anstellen, Sie nicht unbeeinflusst lassen. Das schriftliche Ausarbeiten einer solchen Position hat zwei Vorteile: Einmal werden die Argumente durch das Aufschreiben besser ausgearbeitet und zum andern werden Sie selbst (genauer: Ihr »Selbst«) aktiv.

Wenn Sie selbst aktiv sind, so bedeutet das psychologisch, dass Ihr »Selbstsystem« an der Formulierung eines Standpunktes beteiligt ist, sodass dieser Standpunkt dann leichter in Ihr Selbstsystem integriert werden kann und mögliche Gegenargumente ausgeräumt werden können. Sobald das geschehen ist, wird der neue Standpunkt durch sämtliche Funktionsvorteile des Selbstsystems unterstützt: Er hat Ihre volle emotionale Unterstützung (das rechtshemisphärische Selbstsystem ist viel stärker mit Emotionen vernetzt als das linkshemisphärische Denken), Sie können sich leichter selbst motivieren, wenn einmal die Motivation, den neuen Standpunkt zu vertreten, nachlässt (Selbstmotivierung ist eine der Funktionen des Selbstsystems), und Sie können sich selbst besser verteidigen, wenn Sie einmal wegen Ihres Standpunktes kritisiert werden oder unangenehme Erfahrungen machen (die durch Kritik ausgelösten negativen Gefühle können durch die Selbstberuhigungsfunktion des Selbstsystems reduziert werden).

Wenn man einen Standpunkt lediglich liest, kann es sein, dass das analytische Denken stärker beteiligt ist als das ganzheitliche Fühlen (welches das Selbstsystem einschließt). Wenn man selbst aktiv wird statt nur passiv Informationen aufzunehmen, steigt die Wahrscheinlichkeit, dass das Selbst beteiligt wird. Allerdings reicht

Initiative und Aktivität nicht aus: Auch das bereits erwähnte Gewohnheitssystem und der übertriebene Optimismus können spontanes Handeln und Initiative steuern. Deshalb ist es wichtig, darauf zu achten, dass man (Denk-)Gewohnheiten und Einseitigkeiten, auch einseitig positive Beschreibungen vermeidet. Es gehört zwar zu den Funktionsmerkmalen des Selbstsystems, dass es normalerweise eine positive Gesamtbilanz anstrebt. Es erreicht diese Bilanz aber nicht durch »Bilanzfälschung«: Das Selbstsystem schaut sich zunächst die Realität ungeschminkt an, registriert auch Negatives, aber es bleibt nicht dabei, sondern gestaltet Neues. Man sollte also bei seiner Tagebucheintragung oder bei einem Gespräch, in dem man vielleicht mehr sich selbst als den anderen zu einer Einstellungsänderung bewegen möchte, darauf achten, dass man so oft wie möglich auch den gegensätzlichen Standpunkt mit einbezieht und berücksichtigt, statt allzu einseitig für die neue Position zu argumentieren. Damit ist fast schon garantiert, dass man das Selbstsystem einbindet: Nur dieses System beherrscht die Kunst der Integration von kognitiven und emotionalen Gegensätzen. Wir dürfen uns dabei aber nicht in Rage reden (oder schreiben): Denn eine weitere Einschaltbedingung für das Selbstsystem ist die Gelassenheit (▶ Kap. 2.16). (Auf eine noch wirksamere Einschaltbedingung gehen wir später ausführlich ein: die in einer persönlichen Beziehung empfundene Gefühle der Wertschätzung bis hin zur Liebe.)

3.6.3 Das Selbstsystem als Grundlage der Gestalterhaltung

Das Selbstsystem gestaltet aus einer realistischen Wahrnehmung der inneren und äußeren Welt ein kohärentes Bild mit positivem Gesamteindruck, *wo immer dies möglich ist*. Wenn trotz aller Kreativität, über die das Selbst verfügt, kein positives Gesamtbild zustande kommt, kann es sehr kämpferisch werden: Es lehnt die Position, den Gegenstand oder die Person, um die es geht – nach reiflicher Prüfung – dann aber »aus vollem Herzen« ab. Oft investiert das Selbst dann seine Kreativität darin, kluge Wege zu gestalten, die Ablehnung ohne unnötige Nachteile für sich oder andere, aber auch ohne unnötiges Verleugnen der Wahrheit umzusetzen. Eine selbstgesteuerte Ablehnung (d. h. eine Ablehnung, an der das Selbstsystem beteiligt ist) ist selten plump oder gar beleidigend, sie ist aber auch nicht beschönigend. Man deutet z. B. einem Gast, der die eigene politische Meinung angreift, mit klaren Worten die eigene Position an, verbindet das aber auch mit Worten des Respekts vor dessen Gegenposition, für die man vielleicht sogar aus dem persönlichen Erfahrungshintergrund des Gastes Verständnis ableitet.

Allerdings ist das Selbst sehr erfinderisch dabei, eine positive Gesamtbilanz zu geprüften Positionen, Personen oder Gegenständen zu finden. Wenn das Selbstsystem beteiligt ist, steigt die Wahrscheinlichkeit, dass irgendwelche positiven Seiten gefunden werden, ohne dass Negatives geleugnet werden muss, weil das Selbstsystem durch das Extensionsgedächtnis unterstützt wird. Dieses System bietet den ausgedehntesten Überblick über eigene und fremde Lebenserfahrungen, den der Mensch überhaupt gewinnen kann. Weil es unzählig viele relevante Erfahrungen simultan und sogar mit hilfreichen emotionalen Signalen vernetzt anbietet (genau das drückt der psychologische Begriff *ganzheitliches Fühlen* aus), hat diese Erfahrungsbasis einen Preis: Sie ist nicht bewusst zu haben. Das bewusste analytische Denken kann immer nur wenige (oft nur ein oder zwei) Dinge gleichzeitig beachten.

Das bedeutet nicht, dass die eigenen Bemühungen, differenzierte, aber in der Gesamtbilanz so oft wie möglich positive Einstellungen zu entwickeln, das analytische Denken ausschließen sollen. Im Gegenteil: Das Selbstsystem funktioniert im regelmäßigen Austausch mit dem analytischen Denken am besten. Es kommt lediglich darauf an, dass sich das Denken seinerseits nicht vom ganzheitlichen Fühlen und damit vom Selbst abkoppelt. Wer seine Einstellungen ändern will, kann sich aus den bereits genannten Merkmalen, an denen man die Beteiligung des Selbst erkennt, eine kleine Checkliste zusammenstellen, die an verschiedenen Stellen dieses Buches erweitert werden kann, wenn zusätzliche »Tricks«, die eigenen Gestaltungskräfte (d. h. das Selbst) zu aktivieren, genannt werden. Diese Checkliste (deren Erstellung ihrerseits schon wieder das Selbst aktiv hält) kann man dann immer wieder anschauen, um zu prüfen, ob eine der empfohlenen Übungen zur Änderung eigener Einstellungen so abläuft, dass das Selbst mit seinem Extensionsgedächtnis beteiligt ist.

Eine Übung zur Entwicklung des Selbst

Eine dieser Übungen ist die schreibende Form der Selbst-Beeinflussung wie das Führen eines Tagebuchs. Sie ist besonders praktisch, wenn Sie beschließen, eine positivere Einstellung zu Ihrem Leben zu gewinnen. Halten Sie jeden Abend in einem Tagebuch stichwortartig fest, was Sie an dem Tag erlebt haben. Verweilen Sie dann bei jedem Stichwort, um positive und negative Seiten zu finden: Bei negativen Erlebnissen liegt die besondere Herausforderung darin, auch positive Seiten zu finden. Bei positiven Erlebnissen kann man durchaus darauf achten, dass man nicht zu sehr abhebt (»auf dem Teppich bleibt«) oder dass man auch problematische, riskante oder unangenehme Seiten sieht (ohne sich so sehr in das Negative zu steigern, dass die positive Gesamtbilanz verloren geht). Selbstverständlich ist es sinnvoll, sich ganz gezielt um eine positive Gesamtbilanz zu bemühen. Wenn Ihnen also am Ende eines Tages oder einer Woche fast nur Negatives einfällt, dann ist es durchaus sinnvoll, ganz gezielt nach positiven Erlebnissen bzw. nach den positiven Seiten der negativen Erlebnisse zu suchen.

Wenn Sie diese Übung regelmäßig ausführen, so wird diese durchaus differenzierte, aber insgesamt positive Sichtweise auf Sie zurückwirken. Dabei geht es nicht darum, dass die positiven Ereignisse »weltbewegend« sein müssen. Kleinigkeiten reichen schon aus: Sie haben einen Parkplatz gefunden in einer Straße, in der das schwierig ist, die Straßenbahn ist gleich gekommen, es war schönes Wetter, Sie haben mit jemandem Kaffee getrunken, den Sie gerne mögen usw. Wichtig ist, dass Sie durch diese Übung lernen, das Positive durchaus im Vordergrund zu sehen: Das, was man im Vordergrund sieht, bestimmt meist die Gesamtbilanz. (Schlechtes Wetter ist der Normalzustand, den man gar nicht bemerkt, schönes Wetter ist der »Beweis« dafür, wie gut es das Schicksal an diesem besonderen Tag mit Ihnen meint.)

Weitere Übungen im Anhang

In unseren Seminaren bemerken wir immer wieder, dass viele Menschen davon profitieren, auch ganz elementare Selbstfunktionen zu trainieren (aktuelle Seminarangebote unter: www.psi-theorie.com). Die Übungsbeispiele, die wir im Anhang zur Verfügung stellen, beginnen mit solchen elementaren Übungen zur Stärkung von Selbstfunktionen (▶ Anhang). Ob sich das Selbst einschaltet und bei Entscheidungen, bei der Selbstmotivierung, Selbstberuhigung oder bei der (»zweigleisigen«) Reflexion über eigene Einstellungen hilft, hängt nicht nur von den späteren Entwicklungsphasen des Selbst ab (d. h. das, was man in der Jugend oder als Erwachsener entwickelt hat). Gerade die automatischen Funktionsmerkmale des Selbst bilden sich von der frühen Kindheit an (Fonagy et al., 2002). Funktionskomponenten zu trainieren, die tief in den entwicklungsgeschichtlich »alten« Schichten der Psyche liegen, ist nicht leicht, wenn man in den Denk- und Lernstrukturen des Erwachsenen bleibt.

Wer bereit ist, sich auf sehr einfache Übungen einzulassen, deren Sinn aus der Erwachsenenperspektive nicht immer sofort einsehbar ist, kann z. B. einmal mit der Übung 1 beginnen (▶ Anhang, Übung 1). Die ersten beiden Übungen rufen ganz einfache Selbstwahrnehmungen auf: In jeder Zeile beginnt man mit einer Sinneswahrnehmung (bei Übung 1 aus dem Objekterkennungssystem, bei Übung 2 aus der Intuitiven Verhaltenssteuerung). Sobald man eine Wahrnehmung auf dem Schirm hat, befragt man das Selbst: »Was verbinde ich mit dieser Wahrnehmung?« »Was ist ›meine‹ Antwort?« Besonders wichtig sind emotionale Empfindungen, Bilder und Körperwahrnehmungen. Sie sind sozusagen das ABC des Selbst: Alle späteren Leistungen der Selbstwahrnehmung benutzen dieses Alphabet der Gefühle und Körperwahrnehmungen. Patienten mit Hirnverletzungen, deren Körperwahrnehmungen nicht mehr in den Teil des Gehirns eingespeist werden, der für die Selbstwahrnehmung wichtig ist (besonders im rechten Stirnhirn), haben selbst bei ganz einfachen Entscheidungen enorme Schwierigkeiten. Der amerikanische Neurobiologe Antonio Damasio (1997) beschreibt einen solchen Fall eines Patienten, der sich nicht entscheiden kann, wann er das nächste Mal kommen will, obwohl er an allen Tagen frei hat. Offensichtlich braucht das Selbst die Signale aus dem eigenen Körper, vielleicht als Navigationshilfen in diesem riesigen Netzwerk gesammelter Lebenserfahrungen. Man darf nicht erwarten, dass bei der ersten Übung besondere Fortschritte bemerkbar sind. Deshalb fällt es vielen Leuten schwer, sie regelmäßig zu machen. Wer es trotzdem tut, merkt nach einigen Wochen oder Monaten, dass sich etwas verändert hat: Bei welcher der vielen Selbstfunktionen sich die Veränderung als erstes bemerkbar macht, ist von Person zu Person verschieden. Lassen Sie sich überraschen.

Die in diesem Abschnitt dargestellten Übungen arbeiten wieder von zwei Seiten (wie beim Tunnelbau): Die erstgenannten üben die fortgeschrittenen Funktionen des Selbst (z. B. die beschriebene Variante des Tagebuch Führens). Die zuletzt genannten setzen bei ganz elementaren Basisfunktionen des Selbst an. Sie sind besonders wichtig (wenn auch oft weniger unterhaltsam), weil die meisten Erwachsenen in ihrem Alltag wenig Gelegenheiten haben, diese Funktionen wieder zu beleben und einzuüben (weitere Übungen zur Entwicklung des Selbst finden sich bei Storch & Kuhl, 2013).

3.6.4 Neue Einstellungen müssen belohnt werden und Vorteile bringen

Immer wieder haben Untersuchungen gezeigt, dass neue Einstellungen nur dann von Bestand sind, wenn sie positive Konsequenzen für den haben, der diese neuen Einstellungen gewonnen hat. Das gilt schon in der Phase der Übernahme neuer Einstellungen, besonders aber, wenn man sicherstellen will, dass man nicht nach einiger Zeit wieder in die alte Gewohnheit zurückfällt. Wenn wir unsere eigenen Einstellungen verändern wollen, müssen wir sicherstellen, dass wir uns selbst belohnen.

Die Belohnung kann in zweierlei Form praktiziert werden: entweder, indem man dafür sorgt, dass ein Verhalten, das auf der neuen Einstellung beruht, tatsächlich zu positiven Konsequenzen führt (belohnt wird) oder indem man sich vorstellt, welche positiven Konsequenzen das neue Verhalten haben wird, d. h., man führt sich immer wieder vor Augen, welche Vorteile die neue Einstellung mit sich bringt. Wenn Sie sich z. B. vorgenommen haben, regelmäßig etwas für Ihre körperliche Fitness zu tun, so hilft es, sich intensiv mit den vielen Vorteilen auseinander zu setzen, die ein regelmäßiges Fitnesstraining hat: bessere Gesundheit, besseres Aussehen, mehr Kondition, verbesserte Fähigkeit zur Aufmerksamkeit bei langen Konferenzen und damit mehr beruflichen Erfolg, verbesserte Stimmungslage usw.

Um sich die Vorteile des Fitnesstrainings wirklich deutlich zu machen, ist eine Doppelstrategie besonders wirksam: Zum einen beschäftigt man sich mit den Vorteilen, indem man entsprechende Bücher und Zeitschriften liest, in denen die Vorteile des Fitnesstrainings beschrieben werden. Zum anderen erläutert man die Vorteile einem Freund, um durch diese Wiederholung und die aktive Umsetzung (siehe den Hinweis oben) den Lerneffekt der Information noch besonders zu vertiefen. (Man muss allerdings aufpassen, dass man das Überzeugen seiner Umgebung nicht übertreibt, da man sich dabei auch unbeliebt machen kann, besonders wenn die Personen, mit denen man spricht, auch gerne fitter sein würden, es aber nicht schaffen, den »inneren Schweinehund« zu überwinden. Wenn man darauf keine Rücksicht nimmt, wird man bald keinen Zuhörer mehr finden – und keine Freunde mehr haben.)

Belohnungen sind also für uns wichtig. Wenn man allerdings darauf wartet, von anderen belohnt zu werden, wartet man oft vergebens. Besser ist es dann, sich selbst zu belohnen – aber man muss es auch richtig tun. Dazu passt die folgende Geschichte von zwei Bauarbeitern:

Nicht schon wieder Schinken

Zwei Männer arbeiteten gemeinsam auf einer Baustelle. Als die Mittagszeit kam, setzten sie sich auf einen Balken und öffneten ihre Brotzeitboxen. Der erste Mann schaute in seine Schachtel und rieb sich die Hände voller froher Erwartung und sagte: »Toll, ich sterbe vor Hunger. Sandwichs mit Hühnchen, Käse und Thunfisch, dazu ein paar Kartoffelchips und ein wenig Obst. Ein tolles Mittagessen.« Der zweite Mann sah sich den Inhalt seiner Box an und stöhnte schwer. »Das ist das dritte Mal in dieser Woche, dass ich Schinkensandwichs habe. Ich kann Schinken nicht mehr sehen.« »Komm schon, so schlimm wird es doch nicht sein«, versuchte ihn sein Kollege zu beruhigen. »Dieses eine Mal kannst du doch noch den Schinken essen. Für Morgen bittest du dann deine Frau, dass sie dir etwas anderes einpackt.«

Sein Kollege schaute ihn etwas verwirrt an. »Wovon sprichst du?«, sagte er. »Ich habe keine Frau, ich mache mir meine Sandwiches selbst!«

Die Belohnung für eigene Fortschritte sollte durchaus auch in realer Form passieren. Wir empfehlen das nicht nur, sondern haben es auch selbst ausprobiert. Jens-Uwe Martens ist es z. B. gelungen, das selbst gesetzte Fitnessprogramm durchzuhalten, weil er sich nach jeder Übungszeit durch Ausruhen mit seiner Lieblingsmusik »belohnt« hat. Die Aussicht, sich entspannt nach der »erfolgreichen« Anstrengung mit schöner Musik (und einem guten Gefühl, etwas für sich getan zu haben) hinlegen zu können, hat ihn manches Mal das Fitness-Programm machen lassen, obwohl er zunächst keine Lust dazu hatte. Julius Kuhl hat sich z. B. während der Arbeit an seinem über 1200 Seiten starken Buch über die PSI-Theorie immer wieder damit motiviert, dass er sich oft nach Fertigstellung eines größeren Abschnitts die Erlaubnis gab, eines seiner Lieblingsstücke auf der Orgel oder auf dem Klavier zu spielen.

Bezogen auf das Beispiel »Positive Einstellung zum Nichtrauchen«: Wer sich vorgenommen hat, das Rauchen aufzugeben und sich nicht – vor allem in den ersten Wochen – immer wieder für das »Durchhalten« belohnt, der wird bald wieder mit dem Rauchen anfangen. Das Belohnen kann materieller Natur sein: Man legt z. B. jeden Tag, an dem man nicht raucht, die Summe an Geld zurück, die man sonst für Zigaretten ausgegeben hätte und erfüllt sich von Zeit zu Zeit damit einen Wunsch. Sie kann aber auch ideeller Natur sein: Man stellt sich vor, was man an Willensstärke und Selbstbestimmung gewonnen hat, wenn es einem gelingt, einen so schwierigen Entschluss durchzuhalten.

Welche Belohnungen bei Ihnen persönlich wirken, können Sie nur für sich selbst herausfinden. Auch das ist ein Beispiel für *persönliche Intelligenz:* Nur in Ihrem eigenen Gedächtnissystem, das alle persönlichen Erfahrungen integriert (d. h. im Extensionsgedächtnis mit dem Selbstsystem), sind die Erfahrungen darüber verfügbar, was auf Sie motivierend wirken könnte. Wenn Sie nicht sofort fündig werden, gibt es eine einfache Möglichkeit: Sie füttern Ihr persönliches Gedächtnis mit neuen Erfahrungen, d. h. Sie probieren einfach viele verschiedene Belohnungen aus. Am besten ist, man denkt dann gar nicht viel darüber nach, ob es geholfen hat oder nicht, sondern überlässt diese Auswertung dem ganzheitlichen Verarbeitungssystem, das ja seine Arbeit unbewusst durchführt. Bewusstes Nachdenken und Prüfen kann das Risiko erhöhen, dass die Erfahrungen nicht umfassend genug ausgewertet werden. Das Bewusstsein kann sich dann voll darauf konzentrieren, neue Selbstbelohnungsvarianten zu finden und auszuprobieren.

3.6.5 Furcht vor dem Scheitern kann bei Einstellungsänderungen helfen

Untersuchungen haben gezeigt, dass es zur Einstellungsänderung durchaus nützlich sein kann, wenn man bei den Adressaten, bei denen man eine Änderung ihrer Einstellungen erreichen will, Furcht erregt (Leventhal et al., 1967). Allerdings zeigte sich auch, dass man mit diesem Mittel vorsichtig sein muss. Wenn man zu starke Furcht erregt, blocken die Adressaten die Information ab, sie lassen sie nicht »an sich heran« (was sich heute ganz im Sinne der 2. Modulationsannahme der PSI-Theorie interpretieren lässt: Zuviel negativer Affekt hemmt den Selbstzugang).

Ein typisches Experiment, das diesen Zusammenhang deutlich macht, ist das Folgende: Man hat in den USA Plakate mit Fotos von frisch operierten Krebskranken am Straßenrand aufgestellt. Man sah den Kopf und den Halsbereich. Der Kopf wurde von einem Drahtgestell gehalten, während der Hals, die Speiseröhre, der Kehlkopf wegoperiert waren. Die Botschaft dieser Plakate war klar: Rauchen erzeugt Kehlkopfkrebs und das endet dann so. An den Tankstellen führte man dann eine kurze Befragung durch und fand heraus, dass diese Plakate zu keiner Änderung der Einstellung gegenüber dem Rauchen geführt haben. Zum Teil behaupteten die Befragten, sie hätten die Plakate gar nicht gesehen.

Diese Erkenntnisse lassen sich auch auf die Beeinflussung der eigenen Person anwenden. Es ist durchaus sinnvoll, sich vor Augen zu führen, was passiert, wenn man die angestrebte Einstellung nicht erreicht, aber man sollte dabei nicht übertreiben, sonst besteht die Gefahr, dass man sich mit diesem Thema, das doch so unangenehm ist, überhaupt nicht mehr auseinandersetzt. Typische Beispiele sind für diesen Bereich alle Einstellungen bzw. Verhaltensweisen, die unsere Gesundheit gefährden: zu viel Essen, zu viel Trinken, Rauchen, zu wenig Bewegung usw. Es kann sehr hilfreich sein, wenn wir uns einer Information aussetzen, aus der die Gefährdungen hervorgehen, die wir eingehen, wenn wir nicht die gewünschte Einstellung übernehmen und entsprechend das ungesunde Verhalten beibehalten. Sicher ist die Gefahr, dass wir das Risiko verdrängen, geringer, wenn wir uns der Information aus freien Stücken ausgesetzt haben. Allerdings wird das Thema dadurch insgesamt negativ besetzt und das kann dazu führen, dass wir uns damit überhaupt nicht mehr beschäftigen und folglich auch nicht zu einer Verhaltensänderung kommen. Letztlich ist die Aussicht auf Belohnung unkritischer und deshalb insgesamt wirksamer als die Angst vor negativen Folgen.

Trotzdem ist die Selbstmotivierung durch negative Gefühle oft unverzichtbar, wenn es wirklich in erster Linie um die Vermeidung von negativen Folgen geht (Higgins, 1997; Elliot, 2008). Das hier beschriebene psychologische Wissen kann die Einschätzung der Risiken und der Chancen einer Selbstmotivierung durch Selbstkonfrontation mit negativen Folgen erleichtern. Nach der geschilderten Persönlichkeitstheorie wird ja das Selbstsystem gerade durch die Bewältigung von negativen Gefühlen aktiviert, vorausgesetzt es ist an der Bewältigung beteiligt (d. h. man setzt sich aktiv mit den negativen Aspekten auseinander) und die Angst ist nicht so stark, dass sie nicht mehr bewältigt werden kann. Oft kommt es darauf an, beides miteinander zu verbinden: Selbstkonfrontation und Bewältigung. Kreatives und lösungsorientiertes Handeln erfordert genau dieses Zusammenspiel zwischen Selbstkonfrontation mit und Bewältigung von negativen Gefühlen, wie sie z. B. durch anspruchsvolle Forderungen am Arbeitsplatz ausgelöst werden. In Untersuchungen von Prof. Bledow (Singapur) und seinem Team zeigte sich, dass Kreativität am Arbeitsplatz weder bei starken noch bei schwachen, sondern bei mittleren Ausprägungen der Handlungsorientierung (Selbstberuhigungskompetenz) maximal war: Besonders dann, wenn es klare Vorgaben gibt und keine großen Gestaltungsmöglichkeiten (d. h. bei relativ geringer »Job-Autonomie«), braucht es eben beides: Beachtung der Anforderungen und handlungsorientiertes Öffnen des Lösungsraums (Bledow, Kühnel, Jin & Kuhl, 2022).

Wie man negative Gefühle einerseits nicht ignoriert und verdrängt, andererseits aber auch nicht überhandnehmen lässt, kann man genauso lernen wie die Selbstmotivierung. Besonders hilfreich ist die Differenzierung und Relativierung: Selbstberuhigung erreicht man dadurch, dass man das Selbst, d. h. seine ganze Lebenserfahrung, also alle Gefühle, Werte und sinnstiftenden Erwägungen wirklich mit den furchteinflößenden Dingen in Kontakt bringt, sich z. B. ernsthaft fragt, was das durch Rauchen erhöhte Erkrankungsrisiko für mich persönlich, für meine Pläne, für meine Familie usw. bedeutet. Differenzierung bedeutet, dass man kategorische Schwarz-weiß-Einschätzungen vermeidet, die ja das linkshemisphärische Denken verstärken, das bei weitem nicht so gute Möglichkeiten hat, Gefühle nachhaltig zu beeinflussen, wie sie das rechtshemisphärische Fühlen hat. Relativieren erzielt eine ähnliche Wirkung dadurch, dass man ein Erlebnis oder ein Gefühl mit anderen Lebenserfahrungen vergleicht. Immer wenn mir die Angst vor gesundheitlichen Folgen einer ungesunden Lebensweise den Zugang zu meinen Gestaltungskräften (d. h. dem Selbst) nimmt, denke ich z. B. an Menschen, die mit einer ähnlichen Lebensweise ohne Gesundheitsprobleme alt geworden sind. Das kann mir dann die »Beruhigung« verschaffen, die ich brauche, um wieder etwas mehr Differenzierung zulassen zu können (die ja zunächst durchaus etwas mehr Beunruhigung bringen kann). Ich lasse den beruhigenden Gedanken nicht so viel Raum einnehmen, dass er mich völlig sorglos macht. Die langfristig günstigen Wirkungen von Differenzierung und Relativierung beruhen darauf, dass diese beiden Methoden die *persönliche Intelligenz* des Selbstsystems aktivieren: Nur dieses System ist in der Lage, viele Erfahrungen gleichzeitig zusammenzuziehen, was ja nötig ist, wenn man ein Erlebnis im Lichte vieler anderer Erfahrungen differenzieren oder relativieren will.

Ein Beispiel für *Differenzierung* wäre, dass ich mir klar mache, dass mein Rauchen ja nicht bedeutet, dass ich notwendigerweise bald an Krebs erkranke oder auch nur früher als andere sterbe. Ich vermeide aber auch, diesen Gedanken für die andere Seite des Entweder-oder-Kategorisierens zu benutzen: Ich verharmlose das gesteigerte Risiko nicht. Wenn ich kategorische Einschätzungen, Übertreibungen in die eine oder andere Richtung vermeide, dann wende ich mein persönliches Erfahrungswissen (d. h. das Selbstsystem) zur optimalen Dosierung des negativen Affekts an. Wenn man das Selbst an der kreativen Bewältigung von negativen Gefühlen beteiligen will, helfen graduelle Abstufungen: Ein Raucher sagt z. B. nicht: »Rauchen ist Selbstmord«, sondern »Rauchen erhöht das Risiko einer Erkrankung um soundso viel Prozent«. Nach einem tragischen Ereignis sagt jemand statt: »Ich habe mich noch nie so schlimm gefühlt« vielleicht: »Ich fühle mich heute sehr schlecht, aber es ist doch nicht so schlimm wie damals, als mein Vater gestorben ist«. Sehr hilfreich ist es, wenn man seine negativen Gefühle auf einer Skala einstuft: »Wenn 100 % das Schlimmste bedeutet, was ich je erlebt habe, dann kann ich mein jetziges schlimmes Gefühl mit 85 % einstufen«.

Ein Beispiel für *Relativierung* wäre z. B., dass jemand, der gerade trotz seines festen Vorsatzes, keine Zigarette mehr anzurühren, einen schlimmen Rückfall erlebt hat, sich an andere Erlebnisse erinnert, wo er nach einigen Rückschlägen schließlich doch etwas geschafft hat: »Wie oft habe ich meinen Vorsatz, für die Schule zu lernen, gebrochen und dann habe ich ja doch plötzlich losgelegt«. Wenn jemand z. B. damit zu kämpfen hat, dass er von einer wichtigen Person, vielleicht sogar von dem eigenen Partner, sehr enttäuscht wurde, dann bedeutet Relativierung, dass man sich nicht immer tiefer in die schlimmen Gefühle vertieft, sondern sich zusätzlich auch an sehr schöne Erlebnisse mit diesem Menschen erinnert und die einem viel gegeben haben, »die mir keiner mehr nehmen kann, auch dieses aktuelle Erlebnis nicht« (ohne die schlimmen Gefühle damit zu leugnen oder zu beschönigen).

Selbstverständlich gibt es auch bei der Regulierung negativer Gefühle (Selbstberuhigung) Möglichkeiten, die dazu notwendigen Fähigkeiten zu trainieren. Das Prinzip des Selbstberuhigungstrainings funktioniert analog wie das im vorigen Abschnitt erläuterte Prinzip der Selbstmotivierung: Beruhigende Erfahrungen allein, wie ein Entspannungstraining oder Gelassenheit ausstrahlende Mitmenschen, können zwar das allgemeine Stressniveau reduzieren, aber sie reichen nicht aus, *emotionale Autonomie* zu erlernen, d. h., sich auch selbständig, ohne den Trost einer anderen Person zu beruhigen. Die Selbstberuhigungskompetenz erfordert die wiederholte Erfahrung, dass man sich persönlich angesprochen fühlt und fast gleichzeitig ein schmerzhaftes oder ängstliches Gefühl reduziert wird (z. B. durch den Trost einer verständnisvollen, Trost spendenden Person). Das ist einer der Gründe, warum persönliche Freundschaften, ein persönlicher Trainer oder Lehrer oder auch eine liebevolle Partnerschaft so wichtig für die Selbstentwicklung sind. Die psychologischen Prozesse, die diesem wichtigen Zusammenhang zwischen dem Erlernen von Selbststeuerungskompetenzen und dem Eingebundensein in eine gute, persönliche Beziehung zugrunde liegen, werden wir weiter unten erklären.

Wer will, kann diese Übung ganz konkret einüben: Die Selbstberuhigung ist als 14. Übung im Anhang enthalten (▶ Anhang, Übung 14). Dabei ist allerdings zu beachten, dass es sich hier mehr um eine »Etüde« handelt (wer Klavierunterricht gehabt hat, weiß, dass das die langweiligen Fingerübungen sind, die sich nicht unbedingt nach Musik anhören und deshalb Zuhörern auch keine gesteigerte Freude machen). Die Selbstberuhigungs-Etüde soll die Elemente einüben, auf die es bei diesem filigranen Lernprozess ankommt. Im Alltag verläuft die Übung nie so steif und streng, wie die Schritte der Etüde konzipiert sind. Trotzdem lohnt es sich, sie so lange einzuüben, bis man ihr Prinzip im Schlaf beherrscht.

Man wird den Lerngewinn daran erkennen, dass man im Alltag häufiger als früher bemerkt, ob man selbst die drei Schritte beachtet, oder auch andere, wenn der eine dem anderen einmal sein Leid klagt oder auch einfach nur etwas passiert ist, was dem Betroffenen durchaus zusetzen könnte, selbst wenn er oder sie es gar nicht ausdrückt:

1. Drücke ich meine bzw. ein anderer seine Gefühle aus (verbal oder nonverbal)?
2. Antworte ich bzw. der andere prompt und angemessen auf das Missgeschick?
3. Hat die Antwort eine beruhigende Wirkung, wirkt sie persönlich (d. h., fühlt sich die betroffene Person je nach Situation verstanden, akzeptiert, getröstet o. ä.)?

Die Schritte 2 und 3 erfolgen übrigens in der Selbstberuhigungsübung in umgekehrter Reihenfolge, weil der Partner (Coach) in der systematischen Einübung dieser Kompetenz erst einmal lernen muss, welche Sätze, Bilder oder sonstige Vorstellungen überhaupt auf die übende Person eine beruhigende Wirkung haben. Dann erst kann er versuchen von diesen beruhigenden Maßnahmen eine ihm passend erscheinende einzusetzen. In der Realität muss das Ganze dann immer natürlicher ablaufen (so wie die Klaviertüde sich irgendwann nur noch in abgewandelter Form oder einfach nur in der geübten technischen Präzision in irgendwelchen wohlklingenden und reibungslos gespielten Stücken wiederfindet). Eine konkrete hypnosystemische Fantasiereise zur Entwicklung von Selbstberuhigung kann an dieser Stelle heruntergeladen werden: www.psi-theorie.com/downloads (dort auf Anforderung als Kennwort eingeben: *#Download*).

In vielen Märchen wird die Lebenserfahrung, dass ich im Leben immer wieder auf jemanden treffen kann, der mich von Kümmernissen der Kindheit erlöst, sehr anschaulich geschildert: Gerade wenn in der Kindheit Schlimmes zu verkraften war und Selbstberuhigung gar nicht entwickelt werden konnte, weil die Eltern zu »arm« waren oder das Kind »stiefmütterlich« behandelten, gibt es in späterem Leben immer noch die Gelegenheit, das Versäumte in einer liebevollen persönlichen Beziehung nachzuholen (z. B. wenn der sprichwörtliche »Märchenprinz« erscheint). Ein Beispiel ist das Märchen »Aschenputtel«: Ein Stiefkind, das in der Stieffamilie nur als »Arbeitstier«, nicht aber als Person wahrgenommen wird, kann seine Persönlichkeit gar nicht entwickeln; erst als der sprichwörtliche Märchenprinz auf das Mädchen aufmerksam wird, von dem es als Person wahrgenommen wird, können die vielen Wunden der Vergangenheit heilen. Funktionsanalytisch lässt sich dies dahingehend interpretieren, dass durch die Aktivierung des Selbst, die immer dann auftritt, wenn ein Mensch sich auf der persönlichen Ebene angesprochen und verstanden fühlt, alle positiven Funktionen des Selbst entwickelt werden können: Das Selbst kann dann lernen, alle Lebenserfahrungen zu integrieren und jederzeit bereitzuhalten. Es kann lernen, auch bei schwierigen Zielen, Mut und Handlungsenergie aufrechtzuerhalten (Selbstmotivierung). Und es kann lernen, schmerzhafte Erlebnisse, Stress und Belastung durch Anwendung seines persönlichen Erfahrungswissens zu bewältigen (Selbstberuhigung) und mit jeder bewältigten Erfahrung ein Stück zu wachsen.

> **Selbstberuhigung im Extremfall**
>
> Einer der Autoren, Jens-Uwe Martens, bekam nach eingehenden Untersuchungen die Diagnose gestellt, dass er an einem fortgeschrittenen Krebs litt. Der Arzt hatte ein Hühnerei großes Geschwür in der Prostata auf dem Ultraschall entdeckt. Die Untersuchungen fand ein paar Tage vor Weihnachten statt, und die genauere Abklärung und die Entscheidung, was man tun könne, wurde auf das neue Jahr verschoben.
> Es war geplant, dass ich mit meiner Frau und den vier noch minderjährigen Kindern die Weihnachtsfeiertage in einem Urlaubsort zum Skifahren verbringe.
> Natürlich schockierte mich die Diagnose des Arztes sehr. Er war sich sehr sicher, und ich musste davon ausgehen, dass er sich nicht irrt. Ich habe sogar auf dem Weg in den Urlaub einen kurzen Zwischenstopp bei einem anderen Arzt eingelegt, der mir von Bekannten empfohlen wurde und der diese Diagnose bestätigte, mich allerdings nur oberflächlich untersucht hatte.
> Ich hatte also die Aufgabe, die Weihnachtsfeiertage mit meiner Familie zu verbringen, ohne mir anmerken zu lassen, dass ein Damoklesschwert über mir an einem dünnen Faden baumelte. Meiner Frau hatte ich die Hiobsbotschaft vermittelt, aber wir waren uns einig, dass wir den Kindern nichts sagen sollten, um ihnen das Weihnachtsfest und den Urlaub nicht zu verderben.
> Was konnte ich tun? Durch die Beschäftigung mit den psychologischen Mechanismen war mir klar, dass ich versuchen musste, diese Botschaft irgendwie zu verarbeiten. Verdrängen, auch durch Hyperaktivität, was sich einem oft anbietet, kam nicht in Frage. Zum einem stand sie zu frisch und bedrohlich in meinem Bewusstsein, zum anderen wusste ich, dass Verdrängung nie die richtige Lösung ist. Die Lösung kann nur durch »Trauerarbeit« entstehen, d. h., ich musste die Botschaft mit meinem Selbst in Verbindung bringen.
> Dazu hilft mir oft, ein Worst-Case-Szenario auszumalen: Das Schlimmste, was diese Diagnose bedeuten konnte, war, dass ich daran sterben würde. Für mich ist mein eigener Tod kein Tabu-Thema, da ich aufgrund eines sehr schweren Schicksals, mich oft und intensiv mit meinem Tod auseinandergesetzt habe. Angst hatte ich allerdings, vor dem Weg dorthin. Mit Schläuchen an ein Krankenhausbett gefesselt zu sein, nicht mehr über sich selbst bestimmen zu können, von der Gnade fremder Menschen abhängig zu sein und dabei schlimme Schmerzen zu ertragen, war für mich (und ist es heute noch) eine Horrorvorstellung.
> Aber konnte ich das nicht verhindern? Gab es nicht Sterbe-Organisationen, die einem ein solches Leid ersparen konnten? Damals gab es das nicht in Deutschland, aber im angrenzenden Ausland und das Internet ist für solche Recherchen ein Segen. Ich nahm also Kontakt mit einer solchen Organisation auf – natürlich, ohne es meine Umgebung wissen zu lassen – und erkundigte mich, was sie für mich tun könnten. Man war sehr entgegenkommend.
> Ich hatte also einen Plan für den Worst-Case, was konnte mir also noch passieren. Dadurch kam ich auch wieder in Kontakt mit meinem Selbst, mit meinem Extensionsgedächtnis und ich konnte mit meiner Familie Weihnachten

> genießen, konnte meinem Schicksal dankbar sein, dass es mir trotz großer Hindernisse und Schwierigkeiten doch noch eine Familie geschenkt hatte. (Ich brauche nicht zu erwähnen, dass ich natürlich auch mein Testament noch einmal durchgesehen habe und davon überzeugt war, dass meine Familie, auch wenn ich nicht mehr für sie sorgen kann, gut versorgt war.)
>
> Solche Leidenswege, die der Betroffene in seinem Inneren gehen muss, sind natürlich sehr individuell, leiten sich aus dem je unterschiedlichen Lebensweg ab und können hier nicht verallgemeinert werden. Jeder muss seinen Weg finden, aber es lohnt sich, auch und gerade in den schrecklichen Zeiten den Kontakt mit seinem Innersten, seinem Selbst nicht zu verlieren und dazu ist ein (sehr individueller) Weg der Selbstberuhigung notwendig, den jeder für sich, vielleicht mit Hilfe von außen, finden muss.
>
> Übrigens: Im neuen Jahr stellte sich heraus, dass es sich bei dieser Diagnose um einen Irrtum des Arztes handelte. Ich hatte keinen Krebs.

3.6.6 Neue Einstellungen sollten öffentlich vertreten werden

Kehren wir zurück zur Einstellungsänderung, die sich von anderen Selbstfunktionen auf den ersten Blick darin unterscheidet, dass sie nicht das Kernthema der PSI-Theorie berührt: Wer seine Einstellung ändert, will nicht die Funktionstüchtigkeit eines Systems (d.h. des Selbst) verbessern (wie z.B. bei der Selbstberuhigung), sondern einen *Inhalt* verändern. Wie stark jedoch Inhalt und Funktion letztlich voneinander abhängig sind, kann man sich ganz einfach klar machen: Wenn zu starke Angst oder Schmerz den Selbstzugang verhindern, dann können auch die Inhalte des Selbst (z.B. Einstellungen, die man »mit der ganzen Person«, also auch emotional vertritt) nicht mehr nachhaltig durch das Selbst unterstützt werden. Wer Selbstberuhigung lernt, kann vorhandene Einstellungen kräftiger und überzeugender vertreten. Das Umgekehrte gilt auch: Wer seine Einstellungen entwickelt und kräftigt, stärkt das Selbst, was auch den Selbstfunktionen wie der Selbstberuhigung, der Selbstmotivierung, der Entscheidungskompetenz u. a. zu Gute kommen kann.

Eine wichtige Regel zur Kräftigung einer Einstellung lautet folgendermaßen:

> Wird ein Adressat nach einer erfolgreichen Beeinflussung veranlasst, die neue Einstellung öffentlich zu vertreten, so sind spätere Änderungen der Einstellung (Rückfall in die alten Einstellungen) weniger wahrscheinlich.

Die öffentliche Bekanntgabe der eigenen Überzeugung lässt oft eine stärkere und festere Verpflichtung entstehen als ein »privater« Entschluss. Folgende Formen der öffentlichen Verpflichtung wurden untersucht und erwiesen sich als wirksam: Einen Vertrag mit sich selbst unterschreiben, die neue Einstellung vor einer Gruppe äußern oder die neue Einstellung öffentlich kundtun (oder dieses auch nur ankündigen). Es wurde eine stärkere Einstellungsänderung nach diesen Maßnahmen festgestellt als ohne sie. Offensichtlich erhält ein öffentliches Bekenntnis für den Bekenner eine größere Bedeutung und immunisiert gegen spätere gegenteilige Beeinflussung. Der Bekenner will nicht als ein »Fähnlein im Wind« erscheinen, der immer wieder neue Einstellungen annimmt. Vielleicht ist auch hier die Dynamik der Selbstaktivierung am Werk: Jede Selbstäußerung (wie das öffentliche Bekenntnis einer Überzeugung) aktiviert das Selbstsystem (sie wird vom Selbstsystem gesteuert), sodass dieses mit all seinen selbstregulatorischen Funktionen in die zukünftige Gestaltung der Umsetzung der geäußerten Überzeugung eingebunden wird.

Die öffentliche Bekanntgabe von Entschlüssen oder neuen Erkenntnissen vor einer Gruppe von Gleichgesinnten als Maßnahme zur Beeinflussung von Einstellungen und Verhalten haben sich auch die »Anonymen Alkoholiker« und die »Weight Watchers« zu Nutze gemacht. Auch diesen Effekt kann man sich bei der Beeinflussung der eigenen Person zu Nutze machen. Wenn man z. B. beschlossen hat, nicht mehr zu rauchen, und Angst davor hat, man könnte rückfällig werden, so ist es nützlich, allen seinen Freunden und Bekannten von dem Entschluss zu erzählen. Man wird so zu einem »Bekenner« und die Wahrscheinlichkeit, dass man rückfällig wird, ist deutlich geringer, als wenn man den Entschluss für sich behält und zu seiner Privatsache macht.

3.7 Zusammenfassung: Unsere Einstellungen bestimmen unser Leben

An das Ende des Abschnittes über Einstellungen möchten wir ein Zitat stellen, das ein Lebensprogramm darstellen kann. Charles Swindoll fasst hier in idealer Weise zusammen, was wir in diesem Abschnitt dargestellt haben:

Je länger ich lebe, desto mehr wird mir klar, wie wichtig Einstellungen im Leben sind. Einstellungen sind für mich wichtiger als Fakten.
Sie sind wichtiger als die Vergangenheit, als die Erziehung, als Geld, als die Umstände, in denen ich lebe, als Misserfolg, als Erfolg, als das, was andere Leute sagen oder tun.
Sie sind wichtiger als unsere Erscheinung, unsere Begabung oder unsere Geschicklichkeit.
Sie können ein Unternehmen, eine Kirche oder ein Zuhause erschaffen oder zu Fall bringen.
Das Bemerkenswerte daran ist, wir haben jeden Tag die Wahl hinsichtlich der Einstellung, mit der wir den Tag einkleiden wollen.
Wir können nicht unsere Vergangenheit ändern…Wir können nicht die Tatsache ändern, dass Menschen in einer bestimmten Weise handeln. Wir können nicht das Unausweichliche ändern.
Das Einzige, was wir tun können, ist, auf der einen Saite zu spielen, die wir haben, und das sind unsere Einstellungen…
Ich bin überzeugt, dass das Leben zu 10 % aus dem besteht, was sich für mich ereignet und

zu 90 % aus dem, wie ich darauf reagiere.
Und das gilt auch für dich…

Charles Swindoll

Die in dem Zitat von Swindoll geäußerte Überzeugung gilt nur dann, wenn diese beschriebenen Einstellungen nicht nur halbherzig vertretene Meinungen darstellen, sondern im tiefen Inneren des Betroffenen ihren Ursprung haben. Sie müssen mit dem Selbst verbunden sein, sonst haben sie die oben beschriebene Kraft nicht.

4 »Motivation ist alles!« Wie kann man sich selbst motivieren?

Wenn du ein Schiff bauen willst, so trommle nicht Leute zusammen, um Holz zu beschaffen, Werkzeuge vorzubereiten, Aufgaben zu vergeben und die Arbeit einzuteilen, sondern wecke in ihnen die Sehnsucht nach dem weiten, endlosen Meer.

Antoine de Saint-Exupéry

> **Erziehungsversuche**
>
> Als ein Familienvater eines Abends von der Arbeit nach Hause kam, fand er seinen Jüngsten trotzend und heulend auf dem Wohnzimmerboden. Von seiner Frau hörte er, dass das seine Reaktion auf die Ankündigung sei, dass er ab morgen in den Kindergarten gehen müsse. Er wollte offensichtlich nicht und protestierte auf seine Weise. Der Vater überlegte sich, ob er »hart durchgreifen« und ihn aufs Zimmer schicken sollte, aber dann erinnerte er sich an die Hinweise seines Lehrers Dale Carnegie und besann sich eines Besseren. Ganz offensichtlich hat er es hier mit einem Problem der Motivation zu tun; seine Aufgabe war es, seinem Sohn eine positive Einstellung zum Kindergarten zu vermitteln, und das würde sicher nicht geschehen, wenn er ihn jetzt wegen seines Verhaltens bestrafte.
>
> Er setzte sich also mit seiner Frau zusammen und überlegte, worüber sich sein Sohn freuen würde, was man mit dem Kindergarten in Verbindung bringen könnte. Sie stellten gemeinsam eine Liste all der spannenden und positiven Dinge zusammen, die den Kleinen im Kindergarten erwarteten. Dann setzten sie ein Teil dieser Liste in die Tat um. Die Eltern setzten sich mit ihrem älteren Sohn an den Küchentisch und fingen an, mit Fingerfarben zu malen. Der immer noch trotzige, jüngere Sohn wurde bald neugierig und als er sah, was dort geschah und wie viel Spaß das den Beteiligten machte, wollte er auch mitmachen. Der Vater sagte daraufhin: »Oh nein, dazu muss man erst in den Kindergarten gehen, da lernt man, wie man mit Fingerfarben malt.« Und dann erzählte er ihm – anhand der vorbereiteten Liste – in kindgerechten Worten, was ihn noch für herrliche und interessante Dinge im Kindergarten erwarten würden.
>
> Am nächsten Morgen dachte der Vater, als erster aufgestanden zu sein, aber er fand seinen jüngsten Sohn angezogen auf dem Sessel im Wohnzimmer. Er fragte ihn, warum er denn schon auf sei, und er meinte, er konnte nicht mehr schlafen, weil er sich schon so auf den Kindergarten freut und er auf keinen Fall zu spät kommen wollte.

Diese Geschichte von Dale Carnegie zeigt uns, was Motivation ist – und dass es besonders im Kindesalter jemanden geben muss, der uns motiviert. Motivation muss also oft zuerst von außen kommen –wir können sie uns nie so recht selbst machen, wenn sie einmal nicht von selbst kommt (etwa, weil wir eine negative Einstellung zu einer Aufgabe haben)! Aber gilt das auch für Erwachsene? Können Erwachsene sich denn nicht selbst motivieren? Im Abschnitt über die Bedeutung der Belohnung haben wir schon gesehen, wie wichtig Selbstbelohnung sein kann. Damit sind wir schon sehr nah an das Prinzip der Selbstmotivierung gekommen.

Selbstbelohnung ist jedoch nicht identisch mit Selbstmotivierung. Wer sich für erreichte Ziele selbst belohnt, tut dies ganz bewusst. Selbstmotivierung geschieht dagegen weitgehend unbewusst. Das hat den großen Vorteil, dass die Selbstmotivierung auch dann funktioniert, wenn man bewusst gar nicht darauf aufmerksam wird, dass man sich jetzt motivieren müsste. Ein zweiter Vorteil der unbewussten Selbstmotivierung liegt darin, dass sie viel schneller funktioniert als bewusste Selbstbelohnung. Schließlich ist die unbewusste Selbstmotivierung auch wirksamer als die bewusste Selbstbelohnung, weil unbewusste Prozesse (der rechten Hemisphäre) Gefühle wirksamer beeinflussen können als bewusste Prozesse. In den folgenden Abschnitten erklären wir, wie man auch die unbewusste Form der Selbstmotivierung ganz bewusst erlernen kann.

4.1 Autonome oder fremdgesteuerte Mitarbeiter?

Es ist typisch für Menschen mit Opfer- oder Erdulderhaltung, dass sie darauf warten, von anderen oder vom Schicksal motiviert zu werden. In ihrem Beruf sind sie nur dann bereit, Überdurchschnittliches zu leisten, wenn sie von ihrem Chef besonders motiviert werden. Dies liegt ja auch in der Philosophie vieler Unternehmen. Die Führung des Unternehmens ist dafür verantwortlich, dass die Mitarbeiter motiviert sind. Um das zu lernen, gibt es Kurse und Programme. Man geht oft selbstverständlich davon aus, dass die Mitarbeiter nicht in der Lage sind, einzusehen, dass es auch für sie von Vorteil ist, motiviert zu arbeiten oder dass sie nicht in der Lage sind, diese Einsicht umzusetzen. Und die Erfahrung gibt dieser Überzeugung Recht.

Wir Menschen werden oft zur Unselbständigkeit erzogen, im Elternhaus, in der Schule, in der Universität und als Arbeitnehmer. Institutionen erziehen immer seltener zu »Gestaltern«, die sich dann auch selbst motivieren können, denn das führt zu unbequemen Kindern, Schülern, Studenten, Mitarbeitern: Sobald das Selbst einmal entwickelt ist, das umfassende persönliche Erfahrungen einbringt, das Stresstoleranz und Selbstmotivierung und andere Formen von Selbstständigkeit vermittelt, muss man natürlich auch damit rechnen, dass dieses Selbst autonom urteilt und entscheidet.

Leben wir in einer Gesellschaft, die sich selbst nicht entscheiden kann, ob sie autonome oder fremdgesteuerte Individuen will? Einerseits ist der Erfolg eines Unternehmens davon abhängig, dass die Mitarbeiter selbständig denken können, sich flexibel auf neue Situationen einstellen und kreative Lösungen für immer neue Produkte und immer neue Probleme erarbeiten. Andererseits ist der Erfolg meist gerade davon abhängig, dass möglichst viele Menschen so gut durch Werbung und Führung beeinflusst werden können. Die im einführenden Kapitel beschriebene Schere zwischen (viel) Fordern und (wenig) Fördern von Persönlichkeit hat also möglicherweise systembedingte Ursachen. Solche Einsichten brauchen allerdings niemanden daran zu hindern, sich selbst um die Entwicklung persönlicher Kompetenzen und die Fähigkeit zur Selbstmotivation zu bemühen.

4.2 Wie entwickeln wir die Fähigkeit zur Selbstmotivierung?

Viel wichtiger als motiviert zu werden ist es, die Fähigkeit zu erwerben, sich selbst zu motivieren. Wir haben in dem Abschnitt über Einstellungsänderung beschrieben, wie man die Fähigkeit verbessern kann, bei einer Aufgabe durchzuhalten, auch wenn es einmal schwierig wird. Nur wenn Sie diese Kunst beherrschen, sind Sie wirklich unabhängig und können Ihre eigenen Programme festlegen und vor allem erfolgreich zu Ende bringen.

Sich selbst belohnen oder eine solche Belohnung vor dem geistigen Auge entstehen zu lassen, ist ein erster Schritt zur Selbstmotivation. Natürlich ist es Voraussetzung für eine wirksame Belohnungsstrategie, dass wir uns und unsere Bedürfnisse genau kennen, dass wir mit unserem Selbstsystem in Kontakt stehen. Wir haben in den entsprechenden Kapiteln schon eine Reihe von Anregungen gegeben und konkrete Beispiele beschrieben und diese reichen sicher für viele Menschen aus, um neue Entwicklungen anzustoßen. Wenn Sie merken, dass sie für Sie nicht ausreichen, dann können Sie durchaus mehr tun, um Ihre Fähigkeit zur Selbstmotivierung zu steigern. Es gibt Trainingsprogramme, die auf der Grundlage der PSI-Theorie und der neuen Persönlichkeitsdiagnostik entwickelt wurden (nähere Informationen unter: www.impart.de). Es lohnt sich, das Grundprinzip dieser Übungen zu verstehen. Man kann dann manche Übungen für sich selbst erfinden.[19]

---

19 Zwanzig Regeln zur Selbstmotivierung mit einem Vorwort von Julius Kuhl finden sich im Buch von Martens, 2012a: »Praxis der Selbstmotivierung«.

4.3 Systemkonditionierung: Die wissenschaftlichen Grundlagen der Selbstmotivierung

Wann und wie entwickelt sich die Fähigkeit zur Selbstmotivierung? Wenn man diese Frage beantworten kann, weiß man auch, was man tun kann, um diese Fähigkeit später im Leben weiterzuentwickeln (z. B. wenn man mit Aufgaben konfrontiert ist, die mehr von dieser Fähigkeit verlangen, als man bislang gebraucht hat). Wie lernt das Selbstsystem, motivierende Emotionen zu generieren? Das Prinzip ist ganz einfach: Es muss eine Verbindung, eine neue »Leitung« zwischen dem Selbstsystem und dem System hergestellt werden, das die Gefühle entstehen lässt, dem Emotionssystem.

Um das Grundprinzip zu verstehen, wie neue Verbindungen gelernt werden, ist hilfreich, was wir aus der Hirnforschung über das Erlernen neuer Verbindungen im Gehirn erfahren. Wie werden Leitungen im Gehirn hergestellt, wenn sie nicht sowieso schon da sind? Es gibt einen Mechanismus, den wir bereits erwähnt haben: Beim *klassischen Konditionieren* werden zwei Reize bzw. Reaktionen miteinander verknüpft, z. B. der Anblick der Herdplatte und der Schmerzreiz bzw. die mit diesem verbundene Vermeidungsreaktion. Die neurobiologische Forschung hat gezeigt, dass dieses Lernen darauf beruht, dass tatsächlich neue Nervenleitungen zwischen (mindestens) zwei Orten im Gehirn entstehen. Voraussetzung dafür ist aber, dass die beiden zu verknüpfenden Elemente innerhalb eines kleinen Zeitfensters angeregt werden. Das Gehirn verknüpft bevorzugt Dinge, die in unmittelbarer zeitlicher Nachbarschaft passieren, d. h. die nicht mehr als 200–800 Millisekunden auseinander liegen.

Aus diesem Prozess kann man nun ein Modell entwickeln, wie das Gehirn *Selbstmotivierung* lernt: Dazu muss eine Leitung zwischen dem Selbstsystem und dem emotionsgenerierenden System entwickelt werden, denn das Selbstsystem soll ja in die Lage versetzt werden, die Emotionen (unbewusst) direkt zu steuern, ohne Hilfe von außen und ohne bewusste Kontrolle, mit der man Emotionen ja bekanntlich nicht gut steuern kann (die Anweisung: »Freu dich doch« oder »Jetzt sei doch mal etwas motivierter« hat meist keine durchschlagende Wirkung). Wenn Selbstmotivierung »von selbst« funktionieren soll, d. h. aus dem Selbst gesteuert und nicht aus dem bewussten Ich kontrolliert werden soll, dann gilt dieselbe Voraussetzung wie beim Klassischen Konditionieren: Die beiden zu verknüpfenden Systeme müssen innerhalb eines kleinen Zeitfensters, d. h. kurz hintereinander oder gleichzeitig aktiviert werden. Wie könnte das praktisch aussehen? Wie aktiviert man das Selbstsystem und gleich anschließend das Emotionssystem?

Das *Selbstsystem* wird z. B. aktiviert, wenn jemand seine Gefühle äußert. Selbstäußerungen von Körperwahrnehmungen, Bedürfnissen und Gefühlen sind schon von Geburt an die ersten Funktionen des späteren Selbstsystems. Es wird später aber auch immer dann aktiviert, wenn jemand sich *persönlich* angesprochen fühlt, z. B. wenn er sich »verstanden« fühlt. Das *Emotionssystem* wird zur Bildung positiver, motivierender Gefühle angeregt, dadurch, dass jemand gute Laune verbreitet, vielleicht auch ganz gezielt Mut macht. In der PSI-Theorie wird dieses Modell »Systemkonditionierung« genannt, weil hier nicht zwei Reize verknüpft (»konditioniert«) werden, sondern zwei Systeme.

Wenn man also erreichen will, dass eine Verbindung zwischen Selbstsystem und Emotionssystem entsteht und damit die eigene Fähigkeit zur Selbstmotivierung entwickelt werden kann, kommt es darauf an, dass man sich mit einer Person zusammentut, die beides kann: Erstens muss sie in der Lage sein, das Selbstsystem zu aktivieren, d. h., man muss sich von dieser Person verstanden fühlen, eine persönliche Beziehung zu ihr erleben (sonst schaltet sich das eigene Selbstsystem bei ihr ab und kann auch nicht mit der Affektregulation verknüpft werden). Zweitens muss sie einen ermutigen, in gute Laune versetzen können und das gerade dann, wenn man eine Selbstäußerung gezeigt hat, also z. B. dann, wenn man zeigt, dass man etwas zu schwierig oder unangenehm findet. Wenn man eine solche Bezugsperson z. T. nicht hat, kann man recht gute Fortschritte erzielen, wenn man in einem ersten Schritt übt, jedes Nachlassen der eigenen Motivation zu bemerken (Strichliste führen) und in einem zweiten Schritt lernt, sich immer dann, wenn man ein Nachlassen der eigenen Motivation bemerkt, selbst ein Bild oder einen ermutigenden Satz ins Bewusstsein zu holen (z. B. einen Stabhochspringer oder den Satz »Ich werde es schaffen«).

Die Übung Nr. 13 (▶ Anhang, Übung 13) kann ähnlich wie die Übung zur Selbstberuhigung als »Etüde« zum Einüben von (und zur Sensibilisierung für die) drei Komponenten des Selbstmotivierungsprozesses verwendet werden (erfahrene Selbstmotivierer machen aus der 13 natürlich eine Glückszahl). Auch diese Übung kann einerseits zur Einübung der drei wichtigen Komponenten des Selbstmotivierungslernens verwendet werden (Entmutigungswahrnehmung, Ermutigungswahrnehmung, selbstäußerungskontingente Ermutigung). Darüber hinaus kann die Übung helfen, im Alltag aufmerksamer auf diese drei Elemente von Szenen zu achten, die für die Entwicklung der Selbstmotivierung relevant sind: Wenn immer ich selbst (oder jemand anderes) mit einer schwierigen Aufgabe konfrontiert bin, einige unerledigte Sachen vor mir herschiebe oder sonst wie kraft- und mutlos erscheine, kann ich auf die drei Kernelemente achten: 1) Drücke ich oder jemand, der mit einer Belastung konfrontiert ist, das Gefühl von Entmutigung, Frustration oder Anstrengung aus (verbal oder nonverbal)? 2) Antworte ich bzw. der andere prompt und angemessen auf das Missgeschick? 3) Hat die Antwort eine motivierende Wirkung, wirkt sie persönlich (d. h. fühlt sich die betroffene Person je nach Situation verstanden, akzeptiert und ermutigt)?

Die Schritte 2 und 3 erfolgen auch in der Selbstmotivierungsübung in umgekehrter Reihenfolge, weil der Partner (coach) in der systematischen Einübung dieser Kompetenz erst einmal lernen muss, welche Sätze, Bilder oder sonstige Vorstellungen überhaupt auf die übende Person eine motivierende Wirkung haben. Dann erst kann er versuchen von diesen motivierenden Maßnahmen eine ihm passend erscheinende einzusetzen. In der Realität muss das Ganze dann immer natürlicher ablaufen (so wie die Klavieretüde sich irgendwann nur noch in abgewandelter Form oder einfach nur in der geübten technischen Präzision in irgendwelchen wohlklingenden und reibungslos gespielten Stücken wiederfindet).

Wenn wir uns verlieben, geschieht häufig genau das, was wir soeben beschrieben haben. Wir öffnen uns dem Partner, das eigene Selbstsystem wird aktiviert, indem

4.3 Systemkonditionierung: Die wissenschaftlichen Grundlagen der Selbstmotivierung

wir von uns erzählen, unsere Gefühle zu beschreiben versuchen, auch die schon fast vergessenen, prägenden Erlebnisse aus der Vergangenheit hervorholen und gleichzeitig ernten wir dafür »Streicheleinheiten«, wir erfahren die Bestätigung, dass wir akzeptiert, geschätzt, ja sogar geliebt werden, weil wir so sind, wie wir sind. Häufig sprechen Menschen in einer solchen Phase davon, dass sie sich so stark und so motiviert fühlen, als ob sie »Bäume ausreißen könnten«.

Die Verbindung von Selbstsystem und Motivationssystem geschieht aber nicht nur im Stadium des Verliebtseins. Diese Verbindung herzustellen, ist die klassische Aufgabe von sensibel reagierenden Eltern, Pädagogen, Mentoren, guten Freunden oder auch dem Partner, mit dem man auch lange nach der Phase des Verliebtseins noch zusammenlebt. Einfach nur positive Stimmung zu verbreiten, reicht nicht: Wenn das Selbstsystem nicht gleichzeitig aktiviert ist, trainiert man dadurch vielleicht eine positive Grundstimmung als Erstreaktion in vielen Situationen, aber nicht die Fähigkeit, sich aus einer lustlosen Stimmung selbständig (buchstäblich: »aus dem Selbst heraus«) wieder herauszumanövrieren (d. h. eine gegenregulatorische Zweitreaktion). Das ist also der tiefere Grund dafür, dass eine *persönliche Beziehung* wichtig ist, wenn persönliche Kompetenzen wie Selbstmotivierung vermittelt werden sollen: Die Entwicklung von Selbstmotivierung braucht zweierlei: Zunächst muss eine vertrauensvolle Beziehung hergestellt werden, in der sich die lernende Person akzeptiert und verstanden fühlt. Damit wird das Selbst geöffnet. Wir sagen dann: »Die Person öffnet sich« (d. h. funktionsanalytisch: sie öffnet ihr Selbstsystem). Dann erst ist gesichert, dass die Ermutigung nicht nur kurzfristig, sondern nachhaltig wirkt, nämlich dadurch, dass sie ins Selbst integriert wird und deshalb bei Bedarf auch »von selbst«, d. h. ohne fremde Hilfe hergestellt werden kann: Dann erst ist sie zur Selbstkompetenz geworden. Ohne die Öffnung des Selbst kann Ermutigung nur vorübergehend die Motivation erhöhen. Solange die lernende Person sich (d. h. ihr Selbst) verschließt, kann eine noch so erfolgreiche Ermutigung nicht ins Selbst integriert werden.

Wenn man das erste Mal oder nach langer Zeit diesen ersten Schritt der Systemkonditionierung erlebt, also die Erfahrung macht, dass eine Selbstäußerung zu Bestätigung und zu einer emotionalen Verbundenheit führt, dann ist das meist ein prägender Eindruck. Er bleibt bis ins Erwachsenenalter von besonderer Bedeutung. Solche prägenden Erfahrungen sind dann auch viele Jahre später mit ganz konkreten Erinnerungen verknüpft, so z. B. mit der Musik, die wir damals gehört haben oder mit bestimmten Gerüchen.

Die in einer solchen Situation vermittelte umfangreiche Selbstäußerung setzt natürlich Vertrauen zu der Person, gegenüber der wir uns öffnen, und zu der Situation voraus. Wenn wir unser Selbst öffnen, wenn wir Erlebnisse, Empfindungen oder tiefe Gefühle jemandem offenbaren, so machen wir uns verletzbar. Eine Verletzung, die das Selbstsystem erreicht, ist besonders schmerzhaft und muss auf jeden Fall vermieden werden, sonst fühlen wir buchstäblich uns selbst beschädigt.

Missbrauchserfahrungen sind Extrembeispiele solcher »Selbstkontaktbestrafungen«. Wenn traumatisierende Erfahrungen in einer vertrauensvollen Umgebung passieren (in der das Selbst geöffnet ist), werden sie ins Selbst integriert. Das bedeutet, dass später jeder Selbstkontakt Angst und Schmerz und dadurch eine gewisse »Erlösungsresistenz« auslöst: Die betroffene Person reagiert dann im späteren Leben auf jedes noch so authentische Beziehungsangebot mit Angst und Abwehr, weil die traumatische Erfahrung damals ins Selbst eindringen konnte, sodass jeder Selbstkontakt abgewehrt werden muss. Diese Dynamik kann auch bei weniger eklatanten Kindheitserfahrungen entstehen. Auch in durchweg positiv erscheinenden Beziehungserfahrungen kann sich eine systematische »Selbstkontaktbestrafung« einschleichen, z. B. wenn Mutter oder Vater zwar durchweg eine positive Stimmung verbreiten, aber etwas verhaltener (oder sogar genervt bis böse) reagieren, sobald das Kind intensiven Selbstkontakt hat (z. B. ganz versunken ist im Spiel oder sich später zum ersten Mal ernsthaft verliebt, d. h. sein Selbst öffnet).

Der Verlust eines Angehörigen durch Tod oder Trennung kann wie eine »Selbstkontaktbestrafung« wirken. Wenn wir mit einer Person innig verbunden sind, öffnet jeder Gedanke an sie das Selbst. Der Verlust ist deshalb bei jedem Selbstkontakt zu spüren. Unser Selbstsystem kann von einem solchen Verlust so sehr betroffen sein, dass es keine so enge Verbindung mehr zulässt: es soll auf keinen Fall noch einmal passieren.

> **Verlust des Zugangs zum Selbst**
>
> Der Autor Jens-Uwe Martens hat die Unterbrechung des Zugangs zum Selbstsystem sehr schmerzlich erfahren, als er seine erste Familie bei einem Flugzeugunglück verloren hat.
>
> Nachdem ich erfahren hatte, dass ich von einem Moment auf den anderen nicht mehr Familienvater, sondern Junggeselle bin, konnte ich noch vernünftig reagieren, konnte sogar meinem Beruf als Trainer und als Leiter eines Instituts nachgehen (ich reagierte aus dem linken Hirn), aber ich konnte »nicht mehr fühlen«, wie ich es damals ausdrückte. Meine Seele hatte den Kontakt zu ihrem Selbstsystem automatisch und zum Selbstschutz unterbrochen.
>
> Ich litt schrecklich unter diesem Zustand. Ich glaubte, diese empfundene Leere vielleicht durch einen neuen Kontakt zu einer anderen Frau wieder ausfüllen zu können, aber keine Frau konnte auch nur annähernd das in mir wecken, was ich verloren hatte.
>
> Es war auf einer Geburtstagsparty meines Bruders, zu der ich gegangen war, weil ich meinen Bruder sehr mochte und mich dieser in meiner schwierigen Situation sehr unterstützt hatte. Dort tanzte ich mit einer bezaubernden, aber verheirateten Frau und es gelang mir plötzlich wieder, mich zu empfinden. Die passende Musik, meine Bewegung zu dem Takt der Musik, der Körperkontakt, vielleicht auch der in geringen Dosen genossene Alkohol, vor allem aber die Gewissheit, diese Frau kann mir nicht »gefährlich« werden, da sie ja verheiratet ist und daher eine enge Beziehung, die mich »gefährden« könnte, nicht in Frage käme, waren die Zutaten, mit denen mein unbewusster Schutzmechanismus überwunden, oder sollte ich sagen, ausgetrickst werden konnten. Dadurch wurde mein Zugang zu meinem Selbst wieder möglich.
>
> An die Wirkung, die dieser Tanz vor mehr als 50 Jahren auf mich hatte, kann ich mich so gut erinnern, als ob es gestern war, und die Musik, die damals gespielt wurde, weckt heute noch nach Jahrzehnten die Erinnerungen an die damaligen

> Gefühle. Erklären konnte ich die Situation, »dieses Wunder« allerdings erst Jahrzehnte später, nachdem ich sie »von außen« und mit einer gewissen Distanz betrachtete.

Selbstmotivation ist also praktisch eine allmähliche Verinnerlichung von Motivierungserlebnissen, die irgendwann einmal von einer anderen Person ausgelöst wurden, und zwar von einer Person, die es verstand, eine persönliche Beziehung zu wecken, in der man sich erkannt, verstanden oder zumindest irgendwie persönlich beachtet fühlte. Wenn innerhalb einer solchen Beziehung Affekte reguliert werden (weil der Partner in der Lage ist zu trösten bzw. zu ermutigen), dann wird die Verbindung zwischen dem Selbstsystem und den affektregulierenden Systemen verstärkt. Geschieht das hinreichend oft, dann ist die Verbindung so eng geknüpft, dass das Selbstsystem die Emotionsregulation unbewusst selbst aktivieren kann: Das Selbstsystem lernt das Emotionssystem zu stimulieren, positive, motivierende Gefühle zu steigern und damit sich selbst zu motivieren, wenn das erforderlich ist.

4.4 Selbstmotivation in der Praxis

Auch die zu Beginn des 4. Kapitels beschriebene Geschichte zeigt uns, wie wir dieses Prinzip konkret umsetzen können, wie wir uns selbst motivieren können. Positive Vorstellungen mit dem, was wir tun oder erreichen wollen (wie das Malen mit Fingerfarben) können wir uns auch selbst ausdenken, wir brauchen dazu nicht unbedingt einen Vater, eine Mutter, einen Trainer oder sonst eine Bezugsperson. Das Modell der Systemkonditionierung versetzt uns in die Lage zu verstehen, worauf es dabei ankommt: Motivierende Vorstellungen bilden, positive Assoziationen selbst ausdenken, hilft besonders dann, wenn zeitgleich das Selbstsystem aktiviert ist: Das erreichen wir, indem wir ganzheitlich Lösungen erfühlen, statt sie zu berechnen, wenn wir mit uns selbst, wie wir uns ganzheitlich sehen, in Kontakt kommen, wenn wir dabei differenzieren und relativieren, wenn wir auf unsere Körpergefühle achten und ganz allgemein, wenn wir selbst aktiv werden, statt auf einen Einsatzbefehl, eine Erlaubnis oder eine Hilfe von außen zu warten.

Solche positiven Assoziationen sind auf die Dauer sehr viel wirksamer als der »eiserne Wille«, der aus dem »Überich« (und damit aus der Identifikation mit unseren Eltern) kommt und der uns zu dem machen möchte, was wir von den Eltern als Ideal vorgegeben bekommen haben. Warum das so ist, haben wir schon erläutert: Die eiserne Selbstkontrolle kann zwar nützlich sein, wenn wir sie vorübergehend brauchen, um ein wichtiges Ziel durchzusetzen, das nur durch unangenehme Aktivität zu erreichen ist. Legen wir uns aber länger als nötig auf die Selbstkontrolle und die damit verbundene Unterdrückung der Selbstwahrnehmung fest, dann verzichten wir auf alle Merkmale der *persönlichen Intelligenz*, wir entscheiden und handeln nicht mehr aus der gesamten Lebenserfahrung, die im Extensionsgedächtnis gespeichert ist, und wir verzichten auf die emotionale Selbstständigkeit und damit auf die Möglichkeit zur Selbstmotivierung und Selbstberuhigung. Solche Menschen erleben wir dann als »fantasielos«, »stur« oder »engstirnig«.

Michael Jordan motiviert sich selbst

Michael Jordan, in seiner Zeit der mit Abstand beste Basketballspieler, hat sich aus ungünstigen Verhältnissen stammend gegen alle Widerstände emporgearbeitet. Er hat ganz praktisch bewiesen, wozu Selbstmotivation fähig ist.

Während seiner Schulzeit ging es einmal darum, seine Schule in einem wichtigen Basketballspiel zu vertreten. Er hatte viel trainiert und war sich sicher, dass er zu der Schulauswahl gehören würde. Als nun die Liste der Spieler ausgehängt wurde, die in die Schulmannschaft gehörten, las er sie wieder und wieder und konnte nicht begreifen, dass er seinen Namen nicht darauf fand. Seine Reaktion war nicht Entmutigung, sondern ein verstärkter Eifer. Er intensivierte seine Trainingsanstrengungen noch und wurde zum Vorbild ganzer Basketballgenerationen.

In seinem Buch »I Can't Accept Not Trying« (»Ich kann es nicht akzeptieren, es nicht zu versuchen«, Harper, San Francisco) schreibt er: »Wenn ich mich mit irgendeiner neuen Situation konfrontiere, stelle ich mir vor, dass ich erfolgreich sein werde. Ich denke nicht daran, was passieren könnte, wenn ich versage. Aber ich sehe immer wieder, wie einige Menschen aus Angst vor einem Versagen erstarren. Sie übernehmen das von Vorbildern oder entwickeln es einfach aus den Gedanken an die Möglichkeit des Misserfolgs. Sie haben wohl Angst, eine schlechte Figur zu machen oder in Verlegenheit zu geraten. Das ist für mich nicht wichtig genug. Ich habe mir klar gemacht, dass ich angreifen muss, wenn ich etwas in meinem Leben erreichen will. Ich muss rausgehen und was unternehmen. Ich glaube nicht, dass du etwas erreichen kannst, wenn du passiv bist. Ich weiß, dass Angst für einige Menschen ein Hindernis darstellt, aber für mich ist sie Einbildung!«

Michael Jordan ist mit dem Gegenspieler der Motivation, der Angst und Entmutigung, fertig geworden. Welche Kraft die Entmutigung hat, »weiß« auch der Teufel:

Der Werkzeugkasten des Teufels

Vor vielen, vielen Jahren beschloss der Teufel, seine Werkzeuge zum Verkauf anzubieten. Er stellte sie daher alle in Glaskästen aus, damit jeder, der sich dafür interessiert, diese Werkzeuge betrachten kann. Da kam eine beeindruckende Ausstellung zusammen: Da gab es den glänzenden, bunt und schön anzuschauenden Widerhaken der Eifersucht, in der nächsten Vitrine war der beeindruckende Vorschlaghammer der Wut zu sehen, in einer anderen Abteilung konnte man die Bögen der Gier und der maßlosen Wünsche betrachten und daneben die mit einer giftigen Spitze versehenen Pfeile der Lust und des Neids. Im Vordergrund lagen die Waffen Furcht, Stolz und Hass ausgestellt. Jedes dieser Werkzeuge war ins beste Licht gerückt und mit seinem Namen und einem Preisschild versehen.

In einer eigenen Sektion, getrennt von den anderen Werkzeugen, war ein kleines, wenig beeindruckendes Stück Holz zu sehen, das der Teufel mit der Aufschrift »Entmutigung« versehen hatte. Überraschenderweise lag der Preis dieses unscheinbaren Werkzeuges höher als der aller anderen Werkzeuge zusammen. Als der Teufel nach dem Grund für diesen Preisunterschied gefragt wurde, antwortete er: »Der Grund, warum ich dieses Werkzeug mit einem so hohen Preis versehen habe, liegt darin, dass ich mich auf dieses Werkzeug verlassen kann, wenn alle anderen Werkzeuge versagen.« Er streichelte das kleine Stück Holz liebevoll und fuhr fort: »Wenn es mir nur gelingt, dieses kleine Stück Holz in die Vorstellung eines Opfers zu bringen, öffnet es die Pforten für alle meine anderen Werkzeuge.« Er lächelt und fügt noch hinzu: »Es gibt nichts Verderblicheres als die Entmutigung.«

Aus einer Geschichte von Margaret Parkin nacherzählt

Warum ist die Entmutigung so viel wirksamer? Ein naheliegender Grund ist, dass Entmutigung das gemeinsame Endprodukt aller unguten Gefühle und Strebungen darstellt: Alle diese Gefühle und Strebungen können, müssen aber nicht entmutigen. Wenn der Teufel die Entmutigung erreicht, braucht er sich um die verschiedenen »Laster« gar nicht mehr zu bemühen. Wer Entmutigung überwindet, besiegt den größten Nachteil problematischer Zustände wie Neid, Gier, Wut oder Hass. Aber es geht nicht nur darum, Angst und Entmutigung zu überwinden. Sicher sind diese Gefühle die größten Motivationshemmer, aber der Einfluss der Angst und Entmutigung kommt erst dann, wenn man etwas will und nur aus Angst (zu versagen) nicht aktiv wird. Was können wir tun, damit wir etwas so wollen, dass es uns guttut? Wie kommen wir zu den uns motivierenden Zielen?

4.5 Persönliche Ziele als Motivatoren

Starke Gründe bringen starke Handlungen hervor.
William Shakespeare

Ohne Ziele gibt es keine Motivation. Wenn wir uns selbst motivieren wollen, so ist es wichtig, dass wir uns Ziele setzen, für die es sich wirklich lohnt, sich anzustrengen. Unsere Ziele müssen daher groß genug sein, sie müssen wirklich attraktiv sein. Was wünschen Sie sich? Was würden Sie mit einem großen Lottogewinn machen? Welche Bitten hätten Sie an eine Fee, die Ihnen die Erfüllung von drei Wünschen verspricht? Sie werden vielleicht davor warnen, dass solche Wunschträume doch noch nie Menschen dazu gebracht haben, sich anzustrengen. »Lottogewinne und eine Fee machen mich doch nicht aktiv«, so werden Sie vielleicht denken. Dieser Einwand ist berechtigt, aber viele Menschen sind aufgrund negativer Erfahrungen und aufgrund von Enttäuschungen so anspruchslos geworden, dass sie schon gar nicht mehr wagen, sich echte, umfassende und wirklich attraktive Wünsche bewusst zu machen. Erwachsene unterscheiden sich von Kindern unter anderem dadurch, dass sie viel weniger »unrealistische« Wünsche haben, aber damit auch weniger Wünsche, für die es sich lohnt, sich richtig anzustrengen.

In dem Maß, in dem wir vermeiden, unser Leben an etwas zu hängen, entleeren wir es.
José Ortega Y Gasset

Viele Erwachsene haben die Erfahrung gemacht, dass es weh tut, wenn man feststellen muss, dass man Ziele, die man sich vorgenommen hat, nicht erreichen kann. Das Versagen gehört zum Risiko einer Zielsetzung, allerdings »entleeren« wir uns, wir verlieren uns, wenn wir keine Ziele mehr haben, wenn wir nichts haben, für das wir uns wirklich engagieren, wenn wir keine Außenpunkte mehr haben, auf die wir unsere Energie richten. Entscheidend ist das Verhältnis von Erreichbarkeit und Attraktivität der Ziele, die wir uns setzen.

Natürlich sollten die Wünsche grundsätzlich erreichbar sein. Aber stecken Sie Ihre Ziele nicht zu kurz. War es für Steven Hawking ein realistischer Wunsch, ein berühmter Wissenschaftler zu werden, nachdem ihm die Ärzte seine Krankheit diagnostiziert und ihm vorausgesagt hatten, dass er in wenigen Jahren keinen Muskel mehr bewegen könne und nach weiteren drei Jahren daran sterben würde? War es für Lance Armstrong nach den vielen Krebsoperationen (Hodenkrebs, Hirntumore und Lungenkrebs) mit der anschließenden Chemotherapie ein realistisches Ziel, jemals wieder Radrennen zu fahren, geschweige denn, eine Tour de France zu gewinnen? Es ließen sich noch viele solcher »unrealistischen« Ziele aufzählen, die sich dann doch als erreichbar erwiesen. Vielleicht kennen Sie persönlich Menschen, die Ziele erreicht haben, die ihnen niemand zugetraut hätte?

Andererseits gibt es natürlich auch viele Menschen, die von Zielen geträumt haben, die sie nie erreichen konnten, weil diese Ziele überhöht waren. Worin unterscheiden sich die beiden Gruppen? Wie müssen Ziele beschaffen sein, die uns motivieren und die uns nicht zu weiteren Misserfolgserlebnissen führen?

Die Umsetzung zielführender Handlungen gelingt oft besser, wenn Ziele konkret sind (Gollwitzer, 1999). »Ich möchte reich sein«, ist kein konkretes Ziel. Wenn wir unsere Motivation optimieren wollen, dann ist es oft hilfreich, wenn wir uns unser Ziel konkret vorstellen. »Ich möchte ein Haus im Grünen haben«, ist ein solches Ziel. Am besten, man beschäftigt sich gedanklich damit, man schaut sich die Anzeigen von Maklern an, man lässt sich vielleicht Prospekte kommen und man fährt schon mal in die Gegend, in der solche Häuser stehen, wie man sie sich vorstellt. Dadurch erfährt man dann auch, wie viel ein solches Haus kosten würde.

Gleiches gilt natürlich auch für andere, z. B. nicht materielle Ziele: »Ich möchte berühmt sein«, reicht meist nicht als Zielvorstellung, hier müssten Sie näher bestimmen, in welchem Bereich Sie berühmt sein wollen, ob z. B. als Wissenschaftler, Politiker oder als Filmschauspieler. Wie erkennen Sie, dass Sie berühmt sind, wollen Sie z. B. in einer Zeitschrift erwähnt werden? In welcher wäre das und in welcher

Form? Wenn man sich darüber klar geworden ist, was man erreichen will, so sollte man sich vorstellen, wie das Leben aussehen würde, wenn man sein Ziel schon erreicht hat. Worin besteht das Berühmtsein? Wie wird sich das Berühmtsein auf das alltägliche Leben auswirken?

Obwohl es für die eigene Motivation oft nützlich ist, Ziele so konkret wie möglich zu formulieren, kann es mitunter auch sinnvoll sein, allgemeine Ziele zu formulieren. Wenn ich mir nicht sicher bin, auf welche Situation ich treffen werde, ist es vernünftiger, mein Ziel nicht allzu konkret zu formulieren. Wer sich vornimmt, an einem bestimmten Tag um 17 Uhr nach Dienstschluss in einem bestimmten Supermarkt Zahncreme zu kaufen, vergisst sein Vorhaben u. U., wenn er an dem Tag zufällig in einer anderen Stadt unterwegs ist. Wo Flexibilität nötig ist, kann es u. U. nötig sein, Ziele allgemein zu formulieren (wo immer ich bin, übermorgen kaufe ich nach Dienstschluss Zahncreme). Einige Untersuchungen zeigen (Ferguson, 2007), dass gerade dann, wenn man nicht genau wissen kann, welcher Vorsatz auf welche Weise gefährdet wird (z. B., wenn Versuchspersonen, denen die schlanke Linie wichtig ist, im Experiment plötzlich zu einer Geschmacksprobe verschiedener Süßigkeiten eingeladen werden), das Festhalten an Vorsätzen besonders gut gelingt, wenn man ein allgemeines Ziel gebildet hat (»schlank bleiben«) als wenn man einen konkreten Vorsatz gefasst hat (»keine Candybars essen«).

4.6 Die Bedeutung von Bildern für die Selbstmotivation

Sich ein Ziel konkret vorstellen heißt, sich ein Bild zu machen, durch das das Erreichen des Zieles deutlich wird. Bilder werden in unserem Unbewussten gespeichert und beeinflussen unser Verhalten, auch dann, wenn wir es gar nicht bemerken. Vielen Menschen fällt es leichter, eine solche Empfehlung anzunehmen, wenn sie (wissenschaftlich) erklärbar und überprüft worden ist. Beides ist der Fall: Bilder aktivieren dann eher die rechte Hemisphäre, wenn es mehr um die simultane und ganzheitlich-räumliche Verarbeitung der vielen Informationen in einem Bild als um die Herauslösung oder Kategorisierung von Einzelheiten geht (van der Ham et al., 2007). Die rechte Hemisphäre scheint auch maßgeblich an der persönlichen Intelligenz des Selbstsystems mit seinem ganzheitlich verfügbaren Erfahrungsschatz beteiligt zu sein (Keenan et al., 2001; Kircher et al., 2002).

Der Volksmund sagt: *Ein Bild sagt mehr als tausend Worte.* Bilder speichern in der Tat simultan sehr viele Informationen, gerade auch deshalb, weil Bilder gerade in der rechten Hemisphäre nach dem Ähnlichkeitsprinzip abgespeichert werden (Levy & Trevarthen, 1976). Das bedeutet, dass immer dann, wenn ein Bild aktiviert wird, gleichzeitig auch viele ähnliche Bilder vor dem »inneren Auge« präsent sein können, auch wenn uns das nicht bewusst wird. Praktisch bedeutet das, dass Ziele, die in Bildern abgespeichert sind, sehr flexibel eingesetzt werden können: Immer dann, wenn etwas schief geht, fallen einem sofort ähnliche Ziele ein, sodass man eine große Ausdauer entfalten kann. Man ist nicht so schnell »am Ende seines Lateins«, wie es der Fall ist, wenn man ein Ziel in abstrakter, kategorialer Sprache (linkshemisphärisch) gespeichert hat (»ich will berühmt werden«) und ein Versuch fehlschlägt. Bildhaft abgespeicherte Ziele sind durch ein ausgedehntes Netzwerk von potenziell akzeptablen Zielen repräsentiert: Auch wenn man gerade ein ganz konkretes Ziel verfolgt, steht dann im Hintergrund immer ein ganzes Netzwerk vergleichbarer Alternativen (wir nennen ein solches Netzwerk ein »allgemeines« Ziel, was aber nicht ausschließt, dass aus diesem Netzwerk immer wieder ein ganz konkretes Ziel gebildet wird, das in die gerade angetroffene Situation passt: Das Netzwerk stellt viele vergleichbare konkrete Ziele zur Auswahl).

Bilder stimulieren das Selbstsystem mit seinen Motiven und Zielen aus dem Unbewussten heraus. Das hat den großen Vorteil, dass wir uns wichtige Motive und Ziele nicht ständig in Erinnerung rufen müssen. Motive und Ziele, die mit Bildern verknüpft sind, wirken ständig aus dem Hintergrund heraus, also auch dann, wenn wir bewusst gar nicht an das Ziel denken (Schultheiss & Brunstein, 1999). Hier liegt das »Geheimnis« der Menschen begründet, die immer im richtigen Moment daran denken, die eine oder andere Absicht auszuführen: Das Extensionsgedächtnis, das durch Bilder stimuliert wird, wirkt ständig aus dem Hintergrund und macht auf Gelegenheiten aufmerksam, die Menschen, die sich ständig ihre Ziele bewusst machen, paradoxerweise übersehen (weil das bewusste Absichtsgedächtnis auf bewusste Erinnerungshilfen angewiesen ist). Die durch Bilder repräsentierten Ziele werden durch eine spezielle Form der Aufmerksamkeit unterstützt, die dem ganzheitlichen Selbst zur Verfügung steht: Es handelt sich um eine aus dem Hintergrund des Bewusstseins ständig wirksame Wachheit für ein ausgedehntes Spektrum von Dingen und Ereignissen, die zu den im Extensionsgedächtnis abgespeicherten Zielen passen.

Haben Sie sich schon einmal gewundert, wie Sie oder wie andere es schaffen, im richtigen Moment an die Erledigung eines Vorsatzes zu denken, ohne dass Sie durch irgendetwas daran erinnert worden sind? Dies ist eine Leistung der breiten, ausgedehnten Wachheit *(Vigilanz)*, die aus dem Hintergrund des Bewusstseins ständig die Umgebung abtastet und sofort ein Signal gibt, wenn irgendeine Gelegenheit auftaucht, die zu einem im Selbstsystem als »Bild« abgespeicherten Ziel passt.

In mehreren Osnabrücker Forschungsprojekten, an denen Thomas Goschke und Reiner Kaschel beteiligt waren, haben wir herausgefunden, dass lageorientierte Menschen die Ziele nicht als Bilder, sondern ganz einseitig als verbale Selbstinstruktionen, also im analytischen *Ich* statt in der »persönlichen« Bildsprache des Selbst speichern und dass sie viel häufiger an unerledigte Ziele denken und dabei paradoxerweise die Ausführung viel öfter vergessen als die Handlungsorientierten. Das scheint daran zu liegen, dass die Parallelverarbeitung des räumlich-analogen Formats von Bildern besser als das logisch-analytische Format der Sprache geeignet ist, die Umgebung ständig auf ein breites Spektrum von Merkmalen abzutasten, die für irgendeine der unerledigten Absichten relevant sein könnten.

Untersuchungen, in denen die Aktivierung verschiedener Hirnregionen direkt gemessen wurde, haben bestätigt, dass die vorderen Regionen der *rechten* Hemisphäre gerade dann aktiv sind, wenn irgendeine der bislang erläuterten Komponenten der *persönlichen Intelligenz* benötigt wurde, also z. B. dann,

- wenn eine ausgedehnte, *extensive Wachsamkeit* (Vigilanz) nötig ist, damit man bemerkt, wann eines aus einer größeren Anzahl von relativ seltenen Signalen oder Reizen auftaucht, die zu einer vorab vereinbarten, mehr oder weniger ausgedehnten Menge von »zielrelevanten« Signalen gehören (Posner & Fan, 2007; Posner & Rothbart, 1992),
- wenn *Selbstwahrnehmung* nötig ist, damit man beurteilen kann, ob gezeigte Wörter wie »sparsam«, »fleißig« oder »gesellig« auf die eigene *Person* zutreffen, ob sie also zu den Merkmalen gehören, die im Selbstsystem als die eigene Person beschreibend abgespeichert sind (Kircher et al., 2002; Molnar-Szakacs, 2005),
- wenn eigene Gefühle geäußert oder reguliert werden (Devinsky, 2000; Levesque et al., 2003), besonders negative *Selbstäußerungen,*
- wenn ausgedehnte Netzwerke von Gedächtnisinhalten aktiviert werden müssen, z. B., wenn die Versuchspersonen mehrere Bedeutungen eines mehrdeutigen Wortes wie *Schloss* bestimmen, die Gemeinsamkeiten zwischen auf den ersten Blick nicht zusammenhängenden Begriffen sehen (Bowden et al., 2005).

Wie wir im ersten Kapitel (▶ Kap. 1.8) erläutert haben, kann die Distanz oder Nähe zwischen den an verschiedenen Funktionen beteiligten Hirnregionen ein Hinweis für die Schwierigkeit oder Leichtigkeit sein, mit der sie sich zu funktionellen Netzwerken verbinden können. Wir können von der zukünftigen psychofunktionalen Hirnforschung interessante Aufschlüsse über Funktionsverbünde erwarten, die für die Selbstmotivierung relevant sind. Wenn das Selbst die bereits erläuterte Fähigkeit hat, viele Erfahrungen in Netzwerken ähnlicher Bilder zu integrieren und Gefühle, einschließlich der für die Selbstmotivierung relevanten, zu regulieren, dann könnte der Nachweis der Unterstützung der oben aufgelisteten Funktionen durch dieselbe Hemisphäre durchaus ein Hinweis auf ein solches funktionelles Netzwerk sein. Wie alles, was wir Ihnen in diesem Buch versuchen nahe zu bringen, haben wir auch die Macht der Bilder und die Motivationskraft konkreter Ziele in unserem eigenen Leben selbst erlebt. Die Wirkung von gespeicherten Wunschbildern wurde Jens-Uwe Martens vor ein paar Jahren besonders deutlich:

Die »Vision« von einem schönen Büro

Ich habe mein Büro in München Schwabing. Das erste Büro bestand in einer Etage in einem nicht sehr attraktiven Neubau, das weitgehend als Wohnhaus genutzt war. Es hatte mir nicht besonders gut gefallen, aber es entsprach meinen Bedürfnissen und es war relativ preiswert. Zu dieser Zeit besuchte ich einmal einen Kollegen, der sein Büro ganz in der Nähe in einer alten Villa hatte. Die Räume waren hoch und mit Stuck ausgestattet, das Haus hatte auch von außen Charakter und Charme. Ich weiß heute noch, dass ich beim Verlassen meines Kollegen dachte: »So ein Büro möchte ich auch gerne einmal haben. Das wäre toll, mit welchen Gefühlen würde man dann jeden Morgen ins Büro gehen?« Ich

> habe diesen Wunsch wieder vergessen, es gab Wichtigeres, um das ich mich bemühen musste. Jahre später hatte ich mein Büro in einem solchen Altbau und ich freute mich tatsächlich jeden Tag daran, wenn ich mein Büro betrat. Zufälle haben dazu geführt, dass sich mein Traum erfüllt hat – oder waren es vielleicht doch keine Zufälle? Ich bin heute überzeugt, dass es keine Zufälle waren, wenn es auch von außen so aussieht.

4.7 Ziele zwischen Gefühl und Verstand

Wie dieses Beispiel zeigt, wirken gespeicherte Wunschbilder auch unbewusst und langfristig, aber das ist nicht der typische Weg eines Menschen mit Gestaltergrundhaltung, Ziele zu erreichen. Sicher ist es noch wirksamer, wenn wir uns zwar die Ziele konkret vor Augen führen, aber uns auch bewusst um das Erreichen der Ziele bemühen. Am besten wirkt sich ein Pendeln aus: Ab und zu denkt man ganz bewusst an ein Ziel und formuliert es sehr konkret, d.h. stellt sich genau vor, *was* man als ersten Schritt tun wird und *wann* und *wo* er ausgeführt werden soll. Und dann lässt man das Ziel wieder in den Hintergrund des Bewusstseins absinken, von wo aus es aus den erwähnten Gründen viel wachsamer und kreativer die Umsetzung steuern kann als aus der Enge des verbalen Bewusstseins (vgl. die obige Liste der an dem funktionellen Netzwerk der Selbstmotivierung beteiligten Kompetenzen).

Wie wir weiter oben anhand der Befunde Oettingens und des Farbbenennungsexperiments erläutert haben, werden durch dieses Pendeln die Systeme miteinander verknüpft, die man zur erfolgreichen Umsetzung von Zielen braucht: Das Intentionsgedächtnis wird aktiviert, wenn wir über ein Ziel bewusst nachdenken und die Umsetzung konkret planen, während das Extensionsgedächtnis und das persönliche Selbst, aber auch die intuitive Verhaltenssteuerung aktiviert werden, wenn wir uns wieder »entspannen« und das mit der Entspannung verbundene positive Gefühl erleben, das vielleicht noch durch ein Bild von der vorgestellten Zielerreichung intensiviert wird: Eine »Intention« bilden heißt psychologisch: »in die Spannung gehen« (z.B. hervorgerufen durch das Aufschieben des mit der Zielerreichung verbundenen positiven Affekts), während »Extension« sogar wörtlich bedeutet: »aus der Spannung herausgehen« (z.B. einen negativen Affekt herabregulieren).

Diese Einsicht, dass sich Rationalität (die Intention) und Irrationalität (die Intuition) ergänzen müssen, ist vielen Denkern schon lange bewusst, wenn sie es auch nicht wissenschaftlich begründen und erklären konnten. Das wird auch in einer alten Sufi-Geschichte deutlich, die wir bei Peter Senge gefunden haben:

> **Der Blinde und der Lahme**
>
> Ein Blinder irrt orientierungslos durch den Wald. Plötzlich stolpert er über etwas am Boden und fällt der Länge nach hin. Als der Blinde auf dem Waldboden herumtastet, entdeckt er, dass er über einen Mann gefallen ist, der am Boden kauerte. Dieser Mann ist ein Lahmer, der nicht laufen kann.
> Die beiden beginnen ein Gespräch miteinander und klagen sich gegenseitig ihr Schicksal.
> »Ich irre schon seit ich denken kann in diesem Wald herum und finde nicht wieder heraus, weil ich nicht sehen kann«, ruft der Blinde aus.
> Der Lahme sagt: »Ich liege schon, seit ich denken kann, am Boden und komme nicht aus dem Wald heraus, weil ich nicht aufstehen kann.«
> Und während sie sich so unterhalten, ruft der Lahme plötzlich aus: »Ich hab's! Du nimmst mich auf den Rücken, und ich werde dir sagen, in welche Richtung du gehen musst. Zusammen können wir aus dem Wald herausfinden.«

Zur Optimierung der ersten Komponente dieses Pendelns zwischen Denken an ein Ziel und Fühlen des Ziels aus dem Hintergrund des Bewusstseins ist es wichtig, dass das Erreichen des Ziels nicht in zu weiter Ferne liegt. Wenn das Ziel nicht in den nächsten Monaten erreicht werden kann, dann brauchen Sie kurzzeitige Zwischenziele. Auch solche Zwischenziele müssen natürlich konkret sein, Sie müssen erkennen können, dass Sie das Zwischenziel erreicht haben, denn das Erfolgserlebnis, das Sie beim Erreichen der Ziele empfinden, motiviert Sie.

So wichtig es ist, sich Ziele und konkrete Schritte zu ihrer Realisierung ab und zu bewusst zu machen, so fatal wirkt es sich aus, wenn man es bei diesem Schritt belässt. Es ist gefährlich, nur noch an seine Ziele zu denken, und die Welt um sich herum gar nicht mehr wahrzunehmen. Das bewusste Denken verengt unsere Wahrnehmung aus den erläuterten Gründen so stark, dass wir dann, wenn wir zu oft an unsere Ziele »denken«, Gelegenheiten zur Ausführung passender Handlungen übersehen (»ach Gott, jetzt habe ich schon wieder nicht dran gedacht«). Außerdem bringt jedes bewusste Sich-an-ein-Ziel-Erinnern aus den erwähnten Gründen eine Dämpfung positiver Handlungsenergie mit sich, die man durch Selbstmotivierung wieder wettmachen muss: Man kann sich durch zuviel Denken an Unerledigtes also regelrecht ausbremsen. An Zielen orientiert zu sein, ist wichtig und lebensnotwendig. Sich zu sehr auf die Ziele zu beziehen bedeutet, sich von Ehrgeiz auffressen zu lassen und die breite Aufmerksamkeitsspanne sowie die motivierenden Funktionen des Extensionsgedächtnisses ungenutzt zu lassen.

Für die Ehrgeizigen, die sich weder mit dem Gewinn des Lebens, noch mit der Schönheit der Welt zufriedengeben, liegt die Strafe darin, dass sie sich selbst dieses Leben verbittern und die Schönheit der Welt nicht besitzen.

Leonardo da Vinci

4.8 Wir brauchen »erlebte« Erfolgserlebnisse

Nichts ist erfolgreicher als der Erfolg.

Philip Lersch

Das Umschalten von der bewussten zur unbewussten Beschäftigung mit einem Ziel, das Pendeln vom Denken zum Fühlen, ist auch wichtig, wenn das Ziel erreicht ist. Wer den Erfolg nur bewusst registriert, muss auf viele positive Wirkungen verzichten. Nur wenn der Erfolg in das ausgedehnte Netzwerk persönlicher Erfahrungen (also in das Extensionsgedächtnis) eingespeist wird, können wir umfassend (»extensiv«) aus ihm lernen. Erfolg ist ja nicht nur ein isoliertes Ereignis, sondern er enthält auch viele Informationen: Wie habe ich ihn erreicht? *Was* habe ich in der vorgefundenen *Situation* alles versucht? Worin unterschied sich diese Situation von anderen? In welchen Situationen würde dieses »Erfolgsrezept« nicht wirken? Wie habe ich mich gefühlt? In welcher Stimmung müsste ich den Erfolg anders ansteuern? Welche Bedürfnisse, welche Werte werden durch diesen Erfolg tangiert?

Auch ohne diese Liste fortzusetzen, wird deutlich, dass in einem Erfolgserlebnis viel mehr Informationen stecken, als man mit dem bewussten Verstand im Augenblick des Erfolges durchdenken kann. Wenn das Erfolgserlebnis dem ganzheitlichen Fühlen zugeführt wird, statt nur sachlich konstatiert zu werden, dann werden alle diese Informationen blitzartig verrechnet und gespeichert, weil das ganzheitliche Fühlen auf der parallelen Verarbeitungsform der rechten Hemisphäre beruht. Die *persönliche Intelligenz* wächst (es liegt nahe, einige der im vorigen Abschnitt formulierten Fragen auf ein Übungsblatt zu schreiben: Pro Seite schreibt man ein kleines oder großes Erfolgserlebnis auf und beantwortet dann eine Auswahl dieser Fragen – das stärkt, wenn man es einige Zeit wiederholt, die gefühlte Verarbeitung von Erfolgen und damit alle wichtigen Selbstmotivierungsfunktionen).

Es gibt zwei Dinge, um die wir uns im Leben bemühen müssen:
Das erste ist zu bekommen, was wir wünschen, und dann: sich daran zu erfreuen.
Nur die weisesten unter den Menschen erreichen das Letztere.

Quelle unbekannt

Berücksichtigt man die bereits erläuterten Modulationsannahmen der Osnabrücker Persönlichkeitstheorie, so wird deutlich, warum es wichtig ist, den Erfolg zu *genießen*: Das ganzheitliche Fühlen (Extensionsgedächtnis) ist in übermäßig negativer Stimmung gehemmt, sodass Menschen, die sich von dem Erfolg nicht in gute Stimmung versetzen lassen, die mit dem Erfolg verknüpften Informationen gar nicht zur Anreicherung der ausgedehnten persönlichen Erfahrungsbasis auswerten können.

Lageorientierte Menschen kommen oft gerade deshalb so schwer aus ihrer passiven Opferhaltung heraus, weil sie Erfolge nicht ganzheitlich fühlen, sondern nur nüchtern zur Kenntnis nehmen (d. h. ins analytische, emotionsentkoppelte Denken einspeisen). Ein negatives Selbstbild ist dann selbst gegenüber noch so vielen Erfolgserlebnissen resistent. Was für Außenstehende wie ein Erfolg aussieht, ist nicht bei jedem Menschen auch ein *Erfolgs-Erlebnis*. Wer üben möchte, Erfolge wirklich zu spüren, sollte sich einfach regelmäßig die Zeit nehmen, einige Erfolge aufzulisten und dann bei jedem Erlebnis verweilen und ins Fühlen gehen: Was fühle ich bei dieser Erinnerung? Wie spüre ich meinen Körper? Welche Muskeln sind angespannt? Wo ändert sich in meinen Körperempfindungen etwas?

Es kommt nicht darauf an, dass die Körperwahrnehmungen und Gefühle, die man dann registriert mit dem konkreten Erfolgserlebnis etwas zu tun haben: Wichtig ist, dass man im Zusammenhang mit einer solchen Erinnerung überhaupt ins Fühlen geht. Die Übung funktioniert auch bei ganz kleinen »Erfolgserlebnissen«, besonders, wenn einem »richtige« Erfolge gar nicht einfallen (was ein Zeichen dafür sein kann, dass man vom Erleben der eigenen Erfolge zuweilen abgeschnitten ist): Man konzentriert sich z. B. auf die Handbewegung beim Ausschalten des Lichtes und auf alles, was man währenddessen in der Innen- und in der Außenwelt wahrnimmt: Dass das Licht wirklich ausgeht, wenn man den Schalter betätigt, ist so selbstverständlich, dass man hier nicht von einem Erfolgserlebnis sprechen würde. Aber dieses Beispiel veranschaulicht, dass man durch vorübergehende Beachtung selbst so unscheinbarer »Erfolge« des eigenen Handelns das *Fühlen des Erfolgs* schulen kann.

Erfolgserlebnisse motivieren uns nicht nur und machen uns dadurch erfolgreich, sondern sie verändern in der Summe auch das Bild, das wir von uns haben. Wenn Sie jeden Tag ein oder zwei kleine Erfolgserlebnisse gehabt und diese auch extensiv »ausgekostet« haben, dann stellt sich die Frage gar nicht mehr, ob sie bestimmte Ziele erreichen können. Das extensive Auskosten eines Erfolgs, das für den Geübten automatisch in wenigen hundert Millisekunden erfolgt, braucht für denjenigen, der diese Fähigkeit in irgendeinem Bereich weiter entwickeln möchte, zunächst ein bewusstes Verweilen, bis es immer mehr gefühlt und allmählich so automatisiert wird, dass es auch unbewusst abläuft. Jemand der immer wieder Erfolgserlebnisse hat und sie wirklich fühlt, der traut sich natürlich auch mehr zu.

Zusammenfassend lässt sich also sagen: Erfolge zu haben, reicht nicht, man muss sie auch erleben. Etwas größere Erfolgserlebnisse sollte man bewusst feiern, z. B., indem man sich mit seinem Partner zu einem schönen Essen zusammensetzt und ihm dabei erzählt, wie es zu dem Erfolg kam, wie man die auftauchenden Schwierigkeiten überwunden hat, wie man sich dabei gefühlt hat usw.

4.9 Wir müssen auch Misserfolgserlebnisse ganzheitlich verarbeiten

Als die Spitzengruppe in einem Radrennen von einem Zitronenfalter überholt wurde, gaben viele Radfahrer auf.

Günter Grass

4 »Motivation ist alles!« Wie kann man sich selbst motivieren?

Auch Misserfolge müssen ganzheitlich erfühlt, statt nur mit dem verengten Denken registriert werden. Sonst kann es passieren, dass uns schon geringe Rückschläge aus der Bahn werfen. Wenn man einen Misserfolg mit der gesammelten persönlichen Erfahrung auswertet (und das geht nur »unbewusst«, also gerade dann, wenn man *nicht* darüber nachdenkt, sondern ihm »nachspürt«), dann wird die eigene Leistungskraft nicht in Frage gestellt, wenn man von jemand anderem – und sei es nur von einem Zitronenfalter – überholt wird. Das ganzheitliche Fühlen, die persönliche Intelligenz ermöglicht es, sich an dem eigenen Fortkommen zu erfreuen, unabhängig davon, welche Leistungen andere erzielen. Die Entweder-oder-Charakteristik des analytischen Denkens führt dazu, dass der Erfolg eines anderen wie ein eigener Misserfolg aussieht (»einer kann nur siegen: er oder ich«). Das ganzheitliche Fühlen braucht aufgrund seiner Sowohl-als-auch-Charakteristik nicht einmal den Erfolg eines anderen auszublenden: Der Erfolg eines anderen subtrahiert bei paralleler Verarbeitung nichts von dem eigenen Erfolg, selbst wenn dieser bescheidener ausfällt. Das ganzheitliche Fühlen ermöglicht es, beides nebeneinander stehen zu lassen, ohne einen Konflikt zu erleben. Hier wird deutlich, warum die Bewältigung negativer Gefühle die friedliche Koexistenz verschiedener Erfahrungen, aber auch verschiedener Meinungen innerhalb der Person wie zwischen verschiedenen Personen ermöglicht: Negative Gefühle wie Angst oder Schmerz hemmen den Zugang zur ganzheitlichen Erfahrung (d. h. zum Extensionsgedächtnis und zur Selbstwahrnehmung), die die Gegensätze verbindet statt verschärft. Die Überwindung negativer Gefühle (z. B. durch Selbstberuhigung) fördert dagegen die Sowohl-als-auch-Verarbeitung der parallelen Intelligenz.

Auch ein Misserfolg enthält viele verwertbare Informationen: Warum kam es zu dem Misserfolg? Worin unterschied sich die Situation von der, in der ich erfolgreich war? Was sollte ich das nächste Mal anders machen? Am besten ist es, wenn Sie sich auch an dieser Stelle gleich einen entsprechenden Übungsbogen gestalten, auf dem oben ein Misserfolg eingetragen wird und darunter die genannten Fragen aufgelistet werden. Wenn Sie eine Weile lang jeden Tag 1–2 »Misserfolge« des Tages reflektieren, wird sich an ihrer Art mit Misserfolgen umzugehen etwas ändern: Auch einen Misserfolg müssen wir ganzheitlich verwerten, um daraus für die Zukunft zu lernen. Wer den Misserfolg nur bewusst konstatiert oder sich auf das mit ihm verbundene negative Gefühl reduziert, statt sich mit dem ganzheitlichen Fühlen mit ihm auseinander zu setzen, ist oft dazu verurteilt, denselben Fehler immer wieder zu machen. Man hat buchstäblich vergessen, dass man es so schon einmal vergeblich probiert hat. Man fällt immer wieder auf dieselben »Typen« herein und scheint aus den gemachten Erfahrungen gar nicht zu lernen. Und auch die emotionsregulierenden Mechanismen funktionieren nicht, wenn man den Misserfolg nicht *ganzheitlich* fühlt, sondern nur konstatiert oder ins Grübeln gerät. Auch das bloße intellektuelle Konstatieren kann paradoxerweise dazu führen, dass man den Misserfolg dann umso intensiver »fühlt«, weil man ihn ohne die Hilfe des ganzheitlichen Fühlens, das alle relevanten Lebenserfahrungen des Extensionsgedächtnisses miteinbezieht, von allen anderen Lebenserfahrungen isoliert und ihn dann nicht differenzieren und relativieren kann und den mit ihm verbundenen negativen Affekt auch nicht herabregulieren kann: Die negativen Gefühle, die ein Misserfolg auslöst, werden ja gerade dadurch gedämpft, dass er im Kontext vieler Lebenserfahrungen relativiert wird (z. B. »ich hab' ja auch einige Erfolge erlebt« oder »wer weiß, woran es lag: beim nächsten Mal kann es ja klappen«).

Ganzheitlich Fühlen heißt also konkret, dass man sich nicht nur mit einem Aspekt des Misserfolgs befasst, sondern ihn mit der eigenen Lebenserfahrung in Kontakt bringt: Warum ist gerade dieser Misserfolg so schmerzhaft für mich? Welche Erfolge habe ich in diesem oder in ähnlichen Bereichen schon gehabt? Wie viele verschiedene Möglichkeiten gibt es, es anders zu machen? Ganzheitliche Verarbeitung muss also nicht bedeuten, dass ich mich immer nur in einem diffusen, ganzheitlichen Erleben bewege (es ist oft schwer zu unterscheiden, ob die ganzheitliche Verarbeitung wirklich eingeschaltet ist oder nur die einfache Form der Intuition). Ganzheitliche Verarbeitung wird gerade dadurch angeregt, dass man verschiedene Gesichtspunkte mit dem analytischen Bewusstsein betrachtet, sich dann aber immer auch wieder zurücklehnt und dem Fühlen eine Chance gibt. Wer mit diesem Wechsel Schwierigkeiten hat, kann ihn durch verschiedene Trainingsangebote üben, die von diversen Entspannungs- und Atemübungen bis zu verschiedenen Formen der Körperwahrnehmung und Meditation reichen: Diese Methoden, die für sich genommen ja mehr die kontemplative (oder gar lageorientierte) Haltung stärken, können dann die Handlungsorientierung und Gestaltungskraft stärken, wenn sie im Wechsel mit den bewussten Antworten auf die oben erwähnten Fragen zu erlebten Misserfolgen (bzw. Erfolgen) eingesetzt werden. Der Wechsel von einem bewussten Gedanken in die Entspannung hilft, den gerade gefassten Gedanken in das ganzheitliche Erleben einzuspeisen, statt ihn zu isolieren. Das scheint besonders wichtig für Lageorientierte zu sein, die auf eine Übung zur Stärkung der objektiven (überzeugungsunabhängigen) Fähigkeit zur Selbstmotivierung besonders gut ansprechen (Friederichs et al., 2020), während sie von reinen Achtsamkeitsübungen eher beeinträchtigt werden (Kaufmann, Rosing & Baumann, 2021).

Wenn wir auf diese Weise aus Misserfolgserlebnissen lernen, können wir sie entsprechend umdeuten, wir brauchen uns nicht mehr über jeden Misserfolg zu ärgern: Es gibt dann eigentlich keine »Misserfolge« mehr, sondern nur neue Gelegenheiten zu lernen, es noch einmal zu versuchen und bestimmt ein wenig besser zu machen. Jeder Misserfolg ist eine intensive Lernerfahrung, über die man sich auch freuen kann.

4.10 Wir müssen lernen, uns Erfolgserlebnisse selbst zu geben

Wenn du sonst kein Kompliment bekommen kannst – mach dir selbst eines.
Mark Twain[20]

---

20 Ein interessantes Detail zur Verbindung von Zielsetzungskompetenz mit der Figur Mark Twain: Er wurde geboren, als 1835 der Halleysche Komet am Himmel zu sehen war und

Wenn wir von anderen motiviert werden, dann spielen Lob und Ermutigung eine wesentliche Rolle. Das gilt auch, wenn wir uns selbst motivieren wollen. Jeder kann das lernen, allerdings ist es eine Kunst, die man mühsam erwerben muss. Es geht darum, dass man es schafft, sich selbst (gleichsam virtuell) auf die Schulter zu klopfen, mit der Bemerkung: »Das hast du gut gemacht«. Das Entscheidende ist das *Gefühl*, das man dabei hat: Ist es nur eine sachliche Feststellung? Oder erlebe ich ein weites (»extensives«) Gefühl der Zufriedenheit, das sich auf keine Einzelheit reduzieren lässt? Hoffentlich haben Sie nicht als Kind gelernt, dass »Eigenlob stinkt«. Echtes Eigenlob, das nicht den Mitmenschen laufend aufdringlich präsentiert wird, stinkt nämlich in keiner Weise und hilft uns sehr, unsere Ziele zu erreichen.

Erzieher, die diesen Spruch direkt oder indirekt vermitteln, vergessen meist, dazu zu sagen, *wann* Eigenlob unangenehme Folgen haben kann. Das in diesem Buch allmählich aufgebaute theoretische Wissen ermöglicht darauf eine klare Antwort: Nur wenn Eigenlob auf eine verengte Weise erfolgt, ohne Differenzierung, als plumper oder übertriebener Stolz, als zu direkt und zu sehr im Entweder-oder-Schema des Denkens verhaftet, dann hat es Nachteile: Dann bedeutet Eigenlob automatisch Herablassung gegenüber anderen: »Entweder bin ich gut oder die anderen«. Dass beides miteinander vereinbar sein kann, ist dem verengten analytischen Bewusstsein schwer vermittelbar. Wenn man Eigenlob jedoch ganzheitlich fühlt, dann regiert das verbindende, integrierende Sowohl-als-auch-Schema der Selbstwahrnehmung (vgl. das Extensionsgedächtnis der PSI-Theorie): Das merken auch Außenstehende schon an der dezenteren, umsichtigeren, kreativeren Art, wie sich jemand über einen Erfolg freut, statt triumphierend in die Runde zu schauen oder sich unterkühlt mit seinem Erfolg von anderen abzugrenzen.

Die gutartige Variante des Eigenlobs kann man natürlich am besten üben, wenn man die Zahl der Erfolgserlebnisse erhöht. Sie sind quasi ein Ersatz für Eigenlob und aus ihnen kann sich die Fähigkeit zu Eigenlob entwickeln. Zwischenziele, so wie überhaupt kleine Aufgaben, von denen man weiß, dass sie für einen persönlich eine Herausforderung oder auch nur eine Überwindung bedeuten, können, wenn man sie erfolgreich bewältigt hat, solche Erfolgserlebnisse liefern. Auf diese Weise können wir mit Eigenlob die oben geforderten, häufig erlebten Erfolgserlebnisse erreichen und auskosten.

4.11 Wir müssen lernen, durchzuhalten

Die häufig erzählte Geschichte von Edison kann – wie wir aus eigener Erfahrung berichten können – eine große Hilfe sein, wenn man mal wieder kurz davor ist aufzugeben:

---

nahm sich fest vor, mit dem nächsten Vorbeiflug des Kometen (1910) die Erde wieder zu verlassen – was ihm auf den Tag genau gelang.

> **Edisons Glühbirnen**
>
> Thomas Alva Edison ist sicher einer der kreativsten und intelligentesten Erfinder der Neuzeit. Ihm verdanken wir unter anderem den Fonografen, den Vorläufer des Plattenspielers und den Filmprojektor. Berühmt geworden ist sein Satz: »Ein Genie besteht zu einem Prozent aus Inspiration und zu 99 Prozent aus Perspiration (Schweiß)!« Das trifft besonders auf die Erfindung der Glühbirne zu. Edison war besessen von der Idee, dass man elektrischen Strom in Licht verwandeln können müsse. Diese Überzeugung führte zu einer seiner größten Entdeckungen. Man berichtet, dass er über 10000 erfolglose Versuche unternommen hat, eine Glühbirne zu entwickeln, die einige Zeit Licht gibt. Als ihm eines Tages sein Freund und Berater vorschlug, das ganze Projekt fallen zu lassen, da es offensichtlich hoffnungslos sei und nur die Kraft und Energie von ihm auffresse, ohne zu Ergebnissen zu kommen, antwortete ihm Edison mit voller Überzeugung und einigem Erstaunen: »Warum, ich habe doch nicht nutzlose Energie vergeudet. Ich habe 10000 Wege gefunden, wie eine Glühbirne nicht funktioniert. Ich habe mit Erfolg 10000 Wege entdeckt, die zu keinem Ergebnis führen.«

Edison hat über 1000 Patente bekommen. Seine Ausdauer hat sich für ihn offensichtlich gelohnt. Der lange beschwerliche Weg solcher Erfolge bleibt oft unbemerkt. Wie viel Ausdauer haben Sie, wenn es darum geht, ihre Visionen zur Realität zu bringen? Das Auskosten von Erfolgserlebnissen, kleinen wie großen, ist eine wichtige Voraussetzung dafür, auch dann durchzuhalten, wenn der Erfolg sich einmal nicht so rasch wie erhofft einstellt. Was machen Sie, wenn längere Zeit die Erfolgserlebnisse ausbleiben? Wie lange halten Sie durch, wenn es darum geht, gegen Widerstände die gesetzten Ziele zu erreichen? Erfolg braucht auch Durchhaltekraft.

4.12 Wir brauchen Kraft und Energie

Wir Menschen sind auf der einen Seite Geistwesen. Wenn wir etwas leisten und wir uns dafür motivieren wollen, brauchen wir z. B. die Überzeugung, das erreichen zu können, was wir uns vorgenommen haben. Dazu sind Erfolgserlebnisse wichtig. Sie stärken die geistige Seite in uns. Wie schon erwähnt, sind dafür ein Mut machender Partner aber auch positive Vorstellungsbilder sehr hilfreich, vor allem, wenn man sie im Wechsel mit der Betrachtung der zu überwindenden Schwierigkeiten vor dem geistigen Auge hat.

Auf der anderen Seite sind wir aber auch von unserem Körper abhängig. Um die in uns schlummernden geistigen Kräfte zu mobilisieren, brauchen wir auch einen gut funktionierenden Körper, braucht unser Gehirn genug Sauerstoff und Nährwerte. Wer sich völlig schlaff fühlt, der traut sich auch nichts zu, der schreckt vor jeder neuen Herausforderung zurück.

Auch für die körperliche Grundlage der Motivation können wir selbst sorgen. Die psychische und die physische Kraft hängen bis zu einem gewissen Grad zusammen. Wer sich körperlich fit hält, wer die Gifte reduziert oder völlig streicht, mit denen er seinen Körper schwächt, der wird sich eher die Bewältigung von Herausforderungen zutrauen, als jemand, der nach reichlich Alkoholgenuss am Vorabend gerade mit einem Kater aufgestanden ist. Auch hier kann man natürlich übertreiben. Übertriebene Askese kann sich ebenso hemmend auf Motivation und Energie auswirken wie Genusssucht und Bewegungsarmut, schon weil Askese ja Verzicht bedeutet, der seinerseits auf der Hemmung von Genuss, Freude und anderen motivierenden Gefühlen beruht. Es ist andererseits eine nicht zu leugnende Tatsache, dass wir als Geistwesen auch von unserer körperlichen Verfassung abhängig sind und das zeigt sich besonders, wenn wir Willenskraft brauchen, wenn wir uns auf etwas konzentrieren wollen. Auch hier muss man wieder den Mittelweg zwischen Vergnügen auf der einen Seite und Disziplin auf der anderen Seite finden. Welche Rolle die körperliche Verfassung auch für eine Gestaltergrundhaltung spielt, werden wir weiter unten näher ausführen.

4.13   Wir brauchen Vorbilder

Bei der Frage, wie wir uns selbst motivieren können, spielen die Vorbilder eine große Rolle. Sie können sich z. B. jemanden suchen, mit dem Sie sich identifizieren, der den angestrebten Lebensstil hat und der das Verhalten zeigt, das Sie selbst annehmen wollen. Wenn Sie ein solches Vorbild nicht in Ihrem persönlichen Bekanntenkreis finden, dann können Sie sich eines suchen, über das die Medien berichten. Wenn Sie sich mit diesem Vorbild näher beschäftigen, wenn Sie über und von ihm lesen, so werden Sie einerseits erfahren, welche Vorteile es hat, wenn Sie die gesetzten Ziele, die angestrebten Veränderungen tatsächlich erreichen, Sie werden andererseits aber auch erfahren, wie es einem gelingen kann, seine Ziele auch bei auftauchenden Schwierigkeiten zu erreichen, wie man mit Rückschlägen fertig wird und vor allem, dass es andere auch schaffen. »Wenn der das kann, dann kann ich es auch!« ist einer der Grundgedanken, die auch den Autoren dieses Buches immer wieder geholfen haben. Dabei haben wir beide – jeder auf seine Weise – die Erfahrung gemacht, dass es nicht eine einzige Person sein muss, der man nacheifert. Jeder von uns hat mehrere Personen, an denen er sich orientiert hat und noch orientiert. Ein Vorbild für das Thema »Durchhalten«, ein Vorbild für das Thema »körperliche Fitness«, ein anderes Vorbild für das Thema »Überwindung von individuellen Schwierigkeiten« usw. Auf diese Weise können wir unseren individuellen Eigenarten eher gerecht werden. Es wird kaum einen Menschen geben, der Ihnen so ähnlich ist, dass alle seine Eigenschaften und damit auch Probleme und Lösungsversuche Ihnen genau entsprechen (auch an dieser Stelle können Sie selbstverständlich aktiv werden: Sie können z. B. ein Übungsblatt gestalten, in das Sie für verschiedene Ziele oder Lebensbereiche je eine Person eintragen, die sich als Vorbild eignet; es lohnt sich für einige Zeit immer wieder diese Liste zu ergänzen, z. B. einzutragen, welche Schwierigkeiten Ihnen bei der Verwirklichung der aufgeführten Ziele begegnen und wie sich die jeweils eingetragene Person motivieren würde).

Es gibt Jugendliche, die sich noch nicht vollständig gefunden haben und die auf der Suche nach ihrem Selbst, sich mit ihren Idolen so sehr identifizieren, dass sie glauben, genau wie sie sein zu müssen. Das aber hat oft keinen langen Bestand. Vielleicht ist es auch gar nicht so wichtig, wie lange ein Vorbild tatsächlich Vorbild bleibt: Wenn es seine Funktion erfüllt hat oder wenn man merkt, dass es sie nicht erfüllen kann, dann ist es wichtig, sich von dieser Person als Vorbild zu lösen. Sonst bestünde die Gefahr, dass man immer mehr Dinge von dieser Person übernimmt, die es sich gar nicht zu übernehmen lohnt, oder die uns nicht entsprechen.

Vorbilder können sehr hilfreich sein, aber wir müssen uns immer wieder bewusst machen, dass sie oft nur die Lösung von einzelnen Problemen gefunden haben und dass andere Verhaltensweisen u. U. in keiner Weise zu uns passen. Die Boulevardpresse versorgt uns sehr ausführlich mit Informationen über Prominente, die oft auch sehr in die Privatsphäre gehen. Wenn Ihr Vorbild z. B. hinsichtlich der Gestaltergrundhaltung zu den Prominenten gehört, seien Sie nicht enttäuscht, wenn ihr Vorbild z. B. in Bezug auf Partnerschaften nach anderen Wertmaßstäben handelt, als Sie das tun würden. Wer seine persönliche Gestaltungskraft verbessern möchte, wird besonders von der ständigen Differenzierung profitieren, weil das zu entwickelnde System (d. h. das Selbst mit seinem ganzheitlichen Fühlen) sich ja gerade durch seine Differenzierungskraft von anderen Systemen unterscheidet. Wer Vorbilder undifferenziert imitiert, profitiert nicht oder nur wenig auf der Ebene der persönlichen Intelligenz und Gestaltungskraft. Gerade wenn es um die Gestaltergrundhaltung geht, muss man sich deutlich machen, dass hiermit eine Haltung beschrieben ist, die nur die Art und Weise beschreibt, *wie* man sich für Ziele einsetzt. Welche Ziele das sind, ist von Person zu Person verschieden, und man kann durchaus auch einen Kriminellen finden, der ohne Frage eine Gestaltergrundhaltung hat.

4.14 Wir brauchen eine Umgebung, die uns fördert

Wir sind immer auch von den Einflüssen abhängig, die unsere Umgebung, vor allem die uns umgebenden Menschen auf uns haben. Keiner kann sich von den Einflüssen frei machen, die eine Gruppe von Menschen auf uns hat. Selten machen wir uns das bewusst, aber viele psychologische Untersuchungen haben gezeigt, dass wir von unserer Umgebung auch dann beeinflusst werden, wenn wir uns dessen nicht bewusst sind. Wie schon in dem Abschnitt über die Veränderung von Einstellungen erwähnt, wird es Ihnen sehr schwerfallen, wenn Sie z. B. aufhören wollen zu rauchen, das in einer Gruppe von Rauchern zu tun. Auch wenn Ihr Partner raucht, wird es Ihnen größere Mühen bereiten, dieses Ziel zu erreichen, als wenn sie in einer Gruppe von Nichtrauchern leben oder wenn sie mit Ihrem Partner gemeinsam beschließen, das Rauchen bleiben zu lassen.

Bei radikalen Veränderungen des Lebensstils, die ein völlig neues Programm für den Alltag miteinschließen, führt das nicht selten zu einer Neuorientierung auch hinsichtlich des Kreises der Bekannten, mit denen man sich regelmäßig trifft. Joschka Fischer beschreibt das in seinem Buch »Mein langer Lauf zu mir selbst« – wenn auch mehr zwischen den Zeilen. Bei ihm scheint das zu einer Zeit der Einsamkeit geführt zu haben, von der viele Menschen berichten, die eine Neuorientierung in ihrem Leben gesucht und gefunden haben[21]. Sie werden jetzt vielleicht einwenden, dass das zu viel verlangt ist. Soll man wirklich seinen ganzen Bekannten- und Freundeskreis auswechseln, nur weil man sich weiterentwickeln möchte?

Man muss einerseits in der Tat sagen, dass es eine Veränderung des Lebens zum Nulltarif nicht geben kann. Niemand zwingt Sie zu einer solchen Veränderung. Niemand zwingt Ihnen irgendeine konkrete Maßnahme auf. Es könnte allerdings sein, dass Sie selbst etwas von sich verlangen, weil Sie beschlossen haben, Ihr Leben selbst zu bestimmen. Wenn das der Fall ist, dann können die Zusammenhänge und Hinweise, z. B. auch hinsichtlich der Frage, wie Sie sich selbst motivieren können, sehr hilfreich sein. Sie werden dann selbst spüren, ob Ihnen der Kontakt zu bestimmten Menschen hilft oder schadet, sich so zu verändern, wie es Ihnen vorschwebt. Vielleicht entscheiden Sie sich das eine Mal dazu, den Kontakt nur ein wenig seltener zu suchen, in einem anderen Fall merken Sie, dass Sie erst vorankommen werden, wenn Sie den Kontakt ganz abbrechen. Oft geht es erst wirklich voran, wenn Sie die notwendige Entscheidung getroffen haben. Es darf keine Tabus geben. Nur Sie selbst können spüren, wer Sie auf Ihrem Entwicklungsweg unterstützt und wer das nicht tut.

4.15 Wir brauchen einen persönlichen Entschluss

In der amerikanischen Literatur findet man häufig den Begriff: »to be committed«. Wenn jemand von sich sagt: »I am committed«, so heißt das so viel wie: »Ich habe mich selbst verpflichtet.« Sich selbst zu verpflichten, selbstständig – vielleicht sogar gegen innere oder äußere Widerstände – einen Entschluss zu fassen, ist der einzige Weg zu einer Motivation, die stark genug ist, auch große und unerwartete Schwierigkeiten zu überwinden und bei längeren Durststrecken durchzuhalten. Allerdings sieht man einem »Commitment«, also einem Entschluss noch nicht automatisch an, ob er durch das erweiterte Selbst oder durch das engere Ich zustande gekommen ist.

---

21 In dem Buch beschreibt er, wie er auch deutlich abnahm. Dieses Ziel hat er offensichtlich wieder aufgegeben. Ob er die Einsamkeit nicht ertragen wollte?

- Habe ich mir Zeit gelassen?
- Identifiziere ich mich mit dieser Entscheidung voll und ganz?
- Fühle ich mich frei von irgendwelchen äußeren Zwängen (z. B. von Erwartungen oder Wünschen anderer; von meinem eigenen Pflichtbewusstsein etc.)?
- Spüre ich Energie und Kraft, diesen Entschluss umzusetzen?
- Bin ich mir sicher, dass ich jetzt mit dem vorhandenen Wissen und unter diesen Umständen so und nicht anders entscheiden möchte?
- Bin ich sicher, dass ich diese Entscheidung später nicht bereuen werde?

Je mehr dieser Fragen Sie mit »Ja« beantworten können, desto sicherer können Sie sich sein, dass die persönliche Intelligenz Ihres erweiterten Selbst in diese Entscheidung eingegangen ist und sie auch mit Kreativität und Energie unterstützen wird (Sie können aus diesen Fragen leicht eine Übung machen, indem Sie einige Ihrer Ziele untereinander auflisten – z. B. wie in der Übung 12 im Anhang) und dann für jede der Fragen eine Spalte vorsehen, in der Sie ein Kreuz machen, wenn Sie die Frage bejahen können).

Wir brauchen persönliche Entscheidungen, wenn das, was wir tun wollen, viel Kraft von uns erfordert. Nur aus einer solchen persönlichen Entscheidung heraus, sind wir in schwierigen Durchhaltesituationen in der Lage, die Motivation zu finden, weiterzumachen. Wenn wir dem Rat eines anderen zu einseitig folgen, geben wir bei den ersten auftauchenden Schwierigkeiten auf, in der Überzeugung, dass der Rat falsch war oder zumindest, dass dieser andere sich ja gar nicht vorstellen kann, wie schwierig es ist, diesen Rat umzusetzen.

4.16 Entwicklung persönlicher Intelligenz: Sieben Methoden zur Selbstaktivierung

Die diesem Buch zugrunde liegende PSI-Theorie führt zu einer Reihe praktischer Konsequenzen, die nicht nur wissenschaftlich belegt, sondern auch sehr nützlich in der Anwendung sind. Bislang haben wir fünf Möglichkeiten erwähnt, das ganzheitliche Fühlen, also die gesamte persönliche Lebenserfahrung des Selbstsystems zu aktivieren. Wir wollen diese hier noch einmal zusammenfassen und durch zwei weitere ergänzen (siehe auch: Storch & Kuhl, 2013):

1. *Aktive Auseinandersetzung:* Die Herabregulierung negativer bzw. die Wiederherstellung positiver Gefühle wird durch das Durcharbeiten schmerzhafter oder Angst machender Erlebnisse erreicht, die diese Erlebnisse mit der Gesamtheit aller relevanten persönlichen Erfahrungen in Kontakt treten lässt und damit Lösungen, Sinnfindung oder ein Sich-Abfinden ermöglicht (selbstvermeidende Ausweichmanöver wie Beschönigen, Intellektualisierung oder Aktionismus werden allenfalls zur vorübergehenden Entlastung eingesetzt, bis eine Situation

gefunden wird, in der man die Kraft hat, die aktive Selbstkonfrontation zu wagen).[22]
2. *Differenzierung* und *Relativierung:* Durch die Einordnung der Erlebnisse in die Gesamtheit persönlicher Erfahrungen werden übertriebene und einseitige Interpretationen vermieden.
3. *Selbstäußerung* : Dadurch, dass Gefühle oder Meinungen gegenüber Freunden oder anderen Vertrauten entweder indirekt ausgedrückt werden (z. B. durch Mimik, Körperhaltung, Tonfall der Stimme) oder direkt besprochen werden, ist das Selbst aktiv (z. B. um Rat oder Trost zu bekommen und anzunehmen) und diesen Freunden wird Gelegenheit gegeben, sich ein Bild von mir und meinen Einstellungen und Interessen zu machen, um z. B. bei einem Rat, den sie mir vielleicht geben könnten, zu berücksichtigen, wirklich auf *mich* einzugehen (die Rolle der Selbstäußerung bei der Angst- und Schmerzbewältigung ist wissenschaftlich bestätigt: Pennebaker et al., 1993).
4. *Körperwahrnehmung* (z. B. das Beachten von Spannungsempfindungen): Darauf zu achten, wie der eigene Körper reagiert, ist eine der »sichersten« Methoden, sogar ein stark unterdrücktes Selbst zu aktivieren (Damasio, 1997); die Körperwahrnehmung ist von Geburt an die rudimentärste Funktion des Selbstsystems (und gibt später eine wichtige Orientierungshilfe, wenn man in den riesigen Netzwerken der gesamten persönlichen Erfahrung Entscheidungshilfen sucht).
5. *Bilderleben* und *indirekte Kommunikation:* Der Wechsel vom sprachlichen Bewusstsein in die bildliche Vorstellung oder in das unbewusste Hintergrunderleben und Andeuten von Zusammenhängen hilft bei der Verständigung. Beispielsweise wenn wir jemanden nicht direkt auf einen Fehler hinweisen, sondern diesen nur indirekt andeuten, kann das helfen, dass er mit seinem »Selbst« diesen Fehler erkennt, statt mit seinem bewussten Ich an einem einzelnen Detail kleben zu bleiben. Oder: Wenn wir ein Ziel ab und zu mehr diffus spüren, als es uns immer bewusst vor Augen zu führen, kann das helfen, dieses Ziel aus der Umsicht der *gesamten* persönlichen Erfahrung zu verfolgen, statt aus der verengten Perspektive des bewussten Denkens. Durch die Geschichten in diesem Buch versuchen wir dieses Bilderleben zu aktivieren. Eine Methode, die Intelligenz des Selbst über Körperwahrnehmung und Bilderleben für die Selbstmotivierung nutzbar zu machen, ist das Zürcher Ressourcen-Modell (Storch & Krause, 2007).

Hier wollen wir diese Liste durch zwei weitere Möglichkeiten ergänzen:

6. *Wahlfreiheit* und *Bedeutungsausdehnung:* Dadurch, dass man, so oft es geht, dafür sorgt, dass man zwischen mindestens drei Alternativen wählen kann oder nachträglich Alternativen zu einer eigenen Handlung oder Interpretation generiert, wird es anderen Systemen mit verengter Verarbeitungskapazität erschwert, sich der Steuerung des Handelns oder des Erlebens zu bemächtigen (das bewusste, mit

---

22 Ein Beispiel für die Auseinandersetzung mit einem sehr schmerzhaften Erlebnis hat Jens-Uwe Martens in seinem Buch »Mit dem Herzen suchen«, gegeben. Eine weitgehende Überarbeitung dieses Buches ist unter dem Titel »Im Herzen kennen wir das Zögern« (Martens, 2012b) erschienen.

dem Denken verbundene Intentionsgedächtnis und die Objekterkennung können kaum drei Dinge gleichzeitig beachten).

Die sechste Methode zur Aktivierung des Selbstsystems haben wir vor Beginn dieser Auflistung kennen gelernt: Das Generieren von mindestens drei Alternativen. Sobald man drei oder mehr Möglichkeiten sieht, braucht man das Extensionsgedächtnis, also das ganzheitliche Erfühlen. Zwei Dinge kann man fast noch gleichzeitig im Bewusstsein (oder im Intentionsgedächtnis) halten, bei drei Dingen brauchen wir die parallele Verarbeitung, die in der rechten Hemisphäre bis auf die höchsten Stufen der intellektuellen Integrationskraft angeboten wird. Aus psychobiologischen Experimenten ist bekannt, dass dann, wenn Menschen mehrere Bedeutungen eines Wortes oder viele entfernte Assoziationen zu einem Wort generieren, die rechte Hemisphäre (besonders ihre vorderen Regionen) besonders stark aktiviert wird (z. B. Bowden et al., 2005). Ähnliches kann man erwarten, wenn man vor einer Entscheidung mindestens drei Alternativen generiert (von denen jede einigermaßen realistisch sein sollte).

Man kann die sechste Methode einüben, indem man z. B. am Abend Handlungen oder »Entscheidungen« des Tages Revue passieren lässt und stichwortartig auflistet, um dann zu jedem Beispiel mindestens zwei Alternativen nachträglich zu generieren (»Was hätte ich sonst noch tun oder entscheiden können«? »Was könnte diese Bemerkung meines Gesprächspartners sonst noch bedeutet haben?« usw.).

7. *Erwartungsbildung* und *Vorhersage:* Das Zuschalten der persönlichen Erfahrungsbasis (d. h. der Selbstwahrnehmung) ermöglicht es, Erwartungen zu bilden und sich gegen schmerzhafte Erfahrungen ein wenig zu immunisieren, wenn man mit ihnen bereits rechnet.

Die siebte Methode der Aktivierung des Selbstsystems mit seiner persönlichen Intelligenz ist die Erwartungsbildung, die Vorhersagen erlaubt: Wer sich darin übt, Zukünftiges vorherzusagen, immunisiert sich gegen Rückschläge und Misserfolge. Das, was mich nicht überrascht, haut mich nicht mehr um. Auch das Nichteintreffen der Vorhersage wirkt sich positiver aus als Enttäuschungen, die eine Person sozusagen »kalt« erwischen: Wer Vorhersagen trifft, beteiligt sich aktiv an der Gestaltung der Zukunft. Man kann diese Erkenntnis in eine tägliche Übung zur persönlichen Entwicklung einbauen: Dinge, die uns immer wieder leicht in kritische Situationen bringen können, versuchen wir vorherzusagen. Es ist gar nicht wichtig, ob die Vorhersage zutreffen wird oder nicht. Am besten sagt man einige Dinge für den nächsten Tag ganz spielerisch voraus und registriert dann, wie oft die Vorhersagen zutreffen. Das schafft Neugier auf den nächsten Tag.

Neugier ist eine Emotion, die Krisen zu meistern hilft, wenn sie die Kraft der Vorhersage nutzt: Wie stark wird der gefürchtete Kollege morgen mit seiner Kritik zuschlagen: Wenn ich seiner schlimmsten Attacke vor einer Woche einen Wert von 100 % gebe, wie schlimm wird er sich morgen aufführen? Oder auf die eigene Person bezogen: Wenn ich die Situation, in der ich mich am schlimmsten gefühlt habe, auf den Wert 100 % setze, wie schlimm wird es mir wohl morgen in der Krisensitzung gehen?

Diese Übung nutzt gleichzeitig zwei Formen zur Aktivierung des Selbstsystems (Differenzierung und Vorhersage), um zukünftige Rückschläge aufzufangen. Wenn man sie regelmäßig macht, stellen sich früher oder später andere Leistungen dieses Systems ein: Es fallen einem plötzlich neue Handlungsmöglichkeiten ein (»ich könnte ja das nächste Mal dem problematischen Kollegen ein nettes Kompliment über die Arbeit machen, die er in das Projekt investiert hat«), man wird achtsamer, d. h. merkt, dass die breit gestreute Aufmerksamkeit des Selbstsystems arbeitet (in der Sitzung sind einem z. B. alle Mienen und Reaktionen der Anwesenden präsenter als sonst, sodass man rascher und angemessener auf die entstehende Stimmung in der Gruppe reagieren kann) und man wird vor allem gelassener, weil man spürt, dass man auf sein ganzes Erfahrungswissen zurückgreifen kann (»mir wird schon was einfallen«).

So kann man zu einer differenzierteren, positiven Grundhaltung finden: Wenn man seine Neugier regelmäßig aktiviert und damit entwickelt, dann kann man sie auf sein ganzes Leben und somit auf sein Schicksal beziehen. Man macht sich dann keine Sorgen mehr, was die Zukunft bringen könnte, sondern man ist neugierig darauf, zu erleben, was das Schicksal für einen noch bereithält. Dadurch, dass man sich die vielfältigen (auch die positiven!) Erfahrungen der Vergangenheit bewusst macht, gewinnt man die Überzeugung, dass auch die Zukunft sicher schöne Erlebnisse bereithält, auf die man sich freuen kann. Vor den belastenden Erfahrungen, die sicher auch auf uns warten, fürchtet man sich nicht so sehr, da man gelernt hat, sie durch eine passende Einstellung erträglich zu machen. (Dazu lesen Sie in Abschnitt 5, vor allem 5.1 mehr.) Hierbei hilft dann natürlich das Ganze im Extensionsgedächtnis gespeicherte Erfahrungswissen.

Es ist gut, sich klar zu machen, wie stark bei vielen Menschen der freie Selbstzugang von Kindheit an blockiert worden ist. Immer wenn Eltern, Freunde, Lehrer u. a. nicht hinhören oder sogar negativ reagieren, sobald ein Kind verbal oder nonverbal etwas von sich selbst zeigt, wird die erlernte Hemmung des Selbstzugangs verstärkt. Oft erscheint das Verhalten von Eltern, die es gut mit ihren Kindern meinen, den Betroffenen nicht verständlich und wird von Beobachtern leicht übersehen (»sie waren doch so gut und bemüht um ihr Kind«). Eine Mutter oder ein Vater, die sonst sehr freundlich und herzlich zu ihrem Kind sind, können z. B. ausgerechnet dann, wenn das Kind einmal ganz sich selbst ist, abweisend oder sogar strafend reagieren. Dies wäre die negative Variante der Systemkonditionierung (▶ Kap. 4.3): Immer, wenn das Selbst aktiv ist, wird negativer Affekt ausgelöst. Damit wird es für das Kind und den späteren Erwachsenen zunehmend schwerer, selbstabhängige Kompetenzen (wie die Selbstmotivierung und Selbstberuhigung) zu entwickeln. Das kann sogar so weit gehen, dass gerade authentische Erfahrungen (z. B. wenn man jemanden trifft, der einen »wirklich« zu lieben oder zu schätzen scheint), eine unerklärliche Angst auslösen (was wohlmeinende Berater durchaus zu dem Fehlschluss verleiten kann, dass diese Beziehung doch wohl nicht gesund sein kann, wenn sie so viel negative Gefühle auslöst).

Man kann etwas gegen die latenten Hemmungen des Selbstzugangs tun, die sich überall im Alltag bemerkbar machen, wo wir uns nicht spontan in einer angemessenen Weise einbringen. Die ersten Übungen unserer Sammlung im Anhang (▶ Anhang) enthalten einige Anregungen, wie man den Selbstzugang üben kann.

Die ersten beiden Übungen beginnen bei der sinnlichen Wahrnehmung. Die frühesten Wurzeln der Selbsterfahrung entspringen in der sinnlichen Wahrnehmung und dem, was sie in uns emotional auslöst. Wer eine Zeit lang täglich übt, selbst bei kleinen unscheinbaren Wahrnehmungen (ein Handtuch, eine Blume, einen Stuhl oder eine Tätigkeit wie Spülen oder Essen) auf die eigenen Reaktionen zu achten (im Körper oder in den Gefühlen), baut Schritt für Schritt erlernte Hemmungsquanten ab, die das Selbstsein, das Mitschwingen bei den eigenen Wahrnehmungen und Handlungen erschweren (▶ Anhang, Übungen 1 und 2). Wer nach einiger Zeit Fortschritte bei solchen Übungen spürt, kann ab und zu versuchen, das innere Reagieren und Mitschwingen auch auf die Wahrnehmung von Personen zu übertragen (▶ Anhang, Übung 3) und zuweilen auch zu üben, zwischen der Beachtung von Einzelheiten und dem Blick für das Ganze zu pendeln (▶ Anhang, Übung 4).

Während diese Übungen elementare Wahrnehmungen immer wieder mit der Ebene der persönlichen Stellungnahme (des Selbst) verbinden, intensiviert Übung 5 die »Selbst-Beteiligung« durch die Identifikation. Je stärker die Selbsthemmung ist, je mehr man gelernt hat, auf die Welt analytisch und überlegt zuzugehen, desto »fremder« wird einem eine solche Übung erscheinen, die ja die Logik geradezu zu verletzen scheint (ich »bin« doch nicht der Stuhl oder der Baum, den ich sehe). Übung 6 kann besonders für Handlungsorientierte oder sehr Selbstsichere nützlich sein: Wer normalerweise nicht auf Unstimmigkeiten oder Fehler achtet, vielleicht sogar Druckfehler leicht übersieht, weil er doch weiß, wie es richtig geschrieben wird, dem kann Übung 6 helfen, mehr aus seinen Fehlern lernen zu können: Fehler nicht zu beachten kann zwar vor unguten Gefühlen und Motivationsverlust schützen, kann aber auch die Fähigkeit, mit Fehlern konstruktiv umzugehen, beeinträchtigen. Bei allen Übungen dieser Art kann es passieren, dass ein Ich-starker Mensch ins bewusste, analytische Ich statt ins Selbst findet. Um dieser in der (post-)modernen Gesellschaft starken Tendenz entgegen zu wirken, ist es sinnvoll, Übungen zu ergänzen, die das Ich überfordern: Die Übungen zum Perspektivenwechsel und zur Beweglichkeit, bis hin zur Umkehrung einer Erfahrung in ihr Gegenteil überfordern das Ich und fordern das Selbst heraus (▶ Anhang, Übungen 7–10).

4.17 Wir brauchen ein Programm, das zu uns passt

Im vorigen Abschnitt haben wir gesehen, dass wir uns nicht immer auf andere verlassen können, wenn es darum geht, uns zu motivieren. Uns würde sonst die Kraft fehlen, Hemmnisse und Schwierigkeiten, die sich in den Weg stellen, zu überwinden. Wir möchten dieses Kapitel beenden mit einer abschließenden Empfehlung, die bei jeder der hier oder in anderen Kapiteln genannten Methoden berücksichtigt werden sollte.

Der wichtigste Grund dafür, dass wir selbst die Verantwortung für unsere Entscheidungen ganz allein übernehmen müssen, ist der folgende: Nur *wir*, jeder einzelne für sich, können einen Weg finden, der wirklich zu uns, zu unseren Begabungen, zu unserem Lebensweg und zu unserer Situation passt. Wir wollen damit nicht behaupten, dass jeder Mensch sich immer gut kennt. Sich immer besser kennen zu lernen, ist eine der Aufgaben, die man in seinem Leben wohl nie abgeschlossen hat: Sich selbst kennen zu lernen, um zu entscheiden, was zu einem selbst passt, was gut für sich persönlich ist. Oft sagen Menschen, die wir in unserer Praxis beraten, an dieser Stelle: Wie soll ich eine Entscheidung treffen, die zu *mir* persönlich passt, wenn ich mich selbst doch so wenig kenne. Ein kleiner Schritt, sich selbst ernster zu nehmen als bisher, ist die Gegenfrage: Glauben Sie, dass irgendjemand anderes Sie besser kennt, als Sie sich selbst kennen? Glauben Sie, dass irgendjemand es so gut lernen kann und so sehr daran interessiert wäre wie Sie selbst?

Ein neues Lebensprogramm kann nur dann durchgehalten werden, wenn es gut zu einem passt. Die Chance, ein solches Programm zu entwickeln, hat man nur selbst. Das bedeutet nicht, dass man sich nicht Hilfe holen sollte. Gespräche mit guten Freunden können sehr hilfreich sein, solange man sich klar darüber ist, dass man die *Entscheidungen* schließlich selbst und ganz alleine treffen muss. Es ist wie in einer demokratisch geführten Gruppe: Alle Stimmen sollen gehört werden, aber die Entscheidung fällt dann derjenige, dem die Verantwortung gegeben wurde. Innerhalb der Person ist diese Instanz, die die Verantwortung übernimmt, das ganzheitlich fühlende Selbst (nicht das analytisch denkende Ich).

Gespräche können je nach den Umständen auch mit Psychologen oder mit anderen professionellen Beratern geführt werden. Dabei muss man allerdings immer auf der Hut sein, sich von den Beratern nicht abhängig zu machen oder machen zu lassen. Sie sind Spezialisten für seelische oder andere Probleme (oder stellen sich zumindest so dar) und das führt leicht dazu, dass der Hilfesuchende in Versuchung gerät, seine Probleme bei dem »Experten« abzuladen. Damit hat man aber auch die Verantwortung für die Lösung der Probleme abgegeben. Der Experte ist schuld, wenn es einem nicht besser oder bei einem Misserfolg wieder schlechter geht. Man ist zu einem Opfer der Umstände, in diesem Fall des »schlechten Experten« geworden.

Wenn Sie Hilfe beanspruchen, von Freunden oder professionellen Hilfegebenden, so ist es für die Entwicklung des Selbst nicht hilfreich, die Verantwortung für das eigene Leben abzugeben. Als »Gestalter« ist Ihnen klar, dass letztlich nur einer Ihnen helfen kann, da nur einer Sie wirklich kennt, und das sind Sie selbst.

5 Persönliche Entwicklung: Krisen überwinden

Der stärkste Eichenbaum des Waldes ist nicht der, der geschützt vom Sturm und verborgen gegenüber der Sonne ist. Es ist der, der offen steht, wo er dem Kampf ums Überleben, dem Wind und dem Regen und der sengenden Sonne ausgesetzt ist.
Napoleon Hill

Bewahre mich vor dem naiven Glauben, es müsste im Leben alles gelingen. Schenke mir die nüchterne Erkenntnis, dass Schwierigkeiten, Niederlagen, Misserfolge, Rückschläge eine selbstverständliche Zugabe zum Leben sind, durch die wir wachsen und reifen.
Antoine de Saint-Exupéry

Wir alle wünschen uns, dass unser Leben ohne Schicksalsschläge, ohne große Probleme ablaufen sollte, und doch ahnen wir, wenn wir an die vielen Menschen denken, die wir in unserem Leben kennen gelernt haben, dass gerade ihre Schicksalsschläge diese Menschen so reif, so wertvoll gemacht haben. Kennen auch Sie Menschen, die an ihr Leben mit mehr Nachdenklichkeit herangehen als der Durchschnitt, Menschen, mit denen man nicht nur *Smalltalk* reden muss, mit denen man sich auch über längere Zeit auf einer *persönlichen* Ebene unterhalten kann und die durch schwierige Lebenssituationen so geworden sind? Wie oft konnten Sie in Ihrem eigenen Leben feststellen, dass ein außergewöhnliches und schwer zu verarbeitendes Schicksal Sie zu der Person gemacht hat, die Sie sind?

Sicher ist Niemandem zu wünschen, dass Schlimmes passieren möge. Wenn wir es aber schaffen, mit den Problemen fertig zu werden, die sich uns in den Weg stellen, so sind wir zuletzt reicher, als wir es wären, wenn wir diesen Problemen nicht begegnet wären. Dies ist die alte Lebensweisheit, dass einerseits niemand Leiden und Schmerz sucht, dass andererseits aber viele Menschen gerade durch erfahrenes Leid gewachsen sind: Leidvolle Erfahrungen können helfen, neue Lösungen zu finden, sich von unrealistischen Zielen abzulösen oder einen neuen Sinn in unabänderlichen Verlusterlebnissen oder schwierigen Lebensbedingungen zu entdecken: Die PSI-Theorie führt diese Voraussetzung für persönliches Wachstum darauf zurück, dass erfahrenes Leid, zunächst zugelassen (statt verdrängt wird), damit es in einem ersten Schritt aus der Flut der Erlebnisse herausgelöst und beachtet werden kann (»Objekterkennung«), während dann in einem zweiten Schritt die neue Erfahrung mit der Gesamtheit bisheriger Erfahrungen (d.h. mit dem Selbst) verglichen wird und in diese Erfahrungsbasis integriert wird (was die Bewältigung von negativen Gefühlen erfordert, damit das Selbst überhaupt aktiviert werden kann). Manchmal sind schmerzhafte Erfahrungen einfach deshalb wichtig, weil sie uns helfen, eingefahrene Gleise zu verlassen, als Voraussetzung dafür, dass wir eine neue Dimension für uns erobern. Wie können wir Neues entdecken, wenn wir immer beim Alten bleiben? Dazu die folgende Geschichte:

> **Die Geschichte hinter dem »Scharlachroten Buchstaben«**
>
> Das chinesische Zeichen für »Krise« ist aus zwei Bildzeichen zusammengesetzt – das eine bedeutet »Gefahr« und das andere bedeutet »Gelegenheit, Chance«. Ein gutes Beispiel, wie man in der Gefahr eine Chance sehen kann, ist die Geschichte von Nathaniel Hawthorne. Er wollte schon von klein auf Schriftsteller werden, schaffte das aber nicht und so musste er seinen Lebensunterhalt als Angestellter verdienen. Als er eines Tages aus seiner Anstellung bei der Regierung entlassen wurde, kam er völlig verzweifelt nach Hause. Seine Frau hörte sich seine Geschichte an, stellte Tinte und einen Federhalter auf den Tisch, zündete den Kamin an, legte den Arm um seine Schulter und sagte: »Jetzt kannst du dein Buch schreiben.« Hawthorne tat es und die Literatur wurde bereichert durch den meisterlichen Roman »Der scharlachrote Buchstabe« (»The Scarlet Letter«).
>
> Nach: James C. Humes

Dadurch, dass seine Frau ihn so liebevoll umsorgt hat, brachte sie ihn mit seinem kreativen Selbstsystem in Verbindung, womit sie ihm sicher unbewusst geholfen hat, mit dem Schreiben des Buches zu beginnen. Wenn er über die Entlassung (mit dem »linken Hirn«) gegrübelt hätte, wäre es ihm sicher nicht möglich gewesen, seinen Roman zu schreiben. Geschichten erzählen (selbst erlebte wie erfundene) aktiviert die mit dem Selbstsystem vernetzten Strukturen (das Selbst ist ja buchstäblich aus vielen erlebten Geschichten entstanden) und hat nachweislich einen stressreduzierenden Effekt, was der Umkehrung der 2. Modulationsannahme entspricht (Pennebaker, 1993).

Ob wir mit Problemen fertig werden oder an ihnen zugrunde gehen, hat viel damit zu tun, wie wir ihnen begegnen. Während man in der Psychologie früher immer untersucht hat, warum und unter welchen Bedingungen Störungen und charakterliche Fehlentwicklungen zustande kommen, untersucht man seit einiger Zeit bewusst die Personen, die offensichtlich besondere Stärken oder besondere psychologische Fähigkeiten entwickelt haben. Eine dieser Forschungsrichtungen beschäftigt sich mit Jugendlichen und Erwachsenen, die unter – psychologisch gesehen ungünstigen Bedingungen – großartige Entwicklungen gezeigt haben, man nennt diese besondere Stärke »Resilienz« und spricht von »resilienten Persönlichkeiten« (mit »Resilienz« wird in der Psychologie die psychische und physische Stärke bezeichnet, die es Menschen ermöglicht, Lebenskrisen ohne langfristige Beeinträchtigung zu meistern). Resilienz ist also die Variante der Gestalterhaltung, die eine handlungsorientierte Auseinandersetzung mit Misserfolgen und anderen schmerzhaften Erfahrungen ermöglicht.

Die Psychologie geht z. B. davon aus, dass Kinder für eine gesunde Entwicklung Geborgenheit und Liebe benötigen, Umweltbedingungen, die in einem Waisenhaus nicht leicht zu realisieren sind. Die Fragestellung lautete nun, was die Jugendlichen und Kinder auszeichnet, die zwar keinen idealen oder sogar schlechten Umweltbedingungen ausgesetzt waren, aber trotzdem zu zufriedenen Persönlichkeiten herangewachsen sind. Das gleiche gilt für die Überwindung von traumatischen Erlebnissen, denen Erwachsene ausgesetzt waren. Was zeichnet die Personen aus, die aufgrund solcher Erlebnisse gewachsen und nicht an ihnen zerbrochen sind? Kann man daraus etwas für die Bewältigung von Krisen lernen?

5.1 Merkmale von Menschen, die aus schwierigen Situationen etwas für ihre Entwicklung gewonnen haben

Erwarte das Beste.
Bereite dich auf das Schlimmste vor.
Mache das, was kommt, zu deinem Kapital.

Zig Ziglar

Wenn man das Dasein als eine Aufgabe betrachtet, dann vermag man es immer zu ertragen.
Marie von Ebner-Eschenbach

In diesen beiden Zitaten finden wir ein typisches Beispiel dafür, was die richtige Sichtweise, die richtige Einstellung ausmacht. Wenn wir von dem Leben wenig erwarten und es als eine (vielleicht schwierige) Aufgabe betrachten, die uns gestellt ist und die wir nur meistern können, wenn wir unsere ganze Kraft und Geschicklichkeit zusammennehmen, dann kann man das Leben nicht nur ertragen, sondern dann wird man immer wieder positive Aspekte finden, die einen überraschen und erfreuen, weil man sie nicht erwartet hat. In der Resilienzforschung wurde festgestellt, dass die Menschen, die mit sehr schwierigen Situationen fertig geworden sind (resiliente Menschen), folgende Strategien verwendet haben:

1. *Sie akzeptierten die Krise und die damit verbundenen Gefühle.* Sie verdrängten nicht das Geschehen und sie öffneten sich den dadurch ausgelösten Gefühlen. In der Psychologie spricht man von »Trauerarbeit«. Damit ist gemeint, dass man sich z.B. mit der Trauer bewusst auseinander setzt, darüber spricht und sich zu gewissen Zeiten der Trauer überlässt, ohne allerdings das normale Leben dabei zu ignorieren.
2. *Sie suchten nach Lösungen.* Resiliente Menschen sahen in den Schwierigkeiten, die ihnen begegneten, ein Problem, das lösbar war. Ein Schicksalsschlag stellt immer auch eine Aufgabe dar, die man als solche annehmen oder vor der man »kapitulieren« kann. Oft besteht diese Aufgabe vor allem darin, dass man die richtige Einstellung zu der neuen Lebenssituation findet, die durch den Schicksalsschlag ausgelöst wurde.

3. *Sie lösten ihre Probleme nicht allein.* Eine Krisensituation macht uns oft einsam. Außergewöhnliche Erfahrungen gemacht zu haben, bedeutet auch, dass man nur schwer von Menschen verstanden wird, die keine ähnlichen Erfahrungen gemacht haben. Das führt oft dazu, dass man sich in solchen Situationen in sich zurückzieht und beschließt, keinen Kontakt mehr mit anderen zu haben. Und doch brauchen Menschen andere Menschen für eine gesunde oder gesund machende Entwicklung. Wir brauchen vor allem das Feedback der anderen Menschen und deren Beachtung – die populäre Psychologie spricht von »Streicheleinheiten«. Es helfen uns daher besonders die Menschen bei unserer Entwicklung, die uns so akzeptieren, wie wir sind und uns damit positive Beachtung schenken, die uns aber auch ab und zu ihre Meinung sagen, wenn wir einen Weg gehen, der nach ihrer Meinung nicht zu uns passt, oder den sie aus anderen Gründen als nicht richtig einschätzen. Damit ist gleichzeitig definiert, was einen guten Freund ausmacht. Funktionsanalytisch lässt sich auch der heilsame Kontakt zu anderen Menschen auf die Aktivierung des Selbstsystems zurückführen, das für persönliche Begegnungen optimiert ist.
4. *Sie fühlten sich nicht als Opfer.* Sie ließen sich auch durch Schicksalsschläge nicht entmutigen. Sie blieben aktiv, sie legten nicht die Hände in den Schoß. Sie behielten die Einstellung, dass sie Gestalter ihres Schicksals sind, auch dann, wenn das Schicksal ihnen eine besonders schwierige Aufgabe gestellt hatte.
5. *Sie blieben optimistisch.* Sie sahen die Welt nicht mit einer rosaroten Brille, die die Gefahren und Risiken leugnet, aber sie sahen die positiven Möglichkeiten und sie konzentrierten ihre Wahrnehmung mehr auf diese Seite einer möglichen Entwicklung. Sie sahen eher das Glas halbvoll als halbleer.
6. *Sie gaben sich nicht selbst die Schuld.* Gerade, wenn der Schicksalsschlag einen Menschen betrifft, den man verloren hat und der einem sehr nahestand, dann drängen sich Gedanken auf, die mit »Hätte ich doch…« beginnen. Es ist sehr wichtig, dass man sich nicht für das Schicksal des anderen dort verantwortlich fühlt, wo die eigenen Einflussmöglichkeiten enden. Verantwortung für sich selber übernehmen, ist ein Zeichen von Stärke und Reife. Die Verantwortung für die Menschen unserer Umgebung müssen wir sicher stärker begrenzen, weil unsere tatsächlichen Einflussmöglichkeiten auf das Leben eines anderen Menschen viel geringer sind als die Möglichkeiten, unser eigenes Leben zu beeinflussen. Wir können ihnen helfen, sie schützen, sie unterstützen, aber wir müssen ihnen letztlich die Verantwortung für sich selbst überlassen.
7. *Sie planten voraus. Sie rechneten mit der Zeit.* Wie uns einige Philosophen gelehrt haben, ist das Leben ein Fluss und wir können niemals zweimal »in den gleichen Fluss steigen«. Morgen ist anders als heute. Wir tun oft so, als ob alles so bleiben wird, wie es heute ist. Wir stemmen uns gegen jede Veränderung und doch ist die »einzige Konstante die Veränderung«. Wenn man mit der Veränderung lebt, mit ihr rechnet, dann bleibt man gerade in Krisenzeiten flexibel und anpassungsfähig. Und die Zeit kann einem gerade in schwierigen Zeiten auch sehr helfen: Die Zeit heilt Wunden.[23]

---

23 Der Autor J.-U. Martens hat zusammen mit B. M. Begus ein Buch zum Thema Resilienz veröffentlicht (Martens, Begus, 2023).

5.2 PSI-Theorie: Die Merkmale resilienter Persönlichkeiten

Das ist eine lange Liste. Es wäre schön, wenn man sie auf einen Punkt bringen könnte. Sozusagen auf einen Punkt, an den man nur zu denken brauchte, damit einem die ganze Liste wieder einfällt und man für alle Merkmale resilienter Personen eine gemeinsame Erklärung hätte. Einen solchen Punkt gibt es: Man kann ihn das erweiterte Selbst nennen, die persönliche Lebenserfahrung oder *persönliche Intelligenz*. Wenn Sie als Leser Lust dazu haben, können Sie an dieser Stelle eine kleine Übung machen: Sie können versuchen, die im Verlaufe dieses Buches immer weiter entfaltete Theorie, in der das persönliche Selbst eine zentrale Rolle spielt, anzuwenden, indem Sie bei jedem der aufgelisteten Merkmale erklären, wie es sich aus den Funktionsmerkmalen des Selbst erklären lässt. In den folgenden Abschnitten folgt unsere Bearbeitung dieser kleinen »Aufgabe«.

Zu 1. Sie akzeptieren die Krise und die damit verbundenen Gefühle

Schon das erste Merkmal resilienter Menschen ist leicht aus dem abzuleiten, was wir an früherer Stelle über die Art und Weise gesagt haben, wie das Selbst und seine Entwicklung funktioniert. Dass das Selbstsystem an der Bewältigung einer schmerzhaften Erfahrung beteiligt ist, erkennt man daran, dass diese Erfahrung nicht durch eine der Abwehrmechanismen, die schnelle Entlastung schaffen sollen, vermieden oder verdrängt wird: Es gibt dann kein Beschönigen mehr, kein Leugnen und Wegschauen, keinen Aktionismus und auch kein Herunterspielen. Das Schmerzhafte an der Erfahrung wird angeschaut. In diesem Punkt ist die für die persönliche Entwicklung so wichtige sensible Haltung eigentlich der Haltung lageorientierter Menschen mit einer Opfer- oder Dulderhaltung ähnlicher als der Haltung der Zeitgenossen, die man wegen ihrer positiven und aktiven Art allzu leicht mit den Gestaltern verwechseln kann (und die sich auch leicht selbst mit Gestaltern verwechseln): den unverbesserlichen Optimisten, den unsensiblen Machern und den »coolen« Bagatellisierern.

Diese Nähe zwischen Personen mit lageorientierter Opferhaltung und Gestaltern sollte Lesern, die in sich Aspekte der Opferhaltung zu entdecken meinen, eigentlich Mut machen. Die Sensibilität und Wahrhaftigkeit gegenüber leidvollen Erfahrungen ist eine der beiden zentralen Voraussetzungen für eine gestaltungskräftige Haltung gegenüber persönlichen Krisen. Genau das wurde auch in der Osnabrücker Forschung bestätigt. In mehreren Untersuchungen, an denen Dr. Robert Biebrich beteiligt war, zeigte sich, dass hoch sensible Menschen, die in der Psychologie gelegentlich etwas voreilig als »Neurotiker« bezeichnet werden, dann eine besonders hohe Kreativität in der Bewältigung von intellektuellen und persönlichen Problemen zeigen, wenn sie eine gute Selbststeuerung entwickelt haben. Wir haben bereits ausführlich beschrieben, welche Funktionskomponenten der Selbststeuerung besonders wichtig sind und wie sie entwickelt werden können. Bei der Bewältigung von Schmerz und Trauer ist natürlich die Selbstberuhigung besonders wichtig. Im ersten Teil dieses Buches haben wir Befunde erwähnt, die zeigen, dass eine hohe emotionale Sensibilität (z. B. Ängstlichkeit, Neurotizismus, Neigung zum Grübeln oder zur Entmutigung als Erstreaktion) sogar vor psychosomatischen Erkrankungen schützen und zum Motor für die Selbstentwicklung werden kann, wenn diese Sensibilität mit einer gut entwickelten Selbstregulation einhergeht (Baumann et al., 2007; Scheffer, 2005, S. 76).

Zu 2. Sie suchen nach Lösungen

Auch die weiteren Merkmale resilienter, d. h. psychisch widerstandsfähiger Personen sind aus den Funktionscharakteristika des Selbst und der in ihm gesammelten persönlichen Lebenserfahrung ableitbar: Durch die Fähigkeit, Schmerz nie überhand nehmen zu lassen (Selbstberuhigung) wird das Selbst aktiviert, wie es die 2. Modulationsannahme der Osnabrücker Persönlichkeitstheorie (PSI-Theorie) ausdrückt. Durch den so aktivierten Zugriff auf die Gesamtheit des intuitiven Erfahrungswissens können Lösungen aktiv gesucht und gefunden werden.

Zu 3. Sie lösen ihre Probleme nicht allein

Die Einbindung in soziale Netzwerke, die eine Unterstützung in Krisenzeiten bieten, kann sowohl als Ursache wie als Auswirkung des starken Selbst verstanden werden: Die Fähigkeit, mit negativen Gefühlen selbstständig fertig zu werden, entsteht ja aus persönlichen Beziehungen zu verständnisvollen und Trost spendenden anderen Menschen und solche Beziehungen fördern diese Fähigkeit weiter. Bei den verschiedenen Methoden zur Bewältigung von Krisen ist die persönliche Beziehung zu einem anderen Menschen von zentraler Bedeutung. Wir haben bereits die theoretische Erklärung für diesen Zusammenhang erläutert (▶ Kap. 4.3): In einer verständnisvollen Beziehung, in der man sich als Person verstanden fühlt (was voraussetzt, dass man auch den anderen als *Person* erlebt), wird das Selbstsystem aktiviert, sodass alle Erfahrungen, die man in dieser Situation macht, in das Selbstsystem integriert werden können. Das bedeutet für die Bewältigung von Krisen, dass man später den Trost und die erfahrene Ermutigung auch selbstständig aktivieren kann.

Am besten kann man diese Zusammenhänge zwischen persönlicher Beziehung und persönlicher Reifung bei der Bewältigung von leidvollen Erfahrungen für das eigene Leben nutzen, wenn man sie nicht nur erklären kann, sondern auch der intuitiven Erfahrung zuführen kann. Das ist auf sehr eindringliche Weise in den folgenden Zeilen aus einem Gedicht von Rainer Maria Rilke ausgedrückt:

…nur manchmal, während wir so schmerzhaft reifen,
dass wir an diesem beinah sterben,
dann formt sich aus allem, was wir nicht begreifen,
ein Angesicht und sieht uns strahlend an.

Rainer Maria Rilke

In diesen Zeilen kommt sehr prägnant eine zweite Form von »emotionaler Dialektik« zum Ausdruck: Im ersten Kapitel haben wir das Wechseln zwischen der Hemmung positiver Gefühle (z. B. durch das Denken an eine unerledigte Absicht oder an zu überwindende Schwierigkeiten) und der Wiederherstellung positiver Gefühle (z. B. durch das Schwelgen in Erfolgsfantasien oder durch andere Formen der Selbstmotivierung) als Grundlage für die Umsetzung schwieriger Absichten besprochen (Kuhl & Kazén, 1999; Oettingen et al., 2001). Persönliches Wachstum hängt von einer zweiten Form der emotionalen Dialektik ab: Dem Wechsel zwischen Phasen, in denen man schmerzhafte Gefühle erfährt und zulässt (und sie als »Einzelobjekte« isoliert von den bisherigen Erfahrungen erlebt) und Phasen, in denen man den negativen Affekt herabregulieren kann, und dadurch die schmerzhaften Erlebnisse ins Selbstsystem integrieren kann. (Man sollte daher bei sich und anderen Tränen durchaus zulassen, aber nach einer gewissen Zeit durch tröstende Worte oder Gedanken wieder trocknen lassen.) Mit jeder Wiederholung dieses Prozesses, der durch das Pendeln zwischen Aushalten von negativem Affekt und seiner Bewältigung angetrieben wird, wächst das Selbstsystem um eine Erfahrung, d. h. diese Erfahrung ist jetzt auch mit allen anderen Erfahrungen vernetzt, sodass man aus allen Erfahrungen »seine Lehren ziehen« kann.

Die wirksamste und nachhaltigste Quelle der Aktivierung des Selbstsystems mit all seinen Bewältigungsfunktionen ist die persönliche Begegnung in einer liebevollen Beziehung, wie es Rilke mit seinem Bild von der erlösenden Wirkung des »Angesichts« ausdrückt, das uns gerade in der Zeit höchster innerer Not »strahlend« anschaut. Je authentischer diese Begegnung ist, desto stärker wird das Selbst der beteiligten Personen aktiviert und an der Bewältigung schmerzhafter Erfahrungen beteiligt. Wird ein so gereiftes Selbstsystem dann später aktiviert, wenn z. B. eine Entscheidung zu treffen ist, dann berücksichtigt die Entscheidung unbewusst und blitzschnell (weil die Information in diesem System parallel statt in aufeinanderfolgenden Schritten verarbeitet wird) ein ausgedehntes Erfahrungsnetzwerk von relevanten Gesichtspunkten, eigenen und fremden Werten, dem Kontext, in dem man handelt, kurz: man entscheidet mit einem hoch differenzierten Urteilsvermögen.

Zu 4. und 5. Sie fühlen sich nicht als Opfer und Sie bleiben optimistisch

Die mit einem stark entwickelten Selbst verbundene Fähigkeit zur Selbstmotivierung erklärt die nächsten beiden Merkmale resilienter Personen: Wer sich immer wieder selbst Mut machen kann, fühlt sich selten als Opfer seines Schicksals und kehrt auch immer wieder zu einer optimistischen Haltung zurück auch wenn er den Optimismus nicht übertreibt, etwa um schmerzhafte Erfahrungen chronisch zu verdrängen.

Zu 6. Sie geben sich nicht selbst die Schuld

Wer Kontakt zu seinen persönlichen Lebenserfahrungen behält (d. h. zur Selbstwahrnehmung), der kann auch die oft schwierigen Fragen zu Schuld und Verantwortlichkeit beantworten: Wo beginnt meine Verantwortung für mich und für andere und wo endet sie? Die eigene Lebenserfahrung sagt einem, was im Bereich des persönlich Möglichen liegt und was nicht und der Zugriff auf das Selbstsystem, das alle diese Erfahrungen simultan bereitstellt, gibt einem mit der Selbstmotivierung auch die Kraft, Verantwortung dort zu übernehmen, wo sie realistisch ist, und dort abzuwehren, wo sie die eigenen Möglichkeiten übersteigen würde. Den mangelnden Zugang zu dem ganzheitlichen System persönlicher Erfahrungen kann man bei manchen Menschen auch daran erkennen, dass sie alles selber machen wollen, auch Dinge, von denen andere mehr verstehen. Sie können nicht »delegieren«. Nur das Selbstsystem gibt einem einen realistischen Überblick über das, was man sich selbst zutrauen kann, und das, was die eigenen Kräfte übersteigt.

Zu 7. Sie planen voraus. Sie rechnen mit der Zeit

Das letzte der oben aufgelisteten Merkmale für Resilienz berührt eine Funktionscharakteristik der Selbstregulation, die mit der erwähnten siebten Methode zur Aktivierung des Selbst zusammenhängt. Im Grunde ergibt sie sich ganz selbstverständlich aus dem, was wir über das Selbstsystem wissen: Wenn dieses System die gesamte *persönliche* Lebenserfahrung eines Menschen zusammenfasst, d.h. alle Erfahrungen, die für ihn als Person mit all ihren Bedürfnissen, Gefühlen, Werten und Fähigkeiten relevant sind, dann liefert dieses System die Wissensbasis, um *Erwartungen* zu bilden und *Vorhersagen* zu machen. Menschen können auf der Grundlage ihrer bisherigen Erfahrung auch bei Aufgaben, die sie noch nie ausprobiert haben, abschätzen, ob sie einen Lösungsweg finden werden. Wie funktioniert das?

Auch hier handelt es sich um implizites Wissen, d.h. mehr um ein ganzheitliches Fühlen als um vollständig verbalisierbares Wissen: Die riesigen, simultan verfügbaren Netzwerke von Erfahrungen, die für eine bestimmte Aufgabe relevant sind, können bestenfalls in Ausschnitten bewusst gemacht werden. Aber das globale Gefühl: »Irgendwie werde ich es schaffen« beruht auf dem unbewussten »Ablesen« dieser Wissensbasis.

Was bedeutet das Bilden von Erwartungen und Vorhersagen für die Bewältigung von Krisen, schmerzhaften Erfahrungen und Ängsten? Wieder lässt sich das anwenden, was die PSI-Theorie über die Interaktion von Gefühlen und psychischen Verarbeitungssystemen sagt. Es sei daran erinnert, dass die Modulationsannahmen umkehrbar sind: Nicht nur wird durch die Herabregulierung von negativem Affekt, also z.B. durch die persönliche Bewältigung von Krisen, der Zugang zum ganzheitlichen Fühlen und zum Erfahrungswissen des Selbstsystems gebahnt, das Vorhersagen zu machen erlaubt, sondern umgekehrt werden auch negative Gefühle herunterreguliert, wenn man mit Hilfe des ganzheitlichen Erfahrungswissens Vorhersagen macht.

5.3 Kann man Resilienz lernen?

An dieser Stelle ist es möglich, die in vielen Ratgebern zur Lebenshilfe propagierten Konzepte wie *Selbstwirksamkeit*, *Kontrollierbarkeit* oder *Positives Denken* innerhalb eines funktionierenden Gesamtsystems zu verstehen. Empfehlungen wie »Man muss *nur* positiv denken« oder »Man muss *nur* an sich glauben« geben zwar eine interessante Beobachtung wieder, nämlich dass erfolgreiche Menschen meist ihre Kontrollierbarkeit und Selbstwirksamkeit höher einschätzen und auch positiver denken als weniger erfolgreiche. Diese Konzepte greifen jedoch zu kurz, wenn man wissen möchte, was man *tun* kann, was man lernen muss, um diese wunderbaren Gaben zu entwickeln (vgl. die im Abschnitt 1.6 erwähnten Ergebnisse zur gelernten Hilflosigkeit, die gezeigt hatten, dass Leistungseinbußen nach Misserfolgserfahrungen nicht primär auf generalisiertem Pessimismus beruhen, sondern auf Beeinträchtigungen der Affektregulation, die ihrerseits dann die Leistung und sekundär auch den Optimismus reduzieren können).

Die oben dargestellten sieben Formen der Selbstaktivierung ermöglichen es zusammen mit dem Verständnis der Modulationsannahmen der PSI-Theorie, für jede konkrete Situation spezifische Übungspläne zu entwickeln. Die beobachtete *Korrelation* zwischen subjektiver Kontrollierbarkeit und dem Erfolg allein ist noch keine *Erklärung* dieses Zusammenhangs: Das Gefühl, den Erfolg nicht mehr unter Kontrolle zu haben, ist oft nicht die primäre Ursache, sondern die Folge von Misserfolgserfahrungen. Ein Zusammenhang ermöglicht zwar gewisse Vorhersagen, aber er ersetzt keine Erklärung. Das vergessen wir allzu leicht, etwa wenn wir in der Zeitung lesen, dass Rotweintrinker etwas seltener einen Herzinfarkt erleiden und nicht daran denken, dass diese Korrelation auch daran liegen kann, dass Rotweintrinker oft auch eine größere Gelassenheit haben können (die die eigentliche Ursache für das geringere Herzinfarktrisiko sein könnte). Deshalb sollten wir uns diesen wichtigen Umstand anhand eines einfachen Beispiels vor Augen führen:

> **Vorhersagen erklären nichts**
>
> Der Zusammenhang zwischen der Neigung des Gaspedals und der Geschwindigkeit eines Autos ermöglicht es, grob vorherzusagen, wie schnell ein Auto fährt: Wenn mir jemand sagt, das Gaspedal wird zu 30 % seines Weges niedergedrückt, dann wird das Auto nicht so schnell fahren, wie wenn es zur Hälfte seines Weges niedergetreten wird. Man kann sogar eine genaue Kurve erstellen, die für jeden Winkel die für einen bestimmten Gang zu erwartende Geschwindigkeit angibt (innerhalb desselben Gangs und auf einer ebenen Fahrbahn). Selbst wenn wir in einer solchen Weise ganz präzise Vorhersagen machen könnten, hätten wir überhaupt noch nicht erklärt, wie ein Auto funktioniert und wären entsprechend ratlos, wenn es repariert werden müsste. Aus ähnlichen Gründen hilft uns der Hinweis auf globale Konzepte wie Optimismus, positives Denken oder Kontrollüberzeugungen, die in der Tat einen engen Zusammenhang mit dem Erfolg aufweisen, wenig, wenn wir genauer angeben sollten, an welchen Stellen denn

eine konkrete Person in einer bestimmten Lebenssituation ansetzen soll, um etwas für die Entwicklung persönlicher Kompetenzen zu tun.

Dabei lassen sich alle diese erwähnten Merkmale erwerben. Die Forscher, die sich diesem Thema zugewandt haben, konnten keine *angeborenen* Eigenschaften entdecken, die die Stärke resilienter Persönlichkeiten ausmachen würden. Alle die oben aufgezählten Eigenschaften und Fähigkeiten sind durch Lernen nachhaltig beeinflussbar und somit kommen die Forscher zu dem Schluss: Resilienz ist eine Fähigkeit, die jeder Mensch lernen kann.

Auch Erwachsene sind zu jedem Zeitpunkt ihres Lebens grundsätzlich in der Lage, ihre Widerstandskraft zu schulen.

Nuber

5.4 Zum Umgang mit Problemen und Schicksalsschlägen

Es folgt eine kleine Geschichte, die vielleicht helfen kann, aus den im Folgenden dargestellten abstrakten Empfehlungen konkrete Hinweise für die Bewältigung von Schwierigkeiten abzuleiten:

Das Lebensrezept des Esels

Es war einmal ein alter weiser Esel. Man sah ihm an, dass er schon einiges in seinem Leben hinter sich gebracht hatte, aber er war innerlich froh und heiter. Da kam eines Tages ein junger Esel zu ihm und fragte ihn, was sein Geheimnis sei, weshalb er das Leben mit all seinen Rückschlägen und Hindernissen so toll geschafft habe. Der weise Esel antwortete ihm: »Wenn etwas Schwieriges kommt, musst du dich schütteln und darauf treten«. Der junge Esel verstand nicht, was er meinte, und so fragte er nach. Da erzählte der weise Esel ihm eine Geschichte:
Ich war immer sehr neugierig. Eines Tages habe ich mich zu sehr für einen Brunnen interessiert und so bin ich in den Brunnenschacht gefallen. Der Brunnen gab schon lange kein Wasser mehr, er war ausgetrocknet, aber ich kam nicht mehr heraus, die Wände waren zu glatt. Ich schrie um Hilfe und nach einiger Zeit kamen zwei Bauern vorbei. Sie sahen zu mir herunter und stellten nach einiger Überlegung fest: »Den Esel da herauszuholen, ist ein riesiger Aufwand. Das ist der Esel nicht wert. Wir lassen ihn da unten.« Ich schrie und protestierte: »Das könnt ihr doch nicht machen…«, aber die Bauern blieben bei ihrer Meinung. Sie beschlossen sogar, den wertlosen Brunnen zuzuschütten und kurze Zeit später bekam ich die ersten Schaufeln von Dreck auf meinen Rücken. Ich war ver-

zweifelt: »Jetzt begraben die mich auch noch bei lebendigem Leibe!« In meiner Verzweiflung schüttelte ich mich und bin auf den Dreck draufgetreten. Das machte ich auch mit den weiteren Ladungen an Unrat und Dreck, den die Bauern in den Brunnen warfen und der auf meinem Rücken landete: Ich schüttelte mich und trat drauf. Langsam kam ich auf diese Weise immer höher und zu guter Letzt konnte ich sogar aus dem Brunnen klettern.

Was ich für mein Leben daraus gelernt habe? Immer wenn Dreck auf mich niederkommt, schüttele ich mich und trete drauf. So kommt man gut durchs Leben. Also denke immer daran, sagte der weise Esel zum Abschluss: »Was auch kommen mag, ganz egal, wie schwierig oder wie hoffnungslos die Situation wird, was das Schicksal dir auch alles anzutun versucht, ganz egal, wie viel Unrat auf dich niederprasselt: Schüttele dich und trete drauf, das ist alles, was du tun musst.«

Jede Situation verlangt nach einer anderen Strategie und jeder Mensch muss seinen eigenen Weg finden, der ihn aus schwierigen Situationen herausführt, aber es gibt doch einige Punkte, die hilfreich sein können und die sich aus der hier dargestellten Gestaltergrundhaltung und der Persönlichkeitstheorie ableiten lassen, in die es eingebettet ist:

1. *Verantwortung übernehmen.* Wenn wir unsere Probleme gedanklich bei einer anderen Person, einem Therapeuten, einem Arzt oder einem anderen Fachmann »abliefern«, um von dieser Person eine Lösung zu erhalten, so verhindern wir u. U., dass wir Kraft aus dem Umgang mit diesem Problem gewinnen. Es ist sicher sinnvoll, sich von anderen Personen helfen zu lassen, und dazu zählen wir vor allem Freunde, die bereit sind, zuzuhören und Anteil zu nehmen. Letztlich sollte man aber immer selbst der Spezialist für das eigene Problem werden. Nur man selbst kann letztlich beurteilen, was einem hilft und guttut. Das wissen auch die meisten Fachleute: Sie verstehen ihr Beratungs- bzw. Therapieangebot so, dass sie »Hilfe zur Selbsthilfe« leisten. Wehren Sie sich dagegen, wenn andere einseitig die Verantwortung für Sie übernehmen wollen, ganz gleich, ob es sich um überfürsorgliche Freunde, Berater oder Therapeuten handelt.

Nur wenn Sie selbst immer wieder das Ruder in die Hand nehmen, können Sie nachhaltig von dem Rat anderer profitieren: Wenn Ihr Selbstsystem inaktiv ist, geht jeder noch so gute Rat buchstäblich an Ihnen vorbei. Wenn Sie darauf achten, dass sie Trost und Hilfe bei Menschen suchen, von denen Sie sich verstanden fühlen, wenden Sie das Systemkonditionierungsmodell an (▶ Kap. 4.3), auch wenn Sie gar nicht daran denken, dass Sie gerade dieses Modell anwenden: Die emotionsregulierende Wirkung des anderen wird immer mehr mit Ihrem Selbst verknüpft, sie wird Bestandteil Ihrer persönlichen Intelligenz, wenn Ihr Selbst aktiv ist (d. h. solange Sie sich beachtet oder in einigen Punkten verstanden fühlen), während Ihnen jemand Beruhigung, Trost oder einen tieferen Sinn Ihrer Krise vermittelt. Ihr Selbst ist aktiv, wenn Sie sich Ihre eigenen Gedanken machen, also Verantwortung übernehmen und wenn Sie sich verstanden fühlen.

2. *Kontakt suchen.* So wichtig es ist, die eigene Verantwortung nie vollständig abzugeben, wenn man sich bei Anderen Hilfe holt, so wichtig ist es auch, nicht in das andere Extrem zu verfallen: Alles alleine bewältigen zu wollen oder sich nur noch in sich zurückzuziehen. Häufig haben wir die Tendenz, uns abzukapseln, wenn es uns schlecht geht oder wenn wir Probleme haben. Sicher ist es nützlich, ab und zu eine »Auszeit« zu nehmen, und es gibt leider auch wenige Menschen, die bereit sind, sich mit Problemen anderer auseinander zu setzen. Aber darin liegt eine große Gefahr. Menschen brauchen Menschen, und wenn wir zu lange Zeit in der Einsamkeit verbringen, so verlernen wir es, Kontakt zu halten. Es ist auch eine gute Übung, zwischendurch die eigenen Probleme hintanzustellen, um sich anderen Menschen zuwenden zu können. Im Kontakt mit anderen wird man immer wieder gefordert, das eigene Erleben zu relativieren und zu differenzieren, also zwei Funktionen eines sich entwickelnden Selbst zu üben.
3. *Interessen aktivieren.* Wie schon an anderer Stelle erwähnt, ist es für das seelische Befinden sehr wichtig, dass wir unsere Energie auch nach außen richten. Aktivieren Sie, gerade wenn Sie Probleme haben, Hobbys oder Interessensbereiche, auch wenn das in solchen Stimmungen schwerfällt. Sich durch interessante Dinge von den eigenen Problemen ablenken zu lassen, wirkt wie eine Pause, in der man wieder Kraft schöpfen kann. Dazu gehört auch körperliche Bewegung. Viele verschiedene Arten von Bewegung nutzen nicht nur dem Körper, sondern auch der Seele und tragen dazu bei, mit Problemen fertig zu werden (wir kommen auf diesen Punkt noch ausführlich zu sprechen).
4. *Sich Glücksmomente verschaffen.* Tun Sie Dinge, die Ihnen Spaß machen, denken Sie an sich, aber nicht verengt (»Jetzt bin ich dran«), sondern umsichtig und differenziert. Achten Sie mehr als sonst darauf, welche Tätigkeiten und welche Dinge um Sie herum Ihnen Spaß machen und geben Sie diesen Tätigkeiten und Dingen dann mehr Raum. Mit den kleinen Glücksmomenten, die Sie sich verschaffen, können Sie ähnlich wie durch das Aktivieren von Interessen und dem übernächsten Punkt (sich selbst belohnen) die emotionale Grundlage dafür bilden, dass Sie sich überhaupt mit Ihrem Problem und Ihren leidvollen Erfahrungen auseinandersetzen können. Die Maßnahmen zur Intensivierung positiver Gefühle sind also nicht als Ausweichmanöver gemeint, sondern als umsichtiger, differenzierter Umgang mit sich selbst. Der größte Mut zur Wahrheit und zur Auseinandersetzung mit der Krise darf nicht dazu führen, dass man sich überfordert oder sich auf Dauer völlig eingräbt in seinen Schmerz oder seinen Ärger.
5. *Ziele setzen und Fortschritte beachten.* Setzen Sie sich Ziele, bis wann Sie Ihren Zustand bis zu welchem Punkt verbessert haben möchten und beachten Sie, wie sich langsam Ihr Zustand verbessert. Sie brauchen gerade dann, wenn Sie mit Problemen zu kämpfen haben, Erfolgserlebnisse und Sie können einiges dazu tun, um diese zu erreichen und dann, wenn Sie auch noch so kleine Fortschritte machen, diese auch zu *beachten*. Diese Erfolgserlebnisse können Sie natürlich auch in Ihrer Arbeit gewinnen. Das darf dann aber nicht so einseitig praktiziert werden, dass ein Aktionismus oder eine Arbeitswut daraus entsteht, die jede Auseinandersetzung mit der Krise verhindert. Aber man sollte auf keinen Fall meinen, man dürfe oder könne sich erst wieder der Arbeit zuwenden, wenn man die Probleme gelöst oder überwunden hat.

6. *Sich belohnen.* Wenn Sie Fortschritte entdecken, die Sie sich und Ihrem eigenen Bemühen zuschreiben können, so belohnen Sie sich. Suchen Sie sich Kleinigkeiten, die Sie besonders freuen und die als Belohnung geeignet sind. Dieses Suchen sollte auch in Zeiten erfolgen, in denen der Anlass für die Belohnung noch nicht da ist. Er kommt bestimmt und Sie haben dann etwas, worauf Sie sich freuen können. Die Selbstbelohnung ist ein Beispiel für die Selbstmotivierung, mit der das Selbstsystem aktiviert wird und dann seine eigene Aktivierung aufrechterhält, weil positive Gefühle die Bewältigung von negativen Gefühlen unterstützen: Auch wenn wir gesagt haben, dass echte Bewältigung eine direkte Auseinandersetzung mit den schmerzhaften Erlebnissen erfordert, heißt das nicht, dass man sich nur noch mit negativen Gefühlen befasst. Man muss immer wieder die positive Energiebasis aufstocken, die nötig ist, damit man in etwas kräftigeren Momenten dann auch wieder den leidvollen Tatsachen ins Auge schauen kann.
7. *Mittelweg finden.* Übertreiben Sie nichts. Suchen Sie den Ausgleich, die Balance zwischen Aktivität und Passivität, zwischen Einsamkeit und Geselligkeit, zwischen Entspannung und Konzentration auf ein Ziel. Das Finden des Mittelwegs ist typisch für die Gestaltungsarbeit des Selbst, das, wie wir immer wieder betonen, die gesamte Lebenserfahrung zur Verfügung stellt. Da dieses System viele Gegensätze integriert und zwischen Schwarz-weiß-Kategorien immer differenziertere Zwischentöne findet, kann man seine Arbeit eben auch daran erkennen, dass man immer wieder um die Mitte bemüht ist: Extreme Meinungen relativiert man; wenn etwas Schönes passiert, achtet man darauf, dass man nicht abhebt; wenn etwas Schlimmes passiert, sucht man sofort nach Erfahrungen oder Erwartungen, die das Geschehen relativieren und Katastrophen-Denken verhindern.
8. *Mit Rückschlägen rechnen.* Alle guten Entwicklungen laufen nicht kontinuierlich, sondern in einer Art Wellenbewegung ab. Man muss daher bei jeder Entwicklungsgeschichte mit Rückschlägen rechnen. Wenn man sich darauf einstellt und damit rechnet, dann kann man die Sorgen oder die Verzweiflung, die durch Rückschläge ausgelöst werden können, vermeiden. Wir haben ja bereits über die vorbeugende Wirkung des Vorhersagens gesprochen: Wenn wir das Auf und Ab realistisch einschätzen, statt uns auf kategorische Alles-oder-nichts-Erwartungen zu versteifen, fallen wir dann, wenn es wieder einmal schlechter geht, nicht aus allen Wolken.

6 Glück und Zufriedenheit und die Gestalterhaltung

Glücklichsein ist nicht etwas, das man findet, sondern etwas, das man herstellt.

Zig Ziglar

Wenn du an dir nicht Freude hast, die Welt wird dir nicht Freude machen.

Paul von Heyse

Die Seele nährt sich von dem, woran sich das Herz freut.

Augustinus

6.1 Glücklich sein durch das Erreichen von materiellen Zielen?

Wir haben im ersten Kapitel davon gesprochen, dass wir Ziele brauchen, zum einen, um uns als Gestalter daran auszurichten, um dem Leben eines Menschen mit Gestaltergrundhaltung Richtung zu geben, zum anderen aber auch, damit wir uns selbst motivieren können. Welche Ziele haben Sie? Was steht hinter den Zielen »finanziell unabhängig sein«, »ein schönes Haus haben«, »eine bezaubernde Frau« bzw. einen »wunderbaren Mann haben«, »Kinder haben«, »nicht mehr arbeiten müssen«, »berühmt sein« usw.? Gibt es ein allen gemeinsames Ziel?

Alle Menschen scheinen sich letztlich zu wünschen, frei von Angst zu sein, frei von Mühsal, frei von seelischen und körperlichen Schmerzen: Wir wünschen uns, glücklich und zufrieden zu sein – auch wenn wir das nie vollkommen erreichen, werden wir uns immer bewusst oder unbewusst darum bemühen. Wenn wir uns das eingestehen, dann werden wir viele Ziele, die wir gern erreichen würden, in einem anderen Licht sehen. Denn wenn es unser eigentliches Ziel ist, glücklich zu sein, dann spielen materielle Wünsche sicher eine andere Rolle, als wenn wir uns dessen nicht bewusst sind. Sicher kann die Erfüllung eines materiellen Wunsches Glücksgefühle auslösen, aber häufig doch nur sehr kurzfristige. Wenn wir den Aufwand dagegensetzen, so müssen wir oft erkennen, dass sich die Anstrengung nicht gelohnt hat.

Materieller Wohlstand bietet uns die Erfüllung materieller Bedürfnisse, wie es die Ernährung und der Schutz vor Gefahren darstellen. Er bietet uns die Sicherheit, die als Basis für die Erfüllung höherer Wünsche gilt. Ein gewisser Grad an materiellem Wohlstand ist daher zum Überleben und auch für das Wohlbefinden notwendig. Allerdings vergessen wir oft bei dem Streben nach diesem Wohlstand, dass wir irgendwann nicht mehr nach der Erfüllung dieser Grundbedürfnisse streben, da diese längst erfüllt sind und dass es jetzt nur noch um die Erfüllung von Zusatzbedürfnissen geht, die zu unserem Glück nichts Wesentliches mehr beitragen. Das Streben nach materiellem Wohlstand ist dann nicht mehr das, was es eigentlich sein sollte: ein Mittel zum Zweck. Stattdessen wird es zum Selbstzweck und hält uns dann von den Gestaltungsbereichen in unserem Leben ab, die für das allgemeine Wohlbefinden und das Glücklichsein viel wichtiger sind.

6.2 Dürfen wir denn nach Glück streben? Von der Pflicht, glücklich zu sein

Gönne dich dir selbst!
Ich sage nicht: Tu das immer.
Ich sage nicht: Tu das oft.
Aber ich sage: Tu es wieder einmal.
Sei wie für alle anderen Menschen
Auch für dich selbst da.
Oder jedenfalls, sei es nach allen anderen.

Bernhard von Clairvaux

Keine Pflicht wird so vernachlässigt wie die Pflicht, glücklich und zufrieden zu sein [24]
Robert Louis Stevenson

Dürfen wir denn unser Glück zum Mittelpunkt unseres Lebens machen? Ist das nicht ein sehr egoistisches Streben? Viele von uns haben in ihrer Kindheit mehr als einmal gehört, dass sie nicht so egoistisch sein sollen, immer nur an sich zu denken. Wir behaupten nun, dass das sehr kurzsichtig gedacht ist. Natürlich sind Menschen soziale Wesen, die aufeinander angewiesen sind, die sich gegenseitig helfen müssen. Der Mensch, der das nicht tut, fällt aus der Gemeinschaft heraus. Er wird von seiner Umgebung abgelehnt. Aber es gibt einen gesunden »Egoismus«, der in den christlichen Wurzeln der abendländischen Kulturen mit der Maxime ausgedrückt wird:

»Liebe deinen Nächsten wie dich selbst.«

---

24 Ähnliche Gedanken finden sich bei dem französischen Philosophen Alain. Eine Sammlung von Texten von ihm trägt den Titel »Die Pflicht, glücklich zu sein«.

Das Streben nach persönlichem Glück steht umso weniger im Widerspruch zu Rücksichtnahme und sozialer Verantwortung, je weiter und differenzierter wir es verstehen, je weniger wir die Liebe zu uns selbst mit der Liebe zu anderen in Konflikt bringen.

Bedauernd beklagt sich ein Freund bei einem anderen:
»Jeder denkt an sich – und nur ich denke an mich!«

Die egoistische Verblendung, die in diesem Satz zum Ausdruck kommt, lässt sich mit den in diesem Buch dargestellten theoretischen Konzepten sehr leicht von einem gesunden Selbstbewusstsein trennen. *Egoistisch* bedeutet eigentlich, dass das verengte Ich, dessen beschränkte Kapazität auf der Verengung des analytischen Bewusstseins beruht, die Befriedigung von Bedürfnissen *verwaltet*. Das hat nicht nur den Nachteil, dass es oft ein völlig unnötiges Entweder-oder entstehen lässt zwischen den Bedürfnissen anderer und den eigenen Bedürfnissen. Es lässt auch ein Entweder-oder zwischen den eigenen Bedürfnissen entstehen: Dann isst z. B. jemand so viel und so unvernünftig, dass sein eigenes Bedürfnis nach Fitness, gutem Aussehen und Leistungskraft verletzt wird.

Das, was in der christlichen Ethik als Laster oder Sünde beschrieben wird, ist in diesem Sinne nichts anderes als eine Selbstverletzung, die darauf beruht, dass man die Bedürfnisbefriedigung einem System überlässt, das gar nicht den Überblick über die Gesamtheit der eigenen Bedürfnisse (und die der anderen) hat und das schon gar nicht in der Lage ist, evtl. auftretende Konflikte oder Widersprüche zwischen verschiedenen Bedürfnissen kreativ zu lösen.

Manchmal ist es notwendig, ein Bedürfnis egoistisch zu befriedigen: Wenn ein arbeitsloser Mann sich im Kaufhaus mit dem letzten Ersparten einen heruntergesetzten Mantel kaufen möchte und ihm eine offensichtlich gut betuchte Dame dazwischen fegt, weil sie noch ein Schnäppchen mit nach Hause nehmen möchte, wird der Mann (hoffentlich) »egoistisch« zugreifen. Wir wenden das verengende egoistische Prinzip allerdings im Alltag viel zu oft auch dann an, wenn es gar nicht nötig ist, ja sogar, wenn wir selbst und andere besser davonkämen, wenn alle Beteiligten sich ein wenig besinnen würden, und umsichtig handeln würden.

»Ich« sagt du und bist stolz auf dieses Wort.
Aber das Größere ist – woran du nicht glauben willst –
dein Leib und seine große Vernunft:
die sagt nicht Ich, aber tut Ich.
…dein Selbst lacht über dein Ich und seine stolzen Sprünge.
                                                            Friedrich Nietzsche

Wir können in diesem Buch nicht auf die vielen Ursachen eingehen, die zu der von Nietzsche gegeißelten Verbiegung unserer psychischen Gestaltungskräfte in Richtung auf ein egoistisches Handeln geführt haben. Sicherlich gehört das materialistische Konkurrenzdenken zu den Ursachen und auch die Tatsache, dass wir überhaupt spätestens seit der Aufklärung und der industriellen Revolution immer einseitiger in das analytische Denken geraten sind und damit die Entwicklungsbedingungen für ein umsichtiges Selbst sehr ungünstig geworden sind. Es ist aber gerade dieses Selbst, das uns erlaubt, die kreativen Gestaltungskräfte der persönlichen Intelligenz zu entfalten (wenn wir es zulassen).

Die Ausdehnung dieses immensen Wissenssystems deutet Nietzsche mit dem Attribut »groß« an. Wir haben auf die psychologischen Forschungsergebnisse hingewiesen, die zeigen, worauf diese Ausdehnung des »Extensionsgedächtnisses« beruht: Die parallele Verarbeitung auf der höchsten Ebene der intellektuellen Integrationsfähigkeit. Diese Ebene ist nicht losgelöst von Gefühlen zu erreichen. Sie wird besonders durch die Bewältigung von leidvollen Erfahrungen (2. Modulationsannahme) gefördert und indirekt auch durch positive Erfahrungen, sei es, dass sie aus dem Innehalten bei schönen Erlebnissen herrühren, sei es, dass sie auf der erfolgreichen Umsetzung schwieriger Intentionen beruhen (1. Modulationsannahme). Und wir haben sieben ganz konkrete Methoden erläutert, wie wir die Beteiligung dieses für die persönlichen Gestaltungskräfte wichtigen Systems an dem, was wir tun und erleben, intensivieren können. Zu den sieben Formen der Selbstaktivierung gehört auch das von Nietzsche erwähnte Beachten von Körpergefühlen (»dein Leib und seine große Vernunft«).

6.3 Gute wie schlechte Gefühle werden an den Nächsten weitergegeben

Die Menschen müssen leiden, um stark zu werden, dacht' ich.
Jetzt denk' ich, sie müssen Freude haben, um gut zu werden.

Wilhelm von Humboldt

In der US-amerikanischen Verfassung ist das Streben nach Glück als Grundrecht verbrieft und wir behaupten hier, dass wir nicht nur das Recht haben, nach Glück zu streben, sondern sogar die »Pflicht« dazu, und zwar aus drei Gründen:

1. Nur dann, wenn es uns selbst gut geht, sind wir in der Lage, Gutes für andere zu tun. Als »Miesepeter« sind wir oft eine arge Belastung für die Mitmenschen, während das Gefühl und die Stimmung von glücklichen Menschen auf ihre Mitmenschen abfärben.
2. Dann, wenn wir gut zu uns selbst sind, sorgen wir damit gleichzeitig auch für unsere körperliche Gesundheit und fallen anderen weniger häufig als Kranke oder Pflegebedürftige zur Last.
3. Und dann sei hier noch einmal wiederholt: Nur wenn es uns gut geht, wenn wir frei von negativem Stress sind und den verengenden, einseitigen Blick des »linken Hirns« auf unsere Pflichten, Sorgen und Nöte verlieren, können wir mit dem viel klügeren, Konflikte lösenden Selbst, mit dem Extensionsgedächtnis in Kontakt kommen.

In diesem dritten Grund liegt die Basis, der die ersten beiden Punkte und in diesem werden viele andere zusammenfasst: Gut zu sich selbst zu sein, d.h. in einem umfassenden Sinn für sich zu sorgen, aktiviert und entwickelt genau das System, das auch zu einem umsichtigen, konfliktreduzierenden und integrationsstiftenden Umgang mit den Bedürfnissen und Werten anderer führt. Hier liegt die psychologische Erklärung für die alte christliche Maxime: »Liebe deinen Nächsten wie dich selbst«.

Sicher kennen auch Sie die Regel, dass man im Flugzeug bei einem Druckverlust zuerst sich selbst die Sauerstoffmaske aufsetzen soll und dann erst anderen, so z.B. mitreisenden Kindern helfen darf. Eine der wichtigsten Regeln der Feuerwehrleute lautet: Ein Feuerwehrmann hat die Aufgabe, zuerst an seine eigene Sicherheit zu denken und dann an die Sicherheit der Opfer eines Brandes. Dieses Denken-an-sichselbst ist ein Konzept, das man auf das ganze Leben anwenden kann. Nur dann, wenn man bis zu einem gewissen Grad auch an sich denkt, kann man für andere da sein.

Haben Sie das nicht auch schon mal an sich selbst beobachtet: Wenn es Ihnen gut geht, sind Sie auch für Ihre Umgebung ein viel angenehmerer Umgang, als wenn es Ihnen schlecht geht? Viele von uns ziehen sich sogar in die Einsamkeit zurück, wenn es ihnen nicht gut geht, um ihrer Umgebung nicht zur Last zu fallen, oder um das *Image*, das man bei seinen Mitmenschen (mühsam) aufgebaut hat, nicht zu zerstören (ein Verhalten, das man aus Rücksichtnahme – auch auf sich selbst – durchaus vorübergehend anwenden kann, aber – wie wir bereits gesagt haben – nicht übertreiben sollte).

Wenn wir uns stark und gut fühlen, sind wir auch viel eher in der Lage, anderen zu helfen, und zwar nicht nur deshalb, weil wir mehr Möglichkeiten dazu haben, sondern aus der psychischen Verfassung heraus. (Haben Sie schon einmal einen unglücklichen reichen und trotzdem großzügigen, freigebigen Menschen getroffen?)

Diesen Zusammenhang hat man in psychologischen Experimenten wissenschaftlich nachweisen können. In diesen Untersuchungen wird nachgewiesen, dass die Hilfsbereitschaft steigt, wenn man in positiver Stimmung ist, und sei es auch ein noch so geringfügiges positives Gefühl (übernommen aus dem Buch von Vera F. Birkenbihl »Humor: An ihrem Lachen sollt ihr sie erkennen«, Seite 140 f.):

Glück macht hilfsbereit

Man beobachtete ein Telefonhäuschen von der anderen Straßenseite aus und stellte fest, dass fast jeder Anrufer nach dem Auflegen des Hörers einen Blick in die Geldrückgabe warf, um festzustellen, ob dort nicht – aus welchen Gründen auch immer – Geld liegen würde.

Daraus entwickelten die Wissenschaftler ein sinnvolles und trickreiches Experiment: Sie legten nach dem Zufallsprinzip Münzen in die Geldrückgabe, sodass einige Telefonbenützer tatsächlich Geld vorfanden. Dann engagierte man eine junge Frau, die genau dann an dem Münztelefon vorbeigehen sollte, wenn die beobachteten Telefonbenutzer den Hörer auflegten und zum Teil die vor-

6.3 Gute wie schlechte Gefühle werden an den Nächsten weitergegeben

bereitete Münze fanden. Die junge Frau trug nun einen Stapel von Büchern und »stolperte« ausgerechnet vor der Telefonzelle und alle Bücher fielen auf den Boden.

Die Wissenschaftler konnten nun beobachten, dass die Leute, die gerade eine Münze in dem Geldrückgabefach gefunden hatten, viermal so oft der Frau beim Aufheben der Bücher halfen, als die Personen, die keine Münze gefunden hatten. Sie zogen daraus den Schluss, dass man eher dazu neigt, Gutes zu tun, wenn man sich selbst wohlfühlt oder wenn man selbst Gutes erfahren hat.

Hier wurde wissenschaftlich ein Zusammenhang aufgezeigt, den wir im Alltag alle schon beobachtet haben, aus dem wir vielleicht nur noch nicht in genügendem Umfang die Konsequenzen gezogen haben. Den umgekehrten Zusammenhang können wir ebenso oft beobachten. Er ist in einem in der Psychologie oft zitierten Satz zusammengefasst: »Frustration schafft Aggression!« Menschen, deren Erwartungen gerade enttäuscht wurden, neigen sehr häufig dazu, die negativen Gefühle, die daraus entstanden sind, an andere weiter zu geben. Das hat viele Humoristen die weithin bekannte Kettenreaktion darstellen lassen, bei der der Chef seinen Mitarbeiter tadelt, dieser wieder seinen Untergebenen, dieser, als er nach Hause kommt, seine Frau, diese dann ihr Kind, welches zuletzt dem Hund einen Fußtritt gibt. Die wichtige Rolle, die der Humor auch hier bei der »Bewältigung« von negativen Erlebnissen und dem Schaffen von positiven Gefühlen spielen kann, ist gut vereinbar mit den theoretischen Konzepten, die wir in diesem Buch beschrieben haben. Humor verbindet oft negative Erlebnisse mit positiven Gefühlen, nicht selten gerade dadurch, dass wir einer Sache eine neue, vielleicht ganz ungewöhnliche Seite abgewinnen. Dazu brauchen wir – vielleicht haben Sie diese Schlussfolgerung schon selbst gezogen – wieder einmal das ausgedehnte Erfahrungsnetzwerk des Selbstsystems.

Erinnert sei an die Untersuchungen, die gezeigt haben, dass der Teil des Gehirns, der dann aktiv ist, wenn Menschen sich selbst wahrnehmen oder beschreiben, auch dann aktiv ist, wenn Versuchsteilnehmer viele Bedeutungen gezeigter Wörter oder viele, auch ganz ungewöhnliche Assoziationen zu gezeigten Wörtern produzieren sollen. Humor erfordert ungewöhnliche Assoziationen. Wer nur die direkte Bedeutung eines Wortes versteht, kann recht humorlos wirken. Er ist dann oft ganz einseitig auf das analytische Denken mit seiner begrenzten Kapazität festgelegt. Humor hilft also auch deshalb, Krisen und leidvolle Erfahrungen zu bewältigen, weil er genau das System aktiviert, das negative Gefühle herabregulieren hilft (das Extensionsgedächtnis mit dem persönlichen Selbst). Wir alle können lernen, dass der Humor einen größeren Raum in unserem Leben einnimmt, z. B., indem wir dafür sorgen, dass wir wenigstens einmal täglich lachen.

Auch den Zusammenhang zwischen Frustration und Aggression können wir – sicher häufig versteckt – im täglichen Leben immer wieder beobachten. Negative Stimmungen, das Gefühl überfordert zu sein, zu versagen, den Anforderungen der Umwelt nicht genügen zu können, all das schafft »ideale« Bedingungen dafür, dass wir diese Gefühle an unsere Umwelt bzw. an unsere Mitmenschen weitergeben, indem wir auch sie (oft unbewusst) unter Druck setzen oder ihnen sogar schaden.

Ein Mensch mit Gestaltergrundhaltung übernimmt die Verantwortung für seine Gefühle, auch für diese negativen Gefühle, selbst dann, wenn sie von anderen initiiert wurden, und er lernt, sie zu neutralisieren. Dabei unterbricht er die Kette der Weitergabe solcher Gefühle von einem zum anderen. Denn durch die Weitergabe der Gefühle entsteht eine Kettenreaktion und das bedeutet, dass wir uns bewusst sein sollten, dass sowohl die positiven als auch die negativen Gefühle, die wir bei anderen auslösen, weiterleben und wir gar nicht beurteilen können, was sie am Ende der Kette damit anrichten (wenn es überhaupt ein Ende gibt).

Die Unterscheidung zwischen Egoisten und Altruisten ist zu kurz gegriffen. Man sollte zumindest zwischen dummen, kurzfristig denkenden Egoisten und (lebens-)klugen, langfristig orientierten Egoisten unterscheiden: Der langfristig denkende »Egoist« bedenkt auch die weiter in der Zukunft liegenden Folgen seines Handelns und wird aus diesen Überlegungen heraus auch an den anderen und an seine Umwelt denken. Meist verwenden wir dann aber das Wort »Egoist« nicht mehr.

Als kluger »Egoist« oder besser gesagt als jemand, der sich von der Gestaltungskraft der persönlichen Intelligenz leiten lässt, hat man keine Schwierigkeiten, sich die längerfristigen Konsequenzen seines Handelns vorher zu überlegen. Auch die von uns immer wieder empfohlene Anwendung der Integration persönlicher Interessen mit denen anderer Menschen bedeutet nicht, dass man die »Liebe zu anderen wie zu sich selbst« kontextblind verfolgt. Persönliche Intelligenz bedeutet, dass man immer den Kontext berücksichtigt, besonders natürlich auch die Frage, mit welchen Menschen man sich einlässt. Wenn man das ausgedehnte Netzwerk persönlicher Erfahrungen viel nutzt und immer weiterentwickelt, dann spürt man auch die Grenzen der Vereinbarkeit persönlicher Interessen mit denen anderer Menschen. Das lebenserfahrene Selbstsystem weiß auch, wann es – vielleicht auch einmal ganz egoistisch – darauf verzichten muss, eigene mit fremden Bedürfnissen zu verknüpfen. Das wird in der alten Lebensweisheit ausgedrückt: *Trau, schau, wem.*

Zum umsichtigen und vorausschauenden Denken gibt es die schöne Fabel von dem berühmten schlauen Fuchs:

Überlege dir die Konsequenzen deines Handelns

Der Fuchs geriet eines Tages in einen Wassertank und konnte nicht mehr heraus, da die Wände zu hoch und zu glatt waren. Da kam zufällig eine durstige Ziege vorbei und als sie den Fuchs sah, fragte sie ihn, ob das Wasser gut sei. Der Fuchs sah seine Chance und er pries die Qualität des Wassers mit all seiner Überredungskunst und endete damit, dass die Ziege unbedingt in den Wassertank kommen müsse. Die Ziege war so durstig, dass sie in den Wassertank sprang und ihren Durst mit dem köstlichen Wasser stillte, ohne lange zu überlegen. Dann überlegten beide, wie sie wieder aus dem Wassertank herauskommen könnten. »Ich habe eine gute Idee«, sagte der Fuchs, »die allerdings davon ausgeht, dass du bereit bist, uns beiden zu helfen. Sei so freundlich und stelle deine Vorderfüße an den Tankrand und halte deinen Kopf nach oben. Dann kann ich an dir emporklettern und dich danach aus dem Tank ziehen.« Die Ziege wusste keinen anderen Rat und folgte dem Vorschlag des Fuchses. Der Fuchs kletterte über den

> Rücken und die Hörner der Ziege an den Rand des Tanks, zog sich heraus und verschwand. Die Ziege beklagte sich, dass der Fuchs nicht zu seinem Versprechen stand. Aber der Fuchs kam nur kurz zurück, um der Ziege zu sagen: »Du hast mehr Haare an deinem Bart als Gehirnzellen in deinem Kopf, mein Freund. Sonst wärest du nicht in den Wassertank gesprungen, ohne darüber nachzudenken, wie du wieder herauskommst.«
> Nacherzählt nach »Fabeln des Aesop«

Das umsichtige Selbsterleben beachtet immer die spezifischen Gegebenheiten, bevor es entscheidet, ob eine bestimmte Handlungsabsicht, mag sie noch so ethisch, moralisch oder integrativ sein, situationsangemessen ist und ob die Personen, mit denen man umgeht, die Voraussetzungen mitbringen, unter denen die jeweilige Absicht sinnvoll ist.

6.4 Glücksgefühle als Voraussetzung für Gesundheit

Der zweite der erwähnten Gründe für einen gesunden Egoismus betrifft die Übernahme der Verantwortung für die eigene Gesundheit: Dann wenn wir selbst gut zu uns sind, sorgen wir damit gleichzeitig auch für unsere körperliche Gesundheit und fallen anderen nicht unnötigerweise als Kranker oder Pflegebedürftiger zur Last (sodass man, wenn man trotz aller eigenen Vorsorge wirklich einmal erkrankt, die Hilfe anderer bereitwilliger annehmen kann, als wenn man eigentlich weiß, dass man nicht genug für die eigene Gesundheit getan hat).

Der Zusammenhang zwischen körperlicher Gesundheit und seelischem Wohlergehen, wie auch der zwischen körperlicher Krankheit und seelischen Problemen wurde immer wieder nachgewiesen. Einen unmittelbaren Zusammenhang kann man zwischen den körpereigenen Abwehrkräften und dem seelischen Befinden feststellen. Experimente an der Stanford University, von denen Albert Bandura berichtete, konnten zeigen, dass eine »fördernde Selbstwirksamkeitserwartung« (die einiges mit der Gestaltergrundhaltung gemeinsam hat) eine Steigerung der Immunabwehrkräfte hervorruft. Glücksgefühle, positiver Stress und subjektives Wohlbefinden erhöhen die Produktion von T-Zellen, die in unserem Blut dafür verantwortlich sind, dass Krankheitserreger, inklusive der Krebszellen bekämpft werden. Entscheidend ist nicht immer, ob es uns »wirklich«, d.h. objektiv betrachtet, gut geht. Der Körper reagiert auf die psychische Realität und das bedeutet, dass ein Gestalter, der durch die Veränderung seiner inneren Einstellung zu seiner Umgebung den negativen Stress von sich wegnimmt, auch einen positiven Effekt für seine Gesundheit leistet.[25]

---

25 Ausführlicher auf den Zusammenhang von Wohlergehen und Gesundheit sowie auf das

6.5　Egoismus und Egozentrik

Glücklich machen ist das höchste Glück. Aber auch dankbar empfangen ist ein Glück.
Theodor Fontane

Das einzig wahre Glück kommt davon, sich ganz an einen Zweck zu verschenken.
William Cowper

Wir haben hier eine bestimmte, positive, Form von »Egoismus« von der bekannten, negativen Variante abgegrenzt. Wir vertreten die These, dass wir nicht nur das Recht, sondern sogar die Pflicht haben, nach Glück, nach unserem Wohlergehen zu streben – und das mag sich für manche Ohren wie ein Plädoyer für den reinen Egoismus anhören. Kann man denn so weit gehen, dass man »Egoismus« fordert? Nach unserer Erfahrung bringt nicht jede Art von Egoismus Unverständnis, Leid und Mangel an Mitgefühl in dieser Welt hervor, sondern dies gilt lediglich für die kurzfristige, »dumme« Variante des Egoismus, die man vielleicht besser mit einem anderen Wort benennt, z. B. Egozentrik. Es macht Sinn, diese Variante des Egoismus von dem hier empfohlenen Streben nach Wohlergehen zu unterscheiden. Wenn ich *nur* auf meinen Vorteil bedacht bin und die Auswirkungen auf die Personen meiner Umgebung unbeachtet lasse, ihnen sogar schade, so mag ich kurzfristig dadurch Vorteile erhalten, aber langfristig schadet mir das aus mindestens zwei Gründen: Ich provoziere Gegnerschaft und diese Gegnerschaft wird über kurz oder lang auch mir selbst Unbehagen verschaffen, sei es, dass die Person, der ich geschadet habe, selbst gegen mich antritt, oder, dass ich dadurch ein Gesetz verletzt habe, und somit eine Gegnerschaft mit den Vertretern des Gesetzes erwarten muss. Ich habe damit eine Kette von negativen Handlungen in Gang gesetzt, die mit großer Wahrscheinlichkeit wieder auf mich zurückwirkt.

Aber ein überzeugter Egoist mag vielleicht einwenden, dass man auf jeden Fall immer den »Paragraf 1« beachten muss: »Du darfst dich nicht erwischen lassen!«. Es mag uns auch gelingen, dass wir weder von dem Betroffenen noch vom Gesetz belangt werden, dass wir der Kette aus Ursache und Wirkung entgehen, aber trotzdem trifft der zweite Grund zu: Schon Kant sagte, dass ihn zwei Dinge immer wieder mit Ehrfurcht gegenüber dieser Schöpfung erfüllten, das sei der gestirnte Himmel über uns und das moralische Gesetz in uns. Wir haben also so etwas wie ein Rechtsempfinden in uns. Natürlich können wir das außer Kraft setzen, wir können es abtöten, damit schaden wir uns aber selbst ganz wesentlich. Wir werden damit unsere Sichtweise der Welt in einer wesentlichen Weise verändern.

Wir möchten das an einem konkreten Beispiel verdeutlichen: Viele Menschen spüren, dass man seinem Partner treu sein sollte. Das hält manche Menschen nicht davon ab, zu denken, dass man schon mal untreu sein kann, wenn man einen Weg gefunden hat, dass der Partner die Untreue nicht bemerkt. Was sie dabei nicht

---

Thema Glück allgemein geht der Autor J.-U. Martens in seinem Buch »Glück in der Psychologie, Philosophie und im Alltag (Martens, 2014) ein.

beachten, sind die Auswirkungen, die diese Untreue auf sie selbst hat. Vielleicht werden sie dadurch misstrauisch gegenüber dem Partner, vielleicht werden sie auf Grund des schlechten Gewissens weniger glücklich oder sie werden sogar das Gefühl für die Partnerschaft *in sich* zerstören. Sie handeln sich mit der Untreue eine Reihe von negativen psychologischen, innerpsychischen Konsequenzen ein. (Es ist der gleiche »Mechanismus« – nur mit umgekehrten Vorzeichen – der positive innerpsychische Konsequenzen hat, wenn man seinem Partner eine Aufmerksamkeit, z. B. ein paar Blumen schenkt: Wir stärken damit nicht in erster Linie die Liebe des Partners, sondern die Liebe des Schenkenden wird vergrößert, vor allem, wenn der sich viele Gedanken darüber macht, was dem Partner gefallen könne, worüber er sich besonders freut usw.)

Der Einwand, dass das sehr spitzfindige Argumente sind, und dass es sicher viele Menschen gibt, die sich um solche subtilen Nachteile nicht kümmern, ist berechtigt. Wir glauben auch keineswegs, dass diese Argumente auf jeden zutreffen, allerdings möchten wir doch behaupten, dass sie auf eine Reihe von Personen zutreffen, die sich den Zusammenhang bisher nicht deutlich gemacht haben. Gehören Sie dazu?

Blicke in dein Inneres.
Da ist die Quelle des Guten, die niemals aufhört zu sprudeln,
wenn du nicht aufhörst zu graben.

Marc Aurel

Langfristig kann man also durchaus besser fahren, wenn man auch auf das Wohl des Nächsten, der Personen um einen herum bedacht ist. Das gilt zum einen, weil man sich dadurch eine Reihe von Freunden macht, und man nie weiß, wann man diese Freunde oder diese zumindest freundlich gestimmten Menschen einmal nötig braucht, zum anderen auf Grund unserer inneren Befindlichkeit. Es verschafft einem ein sehr gutes Gefühl, wenn es einem gelungen ist, jemand anderem zu helfen oder ihm Gutes zu tun. Das ist gar nicht so einfach, aber wenn es gelingt, gibt es dem Tag einen positiven Klang. Auch hierzu ein persönliches Erlebnis von Jens-Uwe Martens:

Die eigene Motivation auf Reisen

Ich habe es mir auf meinen Reisen zur Angewohnheit gemacht, in den Hotels oder Restaurants, in denen ich absteige, nicht danach zu suchen, was schlecht und zu beanstanden ist – was offensichtlich viele Reisende tun – sondern die Personen des Service, die für mein Wohl sorgen, dabei zu »erwischen«, wie sie etwas besonders gut machen. Zum Beispiel: Eine Dame aus dem Service bemerkt beim Frühstück, dass mir das Messer heruntergefallen ist und bringt mir ein neues oder jemand ist besonders freundlich und lächelt mich in einer besonderen Weise an. In solchen Fällen bedanke ich mich besonders, erwähne, dass es mir bewusst ist, dass ihr Verhalten das normale Maß an Service übersteigt, und frage nach dem Namen oder beachte das Namensschild besonders und lasse beiläufig fallen, dass ich gerne an der Rezeption ihren Namen erwähnen werde. Das freut

> die betreffende Person aus dem Service – und es freut mich, es versetzt mich in eine positive Stimmung für den Tag oder zumindest für die nächsten Stunden.

Eine besondere Form des egoistisch »An-sich-Denkens« besteht darin, dass jemand die Umwelt überhaupt nicht richtig wahrnimmt, dass derjenige die Empfindungen anderer nicht in sich hineinlässt, dass er nicht in der Lage ist, über die Grenzen der eigenen Person hinwegzusehen. Diesen Zustand meinen wir, wenn wir hier von Egozentrik sprechen. Solche Personen sind gleichsam in sich gefangen. In extremer Form kann es sich hier durchaus um eine schwere Persönlichkeitsstörung handeln, die die betroffene Person daran hindert, die Welt in all ihrer Schönheit und mit all den Glück bringenden Situationen und Ereignissen wahrzunehmen. Vor solchen Personen muss man sich oft schützen. Uns ist kein Rezept bekannt, mit dem man solche Menschen von ihrer Schwäche befreien kann, und man muss damit rechnen, dass sie anderen erheblich wehtun, häufig ohne dass sie sich dessen bewusst sind. Es gibt allerdings ein Rezept, das man als betroffene Person an sich selbst anwenden kann:

> **Ein Rezept gegen Egozentrik**
>
> Vor vielen Jahren schrieb der Doktor Frederick Loomis das folgende »Rezept«, um die Menschen zu heilen, die an den Ereignissen der nicht veränderbaren Vergangenheit fixiert sind: Stöhnen über etwas, was man nicht ändern kann, ist eine Leidenschaft von Nutzlosigkeit und Furcht...Die beste Art, diesen lasterhaften und krankhaften Kreis zu durchbrechen, besteht darin, damit aufzuhören, über sich nachzudenken und damit anzufangen, sich über andere Menschen den Kopf zu zerbrechen. Man kann die eigene Belastung erleichtern, indem man etwas für jemand anderen tut.
> Speaker's Resource Newsletter

Auch die Beschäftigung mit Egozentrik zeigt den Zusammenhang zwischen persönlichem Glück und dem Wohlergehen der Umgebung. Egozentrik schadet in gleicher Weise dem Betroffenen und der Gemeinschaft. Wir finden unser Glück letztlich nur außerhalb unserer selbst, genauer gesagt: außerhalb unseres bewussten Ichs, das ja enger ist als das weitgehend unbewusste Selbst. Wir müssen uns gefunden haben, wir müssen mit uns selbst im Reinen sein, aber dann müssen wir unsere Energie »an etwas hängen«, müssen bereit sein, unsere Seele einer Person oder Sache außerhalb unseres Ichs zu öffnen. Erst dann werden wir erleben, was persönliches Glück bedeutet. Dabei ist es von entscheidender Bedeutung und letztlich individuell bestimmt, womit wir unser Herz beschäftigen: Mit einem Partner, mit Kindern, mit der Natur, mit Hobbys verschiedener Form, mit Sport, mit den Kunden in unserem Beruf, mit dem Schutz der Natur etc.

In der Psychologie spricht man in diesem Zusammenhang von *intrinsischer Motivation*. In unserem theoretischen Rahmen kann man diesen Motivationszustand, in dem einem immer neue Energien zufließen, in dem man in eine Tätigkeit regelrecht eintaucht, selbstvergessen auch größte Herausforderungen meistert, damit erklären, dass die Tätigkeit als völlig *selbstkongruent* erlebt wird. Intrinsische Motivation für das, was man tut, kann man entwickeln, wenn man sich *selbst* wirklich einbringt, wenn man spürt, dass die Tätigkeiten das ausgedehnte, erweiterte Selbst berühren, d. h. eine Vielzahl eigener Bedürfnisse und Interessen, Gefühle und Ziele. Vielleicht muss man an einer Tätigkeit etwas ändern, vielleicht muss man sich doch für etwas ganz anderes entscheiden. Aber immer dann, wenn das Selbst intensiv beteiligt ist, während man eine Tätigkeit ausführt, ist es in der Lage, sowohl immer wieder neue Energien bereitzustellen (Selbstmotivierung) als auch immer neue kreative Einfälle zu produzieren, weil das Selbst ja aus der Gesamtheit aller persönlichen Erfahrungen besteht und wegen seiner parallelen und unbewussten Verarbeitungsform blitzschnell auf passende Erfahrungen zugreifen kann.

Voraussetzung ist nur, dass wir »aus uns herausgehen«, d. h., dass wir nicht egozentrisch sind, sondern uns mit dem »außer uns« Liegenden beschäftigen (d. h. mit dem außerhalb unseres bewussten Ichs Befindlichen). Egozentrik zu überwinden, ist also sowohl für den Betroffenen als auch für die Gemeinschaft eine wichtige Aufgabe. Unsere Ausführungen haben gezeigt, dass das Lenken der Aufmerksamkeit auf andere gar nicht automatisch bedeuten muss, dass man nicht mehr für sich selbst sorgt. Der Trick besteht eigentlich darin, dass der Blick auf andere Menschen hilft, zu vermeiden, die Sorge um sich selbst mit dem bewussten, in seinem Blickwinkel sehr eingeschränkten *Ich* zu betreiben. Das Selbst arbeitet unbewusst und es kann gleichzeitig auf die eigenen Bedürfnisse und die Bedürfnisse anderer achten. Wenn wir also das bewusste Ich auf die Bedürfnisse anderer richten, lenken wir es sozusagen von einer allzu einseitigen Zentrierung auf die eigenen Bedürfnisse ab.

Es gibt auch Menschen, die mit dem reduzierten Blickwinkel des bewussten Ichs nicht die eigenen Bedürfnisse, sondern die anderer im Auge haben (einseitige Selbstlosigkeit). In diesem Fall ist die umgekehrte Übung angebracht: Diesen Menschen hilft es oft, wenn sie für eine Weile ihr bewusstes Ich auf die eigenen Bedürfnisse lenken. Auf diese Weise gelingt es ihnen dann vielleicht, das Bewusstsein von der einseitigen Fixierung auf die Bedürfnisse anderer zu befreien. In beiden Fällen gilt letztlich dasselbe Prinzip: Wenn das bewusste Ich von einer einseitigen Orientierung befreit wird, erhält das Selbst eine Chance, sich stärker einzumischen, und damit seinen umfassenderen Blickwinkel einzubringen.

6.6 Welche Rolle spielen Anlage und Umwelt für einen Gestalter?

Der größere Teil unseres Glücklichseins oder unseres Unglücks hängt von unserer Disposition ab und nicht von den Umständen, in denen wir leben. Wir tragen den Samen des einen oder des anderen Zustandes in unserem Geist, wo immer wir gehen.

Martha Washington

Es ist müßig, darüber zu diskutieren, welche Rolle die vererbte Anlage spielt, wenn es darum geht, die Fähigkeit zum Glücklichsein zu bestimmen. Es mag sein, dass das angeborene Temperament einen nicht unerheblichen Einfluss hat, andererseits zeigen Untersuchungen immer wieder, dass wesentliche Elemente des Glücklichseins – wie z. B. der Gestaltergrundhaltung – nicht angeboren sind, sondern erworben werden. Entscheidend ist, dass wir durch die Übernahme der richtigen Einstellungen im wahrsten Sinne des Wortes »unseres Glückes Schmied« sind. Insofern ist die »innere Disposition«, von der Martha Washington spricht, keine angeborene Disposition, sondern eine erworbene. Natürlich sind es auch nicht die äußeren Umstände, wie z. B. der materielle Wohlstand, der das Glück ausmacht. Man kann immer wieder Menschen beobachten, die aus unserer Warte in sehr einfachen, ja ärmlichen Verhältnissen leben und die doch ganz offensichtlich glücklich sind.

Mihaly Csikszentmihalyi hat den Zusammenhang zwischen Geld und Glück wissenschaftlich untersucht und festgestellt, dass statistisch gesehen Menschen mit sehr wenig Geld eher unglücklich sind, dass die Kurve der Zufriedenheit mit steigendem Wohlstand ansteigt, und dann – wenn noch mehr Geld zu Verfügung steht – wieder abnimmt. Andererseits waren die Unterschiede nicht sehr stark und bezogen sich auf sehr große Unterschiede hinsichtlich des materiellen Wohlstandes. Vereinfacht kann man feststellen: In einem normalen Rahmen des Wohlstandes, wie wir ihn z. B. in Deutschland in breiten Bevölkerungsschichten vorfinden, gibt es praktisch keinen Zusammenhang zwischen materiellem Wohlstand und Glücklichsein.

7 Der Körper als Basis für eine optimale Grundhaltung

Man muss seinem Leib Gutes tun, damit die Seele Lust hat, darin zu wohnen.
Winston Churchill

7.1 Streben nach Selbstbestimmung und körperliche Verfassung

Bisher haben wir die Bedeutung unserer Werthaltungen, unserer inneren Einstellungen für unser Leben in den Mittelpunkt der Betrachtung gestellt. Wir haben als entscheidenden Punkt für unser persönliches Glück und für unseren Erfolg im Leben die richtige seelische Verfassung beschrieben. Allerdings ist das eine zu einseitige Betrachtungsweise. Der Mensch besteht aus Körper und Seele und die Trennung von beiden ist aus pädagogischen Gründen (um uns leichter zu Erkenntnissen zu verhelfen) sinnvoll, aber wir sollten dabei nicht vergessen, dass es eine Seele losgelöst vom Körper auf dieser Welt ebenso wenig gibt (wenn wir die empirischen Erfahrungen zugrunde legen) wie einen lebenden menschlichen Körper ohne Seele. Die Konsequenz daraus: Wir sind auch in unserer seelischen Verfassung weitgehend von unserem Körper abhängig.

Von dem Zusammenhang zwischen körperlicher Verfassung und seelischem Gleichgewicht wird auch von vielen »Fitnessjüngern« immer wieder berichtet. Man hat sogar davon gesprochen, dass der Körper bei einem bestimmten Ausmaß von Training körpereigene Endorphine, so genannte »Glückshormone« ausschüttet. Die Diskussion, ob und in welchem Ausmaß der Körper selbst sein »Rauschgift« produzieren kann und Marathonläufer dadurch regelrecht »high« sein können, wird recht oberflächlich geführt: Meist wird gar nicht näher erklärt, wie die Botenstoffe des Gehirns Psyche und Körper beeinflussen, und es werden individuelle Unterschiede ignoriert. Menschen sind verschieden, sie reagieren verschieden. Für Sie persönlich kommt es nicht darauf an, wie andere reagieren, sondern einzig wichtig ist, wie Sie, wie Ihr Körper reagiert. Probieren Sie es aus. Nur Sie selbst können feststellen, in welchem Ausmaß und in welcher Form ihre seelische Befindlichkeit von der Verfassung Ihres Körpers abhängig ist, aber die Wahrscheinlichkeit, dass Sie Veränderungen entdecken werden, ist sehr groß.

Wir, die Autoren dieses Buches, haben – jeder auf seine Weise – ganz persönlich erfahren, wie stark die Abhängigkeit der seelischen Verfassung von der körperlichen Fitness ist (und umgekehrt). Ein Beispiel aus dem Berufsalltag von Jens-Uwe Martens veranschaulicht diese Erfahrung:

> **Ärger als Symptom für mangelnde Fitness**
>
> Der Weg zu meinem Büro führte mich durch einen kleinen Vorgarten, zu dem ich im Laufe der Zeit eine emotionale Verbindung entwickelt habe. Ich liebe die Pflanzen, die dort wachsen und beobachte ihre jahreszeitliche Veränderung.
>
> Immer wieder kommt es vor, dass auf dem Weg durch diesen Vorgarten weggeworfenes Papier oder Zigarettenstummel liegen. Normalerweise hebe ich diese auf und werfe sie in den in der Nähe stehenden Mülleimer. Manchmal ärgere ich mich über die Nachlässigkeit der Leute, die diesen Schmutz in »meinem Vorgarten« zurücklassen. Mir fielen diese unterschiedlichen Reaktionen auf und ich fragte mich, warum ich mich manchmal ärgere und mich die gleiche Beobachtung zu anderen Zeiten »kalt« lässt. Ich machte die Entdeckung, dass es damit zu tun hat, wie »fit« ich bin: Wenn ich regelmäßig mein Fitnesstraining absolviert habe, ärgere ich mich nicht, wenn ich ein paar Tage verhindert war, ärgere ich mich.
>
> Nach dieser Entdeckung habe ich genauer auf diesen Zusammenhang geachtet und dabei ist mir aufgefallen, dass dieser Zusammenhang auch – und ich habe den Verdacht: noch sehr viel mehr – auf die Situationen des täglichen Lebens anwendbar ist. Negative Nachrichten, die mein Geschäft betreffen, »treffen« mich im Zustand guter körperlicher Verfassung weit weniger, als wenn ich in einem schlechten körperlichen Zustand bin. Allerdings unterscheiden sich die belastenden Situationen im geschäftlichen Bereich, im Gegensatz zum Schmutz in »meinem« Vorgarten, sodass man sich leicht einreden kann, dass eine heftige seelische Reaktion nur auf die äußeren Umstände zurückzuführen ist.

7.2 Neurobiologische Zusammenhänge von Körper und Seele

Um den wichtigen Zusammenhang zwischen Körper und Psyche zu verstehen, lohnt es sich, einige neurobiologische Befunde näher zu betrachten. Das Verständnis dieser Zusammenhänge kann auch dazu beitragen, dass es einem leichter fällt, sich selbst dann für ein persönliches Fitnessprogramm zu motivieren, wenn man eigentlich nur etwas für seine geistige Entwicklung tun will. Denn sicher hilft ein solches Fitnessprogramm auch einige von den immer wieder aufgeführten Übungsanregungen in diesem Buch aufzugreifen, um dadurch körperliche

Symptome wie Müdigkeit, Kopfschmerz, vielleicht sogar gravierendere Stresssymptome wie Essstörungen (z. B. zu viel oder zu wenig oder ungesund essen), Zwänge (z. B. Grübeln, Übergenauigkeit, Arbeitssucht) oder Depression zu überwinden. Andererseits hilft die seelische Verfassung dabei, die körperliche Gesundheit zu fördern.

Warum sollen Übungen zur persönlichen Entwicklung wie die sieben Formen der Selbstaktivierung helfen, die körperliche Befindlichkeit zu verbessern und sogar massive Stresssymptome abzubauen? Wer sein Selbstsystem aktiviert, tut in der Tat etwas für Seele *und* Körper. Neurobiologisch erfordert die Hemmung eines so weit verzweigten Systems wie des Selbst eine enorme Ausschüttung der für diese Hemmung relevanten Überträgersubstanz im Gehirn. Einer der an dieser Hemmung beteiligten Neurotransmitter ist das Serotonin. Wenn Serotonin massenweise und über lange Zeiträume zur Hemmung des vielleicht ausgedehntesten psychischen Systems (d. h. des Selbstsystems) aufgewandt werden muss, dann kann man sich leicht vorstellen, dass es an anderen Stellen des Gehirns fehlt.

Fehlt das Serotonin z. B. dort, wo es an der Zügelung des Appetits beteiligt ist (Leibowitz et al., 1989; Stallone & Nicolaidis, 1989), können Essanfälle entstehen, fehlt es dort, wo es zur Regulierung der Ausweitung und Verengung der Blutgefäße des Gehirns benötigt wird (Leston, 1996), so können chronische Kopfschmerzen resultieren. Auch für andere Systeme ist nachgewiesen worden, dass eine Gleichgewichtsstörung im Serotoninhaushalt zu Störungen führt und dass Medikamente, die dieses Gleichgewicht wiederherstellen (so genannte Serotonin-Wiederaufnahmehemmer), die Symptome wie z. B. Zwangsgedanken oder zwanghaftes Verhalten, Depression, innere Zerrissenheit, Selbstverletzung u. a. beseitigen (Fava et al., 1989; Hestenes, 1992; Insel, 1992; Markovitz & Wagner, 1995). Allerdings können solche Psychopharmaka bestenfalls einen Anstoß geben, die genannten Symptome zu lindern: Wie man durch Nachschütten von Wasser einen löchrigen Eimer zwar gefüllt halten aber nicht reparieren kann, so kann man mit Medikamenten allein nicht das ersetzen, was ein intaktes Selbstsystem zur eigenständigen Regulierung des Serotoninhaushaltes und anderer Neurotransmitter beiträgt.

Das ist der Grund, warum es besser ist, die eigenen »Glückshormone« auf natürliche Weise, also z. B. durch die sieben Formen der Selbstaktivierung oder durch körperliches Training zu aktivieren, als sie in Pillenform zu sich zu nehmen, selbst wenn es Pillen gäbe, die nebenwirkungsfrei bei jedem Menschen die gewünschte Wirkung hätten (was nicht der Fall ist). Selbstverständlich gibt es Krankheiten, bei denen jemand zu den in diesem Buch dargestellten Übungen nicht mehr fähig ist, in schlimmen Fällen nicht einmal von einer Psychotherapie profitieren kann. Dann können Psychopharmaka regelrechte Glücksbringer sein, weil sie die Psyche wieder in den Zustand bringen, in der die psychologischen Trainings- oder Therapiemaßnahmen greifen.

An dem Gleichgewicht der verschiedenen Botenstoffe des Gehirns sind verschiedene Substanzen beteiligt. Die beim Fitnesstraining ausgeschütteten Endorphine gehören dazu, sodass Fitnessübungen in der Tat nicht nur für den Körper gut sind, sondern auch das seelische Gleichgewicht wiederherstellen. Warum hilft also Joggen, Wandern oder Schwimmen, wenn ich die Übereinstimmung zwischen meinen Zielen und den energiespendenden Motiven erhöhen will oder wenn ich mein Selbstsystem und damit meine »persönliche Intelligenz« entwickeln will? Fitnessprogramme helfen deshalb, weil Bewegungstraining das Gleichgewicht der Neurotransmitter günstig beeinflusst. Wenn z. B. nicht mehr so viel Serotonin einseitig zur Hemmung der Selbstwahrnehmung aufgewandt wird, lassen nicht nur die Spannungskopfschmerzen und andere Stresssymptome nach, sondern man hat einen besseren Zugang zum Selbstsystem, d. h., es fällt einem schneller etwas ein, wenn man ein Problem lösen will oder wenn es darum geht, jemandem, der einen mit einer blöden Bemerkung aus dem Gleichgewicht bringen will, eine passende Antwort zu geben.

Wichtig ist in diesem Zusammenhang auch die Rolle des wichtigsten Stresshormons, nämlich des Cortisols. Es gibt eine Struktur im Gehirn, die wesentlich dazu beiträgt, dass wir uns einen Überblick verschaffen können. Dieses System hilft uns, dass die vielen Informationen aus den verschiedenen Gedächtnis- und Wahrnehmungssystemen zu »kognitiven Landkarten« integriert werden (Sutherland & Rudy, 1989; Squire, 1992). Diese Gehirnstruktur heißt Hippocampus. Erst vor einigen Jahren wurde entdeckt, dass dieses System des Gehirns sehr viele Cortisolrezeptoren besitzt, d. h. gegenüber Stress sehr anfällig ist. Dabei ist es nützlich zu wissen, wie negative Gefühle und Stress auf die Verarbeitung von Informationen wirken. Es gibt nämlich zwei verschiedene Arten von Cortisolrezeptoren im Hippocampus: Der Typ I wird schon bei geringen bis mäßig hohen Konzentrationen des Stresshormons Cortisol aktiviert. Dieser Rezeptortyp aktiviert den Hippocampus. Der zweite Rezeptortyp, der die Aktivität des Hippocampus hemmt, wird erst dann aktiviert, wenn die Cortisolkonzentration relativ hoch ist. Hier scheint also eine Ursache dafür zu liegen, dass wir bei mäßigem Stress eher kreativer werden und durchaus den Überblick behalten, während wir den Überblick über die Innen- und die Außenwelt verlieren, wenn wir zu viel Stress erleben. (Man spricht von Eustress, wenn der Stress zu Kreativität und Höchstleistung anregt, und von Distress, wenn er einen schädlichen Einfluss auf uns hat.)

Besonders fatal ist dabei, dass dann, wenn diese kritische Schwelle der Stressintensität einmal überschritten ist, der Hippocampus nicht nur seine kognitive Funktion einstellt (d. h. man verliert den Überblick), sondern auch seine stressregulierende Funktion verliert: Solange der Hippocampus aktiv ist, wirkt er nämlich hemmend auf die weitere Produktion des Stresshormons in der Nebennierenrinde. Das bedeutet: Wenn man einmal mehr Stress erlebt, als man vertragen kann (d. h., wenn der Rezeptor vom Typ II aktiviert wird, der den Hippocampus hemmt), dann wird man immer nervöser und der Stress schaukelt sich immer weiter hoch, selbst wenn recht unbedeutende Dinge passieren, die einen sonst gar nicht aus der Ruhe bringen können (Pruessner et al., 2008; Sapolsky, 1992).

Man hat tatsächlich gefunden, dass in Familien, in denen Eltern alkoholabhängigsind, in denen viel geschlagen wird, in denen eine alleinerziehende überforderte Mutter das Kind betreut, nach Umzügen in eine andere Stadt oder wenn das Kind eine schwere fiebrige Erkältung durchmacht, die Cortisolkonzentration im Speichel der Kinder dauerhaft erhöht ist (Flinn & England, 1995). Bei chronisch überhöhtem Stress können sogar viele Neurone im Hippocampus absterben, sodass das Volumen des Hippocampus reduziert ist und der Rezeptortyp II, der das allgemeine Stresssyndrom auslöst, bei immer kleineren Stressintensitäten anspricht. Zu diesem

Syndrom gehören Stresswirkungen wie Kopfschmerzen, Essstörungen, Impotenz, Schwächung des Immunsystems und die daraus resultierende erhöhte Infektanfälligkeit u. v. m. (Sapolsky, 1992).

Menschen, die negative Gefühle wie Wut, Feindseligkeit, Traurigkeit und Angst dauerhaft erleben müssen, weil sie keine hinreichende Regulationsfähigkeit entwickelt haben, zeigen in empirischen Untersuchungen immer wieder deutlich erhöhte Erkrankungsrisiken.

In einer Untersuchung, die an der University of California durchgeführt wurde, hatten Menschen, die überdurchschnittlich häufig solche negativen Gefühle erlebten, ein doppelt so hohes Risiko, Symptome wie Asthma, chronische Kopfschmerzen, Magengeschwüre, Rheuma oder Herzprobleme zu entwickeln. In einer anderen Untersuchung, die an der Harvard-Universität durchgeführt wurde, zeigte sich, dass auch das Leugnen, Beschönigen oder Verdrängen von negativen Gefühlen das Erkrankungsrisiko drastisch erhöht. Es geht also nicht darum, negative Gefühle gänzlich zu vermeiden, sondern zu verhindern, dass sie sich einnisten. Wer von seinem Typ her leicht mit Angst, Ärger oder anderen negativen Gefühlen reagiert, braucht überhaupt kein höheres Erkrankungsrisiko aufzuweisen. Entscheidend ist nicht die sensible Erstreaktion (die kann sogar wichtig sein, um das Selbstsystem zu entwickeln, das für die psychische und körperliche Gesundheit so wichtig ist), sondern die Zweitreaktion, die von der (erlernbaren) Selbststeuerung der Gefühle abhängt.

Die Zweitreaktion wird durch das Selbstsystem vermittelt (»Selbstregulation«). Da dieses System in der Stammesgeschichte für die Repräsentation des wohl komplexesten Systems im Universum entwickelt wurde, nämlich für die Repräsentation von Personen (der eigenen wie anderer), ist es eigentlich gar nicht verwunderlich, dass wir *Beziehungen* brauchen, um dieses System zu aktivieren und zu entwickeln. Auch die enge Verknüpfung des psychischen Selbstsystems mit dem Immunsystem, das wir in einem früheren Kapitel schon einmal als das »Selbst« des Körpers beschrieben haben (weil es weiß, was gut und was schlecht für den Körper ist: was zu ihm gehört und was fremd ist), ist in Umrissen erklärbar: Die mit der 2. Modulationsannahme implizierte Reduzierung negativen Affekts durch die Aktivierung des Selbst bietet bereits eine erste Erklärung an: Wenn durch die Aktivierung des Selbst und anderer Funktionen des Extensionsgedächtnisses der erlebte Stress sinkt, dürften auch die krankmachenden Folgen der biologischen Begleiterscheinungen des Stress (z. B. der dauerhaft erhöhten Cortisolkonzentration) abnehmen.

Die diesbezügliche Forschungsrichtung (die »Psychoneuroimmunologie«) hat viele weitere Zusammenhänge zwischen psychischen und körperlichen Immunreaktionen aufgedeckt. Einige Wissenschaftler wie der in Paris forschende Biologe Francisco Varela gehen sogar so weit, dass sie das Immunsystem buchstäblich als ein »Körperselbst« beschreiben, das ganz analog wie das psychische Selbstsystem aus einem ausgedehnten *Netzwerk* von Prozessen besteht. Dieses Netzwerk reguliert nicht nur die Abwehr von Fremdem (z. B. über die Killerzellen des Immunsystems), sondern auch die Bildung einer körperlichen Identität (»Wer bin ich«, d. h. »welche körperlichen Reaktionen gehören zu mir?«).

Die Optimierung des seelischen und körperlichen Gleichgewichts kann man erwarten, wenn beide »Selbst«, das körperliche des Immunsystems und das psychische Selbst gut koordiniert arbeiten. Dass das psychische Selbstsystem an der Steuerung der Gefühle beteiligt ist, erkennt man daran, dass man auf schmerzliche Erlebnisse durchaus mit negativen Gefühlen reagiert und sie nicht leugnet, dass man sich andererseits aber nicht in dem eigenen Schmerz oder Ärger »einrichtet«, sondern durch den Kontakt mit den eigenen (gefühlten) Lebenserfahrungen und durch verständnisvolle Beziehungen lernt, die negativen Gefühle zu bewältigen. Dieser Wechsel zwischen Hinschauen und Integrieren, d. h. einen Fehler oder eine schmerzliche Erfahrung ansehen (statt verdrängen) und dann das Erfahrene an »sich heranlassen« (d. h. ins große Erfahrungsnetzwerk des Selbst integrieren = »Trauerarbeit«), haben wir im Rahmen der 2. Modulationsannahme als Grundlage für eine Bewältigungsform kennengelernt, die eigene Fehler, Misserfolge und andere schmerzvolle Erfahrungen zum Motor für eine besonders tiefreichende Form des Selbstwachstums macht (▶ Kap. 2.8.2, ▶ Kap. 2.16, ▶ Kap. 4.9).

Dieses Phänomen erklärt übrigens auch einige überraschende bzw. paradoxe Befunde aus der psychologisch relevanten Genetik: Bei der Untersuchung von Kindern, die eine genetische Vulnerabilität für eine psychische Erkrankung wie Depression, Aggressivität oder Hyperaktivität aufwiesen, zeigte sich, dass die Häufigkeit des Ausbruchs der betreffenden Erkrankung in einer Untergruppe dieser genetisch »vulnerablen« Kinder nicht erhöht war. Sie war sogar niedriger als bei den Kindern, die keinen genetischen Risikomarker aufwiesen. Kann es sein, dass derart genetisch »belastete« Kinder (und Erwachsene) unter bestimmten Voraussetzungen sogar einen Schutz vor den betreffenden Krankheiten entwickeln, der sie weniger anfällig macht als Kinder, die den Risikomarker in sich tragen? Entwicklungspsychologische Untersuchungen bestätigen dies und machen deutlich, von welchen Bedingungen diese Risikoumkehr abhängt (Belsky & Pluess, 2009): Bei Kindern, die unter günstigen Entwicklungsbedingungen aufgewachsen sind (z. B. sichere Bindung, Autonomieunterstützung, feinfühliges Eingehen auf die aktuelle Verfassung des Kindes) wird sozusagen aus der »Not eine Tugend« – sie haben ein signifikant geringeres Risiko, dass die Krankheit ausbricht, für die sie genetisch disponiert sind. Dieser Befund ist auch auf Erwachsene übertragbar: Wenn Probanden, die einen solch einseitigen Persönlichkeitsstil aufweisen, dass sie schon einige Kriterien einer Persönlichkeitsstörung erfüllen (z. B. Schizoid, Selbstunsicher-vermeidend, Borderline), kann ausgerechnet dieser einseitige Stil mit einem besonderen Schutz gegen psychosomatische Symptome verbunden werden, wenn sie in der Lage sind (oder gebracht werden), ihre affektive (oder kognitive) Erstreaktion kontextsensibel zu regulieren, d. h. wenn sie handlungs- bzw. gestalterorientiert sind (Baumann et al., 2007; ▶ Kap. 2.8.2).

Diese Befunde passen gut zu den erwähnten entwicklungspsychologischen Forschungsergebnissen: Wie wir gesehen haben (▶ Kap. 4.3), entstehen emotionsregulierende Selbstkompetenzen (z. B. Selbstmotivierung und Selbstberuhigung) durch Verinnerlichung erlebter Emotionsregulation in einer guten, feinfühligen Beziehung, in der die Bezugsperson von außen die Gefühle ihres Gegenübers so reguliert, wie sie es gerade braucht (z. B. Ermutigung bei auftretenden Schwierigkeiten, Beruhigung bei Angst und Unsicherheit).

Genau diese feinfühlige Begleitung entspricht den »günstigen Entwicklungsbedingungen«, unter denen genetisch belastete Kinder einen stärkeren Schutz aufbauen als unbelastete Kinder (Belsky & Pluess, 2009). Ungünstige Entwicklungsbedingungen, die durch ein Übermaß an Belastungsstress (z. B. Erwartungen, Forderungen, die das Intentionsgedächtnis belasten) oder Bedrohungsstress (z. B. Strafe, Angst machen, Verunsichern) charakterisiert sind, können einseitig das Ich (und die linke Hemisphäre) aktivieren bzw. den Selbstzugang (rechte Hemisphäre) hemmen (zusammenfassend Kuhl, Quirin & Koole, 2015). Die Osnabrücker Forschung hat gezeigt, dass sogar einfache Maßnahmen zur Aktivierung der rechten Hemisphäre (wie z. B. das Drücken eines Gummiballs für 3 Minuten) stressabhängige Symptome wie Selbstinfiltration (Baumann, Kuhl & Kazén, 2005; ▶ Kap. 2.14) und die damit verbundene Erhöhung des Stresshormons Cortisol (Quirin, Koole, Baumann, Kazén & Kuhl, 2009) – zumindest vorübergehend – reduzieren können und das Selbstwertgefühl, einschließlich den unbewussten (!) positiven Affekt erhöhen (Quirin, Fröhlich & Kuhl, 2018). Unbewusster positiver Effekt, den wir mit einer indirekten Methodik abschätzen können (Quirin, Kazén & Kuhl, 2008) reduziert das Stresshormon Cortisol (Quirin, Koole, Baumann, Kazén & Kuhl, 2009). Auch dieser Befund lässt sich mit der PSI-Theorie gut erklären: Unbewusster positiver Affekt dürfte mehr als bewusster positiver Affekt das ebenfalls weitgehend unbewusste Selbst erreichen und es wird angenommen, dass er die positive emotionale Grundlage für das Selbst und seine Schnittstellen zum autonomen Nervensystem, zur Körperwahrnehmung bis hin zum Immunsystem darstellt.

Diese »positive« emotionale Grundlage« für praktisch alle Selbstkompetenzen, beruht darauf, dass der unbewusste positive Affekt wie eine innere Kraft wirkt, die auch in noch so schmerzhaften oder Angst machenden Situationen immer wieder die tief im Unbewussten verankerte Positivität aufruft. Dieser positive Anker, der dem nahekommt, was Entwicklungspsychologen »sichere Bindung« oder »Urvertrauen« nennen, könnte genau das ermöglichen, was mit der Gestalterhaltung (»Handlungsorientierung nach Misserfolg«) verbunden ist: Schmerzbewältigung durch den Wechsel zwischen Hinschauen und an sich heranlassen (»selbstkonfrontatives Selbstwachstum«). In einer neueren Untersuchung haben wir mit Hilfe einer mathematischen Modellierung der Chaos-Theorie aus Stimmungstagebüchern ein Maß für diese latente Kraft zum Positiven gewonnen, das Handlungsorientierten ermöglicht, auch sehr schmerzhafte Erfahrungen in einem passenden Moment zu betrachten, ohne in Schmerz und Angst zu versinken. In dieser Untersuchung ließ sich ein eindeutiger Pfad von dem Kennwert für die latente Kraft zum Positiven (»Urvertrauen«), der Handlungsorientierung und dem daraus resultierenden Schutz vor stressabhängigen Symptomen nachweisen (Kuhl, Mitina & Koole, 2018).

Auch für unsere Empfehlung, positive Einstellungen zu anderen Menschen zu entwickeln (Verständnis, Güte, Liebe), gibt es frappierend klare Forschungsbelege, die Hinweise darauf enthalten, dass positive und feinfühlige Beziehungen (die schmerzhafte Erfahrungen nicht ausklammern) durchaus auch für die »Schnittstelle« zum Immunsystem wichtig sind. So fand der verstorbene Motivationspsychologe David McClelland und seine Mitarbeiterin Carol Kirshnit (1988) in einer Untersuchung an der Harvard University, dass ein Film, der von der Güte und liebevollen Zuwendung Mutter Theresas handelte, bei den Versuchspersonen eine Zunahme der T-Lymphozyten im Blut auslöste, die besonders nachhaltig war, wenn die Versuchspersonen nach Betrachten des Films einige Zeit über die Güte dieser

Frau meditierten. Die T-Lymphozyten sind eine wirksame Komponente des Immunsystems bei der Bekämpfung von Infekten und anderen Erkrankungen.

Man weiß, dass viele verschiedene Formen von Stress über die erhöhte Cortisolkonzentration im Blut auch das Immunsystem schädigen können. Da auch bekannt ist, dass man durch körperliche Fitness die Cortisolkonzentration im Blut und damit die Stressreaktion reduzieren kann, ergibt sich eigentlich nur noch eine Frage: Wie kann ich es schaffen, mein körperliches Fitnessprogramm zu finden und umzusetzen?

7.3 Das Selbst und neuere Befunde zur Physiologie unseres Körpers

In diesem Buch wurde immer wieder davon gesprochen, dass unser bewusstes Denken nur einen Teil, den kleineren und weniger intelligenten Teil, der Steuerung unseres Lebens ausmacht. Wir haben dem bewussten Ich das weitgehend unbewusste Selbst als persönlich relevanter Teil des Extensionsgedächtnisses gegenübergestellt, das ganz eigene Möglichkeiten der Informationsverarbeitung hat. Es verfügt über ein extrem ausgedehntes Netz an Erfahrungswissen und kann durch seine Parallelverarbeitung viel mehr Einzelbefunde bei einer Entscheidung berücksichtigen. Wenn sich dieser Teil unserer Steuerung meldet, dann nennen wir das oft »Intuition«.

Allerdings unterscheidet die PSI-Theorie zwischen zwei unterschiedlichen Formen von Intuition: Die Intuition des Selbst beruht auf sehr vielen Erfahrungen und ist besonders durch den Austausch mit bewussten Erfahrungen (aus der Objekterkennung und dem Denken) gewachsen. Diese Selbstwachstum führt zu einer Besonderheit, in der sich die Intuition des Selbst von der elementaren Intuition unterscheidet, die in der PSI-Theorie mit der Intuitiven Verhaltenssteuerung beschrieben ist: Beide Formen der Intuition kommen aus unserem Inneren, und wir sind uns immer wieder sicher, dass die spontane Intuition richtig ist, auch wenn wir sie oft rational nicht begründen können. Die fehlende Begründbarkeit gilt aber vor allem für die elementare Intuition, während wir intuitive Entscheidungen, die aus einem urteilsstarken Selbst kommen, oft sehr treffsicher begründen können (vgl. Kuhl, 2001).

Diese Stimme, die wir Intuition nennen, mag bei der elementaren Intuition oft im Gegensatz zu dem stehen, was wir uns rational überlegt haben. Das kann aber auch bei komplexen Entscheidungen, wie z. B. der Berufswahl, der Partnerwahl, der Wahl des Wohnsitzes der Fall sein, nämlich dann, wenn die Kommunikation zwischen dem denkenden Ich und dem fühlenden Selbst nicht gut funktioniert. Bei komplexen Entscheidungen spielen mehr Parameter eine Rolle, als wir bewusst in unsere Überlegungen einbeziehen können. Vor allem, sind bei solchen Entscheidungen nicht nur unübersichtlich viele Einzelbefunde zu berücksichtigen, alle diese

Befunde müssen auch noch gewichtet werden, es muss geprüft werden, ob sie zu unseren Lebenszielen kompatibel sind oder nicht. Damit ist unser bewusstes Denken überfordert.

Heute spricht vieles dafür, dass dieses Extensionsgedächtnis nicht nur in unserm Kopf beheimatet ist, sondern dass viele weitere Organe unseres Körpers dabei mit beteiligt sind. In den letzten Jahren wurde immer öfter über die »Intelligenz« des Herzens, des Darms (bzw. Bauches) oder allgemein über die Körper-Intelligenz geforscht und geschrieben. In der PSI-Theorie ist diese Einbindung des Körpers durch die enge Anbindung des Selbst an die Körperwahrnehmung berücksichtigt (Kuhl, 2001; Kuhl et al., 2021).

Herzintelligenz

Pionierarbeit zur »Herzintelligenz« haben vor allem John und Beatrice Lacey durch ihre Forschungen geleistet. Sie haben gezeigt, dass und wie Herz und Gehirn miteinander kommunizieren, und dass tatsächlich auch unser Herz seinen Anteil daran hat, wie wir die Welt um uns herum wahrnehmen und auf sie reagieren. Der Neurokardiologe J. Andrew Armour (2008) spricht seit langem von einem »Herz-Gehirn« und weist darauf hin, dass das Herz ein komplexes intrinsisches Nervensystem also ein »Gehirn« besitzt. In der psychologischen Aufmerksamkeitsforschung wurde schon in den 1990er Jahren die enge Verbindung zwischen der Herzfrequenz und der Wachsamkeit (einer bewusstseinsfernen, sehr breiten Aufmerksamkeitsform) empirisch aufgezeigt (Posner & Rothbart, 1992).

Heute sind Wissenschaftler davon überzeugt, dass auch das Herz emotionale und intuitive Signale sendet, die uns helfen, das Leben zu meistern, dass es in ständigem Austausch mit dem Gehirn steht (sie sprechen von einem »Zwei-Wege-Kommunikationssystem« zwischen Herz und Gehirn), dass es viele eigene »Entscheidungen« trifft und die harmonische Zusammenarbeit vieler Körpersysteme steuert.

Wenn wir regelmäßig in uns hineinhorchen und auch Vorgänge in unserem Körper beachten, so ist uns geläufig, dass Ärger, Angst, Wut, aber auch Liebe den Rhythmus des Herzens beeinflussen. Redensarten wie »mir ist vor Schreck das Herz stehengeblieben«, »mein Herz schlägt für Dich« oder »du hast mein Herz gebrochen« und »du bist herzlos« drücken diese Verbindung schon im Volksmund aus.

Welche Rolle das Herz in unserm Leben, bei unseren Entscheidungen und bei unserem Verhalten spielt, kann man heute nur in Ansätzen ahnen, aber dass es eine Rolle spielt, scheint unbestritten.

Bauchintelligenz

Hinsichtlich der Rolle des Bauches bzw. Darmes wurde in den letzten Jahren in populär-wissenschaftlichen Aufsätzen schon von einem »zweiten Gehirn« gesprochen und darauf hingewiesen, dass das enterische Nervensystem (das Nervensystem des Verdauungstraktes) mehr als 100 Millionen Nervenzellen besitzt und »die gleiche Sprache spricht« wie ihre Verwandten im Gehirn. Sie reagieren z. B. wie das Gehirn auf das Glückshormon Serotonin oder auf den Stress-Botenstoff Adrenalin.

Das »Bauchhirn« kontrolliert mit einer Vielzahl von Neurotransmittern (spezielle Signalmoleküle, mit denen sich Neurone untereinander verständigen) nicht nur die Aktivitäten des Verdauungstraktes, es steht auch in dauerndem Kontakt mit dem Gehirn und reagiert auf die emotionale Grundbefindlichkeit der Person (Mayer, Nance & Chen, 2022). Stress beispielsweise entspannt die Darmmuskeln und lähmt die Verdauung, Entspannung dagegen aktiviert sie. Angstdurchfall, etwa vor einer Prüfung, entsteht vermutlich, weil Stress auf die Abwehrzellen im Darm wirkt und als Folge das Bauchhirn aktiviert wird. Dadurch erhöhen sich Sekretion und Bewegung im Darm.

Auch hier kann man, wie bei der Herzintelligenz sagen, dass der Zusammenhang zwischen Gehirn und Verdauungstrakt allgemein bekannt und geläufig ist. Dass Informationen aus dem Darm auch die Psyche beeinflussen, kann man mit Recht vermuten. Wie das im Einzelnen passiert, wird Gegenstand dieses boomenden Forschungsthemas sein. Allerdings wäre es verfrüht und wohl auch übertrieben, von einem »zweiten Gehirn« zu sprechen.

Körperintelligenz

Wir haben schon mehrfach in diesem Buch darauf hingewiesen, dass wir alle aus Seele und Körper bestehen. Bei Kindern kann man beobachten, dass diese Trennung in ihrem Denken noch nicht vollzogen ist. Durch die zunehmenden Lebensprägungen, Überbetonung des Verstandes und daraus resultierenden Spannungen und inneren Verboten verliert sich bei Jugendlichen und Erwachsenen nach und nach das Gefühl der Einheit mit dem Körper. Wir haben verlernt, auf unseren Körper zu hören, wir ignorieren dessen Regungen, oft sogar die Alarmsignale, die er uns sendet. Wir ignorieren Müdigkeit und Erschöpfung und nehmen Aufputschmittel, oder wir aktivieren die strenge (aber enge) Variante unserer Willenskraft (d. h. die Selbstkontrolle), um trotzdem volle Leistung zu bringen. Wir reagieren sogar auf Schmerzen mit Medikamenten, die diese betäuben, statt zu fragen, was uns der Körper mit den Schmerzen sagen will. Wenn unsere Sorgen uns nicht schlafen lassen, betäuben wir uns mit Schlafmitteln, damit wir am nächsten Morgen wieder fit sind. Wir sehen uns als Leistungserbringer, weil wir glauben, nur so unsere Ziele erreichen zu können und übersehen, dass unsere eigentlichen Ziele nur in Harmonie mit dem Körper erreicht werden können.

Der Körper speichert jede Lebenserfahrung im Körpergewebe, in den Zellen und Organen, als Erfahrungsspeicher und zum Schutz. Der Körper zeigt uns durch Verspannungen, Schmerz und Krankheit, wo wir die Körperintelligenz gestört haben. Die Körperintelligenz gibt uns durch Art und Ort der Beschwerden Hinweise, wie und wo wir unser Leben korrigieren können, um wieder zu mehr Wohlbefinden und Gesundheit zu gelangen. Die besondere Bedeutung des Körpers für die Funktionsweise des Selbstsystems wurde besonders durch die Forschungsarbeit von Antonio Damasio aufgezeigt (Damasio, 1997; Damasio, Tranel & Damasio, 1991). In der PSI-Theorie (Kuhl, 2001) wird angenommen, dass die Einspeisung von Körpersignalen in das persönliche Erfahrungsgedächtnis (d. h. das Selbst) gerade bei komplexen Entscheidungen deshalb unverzichtbar ist, weil die mit jeder einzelnen Lebenserfahrung verknüpften Körpersignale so einzigartig sind, dass sie wie die Signaturen von Büchern in einer riesigen Bibliothek beim blitzschnellen Auffinden der in einer aktuellen Situation relevanten Erfahrungen helfen können (Barnes & Thagard, 2019).

> **Leistungsfähigkeit steht in unserer Gesellschaft im Vordergrund. Schwäche wird ignoriert oder verheimlicht.**
>
> Als Selbständiger hatte Jens-Uwe Martens weitgehend die Möglichkeit, sich von äußeren Zwängen und den Erwartungen frei zu machen. Eine der Möglichkeiten bestand darin, dass ich mir im normalen Arbeitsalltag am Nachmittag, nach dem Mittagessen, eine Pause gegönnt habe. Ich hatte in meinem Büro eine ausklappbare Schaumstoff-Unterlage, die ich einfach auf den Boden legte, um mich darauf auszustrecken. Bald lernte mein Körper, dass jetzt Entspannung angesagt ist, und ich schlief für ca. 20 Minuten ein. (Das konnte ich natürlich nur, weil ich eine Sekretärin hatte, die alle Besucher und Telefonanrufe von mir fernhielt.)
>
> Wenn ich Seminar hielt, oder auf Konferenzen, hatte ich (mein Körper) solche Sehnsucht nach dieser Erholungspause, dass ich mir irgendeinen abgeschiedenen Raum oder Platz suchte, wo ich ungestört war und mich ausruhen konnte. Dann musste ich natürlich auf meine Schaumstoff-Unterlage verzichten und mich auf den harten Boden legen, aber das war es mir wert. Ich habe schon in Besenkammern meine Pause verbracht. Nach einem solchen Kurzschlaf war ich sofort wieder fit, fitter als vorher.
>
> Ich schildere das hier, um zu zeigen, welchen Weg ich gefunden habe, auf meinen Körper zu hören. Ich kenne Kollegen, die das Gleiche durch Meditation erreichen – und ich kenne natürlich viele, die in ihrem jeweiligen Arbeitskontext keine Möglichkeit zur Tiefenentspannung gefunden haben. Allerdings nehmen die Freiheiten, die Arbeitnehmer haben, zu. (Übrigens: In vielen japanischen Unternehmen gibt es Ruheräume, in denen man »ganz offiziell« einen Kurzschlaf einlegen kann.)

Indem wir auf unseren Körper hören, die Körperintelligenz bei unseren Entscheidungen mit einbeziehen, können wir einen großen Beitrag zu unserem Wohlbefinden leisten, das Leben genießen – oder wenn wir auf seine negativen Botschaften hören, rechtzeitig unser Leben ändern und Schaden von uns abwenden.

Auch hier gilt: Jeder Mensch ist unterschiedlich, jeder Körper ist unterschiedlich. Was dem einen gut tut, kann für den anderen schädlich sein. Nur wer gelernt hat, seinen Körper zu verstehen, auf ihn zu hören, wird seine »Körper-Intelligenz« nutzen können.

8 Welchen Grad an Freiheit haben wir?

8.1 Zusammenfassung der PSI-Theorie

Zum Abschluss dieses Buches ist es an der Zeit, die wesentlichen Aussagen zusammenzufassen: Wir haben eine neue Theorie der Persönlichkeit vorgestellt, die auf früheren Theorien aufbaut und versucht, diese mit neueren Ergebnissen aus der experimentellen Psychologie und aus der Neurobiologie zu integrieren.

Die Grundidee der Theorie ist denkbar einfach: Das Zusammenspiel der jedem Menschen zumindest im Ansatz bekannten psychischen Funktionen wie Denken und Fühlen, Wahrnehmen und Intuitives Handeln wird durch den Wechsel zwischen verschiedenen Gefühlen herbeigeführt (▶ Abb. 4):

- Wer einen positiven Affekt hemmen kann, indem er z. B. an die zu überwindenden Schwierigkeiten denkt, statt sich einseitig auf Positives zu konzentrieren, wer auch negative Gefühle aushält (»Frustrationstoleranz«), der kann Ziele bilden und auch schwierige Vorsätze und Pläne lange Zeit aufrechterhalten und bearbeiten.
- Wer beizeiten dann aber von diesem Zustand auch wieder in positive Gefühle wechseln kann (z. B. an die schönen Seiten der Zielerreichung denkt), ist gut in der Umsetzung solcher Vorsätze (wobei die Umsetzung besser gelingt, wenn man zuerst an das Positive denkt und dann an die zu überwindenden Schwierigkeiten).
- Wer auf positive Stimmungen festgelegt ist, kann nicht so gut schwierige Vorhaben planen, aber dafür umso besser seine intuitiven Fähigkeiten spielen lassen, die besonders im Umgang mit anderen Menschen ganz wichtig sind.
- Wer negative Gefühle wie Angst und Schmerz aushalten kann, der kann die betreffenden Erlebnisse als »Einzelobjekte« aus dem Kontext herauslösen und aus ihnen lernen. Das Lernen funktioniert aber nur, wenn er beizeiten auch wieder aus den negativen Gefühlen herausfindet, weil dadurch das persönliche Erfahrungswissen aktiviert werden kann, das im Selbstsystem einer Person in seiner Gesamtheit abgespeichert ist.

Wenn man wissen will, wie positive und negative Gefühle entstehen, muss man vor allem die Bedürfnisse eines Menschen untersuchen. Die wichtigsten Bedürfnisse sind (abgesehen von den biologischen Bedürfnissen wie Hunger, Durst und Sexualität): Bedürfnisse nach sozialem Kontakt und persönlicher Begegnung (Beziehung), nach Steigerung der eigenen Kompetenzen (Leistung) und nach Selbstbehauptung und Autonomie (Macht). Werden Bedürfnisse befriedigt oder steht eine

Befriedigung unmittelbar bevor (z. B. wenn jemand die Lösung eines Problems erkannt hat oder wenn jemand einen netten Menschen trifft), so entsteht ein positiver Affekt und die intuitive Umsetzung von Absichten wird erleichtert. Werden Bedürfnisse dauerhaft frustriert, so entsteht negativer Affekt und die umfassende Selbstwahrnehmung (das »Extensionsgedächtnis«) ist gehemmt: Der Blick engt sich auf einzelne »Objekte« ein, sodass man z. B. nur noch Dinge sieht, die sich auf das frustrierte Bedürfnis beziehen. Dann können die Bedürfnisse auf der Ebene der persönlichen Erfahrungen nicht wahrgenommen werden, d. h., sie werden nicht zu Motiven: die Bedürfnisse werden nicht mit dem unbewussten, aber ausgedehnten und hochintelligenten Wissen über angemessene Möglichkeiten der Bedürfnisbefriedigung verknüpft.

Wir haben in diesem Buch viele Beispiele erläutert, die zeigen, wie einzelne Komponenten dieses Netzwerkes unser Verhalten im Alltag bestimmen. Wenn man das Grundgerüst dieser Theorie verstanden hat, lernt man Schritt für Schritt, selbstständig immer neue Beispiele mit Hilfe der Theorie erklären zu können. Mit der Zeit wird das Leben dann immer einfacher: Sie merken, dass in vielen Lebensbereichen eigentlich immer dieselben Prozesse wirksam sind. Man muss nur ein Gefühl dafür bekommen, in welchen Situationen welches der vier psychischen Systeme gebraucht wird:

- Wann braucht man das Denken und das Gedächtnis für schwierige Vorsätze (d. h. das Intentionsgedächtnis)?
- Wann braucht man die intuitive Verhaltenssteuerung, die ohne Planen auskommt?
- Wann braucht man das ganzheitliche Fühlen, das den Überblick über alle bisherigen Lebenserfahrungen verschafft (d. h. das Extensionsgedächtnis und das integrierte Selbst) und
- wann sollte man diesen Überblick sogar vorübergehend außer Kraft setzen (die Objekterkennung aktivieren), um sich wie bei der Fehlersuche in einem Manuskript ganz darauf konzentrieren zu können, Unstimmigkeiten zu entdecken oder auch schmerzhafte Erfahrungen isoliert zu betrachten?

Man kann sich die unterschiedliche Funktionsweise der vier Systeme leicht veranschaulichen, wenn man die »PSI-Algebra« anwendet:

- Nur für das logische Denken ist 1 + 1 = 2.
- Für das ganzheitliche Fühlen ist 1 + 1 = 3 (oder mehr): Sobald man zwei Erfahrungen in dieses ausgedehnte Erfahrungsnetzwerk (»Extensionsgedächtnis«) hineinsteckt, kommt mindestens noch eine zusätzliche heraus, die im Moment von Bedeutung ist (meist noch viele mehr): Eine oder mehrere zusätzliche Handlungsmöglichkeiten, eine oder mehrere Bedeutungen, die ein Erlebnis haben kann, usw.
- Für die Objekterkennung ist 1 + 1 = 1, weil sie versucht, aus der Vielfalt der Wahrnehmungswelt immer die Einzelheit, das eine »Objekt« herauszulösen, das momentan besonders wichtig ist, z. B., weil es besondere Schmerzen oder Angst

verursacht, weil es unerwartet ist oder gar nicht mit den eigenen Wünschen übereinstimmt.
- Schließlich gilt für die intuitive Verhaltenssteuerung: 1 + 1 = 0. Damit soll angedeutet werden, dass dieses System ganz unbewusst abläuft: Im Unterschied zum ganzheitlichen Fühlen (dem persönlichen Selbst), das ja auch weitgehend unbewusst funktioniert, kann man hier auch einzelne Komponenten sich meist nicht bewusst machen: Ich kontrolliere nicht bewusst, welche Muskelfasern ich bei einem Lächeln zusammenziehe oder wann ich den Einsatzbefehl zum Aussprechen der einzelnen Laute gebe, deren Sequenz einen Satz bilden. Auf der bewussten Ebene liegen hier also null Elemente vor, auch wenn auf der unbewussten Ebene nicht nur zwei, sondern sogar noch viel mehr Elemente verarbeitet werden.

8.2 Sind wir wirklich unseres Glückes Schmied?

Dieses Netzwerk von interagierenden Prozessen mag einem schon recht komplex vorkommen. Angesichts der ungeheuren Komplexität eines Menschen ist es aber doch gut überschaubar. Wir haben in diesem Buch immer wieder gezeigt, wie man einzelne Komponenten dieses Netzwerks von Bedürfnissen, Gefühlen und psychischen Verarbeitungssystemen herauslösen kann, um konkrete Beispiele aus dem Alltag zu verstehen. Nun stellt sich allerdings die entscheidende Frage noch einmal: Ist es möglich, in einem solchen komplexen System selbst etwas zu verändern? Sind wir einem solchen komplexen Netzwerk nicht letztlich doch hilflos ausgeliefert? Können wir als Gestalter unseres Schicksals unsere Reaktionen frei bestimmen oder sind wir nicht doch eher Opfer der Prozesse, die in uns ablaufen und damit Opfer der Umstände?

Die PSI-Theorie gibt eine sehr klare Antwort auf diese Frage. Es gibt eine sehr wirksame Möglichkeit, das gesamte System nachhaltig zu beeinflussen: Da die Wechselwirkung zwischen allen Systemkomponenten von der Veränderung der Gefühle abhängt, lohnt es sich, die Fähigkeit zu trainieren, auf die eigenen Gefühle Einfluss zu nehmen. Wie das geht, haben wir bei der Besprechung der Systemkonditionierung erklärt (▶ Kap. 4.3). Die Selbststeuerung von Gefühlen darf jedoch nicht so missverstanden werden, dass man spontane Gefühle unterdrücken soll. Im Gegenteil: Die Art, wie man spontan auf ein Erlebnis reagiert, ist genauso wichtig wie die Fähigkeit, auf die eigenen Gefühle Einfluss zu nehmen. (Wenn wir das gut können, geschieht es übrigens fast genauso »spontan« wie die Gefühle, mit der wir als erste Reaktion auf ein neues Erlebnis reagieren.)

Vielleicht sollte man deshalb im Alltag gar nicht von Selbststeuerung der Gefühle reden (weil wir bei diesem Wort immer an bewusste Steuerung denken), sondern von der *Flexibilität* der Gefühle: Wer auf bestimmte Gefühle festgelegt ist (z. B. aufgrund schlimmer Erlebnisse fast immer schmerzhafte oder angstvolle Gefühle hat, ob bewusst oder unbewusst), kann bestimmte psychische Funktionen nicht gut einsetzen (z. B. können Leute, die auf Freude festgelegt sind, schlecht planvoll handeln, während Leute die positive Gefühle immerzu hemmen, oft Schwierigkeiten im intuitiven Zugehen auf andere Menschen haben). Die Flexibilität der Gefühle können wir dadurch erhöhen, dass wir bewusst Bilder oder Vorstellungen in unserem Bewusstsein wachrufen, die das gewünschte Gefühl auslösen oder, wenn wir das gewohnheitsmäßig tun wollen, indem wir gezielt bestimmte Einstellungen, Wertungen mit den Wahrnehmungen aus der Außenwelt verbinden (Einstellungslernen).

Das *positive Fazit* der ganzen Reise durch die Theorie und Praxis der Persönlichkeitspsychologie ist dieses: Man kann in jeder Phase des Lebens lernen, die Flexibilität der Gefühle zu erhöhen. Selbststeuerung ist nicht angeboren, sondern unterliegt einem intensiv untersuchten Entwicklungsprozess (▶ Kap. 4.3). Zwillingsuntersuchungen haben zwar eine erbliche Komponente der Leichtigkeit, mit der man in ein Gefühl hineinkommt, nachgewiesen (z. B. bei Extraversion, Ängstlichkeit und Neurotizismus). In einer Osnabrücker Dissertation (Gina Kästele) zeigten aber eineiige Zwillinge keine höhere Übereinstimmung als zweieiige, wenn es um die Fähigkeit ging, ohne Unterstützung von außen wieder aus einer Stimmung herauszufinden (Handlungs- vs. Lageorientierung bzw. Gestalter- oder Opfergrundhaltung).

Wir haben in diesem Buch viele Beispiele und Methoden erläutert, wie man die Fähigkeit, sich selbst zu ermutigen und zu motivieren (Selbstmotivierung) und die Fähigkeit, Schmerz und Angst zu bewältigen (Selbstberuhigung) weiter entwickeln kann und wie man das System aktivieren kann, das die emotionale Flexibilität und damit größtmögliche *Freiheit* im Gestalten unseres Lebens vermittelt: Das Selbst mit seinem unbewussten und deshalb rasch verfügbaren Überblick über die gesamte persönliche Erfahrung (die sieben Methoden der Selbstaktivierung). Die Wirksamkeit dieser Methoden wird durch persönliche Beziehungen, in denen man sich verstanden und akzeptiert fühlt, erheblich gesteigert (▶ Kap. 3.5.6).

Was bedeutet die *Gestaltungs- Freiheit* aus der Sicht der PSI-Theorie? Neurobiologen haben die menschliche Freiheit neuerdings massiv in Zweifel gezogen (Geyer, 2004). Aus der Sicht der PSI-Theorie bedeutet Freiheit keinen Gegensatz zu der naturwissenschaftlichen Vorstellung von der Verursachung aller Naturvorgänge. Freiheit bedeutet, dass jemand weder durch äußere noch durch innere selbstfremde Determinanten daran gehindert wird, aus der immensen Vielfalt aller im Selbst integrierten Lebenserfahrungen, Bedürfnisse, Werte (eigener und fremder) und Handlungsmöglichkeiten zu schöpfen, wenn es um die Bildung von Entscheidung und ihre Umsetzung geht. Dass das Gehirn an dem Zustandekommen einer derart umfassend determinierten (!) Entscheidung beteiligt ist, dürfte inzwischen eine Binsenwahrheit sein. Die Kritik an dem Freiheitsbegriff beruht auf dem Missverständnis, dass mit »Freiheit« Abwesenheit von naturwissenschaftlicher Verursachung gemeint sei. In Wirklichkeit ist Abwesenheit selbstfremder Zwänge gemeint, die darin bestehen, dass das Entscheiden und Handeln durch einzelne Determinanten verursacht ist (Impulse, Gewohnheiten, Affekte, Drohungen u. a.), sodass nicht alle Lebenserfahrungen, die bei »Selbstbestimmung« (d. h. Verursachung einer Handlung durch das Selbst) simultan berücksichtigt und optimiert werden können (Kuhl & Hüther, 2007; Kuhl & Luckner, 2006). Selbstbestimmung und Selbstmotivierung können demnach nach wie vor als Grundlage für Phänomene wie Freiheit und Verantwortung angesehen werden.

8.3 Ausblick

Narren lernen überhaupt nicht!
Normale Menschen lernen aus ihren eigenen Erfahrungen.
Weise lernen aus den Erfahrungen von anderen.

Autor unbekannt

Können wir uns überhaupt verändern, können wir »aus unserer Haut«? Sich verändern bedeutet Verhaltensänderung. Wenn wir es schaffen, unsere Gewohnheiten zu verändern, verändern wir unsere Persönlichkeit. Wenn wir einmal etwas Neues ausprobieren, so bleibt das meist ohne Folgen für unser Leben und für uns als Person. Der Mensch ist nicht durch Instinkte festgelegt, er ist durch Gewohnheiten »festgelegt«. Der Mensch ist kein Instinktwesen, er ist ein »Gewohnheitstier«. Auch das gewohnheitsmäßige Handeln haben wir gelernt und können wir neu lernen. Sie können es auf Ihre Ziele (z. B. Gesundheit) ausrichten, wenn Sie in der Lage sind zu lernen.

Haben Sie Lust, einfach einmal mit einem kleinen Vorsatz zu beginnen? Sie könnten doch einmal beginnen, indem Sie sich ein kleines Ziel vornehmen, um herauszufinden, wie Sie sich fühlen, wenn Sie dieses Ziel erreicht haben.

Es sind vier einfache Fragen, die Sie sich beantworten müssten:

1. Wie könnte ein solches Ziel aussehen?
2. Welche innere Einstellung brauchen Sie dazu?
3. Wie könnten Sie sich beim Erreichen dieser Einstellung unterstützen?
4. Mit welchem Verhalten müssten Sie heute beginnen, um einen ersten Schritt auf dem Weg zu diesem Ziel zu tun?

Wir wünschen Ihnen viel Glück und Erfolg auf dem Weg, Gestalter Ihres eigenen Schicksals zu werden. Und wir können Ihnen aus unserer Erfahrung sagen, es macht Spaß, sobald man sich einmal auf den Weg gemacht hat.

Literatur

Alain, E.-A.C. (1982). *Die Pflicht glücklich zu sein.* Berlin: Suhrkamp (Französisch: Edition Gallimard 1928)

Armour, J. A. (2008). Potential clinical relevance of the ›little brain'on the mammalian heart. *Experimental physiology, 93*(2), 165–176.

Armstrong, L. (2000). *It's Not About the Bike. My Journey Back to Life.* Berkeley, New York.

Aurel, M. (1953). *Selbstbetrachtungen (8. Auflage).* Stuttgart: Köner Verlag

Bargh, J.A., Chen, M. & Burrows, L. (1996). Automaticity of social behavior: Direct effects of trait construct and stereotype activation on action. *Journal of Personality and Social Psychology, 71,* 230–244.

Barnes, A. & Thagard, P. (2019). Emotional decisions. In *Proceedings of the Eighteenth Annual Conference of the Cognitive Science Society* (pp. 426–429). Routledge.

Baumann, N., Kaschel, R. & Kuhl, J. (2005). Striving for unwanted goals: Stress-dependent discrepancies between explicit and implicit achievement motives reduce subjective well-being and increase psychosomatic symptoms. *Journal of Personality and Social Psychology, 89,* 781–799.

Baumann, N., Kaschel, R. & Kuhl, J. (2007). Affect sensitivity and affect regulation in dealing with positive and negative affect. *Journal of Research in Personality, 41,* 239–248.

Baumann, N. & Kuhl, J. (2002). Intuition, affect, and personality: Unconscious coherence judgments and self-regulation of negative affect. *Journal of Personality and Social Psychology, 83,* 1213–1223.

Baumann, N. & Kuhl, J. (2003). Self-infiltration: Confusing assigned tasks as self-selected in memory. *Personality and Social Psychology Bulletin, 29,* 487–497.

Baumann, N. & Kuhl, J. (2021). Nurturing your self: measuring and changing how people strive for what they need. *The Journal of Positive Psychology, 16*(6), 726–737.

Baumann, N., Kuhl, J. & Kazén, M. (2005). Hemispheric activation and self-infiltration: Testing a neuropsychological model of internalization. *Motivation and Emotion, 29,* 135–163.

Beckmann, J. & Kuhl, J. (1984). Altering information to gain action control: Functional aspects of human information processing in decision-making. *Journal of Research in Personality, 18,* 223–279.

Belsky, J. & Pluess, M. (2009). Beyond diathesis stress: Differential susceptibility to environmental influences. *Psychological Bulletin, 135*(6), 885–908.

Birkenbihl, V.F. (2001). *Humor: An ihrem Lachen sollt ihr sie erkennen. Wie Humor unser Leben beeinflusst.* Moderne Verlagsgesellschaft, München.

Birkenbihl, V.F. (2001). *Story Power. Welchen Einfluss Stories auf unser Denken und Leben haben*, mvg-Verlag, Landsberg am Lech.

Beeman, M., Friedman, R.B., Grafman, J., Perez, E., Diamond, S. & Lindsay, M.B. (1994). Summation priming and coarse coding in the right hemisphere. *Journal of Cognitive Neuroscience, 6,* 26–45.

Bolte, A., Goschke, T. & Kuhl, J. (2003). Emotion and intuition. *Psychological Science, 14,* 416–422.

Bowden, E.M., Jung-Beeman, M., Fleck, J. & Kounios, J. (2005). New approaches to desmystifying insight. *Trends in Cognitive Sciences, 9,* 322–328.

Bledow, R., Kühnel, J., Jin, M. & Kuhl, J. (2022). Breaking the chains: The inverted-U-shaped relationship between action-state orientation and creativity under low job autonomy. *Journal of Management, 48*(4), 905–935.

Chatterjee, M. B., Baumann, N. & Koole, S. L. (2017). Feeling better when someone is alike: Poor emotion regulators profit from pro-social values and priming for similarities with close others. *Journal of Personality, 85*(6), 841–851.
Dalai Lama (2000). *Das Buch der Menschlichkeit. Eine neue Ethik für unsere Zeit.* Bergisch Gladbach: Lübbe.
Damasio, A. (1997). *Descartes Irrtum.* Berlin: List.
Damasio, A.R., Tranel, D. & Damasio, H.C. (1991). Somatic markers and the guidance of behavior: Theory and preliminary testing (S. 21–229). In H.S. Levin, H.M. Eisenberg & A.L. Benton (Hrsg.), *Frontal lobe function and dysfunction* (S. 230–255). Oxford: Oxford University Press.
Deglin, V.L. & Kinsbourne, M. (1996). Divergent thinking styles of the hemispheres: How syllogisms are solved during transatory hemisphere suppression. *Brain and Cognition, 31,* 285–307.
Devinsky, O. (2000). Right cerebral hemisphere dominance for a sense of corporeal and emotional self. *Epilepsy and Behavior, 1,* 60–73.
Dornes, M. (2004). Über Mentalisierung, Affektregulierung und die Entwicklung des Selbst. *Forum Psychoanalyse, 20,* 175–199.
Elliot, A. (Hrsg.) (2008). *The handbook of approach and avoidance motivation.* Mahwah, NJ: Lawrence Erlbaum.
Epikur (2011). *Der Weg zum Glück.* Herausgegeben und übersetzt von Matthias Hackemann. Köln: Anaconda Verlag.
Epiktet (2004). *Wege zum glücklichen Handeln.* Frankfurt am Main: Insel Verlag.
Epiktet (1995). *Handbüchlein der Moral.* Zürich: Diogenes Verlag
Epikur (1973). *Philosophie der Freude.* Stuttgart: Kröner Verlag.
Epiktet (1954). *Handbüchlein der Moral und Unterredungen.* Stuttgart: Kröner Verlag.
Fava, M., Copeland, P.M., Schweiger, U. & Herzog, M.D. (1989). Neurochemical abnormalities of anorexia nervosa and bulimia nervosa. *American Journal of Psychiatry, 146,* 963–971.
Ferguson, M.J. (2007). On the automatic evaluation of end-states. *Journal of Personality and Social Psychology, 92,* 596–611.
Fischer, J. (2018). *Mein langer Lauf zu mir selbst.* Köln: Kiepenheuer & Witsch.
Flinn, M.V. & England, B.G. (1995). Childhood stress and family environments. *Current Anthropology, 36,* 854–866.
Fonagy, P., Gergely, G., Jurist, E. & Target, M. (2002). *Affect regulation, mentalization, and the development of the self.* New York: Other Press.
Frankl, V. E. (2006). *….. trotzdem Ja zum Leben sagen. Ein Psycholge erlebt das Konzentrationslager* (26. Auflage). München: dtv Taschenbuch.
Friederichs, K. M., Jostmann, N. B., Kuhl, J. & Baumann, N. (2022). The art of getting things done: Training affective shifting improves intention enactment. *Emotion.*
Friederichs, K. M., Kees, M. C. & Baumann, N. (2020). When tough gets you going: Action orientation unfolds with difficult intentions and can be fostered by mental contrasting. *Personality and individual differences, 161,* 109970.
Fromm, Erich (2005) Die Kunst des Liebens, Berlin Ullstein TB
Gainotti, G. (2005). Emotions, Unconscious Processes, and the Right Hemisphere. *Neuro-Psychoanalysis, 7,* 71–81.
Geyer, C. (Hrsg.). (2004). *Hirnforschung und Willensfreiheit.* Frankfurt: Suhrkamp.
Gollwitzer, P.M. (1999). Implementation intentions: Strong effects of simple plans. *American Psychologist, 54,* 493–503.
Hellige, J.B. (1991). Cerebral laterality and metacontrol. In F.L. Kitterle et al. (Hrsg.), *Cerebral laterality: Theory and research: The Toledo Symposium* (S. 117–132). Hillsdale, NJ: Erlbaum.
Hestenes, D. (1992). A neural network theory of manic-depressive illness. In D.S. Levine & S.J. Leven (Hrsg.), *Motivation, emotion and goal direction in neural networks* (S. 209–257). Hillsdale, NJ: Erlbaum.
Higgins, E.T. (1997). Beyond pleasure and pain. *American Psychologist, 52,* 1280–1300.
Hilgetag, C.C., Theoret, H. & Pascual-Leone, A. (2001). Enhanced visual spatial attention ipsilateral to rTMS-induced »virtual lesions« of human parietal cortex. *Nature Neuroscience, 4,* 953–957.

Insel, T.R. (1992). Neurobiology of obsessive compulsive disorder: A review. *International Clinical Psychopharmacology, 7*, 31–33.
Isen, A.M. (2002). Missing in action in the AIM: Positive affect's facilitation of cognitive flexibility, innovation, and problem solving. *Psychological Inquiry, 13*, 57–65.
James, W. (2017, first published 1890). *The Principles of Psychology*. North Charleston, South Carolina, USA: CreateSpace
James, W. (1890). *Habit*. New York: Henry Holt Company New York (Copyright, 1918 by Alice H. James)
Kasser, T. & Ryan, R.M. (1993). A dark side of the American dream: Correlates of financial success as a central life aspiration. *Journal of Personality and Social Psychology, 65*, 410–422.
Kaufmann, M., Rosing, K. & Baumann, N. (2021). Being mindful does not always benefit everyone: Mindfulness-based practices may promote alienation among psychologically vulnerable people. *Cognition and Emotion, 35*(2), 241–255.
Kazén, M. & Kuhl, J. (2005). Intention memory and achievement motivation: Volitional facilitation and inhibition as a function of affective contents of need-related stimuli.*Journal of Personality and Social Psychology, 89*, 426–448.
Keenan, J.P., Nelson, A., O'Connor, M. & Pascual-Leone, A. (2001). Self-recognition and the right hemisphere. *Nature, 409*, 305.
Kircher, T.T.J., Brammer, M., Bullmore, E., Simmons, A., Bartels, M. & David, A.S. (2002). The neural correlates of intentional and incidental self processing. *Neuropsychologia, 40*, 683–692.
Koetz, E. (2006). *Persönlichkeitsstile und unternehmerischer Erfolg von Existenzgründern*. Dissertation: Universität Osnabrück.
Koole, S.L. & Jostmann, N.B. (2004). Getting a grip on your feelings: Effects of action orientation and external demands on intuitive affect regulation. *Journal of Personality and Social Psychology, 87*, 974–990.
Kuhl, J. (1981). Motivational and functional helplessness: The moderating effect of action vs. state orientation. *Journal of Personality and Social Psychology, 40*, 155–170.
Kuhl, J. (2001). *Motivation und Persönlichkeit: Interaktionen psychischer Systeme*, Göttingen: Hogrefe.
Kuhl, J. (2004). Begabungsförderung: Diagnostik und Entwicklung persönlicher Kompetenzen. In C. Fischer, F.J. Mönks & E. Grindel (Hrsg.). *Curriculum und Didaktik der Begabtenförderung. Begabungen fördern – Lernen individualisieren*. Münster: Lit-Verlag.
Kuhl, J. (2008). Braucht das Innere Team ein Gehirn? In F. Schulz von Thun & D. Kumbier (Hrsg.): *Impulse für Beratung und Therapie. Kommunikationspsychologische Miniaturen 1*. Reinbek: Rowohlt.
Kuhl, J. & Hüther, G. (2007). Das Selbst, das Gehirn und der freie Wille: Kann man Selbststeuerung auch ohne Willensfreiheit trainieren? *Pädagogik, 11*, 36–41.
Kuhl, J. & Kazén, M. (1994). Self-discrimination and memory: State orientation and false self-ascription of assigned activities. *Journal of Personality and Social Psychology, 66*, 1103–1115.
Kuhl, J. & Kazén, M. (1999). Volitional facilitation of difficult intentions: Joint activation of intention memory and positive affect removes STROOP Interference. *Journal of Experimental Psychology: General, 128*, 382–399.
Kuhl, J. & Kazén, M. (2008). Motivation, affect, and hemispheric asymmetry: Power versus affiliation. *Journal of Personality and Social Psychology, 95*, 456–469.
Kuhl, J. & Keller, H. (2008). Affect-regulation, self-development and parenting: A functional-design approach to cross-cultural differences. In R. Sorrentino & S. Yamaguchi (Hrsg.), *The Handbook of Motivation and Cognition across Cultures* (pp. 19–47). New York, NY: Elsevier.
Kuhl, J. & Luckner, A. (2006). *Freies Selbstsein: Authentizität und Regression*. Göttingen: Vandenhoeck & Ruprecht.
Kuhl, J., Mitina, O. & Koole, S.L. (2017). The extended trust hypothesis: Single-Attractor self-contagion in day-to-day changes in implicit positive affect predicts action-oriented coping and psychological symptoms. *Nonlinear Dynamics, Psychology, and Life Sciences, 21* (4), 505–518.
Kuhl, J., Quirin, M. & Koole, S. L. (2015). Being someone: The integrated self as a neuropsychological system. *Social and Personality Psychology Compass, 9*(3), 115–132.

Kuhl, J., Quirin, M. & Koole, S. L. (2021). The functional architecture of human motivation: Personality systems interactions theory. In *Advances in motivation science* (Vol. 8, pp. 1–62). Elsevier.

Kuhl, J., & Schwer, C. & Solzbacher, C. (2014). Die Bedeutung von Selbstkompetenzen für eine professionelle pädagogische Haltung. In C. Solzbacher & C. Schwer (Hrsg.), *Professionelle pädagogische Haltung* [The professional pedagogical attitude] (pp.79–106). Bad Heilbrunn: Verlag Julius Klinkhardt.

Langens, T. (2002). *Tagträume, Anliegen und Motivation*. Göttingen: Hogrefe.

Lao-Tse (1959). *Tao The King*. Übertragen und Kommentar von Victor von Strauß. Herausgegeben von W. Y. Tonn. Zürich: Manesse Verlag.

Langens, T. (2007). Congruence between implicit and explicit motives and emotional well-being: The moderating role of activity inhibition. *Motivation and Emotion, 31,* 49–59.

Leibowitz, S.F., Weiss, G.F., Walsh, U.A. & Viswanath, D. (1989). Medial hypothalamic serotonin: Role in circadian patterns of feeding and macronutritient selection. *Brain Research, 503,* 132–140.

Leston, J.A. (1996). Migraine and tension-type headache are not separate disorders. *Cephalalgia, 16,* 220–222.

Leventhal, H., Watts, J.C. & Pagano, F. (1967). Effects of fear and instructions on how to cope with danger. *Journal of Personality and Social Psychology, 6,* 313–321.

Levesque, J., Fanny, E., Joanett, Y., Paquette, V., Mensour, B., Beaudouin, G., Leroux, J.-M., Borugouin, P., Beauregard, M. (2003). Neural circuitry underlying voluntary suppression of sadness. *Biological Psychiatry, 53,* 502–510.

Levy, J. & Trevarthen, C. (1976). Metacontrol of hemispheric functions in human split brain patients. *Journal of Experimental Psychology, 2,* 299–312.

Markovitz, P.J. & Wagner, S.C. (1995). Venlafaxine in the treatment of boderline personality disorder. *Psychopharmacological Bulletin, 31,* 773–777.

Martens, J.-U. (1998). *Mit dem Herzen suchen. ›Der Kleine Prinz‹ von Saint-Exupery als Wegweiser durchs Leben.* Köln: DuMont.

Martens, J.-U. (2009). *Einstellungen erkennen, beeinflussen und nachhaltig verändern. Von der Kunst, das Leben aktiv zu gestalten.* Stuttgart: Kohlhammer.

Martens, J.-U. (2010). *Schatzkiste für graue Tage. Wie man zum Gestalter seines eigenen Lebens wird.* München: Buch&media GmbH.

Martens, J.-U. (2012a). *Praxis der Selbstmotivierung. Wie man erreichen kann, was man sich vornimmt.* Stuttgart: Kohlhammer.

Martens, J.-U. (2012b). *Im Herzen kennen wir das Zögern. Der Kleine Prinz als Begleiter durchs Leben.* Düsseldorf: Karl Rauch.

Martens, J.-U. (2014). *Glück in der Psychologie, Philosophie und im Alltag.* Stuttgart: Kohlhammer.

Martens, J.-U. (2018). *Schatztruhe der Lebenserfahrung. Überraschende und lehrreiche Episoden aus einem bewegten Leben.* München: Buch&media GmbH.

Martens, J.-U. & Begus, B. M. (2023). *Das Geheimnis seelischer Kraft. Wie Sie durch Resilienz Schicksalsschläge und Krisen überwinden* (3. Auflage). Stuttgart: Kohlhammer.

Mayer, E. A., Nance, K. & Chen, S. (2022). The gut–brain axis. *Annual Review of Medicine, 73,* 439–53.

McClelland, D.C. & Kirshnit, C. (1988). The effect of motivational arousal through films on salivary immunoglobulin A. *Psychology and Health, 2,* 31–52.

Meltzoff, A.N. & Moore, M.K. (1989). Imitation in newborn infants: Exploring the range of gestures imitated and the underlying mechanisms. *Developmental Psychology, 25,* 954–962.

Molnar-Szakacs, I., Uddin, L.Q. & Iacoboni, M. (2005). Right-hemisphere motor facilitation by self-descriptive personality-trait words. *European Journal of Neuroscience, 21,* 2000–2006.

Oettingen, G., Pak, H.J. & Schnetter, K. (2001). Self-regulation of goal-setting: Turning free fantasies about the future into binding goals. *Journal of Personality and Social Psychology, 80,* 736–753.

Pennebaker, J.W. (1993). Putting stress into words: Health, linguistic, and therapeutic implications. *Behaviour Research and Therapy, 31,* 539–548.

Poeller, S., Seel, S., Baumann, N. & Mandryk, R. L. (2021). Seek What You Need: Affiliation and Power Motives Drive Need Satisfaction, Intrinsic Motivation, and Flow in League of Legends. *Proceedings of the ACM on Human-Computer Interaction*, 5(CHI PLAY), 1–23.

Posner M.I. & Fan J. (2007). Attention as an organ system. In J Pomerantz (Hrsg.), *Neurobiology of Perception and Communication: From Synapse to Society*. De Lange Conference IV. London: Cambridge Univ. Press.

Posner, M.I. & Rothbart, M.K. (1992). Attentional mechanisms and conscious experience. In A.D. Milner & M.D. Rugg (Hrsg.), *The neuropsychology of consciousness*. (S. 91–111). New York: Academic Press.

Pruessner, J.C., Dedovic, K., Khalili-Mahani, N., Engert, V., Pruessner, M., Buss, C., Renwick, R., Dagher, A., Meaney, M.J. & Lupien, S. (2008). Deactivation of the limbic system during acute psychosocial stress: Evidence from positron emission tomography and functional magnetic resonance imaging studies. *Biological Psychiatry*, 63, 234–240.

Quirin, M., Fröhlich, S. & Kuhl, J. (2018). Implicit self and the right hemisphere: Increasing implicit self-esteem and implicit positive affect by left hand contractions. *European Journal of Social Psychology*, 48(1), 4–16.

Quirin, M., Kazén, M. & Kuhl, J. (2008). Circumventing Self-Reflection when Measuring Emotions: The Implicit Positive and Negative Affect Test (IPANAT). *Personality Assessment: New Research*, 1–9.

Quirin, M., Koole, S. L., Baumann, N., Kazén, M. & Kuhl, J. (2009). You can't always remember what you want: The role of cortisol in self-ascription of assigned goals. *Journal of Research in Personality*, 43, 1026–1032.

Rosahl, S.K., Tennigkeit, M., Kuhl, J. & Haschke, R. (1993). Handlungskontrolle und langsame Hirnpotentiale: Untersuchungen zum Einfluß subjektiv kritischer Wörter (Erste Ergebnisse). *Zeitschrift für Medizinische Psychologie*, 2, 1–8.

Rotenberg, V.S. (2004). The peculiarity of the right-hemisphere function in depression: Solving the paradoxes. *Progress in Neuro-Psychopharmacology & Biological Psychiatry*, 28, 1–13.

Sapolsky, R.M. (1992). *Stress, the aging brain, and the mechanism of neuron death*. Cambridge, MA: MIT Press.

Sartre, J. P. (2005). *Entwürfe für einen Moralphilosophie*. Hamburg: Rowohlt Verlag

Scheffer, D. (2005). *Implizite Motive*. Göttingen: Hogrefe.

Schmidt, K.-O. (2018). *Seneca der Lebensmeister*. Hummelburg: Drei Eichen Verlag.

Schore, A.N. (2003). *Affect regulation and the repair of self*. New York: Norton.

Schultheiss, O.C. & Brunstein, J.C. (1999). Goal imagery: Bridging the gap between implicit motives and explicit goals. *Journal of Personality*, 67, 1–38.

Seneca (2010). *Von Seelenruhe / Vom glücklichen Leben*. Köln: Anaconda.

Shaw, G. B. (o.J.). *Greatest Works by G. B. Shaw*. Uttar Pradesch, Noida, India: Maple Press Classics.

Spitzer, M. (2000). *Geist im Netz: Modelle für Lernen, Denken und Handeln*. Heidelberg: Spektrum Verlag.

Squire, L.R. (1992). Memory and the hippocampus: A synthesis from findings with rats, monkeys, and humans. *Psychological Review*, 99, 195–231.

Stallone, D. & Nicolaidis, S. (1989). Increased food intake and carbohydrate preference in the rat following treatment with the serotonin antagonist metergoline. *Neuroscience Letters*, 102, 319–324.

Stern, D.N. (2006). *Der Gegenwartsmoment. Veränderungsprozesse in Psychoanalyse, Psychotherapie und Alltag*. Frankfurt: Brandes & Apsel.

Stern, E. (2005). Pedagogy meets neuroscience. *Science*, 310, 745

Storch, M. & Krause, F. (2007). *Selbstmanagement – ressourcenorientiert* (4. Aufl.). Bern: Huber.

Storch, M. & Kuhl, J. (2013). *Die Kraft aus dem Selbst: Sieben PsychoGyms für das Unbewusste* (2. Aufl.). Bern: Huber.

Storch, J., Morgenegg, C., Storch, M. & Kuhl, J. (2016). *Ich blick's: Verstehe dich und handle gezielt*. Bern: Hogrefe.

Sutherland, R.W. & Rudy, J.W. (1989). Configurational association theory: The role of hippocampal formation in learning, memory and amnesia. *Psychobiology*, 17, 129–144.

Taylor, S. E. & Brown, J. (1994). Positive illusions and well-being revisited: Separating fact from fiction. *Psychological Bulletin, 116,* 21–27.
Van der Ham, I.J., van Wezel, R.J., Oleksiak, A. & Postma, A. (2007). The time course of hemispheric differences in categorical and coordinate spatial processing. *Neuropsychologia, 45,* 2492–2498.
Watzlawick, P. (1988). *Anleitung zum Unglücklichsein.* München: Piper.

Stichwortverzeichnis

A

Absichtsgedächtnis 24–26, 31, 41, 51, 52, 74, 77, 96
Affektregulation 35, 56, 90
Aktionismus 174
Alltagsbeobachtungen 22
Angst 43, 64, 79, 83
Aschenputtel 127
Aurel 59, 60
Ausführungshemmung 77
Ausführungssystem 87, 90
Authentizität 96

B

Bauchintelligenz 197
Bedürfnisse 200
Begegnung 169
Belohnung 122, 134, 175
Beziehung 31, 169, 193, 203
Bezugspersonen 103
Bilderleben 143, 158
Bildung 19
Buddhismus 39, 61

C

Charakter 112
Computer 32
Cortisol 192

D

Denken, positives 32, 107, 111, 171
Depression 191
Dialektik, emotionale 169
Differenzierung 125
Dissonanztheorie 115, 118
Distanz 55
Distress 192
Disziplin 65, 75
Durchsetzungsstärke 83

E

Egoismus 177
Eigenlob 152
Einstein 55
Einstellungen 42, 44, 45, 49, 69, 102, 104, 107, 112, 114, 116, 117
Emotionssystem 135
Endorphine 189
Entmutigung 140, 141
Entscheidungen 162
Entschluss 156
Entwicklung 93, 163, 166
Epiktet 59
Erbanlagen 92
Erdulderhaltung 20, 72, 108
Erfahrungswissen 34, 54, 68
Erfolg 30, 36, 43, 95, 96, 148, 151, 174
Erfolgsmaßstäbe 31
Erfolgsverbot 51
Erholungspause 199
Erstreaktion 93, 193
Erwartungsbildung 159
Essstörungen 191, 193
Eustress 192
Extensionsgedächtnis 41, 54, 79, 80, 82, 87, 89, 90, 109, 123, 144, 201
Extraversion 93

F

Feedback 91, 166
Fehlersuchprogramm 92
Fitness 189
Flexibilität 202
Flow 91
Frankl 64
Freiheit 59, 203
fremdbestimmt 72
Fremdsteuerung 55
Frustration 24, 50, 181
Frustrationstoleranz 56, 73, 200
Furcht 124

G

Gefühle   105, 202
Gehirn   27
Geschichte   58
Gestalter   19, 20, 44, 48, 50, 64, 69, 111, 202
Gestalterhaltung   11, 44, 45, 50, 67–69, 85, 108, 119, 173, 176
Gesundheit   33
Gewohnheiten   50, 113, 204
Glück   176, 177
Glücksmomente   174
Grübeln   79–81, 168
Grundstimmung   92

H

Handlungsimpuls   25
Handlungsimpuls, automatisierter   24
Handlungsorientierung   11, 21, 85
Hemisphäre, des Gehirns   41
Hemisphäre, linke   68
Hemisphäre, rechte   67, 68, 145
Herzintelligenz   197
Hilfsbereitschaft   180
Hippocampus   192
Hirnforschung   27, 28, 40, 41
Hofmannsthal   62
Humor   181
Huxley   63

I

Immunsystem   193
Impotenz   193
Infektanfälligkeit   193
Informationen   116
Instinkte   112
Integrationskraft   80
Intelligenz   167
Intelligenz, emotionale   17, 46
Intelligenz, persönliche   16, 18, 25, 46, 54, 123, 125, 139, 148, 157
Intentionsgedächtnis   24, 26, 87, 88, 109
Interessen   174
Internet   19
Introversion   93
Intuition   34, 146, 196
Irrationalität   146

J

James   64
Joggen   191

K

Kant   62, 63
Komplexität   16
Konditionieren   103, 135
Konditionieren, klassisches   135
Konstruktivismus   105
Kontakt   174
Kopfschmerzen   191, 193
Körper   153
Körperintelligenz   198
Körperselbst   193
Körperwahrnehmung   158, 197
Kreativität   40, 41
Krise   163, 166

L

Lageorientierung   11, 20, 74, 84, 85
Lao-Tse   60
Laptop   19
Laune   42
Lebenserfahrung   19
Lebenszufriedenheit   33
Lehrer   19
Leistungsmotiv   33
Leistungsziel   33
Lernchancen   56
Lernen   13

M

Machtmotivation   37, 83
Märchenprinz   127
Metapher   49
Missbrauchserfahrungen   137
Misserfolge   150
Mittelweg   175
Modell, Lernen am   103
Modulationsannahmen   88, 90, 109, 168, 171
Motivationsbereiche   31
Motive   37
Müdigkeit   191

N

Nachahmung   103
Netzwerkintuition   34

Neugier   159, 160
Neurobiologie   28
Neurotiker   167
Neurowissenschaften   27

O

Objekterkennungssystem   87, 102
Objektivität   21
Opfer   19, 44, 47, 50, 71, 73–78, 202
Optimist   45, 91

P

Passivität   73
Pendeln   26, 56, 146, 147
Persönlichkeit   10
Persönlichkeitstheorie   16, 173
Pessimismus   17
Philosophen   58
Prägung   92
Praxis   13, 15
Problemerkennung   87
Problemhypnose   88
Problemlösung   87
Prophezeiung, selbsterfüllende   80
Prostata   128
PSI-Algebra   201
PSI-Theorie   86, 88, 103, 152, 157, 167, 168, 170, 171, 202, 203

R

Ratgeber   13
Rationalität   146
Realismus   20
Relativierung   125
Resilienz   172
Rückschläge   43, 175

S

Sartre   63
Schicksalsschläge   44
Schlüsselqualifikationen   10, 18
Schuld   76, 166
Schweinehund, innerer   75
Schwierigkeiten   69, 77
Schwimmen   191
Selbst   18, 54, 120, 121
Selbst-losigkeit   65
Selbstaktivierung   157
Selbstäußerung   145, 158
Selbstbelohnung   175

Selbstberuhigung   35, 54, 56, 65, 125, 126, 128
Selbstbeschuldigung   77
Selbstbewusstheit   114
Selbstbild   115
Selbstentwicklung   56
Selbsthemmung   51, 55, 65, 81
Selbstinfiltrationsexperiment   83
Selbstkonfrontation   124
Selbstkongruenz   55
Selbstkontaktbestrafung   83
Selbstkontaktbestrafungen   137
Selbstkontrolle   64, 65, 67, 68, 73, 110, 198
Selbstmanagement   46
Selbstmotivation   139
Selbstmotivierung   21, 53, 54, 56, 73, 77, 78, 124, 134, 135, 137, 169
Selbstmotivierung, Kunst der   9
Selbstregulation   65, 68
Selbststeuerung   46, 167
Selbstsystem   54, 75, 94, 95, 102, 119, 120, 135, 138, 168, 169, 193
Selbstvertrauen   69
Selbstwahrnehmung   18, 54, 55, 65, 67, 68, 73, 75, 79, 80, 90, 110, 145, 201
Selbstwirksamkeit   171
Seneca   59
Serotonin   191
Shaw   63
Sinn   79, 173
Smartphone   19
Spannungskopfschmerzen   192
Spielbank   38
Spontaneität   39, 41
Stoa   59
Streicheleinheiten   166
Stress   19, 33, 91, 192
Stresshormon   192
Stressresistenz   56
Stresssymptome   191
Systemkonditionierung   137, 139, 160, 173

T

T-Lymphozyten   195
Talmud   61
Team, inneres   65
Trauerarbeit   165

U

Unsicherheit   74

V

Veränderung   166
Verantwortung   69, 76, 161, 173
Verhalten   14
Verhaltensänderung   204
Vigilanz   144
Vorbilder   154
Vorurteile   104

W

Wachsamkeit   145
Wahlfreiheit   158
Weisheit   11, 82
Weltreligionen   11
Wertorientierung   102, 103
Wille   23, 94
Willensbahnung   24, 108

Willenshemmung   51
Willenskraft   198
Win-Win-Strategie   67
Wohlbefinden   86
Wohlstand   177

Y

y Gasset   62

Z

Ziele   36, 37, 39, 66, 81, 141, 174
Zielumsetzung   66
Zielumsetzungsexperiment   22
Zögerer   51, 52
Zwänge   19
Zweitreaktion   93, 193

Anhang

Übung 1: Selbstwahrnehmung (reizabhängig)

(Eine Einführung in diese Übung finden Sie in ▶ Kap. 3.6.3. Eine Einführung in die Übungen 1–10 finden Sie in ▶ Kap. 4.16).

Ich sehe...	und	meine Antwort darauf ist (d. h. ich fühle)	
Ein blaues flauschiges Handtuch	→	*Ein weiches frisches Gefühl im Gesicht*	○
Ich sehe...	und	meine Antwort ist...	
	→		○
Ich sehe...	und	meine Antwort ist...	
	→		○
Ich sehe...	und	meine Antwort ist...	
	→		○
Ich sehe...	und	meine Antwort ist...	
	→		○
Ich sehe...	und	meine Antwort ist...	
	→		○

Selbstwahrnehmung ist das Spüren eigener Gefühle, Körperempfindungen mit oder ohne Auslösung durch äußere Wahrnehmungen. Selbstwahrnehmung ist eine Voraussetzung für Selbstbestimmung (z. B. Identifikation mit den eigenen Zielen und Steuerung eigener Gefühle).

Achtung! Erst lesen, wenn die umseitige Übung beendet ist!

Aufgabe

Bitte tragen Sie in die Kreise ein, wie schwer Ihnen der betreffende Übungsschritt gefallen ist.
Benutzen Sie hierfür die folgende Skala:

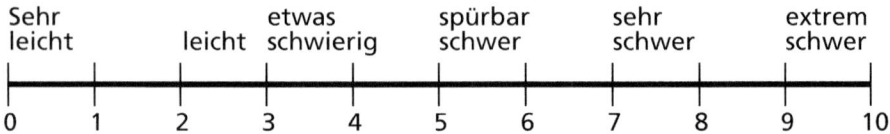

Tragen Sie also in die Kreise jeweils die passende Zahl zwischen 0 und 10 ein.

Übung 2: Selbstwahrnehmung

Bitte führen Sie einige alltägliche Tätigkeiten halb so schnell aus wie üblich und achten Sie dabei auf Ihre Körperempfindungen.

Ich habe gerade mit halbem Tempo...

| *die Zähne geputzt* |

und dabei gespürt:

| *Spannung im rechten Unterarm* | ◯

Ich habe gerade mit halbem Tempo...

und dabei gespürt: ◯

Ich habe gerade mit halbem Tempo...

und dabei gespürt: ◯

Ich habe gerade mit halbem Tempo...

und dabei gespürt: ◯

Ich habe gerade mit halbem Tempo...

und dabei gespürt: ◯

Ich habe gerade mit halbem Tempo...

und dabei gespürt: ◯

> *Selbstwahrnehmung* ist das Spüren eigener Gefühle, Körperempfindungen mit oder ohne Auslösung durch äußere Wahrnehmungen. Selbstwahrnehmung ist eine Voraussetzung für Selbstbestimmung (z. B. Identifikation mit den eigenen Zielen und Steuerung eigener Gefühle).

Achtung! Erst lesen, wenn die umseitige Übung beendet ist!

Aufgabe

Bitte tragen Sie in die Kreise ein, wie schwer Ihnen der betreffende Übungsschritt gefallen ist.
Benutzen Sie hierfür die folgende Skala:

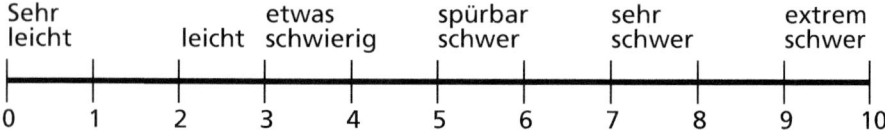

Tragen Sie also in die Kreise jeweils die passende Zahl zwischen 0 und 10 ein.

Übung 3: Personwahrnehmung (spontan)

Ich habe gerade 2 Minuten lang das Gesicht (echt oder Foto) angeschaut von...

| *meinem Bruder* | → | *schwarze Augenbrauen, freundliche Ausstrahlung...* | ○ |

Dabei habe ich gesehen:

Ich habe gerade 2 Minuten lang das Gesicht angeschaut von...

Dabei habe ich gesehen:

Ich habe gerade 2 Minuten lang das Gesicht angeschaut von...

Dabei habe ich gesehen:

Ich habe gerade 2 Minuten lang das Gesicht angeschaut von...

Dabei habe ich gesehen:

Ich habe gerade 2 Minuten lang das Gesicht angeschaut von...

Dabei habe ich gesehen:

Personwahrnehmung ist gekennzeichnet durch das, was uns bei der Begegnung mit einer Person auffällt (z.B. Einzelheiten oder ganzheitliche Eindrücke). Gute Personwahrnehmung ist eine Voraussetzung für Selbstwahrnehmung.

Achtung! Erst lesen, wenn die umseitige Übung beendet ist!

Aufgabe

Wenn die Übung beendet ist, tragen Sie bitte in der letzten Spalte ein, ob in Ihrer Personwahrnehmung die Details oder der ganzheitliche Eindruck stärker waren. Tragen Sie in den Kreis am Ende jeder Zeile ein D ein, wenn Sie überwiegend Details (Einzelheiten) gesehen haben. Tragen Sie ein G ein, wenn Sie mehr einen ganzheitlichen Eindruck hatten.

Übung 4: Personwahrnehmung (Pendeln)

Bitte schauen Sie sich nun für jeweils ca. 2 Minuten verschiedene Personen an und pendeln Sie bei jeder Person zweimal zwischen einem einzelnen Merkmal (Detail) und einem Gesamteindruck. Bitte die Übung erst ausführen, dann aufschreiben.

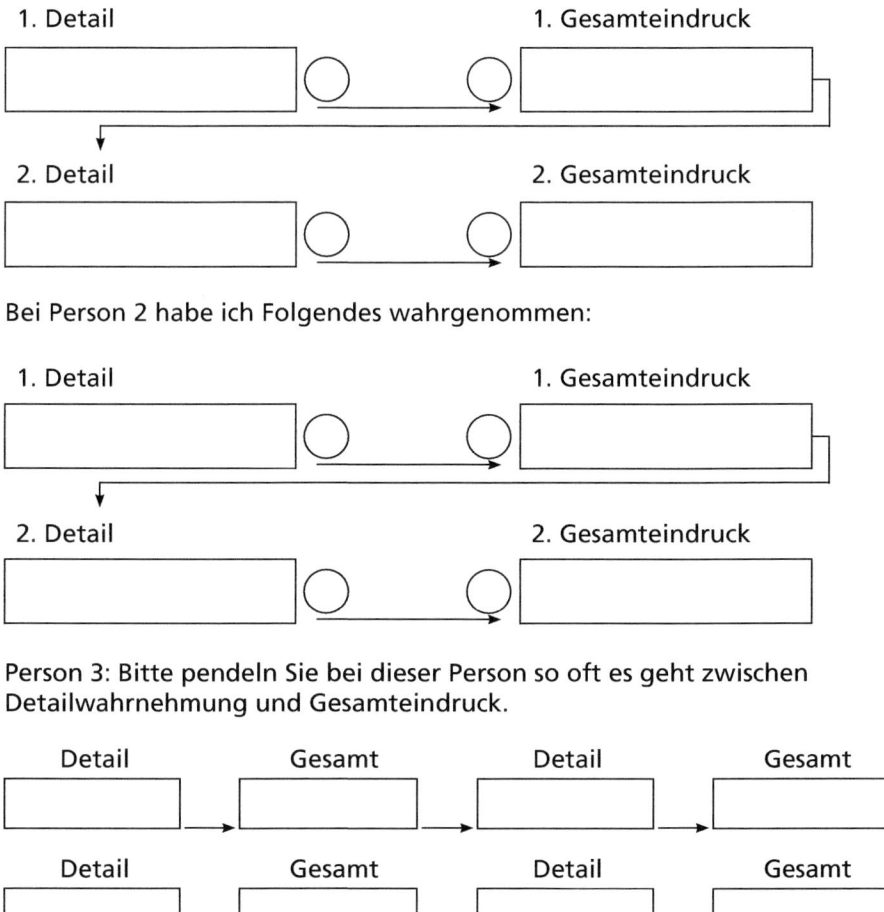

Anhang

> *Personwahrnehmung* ist gekennzeichnet durch das, was uns bei der Begegnung mit einer Person auffällt (z. B. Einzelheiten oder ganzheitliche Eindrücke). Gute Personwahrnehmung ist eine Voraussetzung für Selbstwahrnehmung.

Achtung! Erst lesen, wenn die umseitige Übung beendet ist!

Aufgabe

Bitte tragen Sie in die Kreise ein, wie schwer Ihnen der betreffende Übungsschritt gefallen ist.
Benutzen Sie hierfür die folgende Skala:

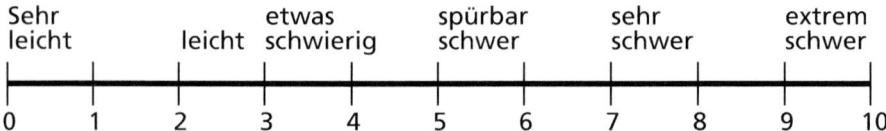

Tragen Sie also in die Kreise jeweils die passende Zahl zwischen 0 und 10 ein.

Übung 5: Identifikation (mit der Wahrnehmung)

Diese Übung reduziert die Abspaltung von Wahrnehmungen und Vorstellungen »Lageorientierung«).

Ich sehe gerade (real oder in der Vorstellung):

| eine brennende Kerze | → | ich brenne ruhig und beständig; ich spende Zuversicht und strecke mich zum Himmel |

Ich *bin* diese Wahrnehmung und erzähle:

Ich sehe gerade: → Ich *bin* diese Wahrnehmung und erzähle:

Ich sehe gerade: → Ich *bin* diese Wahrnehmung und erzähle:

Ich sehe gerade: → Ich *bin* diese Wahrnehmung und erzähle:

Ich sehe gerade: → Ich *bin* diese Wahrnehmung und erzähle:

Ich sehe gerade: → Ich *bin* diese Wahrnehmung und erzähle:

Anhang

> *Identifikation* ist das Sich-zu-eigen-Machen von Erlebnissen, Wahrnehmungen, Zielen oder Tätigkeiten: Man geht mit seinen Gefühlen und seiner ganzen Identifikation in einem Erlebnis auf. Identifikationsübungen können auch helfen, immer besser zu spüren, was nicht zu einem passt: Wer gar nicht versucht, sich zu identifizieren, prüft gar nicht, ob etwas zu ihm passt (was zu blindem Ja-Sagen oder blindem Nein-Sagen führen kann).

Achtung! Erst lesen, wenn die umseitige Übung beendet ist!

Aufgabe

Bitte tragen Sie in die Kreise ein, wie schwer Ihnen der betreffende Übungsschritt gefallen ist.
Benutzen Sie hierfür die folgende Skala:

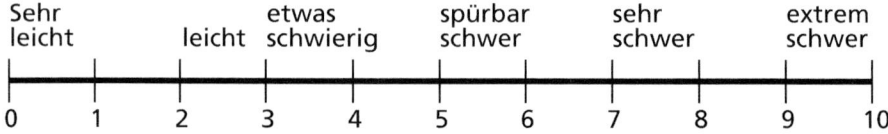

Tragen Sie also in die Kreise jeweils die passende Zahl zwischen 0 und 10 ein.

Übung 6: Problemwahrnehmung (Unstimmigkeiten/Fremdwahrnehmung)

Bitte lassen Sie ihre Wahrnehmung schweifen (im Raum oder in der Vorstellung). Verweilen Sie bei einem Gegenstand oder einer Person. Was fällt Ihnen als Erstes auf? Suchen Sie einen Aspekt, der nicht passt oder der Ihnen nicht gefällt.

Gegenstand oder Person: Unstimmigkeit oder Negatives:

Stuhl → *harte Lehne* ○

Gegenstand oder Person: Unstimmigkeit oder Negatives:

Gegenstand oder Person: Unstimmigkeit oder Negatives:

Gegenstand oder Person: Unstimmigkeit oder Negatives:

Gegenstand oder Person: Unstimmigkeit oder Negatives:

Gegenstand oder Person: Unstimmigkeit oder Negatives:

Anhang

> *Problemwahrnehmung* ist die Feststellung einer Diskrepanz zwischen einer Situation und dem, was man erwartet oder gewünscht hat. Übermäßiger Optimismus kann die Problemwahrnehmung einschränken. Wer Probleme beschönigt oder überspielt, kann sie natürlich nicht lösen. Wer nur noch Probleme sieht, lähmt sich. Auch dann kann es helfen, bewusst Probleme zu suchen: Was man bewusst macht, kann man eher steuern als was sich aufdrängt.

Achtung! Erst lesen, wenn die umseitige Übung beendet ist!

Aufgabe

Bitte tragen Sie in die Kreise ein, wie schwer Ihnen der betreffende Übungsschritt gefallen ist.
Benutzen Sie hierfür die folgende Skala:

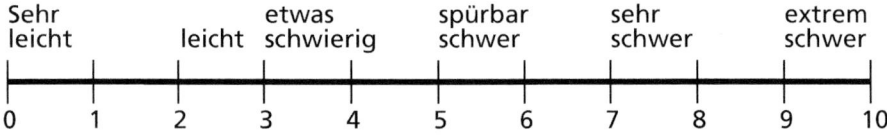

Tragen Sie also in die Kreise jeweils die passende Zahl zwischen 0 und 10 ein.

Übung 7: Problemwahrnehmung (Unstimmigkeiten: Selbst)

Bitte lassen Sie den vergangenen Tag an sich vorüberziehen. Verweilen Sie bei einer Situation.
Was gefällt Ihnen an Ihrem eigenen Verhalten in dieser Situation nicht?

Situation: | mir gefällt nicht:
Frühstück → *zu lange die Zeitung gelesen* ○

Situation: | mir gefällt nicht:
→ ○

Situation: | mir gefällt nicht:
→ ○

Situation: | mir gefällt nicht:
→ ○

Situation: | mir gefällt nicht:
→ ○

Situation: | mir gefällt nicht:
→ ○

> *Problemwahrnehmung* ist die Feststellung einer Diskrepanz zwischen einer Situation und dem, was man erwartet oder gewünscht hat. Übermäßiger Optimismus kann die Problemwahrnehmung einschränken. Wer Probleme beschönigt oder überspielt, kann sie natürlich nicht lösen. Wer nur noch Probleme sieht, lähmt sich. Auch dann kann es helfen, bewusst Probleme zu suchen: Was man bewusst macht, kann man eher steuern als was sich aufdrängt.

Achtung! Erst lesen, wenn die umseitige Übung beendet ist!

Aufgabe

Bitte tragen Sie in die Kreise ein, wie schwer Ihnen der betreffende Übungsschritt gefallen ist.
Benutzen Sie hierfür die folgende Skala:

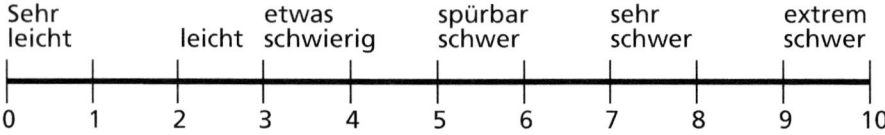

Tragen Sie also in die Kreise jeweils die passende Zahl zwischen 0 und 10 ein.

Übung 8: Umkehrung (von innen nach außen)

Bitte tragen Sie in die Kästchen der linken Spalte von oben nach unten Selbstbeschreibungen ein. Erst dann füllen Sie die Kästchen auf der rechten Seite gemäß der Aufgabenstellung aus, die auf der Rückseite beschrieben ist.

Ich bin...　　　　　　　　　　　　(erst später ausfüllen)

Ich bin ein...　　　　　　　　　　　(erst später ausfüllen)

Ich fühle mich...　　　　　　　　　(erst später ausfüllen)

Ich müsste...　　　　　　　　　　　(erst später ausfüllen)

Ich möchte...　　　　　　　　　　　(erst später ausfüllen)

Ich sollte...　　　　　　　　　　　(erst später ausfüllen)

Ich darf nicht...　　　　　　　　　(erst später ausfüllen)

Anhang

> *Umkehrung* ist die Nennung des Gegenteils einer Eigenschaft, eines Gefühls, einer Absicht usw. Die Fähigkeit zur Umkehrung erweitert den »inneren Horizont« und vergrößert die Wahlmöglichkeiten: Man muss nicht mehr bestimmte Dinge immer nur anderen oder immer nur sich selbst zuschreiben, sondern gewinnt die Gelassenheit, beide Perspektiven akzeptieren zu können.

Achtung! Erst lesen, wenn die Kästchen auf der linken Seite alle ausgefüllt sind!

Aufgabe

Oft schreibt man sich selbst zu, was eigentlich für andere gilt (was man anderen aber nicht zuzuschreiben wagt). Um die einseitige Selbstzentrierung (oder gar: Selbstbezichtigung) zu überwinden, hilft es, Selbstzuschreibungen umzukehren: Tragen Sie in dem Kästchen rechts von jeder Selbstbeschreibung ein, wer in Ihrer Umgebung (auch) so ist oder sein könnte. Wenn Ihnen niemand einfällt, tragen Sie der Übung halber irgendjemand ein und »tun so«, als wenn er diese Seite auch haben könnte (vielleicht verborgen?). Sobald Sie ein Kästchen in der rechten Spalte ausgefüllt haben, tragen Sie in den Kreis ein, wie schwer Ihnen diese Umkehrung gefallen ist.

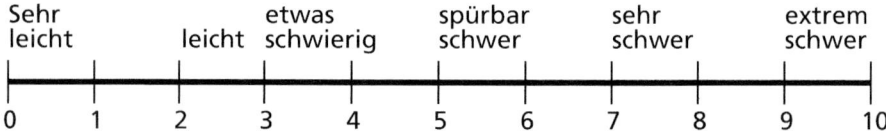

Tragen Sie also in die Kreise jeweils die passende Zahl zwischen 0 und 10 ein.

Übung 9: Umkehrung

Bitte tragen Sie in die Kästchen der linken Spalte von oben nach unten Selbstbeschreibungen ein. Erst dann füllen Sie die Kästchen auf der rechten Seite gemäß der Aufgabenstellung aus, die auf der Rückseite beschrieben ist.

Die meisten Leute sind...   (erst später ausfüllen)

Mein Vater war meist...   (erst später ausfüllen)

Meine Lehrer waren überwiegend...   (erst später ausfüllen)

Mein(e) Partner(in) ist...   (erst später ausfüllen)

Menschen sind oft...   (erst später ausfüllen)

Ich wünsche mir, meine Freunde wären nicht so oft...   (erst später ausfüllen)

Meine Mutter war oft...   (erst später ausfüllen)

> *Umkehrung* ist die Nennung des Gegenteils einer Eigenschaft, eines Gefühls, einer Absicht usw. Die Fähigkeit zur Umkehrung erweitert den »inneren Horizont« und vergrößert die Wahlmöglichkeiten: Man muss nicht mehr bestimmte Dinge immer nur anderen oder immer nur sich selbst zuschreiben, sondern gewinnt die Gelassenheit, beide Perspektiven akzeptieren zu können.

Achtung! Erst lesen, wenn die Kästchen auf der linken Seite alle ausgefüllt sind!

Aufgabe

Oft schreibt man anderen etwas zu, was eigentlich (auch) für einen selbst gilt (was man aber nicht wahrhaben möchte). Ein großer Nachteil, bestimmte Eigenschaften, Stimmungen oder Absichten anderen zuzuschreiben liegt darin, dass man damit die Kontrolle über diese Dinge an andere abgibt. Was man selbst »hat«, kann man besser steuern als das, was andere »haben«. Deshalb lohnt es sich zu üben, Dinge, die man anderen zuschreibt, bei sich selbst zu suchen. Diese Übung ist sogar dann nützlich, wenn man nur so tut, als hätte man die betreffenden Merkmale (zuweilen) auch selbst.

Tragen Sie bitte in die Kästchen der rechten Spalte Stichwörter ein, die Sie an Situationen oder Beispiele erinnern, wo das betreffende Merkmal (im linken Kästchen) auch auf Sie zutrifft.

Übung 10: Beweglichkeit

Bitte stellen Sie sich bei jedem der aufgelisteten Merkmale vor, Sie seien das Gegenteil von dem, was Sie wirklich sind.

Beschreiben Sie, wie Sie sich dann fühlen und was Sie denken. Was wäre anders? Identifizieren Sie sich ganz mit dem Gegenteil. Beispiel: Wenn links »Geschlecht« steht und Sie sind ein Mann, dann versetzen Sie sich in das Innenleben einer Frau: Gehen Sie mit Ihrem Gefühl in den Körper und die Seele einer Frau und zählen Sie Dinge auf, die dann anders sind.

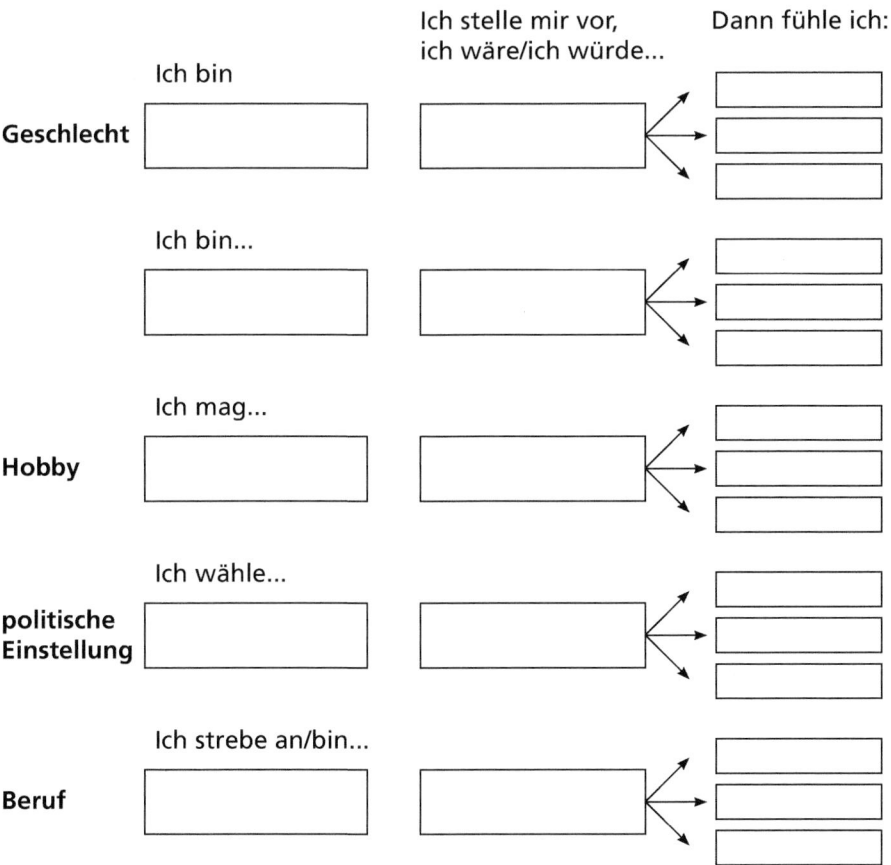

Beweglichkeit ist die Fähigkeit, sich in das, was man nicht ist, hineinversetzen zu können. Diese Fähigkeit hilft nicht nur, mit andersartigen Menschen besser auszukommen, sondern auch gegensätzliche Anteile an sich selbst zuzulassen und sich nicht auf einseitige Merkmale festzulegen (»Jeder hat alle Gegensätze in sich«).

Übung 11: Umgang mit Forderungen

Bitte schreiben Sie in der linken Spalte Forderungen auf, die Sie an sich selbst stellen. Die rechte Spalte wird (gemäß der Anweisung auf der Rückseite) erst bearbeitet, wenn die linke ausgefüllt ist.

	Wirkungen	**Abwandlungen** (was könnte ich ändern, um dies noch mehr selbst zu wollen?)
Ich sollte…		
Ich sollte eigentlich…		
Ich müsste…		
Ich sollte weniger…		
Ich müsste mehr…		
Es wird Zeit, dass ich…		
Wann werde ich endlich…		
Ich muss unbedingt…		

> *Forderungen* sind gespeicherte Erwartungen anderer, die man sich meist noch nicht zu eigen gemacht hat (in der Psychologie spricht man von »Introjekten«): Dinge, die man wirklich will, mit denen man sich voll identifiziert, erlebt man nicht als Forderungen, sondern als Entschlüsse oder Entscheidungen.

Achtung! Erst lesen, wenn die Kästchen auf der linken Seite alle ausgefüllt sind!

Aufgabe

Bitte wiederholen Sie laut jede einzelne Forderung, die in der linken Spalte steht. Bevor Sie zur jeweils nächsten Forderung übergehen, tragen Sie auf der rechten Seite ein, wie diese Forderung auf Sie wirkt. Fragen Sie sich zum Beispiel:

- Wie klingt die Stimme?
- Wie reagiere ich?
- Welche Gefühle löst die Forderung bei mir aus?
- An wen erinnert mich die Forderung?
- Wie stehe ich selbst zu dieser Forderung?

Variante

Wenn man lernen will, zu unterscheiden zwischen Forderungen, die man sich zu eigen machen kann, und Forderungen, von denen man sich besser ablöst, versucht man, sich zunächst mit jeder Forderung zu identifizieren: »Ich bin diese Forderung«, »Ich gehe ganz in ihr auf«, »Ich stehe voll dahinter«. Wenn man bei jeder Forderung diese Sätze spricht, spürt man, bei welchen Forderungen es einem leicht fallen wird, sie sich zu eigen zu machen und bei welchen nicht.

Übung 12: Umgang mit eigenen Zielen

Bitte schreiben Sie in der linken Spalte Ziele und Aufgaben auf, die Sie in der nächsten Zeit erreichen bzw. erledigen wollen. Die rechte Spalte wird (gemäß der Anweisung auf der Rückseite) erst bearbeitet, wenn die linke ausgefüllt ist.

Anhang

	Gefühle	**Veränderungen**

Ich will...

Ich werde...

Ich werde...

Ich will weniger...

Ich werde mehr...

Bald werde ich...

In der nächsten Woche...

Ich will bald...

Ziele sind Zustände oder Ergebnisse, die man in absehbarer Zeit erreichen will.

Achtung! Erst lesen, wenn die Kästchen auf der linken Seite alle ausgefüllt sind!

Aufgabe

Bitte wiederholen Sie laut jedes einzelne Ziel, das Sie in die Kästchen der linken Spalte geschrieben haben. Bevor Sie zum jeweils nächsten Ziel übergehen, tragen Sie auf der rechten Seite ein, wie dieses Ziel auf Sie wirkt. Fragen Sie sich zum Beispiel:

- Wie klingt die Stimme?
- Wie reagiere ich?
- Welche Gefühle löst das Ziel bei mir aus?
- An wen erinnert mich das Ziel?
- Wie stehe ich selbst zu diesem Ziel?

Variante

Wenn man lernen will, zu unterscheiden zwischen Zielen, die man sich zu eigen machen kann, und Zielen, von denen man sich besser ablöst, versucht man, sich zunächst mit jedem Ziel zu identifizieren: »Ich bin dieses Ziel«, »Ich gehe ganz in ihm auf«, »Ich stehe voll dahinter«. Wenn man bei jedem Ziel diese Sätze spricht, spürt man, bei welchen Zielen es einem leicht fallen wird, sie sich zu eigen zu machen und bei welchen nicht.

Gerade wenn Sie dabei sind, die oben aufgelisteten Fragen zu einem Ziel zu beantworten, können Sie auch darauf achten, ob sich Ihre Gefühle, die Sie mit dem Ziel verbinden, verbessern lassen, wenn Sie etwas an dem Ziel ändern: Tragen Sie diese Änderungen in der letzten Spalte ein. Ein Beispiel: Wenn ein Ziel mit der Eintragung »Einkäufe erledigen« beschrieben ist, könnte die Änderung lauten: »Diesmal darf ich mir mehr Zeit dafür nehmen« oder »Danach gehe ich ein Eis essen« oder »Ich bitte aber meine Frau, die Besorgungen in der Drogerie zu machen«.

Übung 13: Stärkung der Selbstmotivierungskompetenz

(Einführung der Übung in ▶ Kap. 4.3)

Beschreibung für den Seminarleiter*

- Je zwei Teilnehmer bilden eine Gesprächsgruppe, einer übernimmt die Rolle des Coaches/Trainers, der andere die Rolle des Coachees.
- Die Paare verteilen sich so im Raum, dass sie möglichst ungestört von den anderen Teams arbeiten/sprechen können.
- Coach und Coachee führen ein Gespräch, das in drei Phasen unterteilt ist. Dabei spricht der Coachee über nachfolgende Bereiche:

1. Phase: Frage des Coaches*

Was nimmt Ihnen die Kraft/den Mut/den Schwung?

- Welche Situationen?
- Welche Handlungen?
- Welche Gedanken (bzw. Selbstinstruktionen)?
- Welche Bilder (in der Vorstellung)?
- Dabei nennt der Coachee mehrere Beispiele.

2. Phase: Frage des Coaches

Was gibt Ihnen wieder Kraft/neuen Mut/den Schwung?

- Welche Situationen?
- Welche Handlungen?
- Welche Gedanken (bzw. Selbstinstruktionen)?
- Welche Bilder (in der Vorstellung)?

Der Coachee nennt wieder einige Beispiele.

---

* Diese Übung kann auch individuell mit einem selbstgewählten Partner durchgeführt werden.

3. Phase: Selbstmotivierungs-Coaching

- Ziel ist es nun, einzelne in Phase 1 genannte Situationen zu vertiefen. Dazu erfindet der Coachee eine eigene Geschichte, indem der im Gespräch die Situation entwickelt. Die Geschichte kann ganz frei erfunden sein. Welche Umstände sind vorhanden? Welche Personen treten auf? usw. Thema der Geschichte soll die Vorbereitung und Durchführung einer schwierigen oder unangenehmen Aktivität sein (z. B. mich endlich im Fitnesscenter anmelden und regelmäßig hingehen; oder: einen Zeitplan für alle Lernaktivitäten erstellen, die ich eigentlich zur Optimierung meines Studiums ausführen müsste).
- Sobald der Coachee merkt bzw. spürt, dass die Kraft nachlässt, die geschilderten Aktivitäten bzw. Handlungsschritte auszuführen, soll er ausdrücken, dass seine Energie nachlässt.
- Aufgabe des Coaches ist es nun, auf die Selbstäußerungen des Coachees angemessen zu reagieren, indem er die Situationen, Gedanken oder Bilder aus der Phase 2 (als »Energiespender«) ins Bewusstsein ruft. Wichtig dabei ist, dass die Reaktionen des Trainers nicht »technisch« wirken, sondern wie in einer persönlichen, glaubwürdigen Beziehung eingebettet sind.
- Ziel der Übung ist es, dass der Coachee die Kunst erlernt, anfangs überhaupt wahrzunehmen, später immer besser zu registrieren, wann die eigenen Kräfte schwinden und langfristig auf immer subtilere oder fast unmerkliche Anzeichen für ein Nachlassen der Energie zu achten und sobald er ein Nachlassen spürt, dies auch auszudrücken.

Zeitbedarf

- ca. 20 Minuten
- Das Rollenspiel soll dann mit umgekehrten Rollen wiederholt werden.

Übung 14: Stärkung der Selbstberuhigungskompetenz

(Einführung der Übung in ▶ Kap. 3.6.5)

Beschreibung für den Seminarleiter*

- Je zwei Teilnehmer bilden eine Gesprächsgruppe, einer übernimmt die Rolle des Coaches/Trainers, der andere die Rolle des Coachees.
- Die Paare verteilen sich so im Raum, dass sie möglichst ungestört von den anderen Teams arbeiten/sprechen können.
- Coach und Coachee führen ein Gespräch, das in drei Phasen unterteilt ist. Dabei spricht der Coachee über nachfolgende Bereiche:

1. Phase: Frage des Coaches

Was beunruhigt Sie? Wer oder was verunsichert Sie/macht Ihnen Angst? Was überfordert Ihre Kräfte? Wann oder durch wen fühlen Sie sich überfordert?

- Welche Situationen?
- Welche Handlungen?
- Welche Gedanken (bzw. Selbstinstruktionen)?
- Welche Bilder (in der Vorstellung)?

Dabei nennt der Coachee mehrere Beispiele.

2. Phase: Frage des Coaches

Was beruhigt Sie? Wer oder was gibt Ihnen Sicherheit/nimmt Ihnen die Angst? Wer oder was stärkt den Glauben an die eigenen Kräfte und Fähigkeiten?

- Welche Situationen?
- Welche Handlungen?

---

* Diese Übung kann auch individuell mit einem selbstgewählten Partner durchgeführt werden.

- Welche Gedanken (bzw. Selbstinstruktionen)?
- Welche Bilder (in der Vorstellung)?

Der Coachee nennt wieder einige Beispiele.

3. Phase: Selbstberuhigungs-Coaching

- Ziel ist es nun, einzelne in Phase 1 genannte Situationen zu vertiefen. Dazu erfindet der Coachee eine eigene Geschichte, indem er im Gespräch die Situation entwickelt. Die Geschichte kann ganz frei erfunden sein. Welche Umstände sind vorhanden? Welche Personen treten auf? usw. Thema der Geschichte sollen Erlebnisse und Erfahrungen sein, die einem Angst machen/die einen verunsichern, oder die Durchführung sehr schwieriger Aktivitäten, die einen bis an die Grenze der eigenen Belastbarkeit fordern. (z. B. das bevorstehende Gespräch beim Chef wegen der gewünschten Gehaltserhöhung, die drohende Arbeitslosigkeit, eine bevorstehende Prüfung, hoher Zeitdruck, um eine wichtige Arbeit termingerecht abzuschließen etc.).
- Sobald der Coachee merkt bzw. spürt, dass ein Erlebnis Angst oder Verunsicherung auslöst oder die anstehenden Arbeiten seine Kräfte übersteigen könnten, soll er ausdrücken, dass sich ein Gefühl von Unbehagen, Angst oder Verunsicherung eingestellt hat oder er sich überfordert fühlt.
- Aufgabe des Coaches ist es nun, auf die Selbstäußerungen des Coachees angemessen zu reagieren, indem er die Situationen, Gedanken oder Bilder aus der Phase 2 (als »Mutmacher«) ins Bewusstsein ruft. Wichtig dabei ist, dass die Reaktionen des Trainers nicht »technisch«, sondern wie in eine persönliche, glaubwürdige Beziehung eingebettet wirken.
- Ziel der Übung ist es, dass der Coachee die Kunst erlernt, anfangs überhaupt wahrzunehmen, später immer besser zu registrieren, wann eine Situation Ängste oder Unsicherheiten auslöst. Langfristig kommt es darauf an, auf immer subtilere oder fast unmerkliche Anzeichen von Nervosität, Unbehagen usw. zu achten und sobald er ein Anzeichen dafür verspürt, dies auch auszudrücken.

Zeitbedarf

- ca. 20 Minuten
- Das Rollenspiel soll dann mit umgekehrten Rollen wiederholt werden.